강물이 바다로, 연대하는 자조의 물결
: 2030년 한국 사회적경제의 전망

2030년 한국 사회적경제의 전망

강물이
바다로,
연대하는
자조의 물결

재단법인 한국사회가치연대기금 엮음

차례

3부 **사회적경제 기업의 유효성을 높이다**

제1부

//

사회적경제의 철학과
원리를 탐구하다

사회적경제의 철학과 원리를 탐구하다

송원근

사회적경제에 대한 여러 시선들

2007년 「사회적기업육성법」 제정으로 우리에게 사회적경제라는 개념이 본격 도입된 이래 사회적경제는 제도화된 부문을 중심으로 발전하고 진화하고 있다. 문재인 정부의 '사회적경제 활성화' 정책과 함께 사회적경제를 기반으로 한 다양한 지역 전략이나 사업모델들이 출현했다. 사회적 금융의 역할이 그 어느 때 보다 강조되면서 사회적경제생태계를 조성하고 강화해야 한다는 인식도 높아졌다. 사회적경제가 잘 작동하는 환경으로서 사회적경제생태계가 조성된다는 것은 사회적경제가 정부 주도성을 벗어나 자율성이 높아지고, 자생력을 갖추게 됨을 말한다. 또한 대의민주주의가 더 이상 작동하지 않는 현재의 민주주의 수준이나 정치적 리스크가 높은 우리 현실에서 사회적경제가 지속가능하게 됨을 의미한다. 이에 비해 전 지구적 팬데믹 기간 동안 사회적경제 부문이 보여준 역할과 그에 이어지는 기대는 현재의 지역 위기나 기후생태적 위기에 대처하는 사회적경제의 역할에 대한 더 큰 관심을 불러일으키고 있다. 이러한 발전과 기대에도 사회적경제에 대한 인식의 격차는 여전한 것 같다. 제도화 과정에서 생긴 정체성 상실에 대한 우려도 사그라들지 않고 있다. 그 어떤 지적이나 비판보다도 희망을 제시해야 할 사회적경제가 장기적인 발전계획을 가지지 못하고 있다는 지적은[1] 공감이 가면서도 아프다. 사회적경제를 바라보는 일반인들의 시선이나 생각들도 그렇게 곱지만은 않다. 이러한 인식과 시선들은 다양한 사회적경제 부문의 실제 작동에 적지 않은 부정적 영향을 미치고 있고, 이는 사회적경제의 효능감을 떨어뜨린다. 나아가 희망과 비전을 보여주며 앞으로 더 많은 역할을 해야 할 사회적경제에 대한 당사자나 시민들의 참여와 지지를 제약하고, 더 이상의 확장을 어렵게 하는 요인이 되고 있다.

사회적경제 초창기부터 사회적경제 내에서는 "동업하면 망한다"는 얘기가 있었다. 개인화되고 경쟁이 내면화된 시장 질서에서나 할 수 있는 말이고 이에 공감하는 사람들에게는 조언이 될 수도 있는 말이겠지만 연대와 협력을 핵심으로 하는 사회적경제에서 이 말은 그 의미와 영향력이 적지 않다. 사회적경제 방식으로 동업을 통해 공통의 이익을 얻을 수 있다면 언제든 동업할 수 있어야 한다. 그러나 이러한 통념은 그 과정에서 발생하는 이익은 과소평가하고 불이익을 과대평가하게 만들어 사회적경제에 대한 참여를 제한한다. 일부이지만 사회적경제 조직의 자기영역화 현상, 다른 조직이나 부문간 협력과 연대의 약화에도 이런 통념들이 작용하고 있지 않을까?

둘째, "사회적경제 혹은 사회적경제 기업은 가치가 낮은 분야이고 좋지 않은 일자리를 재생산하고 확대한다"는 인식이다. 정부 대신 제3섹터를 중심으로 이윤배분을 제한하거나 수익성이 높지 않은 분야, 따라서 민간기업이 참여하려 하지 않는 사회서비스를 제공해왔던 유럽의 경험은 시민사회를 포함한 사회적경제가 저(低)가치 생산 부문이라는 인식을 강화했을 것이다. 취약계층 일자리 제공을 무엇보다 우선하는 목적으로 내세웠던 우리의 사회적경제에도 이런 인식은 상당히 보편화되어 있다. 사회적경제 기업들이 기업 운영과 규모 확대(scale up)에 필요한 재원을 조달하는 데 어려움을 겪는 것도 이런 인식이 작용한 결과일 것이다.

세 번째 잘못된 통념은 굳이 사회적경제 영역에 해당되는 말은 아니지만 "좋은 일을 하는 사람은 돈이 아니라 신념을 가지고 일해야 한다"는 것이다. 듣는 사람에 따라 다를 수 있으나 이 생각은 사회적경제 분야에서 종사하는 사람들의 열악한 노동 조건을 당연시하는 강력한 근거이자 조직 내부나 외부로부터 지속적으로 작용하는 압력이다. 참여자들이 사회적경제 조직 활동을 통해 자신의 권리와 권익을 지키고 향상시키려는 노력을 제약하는 것이다. "중간지원조직에 대한 지원보다는 현장 기업들에 대한 지원을 더 우선해야 한다"는 말도 마찬가지이다. 이런 생각들에 갇히면 사회적경제 기업을 포함한 중간지원조직 종사자들의 노동 조건 향상은 엄두도 내지 못할 일이다. 사회적경제 자체가 이런 좋은 일을 하는 사람들에게 열악한 조건이나 낮은 임금을 스스로 받아들이도록 하는 내재적 동기가 있는 것은 부인할 수 없다. 그렇지만 사회적으로 의미있는 가치를 창출하는 선한 일, 좋은 사회를 만들려고 노력하는 사람들이 조직 내부 뿐만 아니라 사회에서 인정받고 더 많은 보상을 받을 수 있는 기회는 보장되어야 한다.

마지막으로는 "영리기업보다 돈을 더 잘 버는 사회적경제 기업들은 정부 지원을 많이 받았기 때문이다"라는 잘못된 생각이다. 정부 주도의 사회적경제 발전이라는 점에서 근거가 없는 말은 아닐 것이다. 그러나 이러한 생각들은 영리기업과 사회적경제 기업간 연대와 협력을 제약하고 경쟁을 유도한다. 또 사회적경제 기업 종사자들의 노동 조건이 영리기업보다 더 좋으면 안된다는 생각을 확산하고 편향성을 자극한다. 또 사회적경제 기업 노동자들이 자신의 권익을 높이기 위한 노력을 제약하며, 동시에 공공기관을 포함해 영리기업들이 사회책임활동(CSR) 등을 통해 사회적경제와 함께하려는 '선한' 기업들의 내부 의사결정을 방해하기도 한다.

이러한 곱지 않은 시선과 오해 앞에서 이를 극복하면서 사회적경제가 성장할 수 있을까? 이 문제에 답하기 위해서는 사회적경제 현장에서 일어나는 다양한 실천들 속에서 현재의 사회적경제가 무엇을 놓치고 있는지, 사회적경제에 대한 인식은 어떤지를 되돌아봐야 한다. 이들 토대로 본연의 가치를 추구하는 방향으로 작동하면서 사회적경제가 개인의 행동은 물론 다양한 조직 안에서 그리고 조직 외부와 관계에서 하나의 규범으로 내재화되고 내면화되려면 무엇이 필요한지를 제기하고 공론화할 수 있어야 한다. 그런 점에서 다소 먼 길이라고 느껴질 수도 있지만 사회적경제의 철학과 원리를 점검해보는 것은 의미있는 일이 될 것이다.

고장난 자본주의에서 잃어버린 것

사회, 사회적인 것(the social)의 상실

주기적으로 반복되는 위기와 그 폭력적 해결을 통해서만 스스로를 갱신하는 자본주의의 문제점들과 그 파괴적 결과들에 주목해보면 오늘날 자본주의는 확실히 '고장난 자본주의'이다. 그리고 그 중심에는 시장의 지배가 놓여 있다. 프로테스탄트 윤리에서 자본주의 정신을 찾고자 했던 베버(M. Weber)에 따르면 시장의 지배는 감추어진 것으로 그 모습이 형식적으로는 '자유'에 기반을 두는 것처럼 포장되고, 따라서 규제될 수 없는 것처럼 보이기에, 명시적인 권력 행사에 의존한 지배보다도 더 억압적임을 간파했다.[2]

시장 지배의 억압적 성격에 대한 베버의 생각을 이어받은 폴라니(K. Polanyi)는 원래 사회 안에 존재했던 시장경제가 점차 사회로부터 벗어나(disembedded) 다양한 경제조직방식을 집어삼키고 사회를 억압하게 되었다고 진단했다. 상품으로 시장에서 거래되어서는 안 될 노동력이나 토지, 특히 화폐가 시장에서 교환되면서 완성된 '대전환'은 자본주의 위기의 본질이며, 그 위기는 다름 아닌 사회적인 것(the social)의 상실이었다. 사회로부터 벗어난 시장경제는 1980년대 규제 완화와 민영화를 계기로 자신의 모습을 더 온전하게 드러냈다. 한편 지나치게 자유롭고 고삐 풀린 시장의 실패를 국가가 개입해 해결하려 했던 케인즈주의 복지국가에서 정부의 역할은 점점 더 축소되었다. 시장실패를 교정하기 위한 정부의 시장 개입 역시 왜곡과 비효율성을 보였고, 그럴수록 '더 작은 정부'에 대한 요구는 거세졌다.

반면 사회적인 것 상실 이면에서 그 이상으로 확대된 개인주의, 시장가격에 의거한 가치 평가와 보상체계(혹은 이에 우호적인 과학들, 경제학의 옹호)는 '불평등을 생산하는 기계 장치'[3]의 착취를 정당화했다. 게다가 거대한 집중을 통해 비대해진 자본과 취약한 정부 간 비밀스럽고 사악한 공모에 기반한 기업정치(corporatocracy)는 경제적인 것을 넘어 정치·사회적 불평등을 더욱 악화시키고 고장난 시장의 작동을 방치하고 가속화시켰다. '99대 1'로 표현되는 극심한 불평등 현상은 이에 대항하고 교정하는 반대의 극한의 방법 말고는 되돌리기 어려워 보이는 정치시스템 실패의 원인이자 결과이다. "불평등은 경제 시스템의 불안정을 낳고, 이 불안정은 다시 불평등을 심화시킨다."[4]

뿐만 아니다. 개인 중심의 자연법 사상, 절대적인 사유재산권, 추출적 소유권(extractive ownership)[5]에 기반한 자본주의는 자연 착취적이고 재앙적인 개발을 가속화함으로써 기업이윤이라는 이름으로 지속가능성을 희생시키고 파괴했다. 일시적이거나 부분적인 해결이 불가능하고, 누적적이고 회복불가능한 기후환경 재앙은 반복되는 경제 위기를 폭력적인 방식으로 해결해왔던 자본주의 생산과 축적시스템의 위기와는 근본적으로 다르다.

고장난 자본주의의 이 거대하고 심각한 문제들에 대응하고 이를 해결하는 새로운 방식에 주목할 경우 사회적경제의 출현과 확대는 그 의미가 크다. 따라서 사회적경제가 고장난 자본주의의 사회성을 회복하는 원리로서, 그리고 물질적 작동양식의 토대가 되어야 함은 비교적 분명하다. 실제 '사회적경제'라는 용어가 보여주듯이 19세기 초반 이후 사회적경제의 발전은 자본주의 시장경제가 몰아낸 사회성을 복원하기 위한 노력들이었다고 해도 과언이 아니다. 그러나 이러한 노력들과 동시에 사회적경제가 개인의 자율성과 공동체적 연대성 간의 긴장과 갈등을 해소하면서 사회성을 어떻게 회복할 것인가 하는 풀기 어려운 숙제가 놓여 있다.[6]

공동체 실패(community failure)

인도 출신 경제학자로서 IMF 수석이코노미스트, 미국 회계감사원장, 인도 중앙은행 총재를 지냈던 라구람 라잔(R. Rajan)은 "현대자본주의 문제를 공동체의 실패"라고 진단한 바 있다. 현대자본주의가 아니더라도 자본주의 산업화는 공동체의 물적 관계로서 커먼즈(commons)의 사유화와 파괴를 기반으로 성장했다.[7] 또 정보와 지식, 그리고 제4차 산업혁명 기술의 급속한 발달은 공동체의 공간적, 지역적 기반을 점점 더 약화시키고 다른 형태로 변형시킨다. 게다가 전 세계적으로 전례 없던 수준으로 심화된 경제적 불평등은 계층간 공간적 분리를 가속화해 공동체 의식을 소멸시키고 있다. 이 대항하기 힘들어 보이는 양상들은 궁극적으로 공공영역에 대한 국가와 사회의 무관심과 방치를 초래했다.[8] 공공의 공간이 사라지면 다양한 계층과 배경을 가진 사람들이 함께 만나 소통하는 경험이 줄어들고 민주사회 시민의식의 기반이 되는 결속감과 공동체 의식도 소멸된다. 우리의 경우 발전국가 주도의 개발주의 '압축' 성장으로 지역 간 양극화와 격차가 더 심화되고 지역공동체 붕괴가 급격히 진행되면서 자생적 공동체 형성도 지체되었다. 인구구조 변화가 가져온 '축소사회'에 대한 우려와 함께 닥친 '지방소멸' 위기는 그나마 남아있던 공동체 기반인 지역의 잠재력과 회복력의 위기로 현실화되고 있다.

국가-공동체-시장 사이의 균형[9], 국가와 사회가 동시에 강력해서 서로를 잘 견제할 수 있는 '족쇄찬 리바이어던'(shakled Leviathan)[10]이 가능하려면 지역성을 복원해야 한다. 폴라니는 상품화하는 시장경제로부터 호혜와 재분배같은 사회 관계를 유지하고 복원하는 단위가 지역임을 강조했다. 그에 따르면 사회적경제는 살림살이 경제가 필요로 하는 제공품들(provisions)을 조달하는 경제이자 사회가 스스로를 보호하고 개선해가는 통합적이고 실체적인(substantive) 사회-경제체제다. 폴라니는 '사탄의 맷돌'처럼 사회적 조직과 호혜적 관계를 파괴시키려는 상품시장경제와 이에 맞서 스스로를 유지하고 보호하려는 사회적 경향을 이중운동(double movement)'이라고 부르면서 지역은 이 이중운동의 한 축을 형성하는 중심이라고 주장했다.

시민성의 상실, 문명(civilization)의 위기

근대 시민사회를 기반으로 탄생했던 자본주의, 그리고 오늘날 금융주도 자본주의(finance-led capitalism)는 자기가 기반으로 하고 있던 시민성의 기반을 끊임없이 약화시키고 파괴한다. 시민성을 상실했다는 것은 무엇보다 원하는 것을 무엇이든 줄 수 있고 선택할 수 있다고 믿는 시장이 정작 시민의 필요에 제대로 부응하지 못하고 있음을 이해하는 데 있다. 자본주의는 물질적이고 형식적 경제(formal economy)가 실체적 경제(substantive economy) 혹은 비공식 경제를 장악하고 억압하는 시스템이다.

둘째, 시장의 여러 부정적 효과들에 대한 소비자로서 시민들의 일차적 대응으로서 등장한 소비주의(consumerism) 역시 최초 기대와 달리 시민성의 발휘를 제한하는 요인이다. 소비주의 윤리는 시민성의 자리를 일찌감치 선점하고 시장경제 내의 긴장을 해소하는 데 강력한 힘을 발휘했고 그 힘은 더욱 강화되고 있다. 시장경제는 자신이 닫고 있던 시민성의 기반을 소비자로서 시민으로만 제한한다.

셋째, 자본주의 시장경제가 초래한 저성장과 경제적 불평등에 대한 보통 시민들의 대응은 자신을 책망하고 절망하거나 아니면 현재의 시스템에 대한 분노를 드러내는 것이었다. 분노한 공동체[11] 내에서 사회로부터 고립된 개인들의 자유로운 선택은 사회적 딜레마(social dilemma)를 더욱 심화시키고 그럴수록 집단적 책임 의식이 설 자리는 점점 더 좁아졌다. 집단적 책임의 상실은 도덕적 타락이다.[12] 그와 함께 사회경제체제 내의 능력주의(meritocracy)가 강화되고 숭배의 대상이 되었다. 능력주의는 토지, 노동, 화폐 등 모든 것의

15

상품화, 시장가격에 의거한 자원배분을 정당화하는 수단이자 동시에 그 결과로서 경제적 불평등의 주요한 원인이기도 하다.

넷째, 능력주의에 대한 반발은 포퓰리즘(populism), 갈등과 분열을 조장하고 경제사회적 불평등을 심화시키는 권력에 대한 지지를 확산시켰다. 샌델(M. Sandel)에 따르면 능력주의는 승자들이 자신의 성공을 자기 행위의 유일한 가치 척도라 생각하게 만들고 패자들은 실패에 대해 스스로 책임을 져야 하고 자신의 실패가 엘리트들의 시스템 조작이나 타락 때문이라는 믿음을 키웠다. 포퓰리즘 정치에 동원된 국민 대중들의 불만은 임금이나 일자리, 소득과 자산 불평등을 향한 것이었지만, 더 중요하게는 사회 구성원으로서 개인들에 대한 사회의 불인정, 그리고 그 밑바탕에 깔린 노동의 존엄성(the dignity of work), 사회적 존중(social esteem)의 추락에 대한 분노이다. 일(work)은 경제인 동시에 문화, 생계를 꾸려나가기 위한 방법이자 사회적 인정과 명망을 얻는 원천이다.[13] 사회적 존중의 추락, 생산 윤리의 추방은 자신이 속한 지역과 공동체에 의한 정당한 인정을 의미하는 기여적 정의(contributional justice)의 부정이다. 기여적 정의 개념에 따르면 개인들은 소비자가 아닌 생산자로서 역할을 통해 공동선에 기여하고, 구성원으로서 행한 노동이 존중되며, 기여에 따라 사회에 필요한 존재로서 인정받는 삶을 살 수 있는 것이다.

다섯째, 파편화되고 사회를 상실한 개인들, 공동선이 무너진 사회에서 능력주의는 공동체성의 파괴를 동반하면서 개인(혹은 기업)들의 자유로운 이윤 추구와 혁신성을 제약한다는 점에서도 자본주의의 시민적 기반으로서 역동성을 저해한다. 자본주의가 딛고 있던 이런 역동성과 혁신성을 약화시키고 그 기반을 무너뜨린 것은 바로 시장경제가 낳은 불평등과 오만한 능력주의이다.

여섯째, 심화되는 불평등과 오만한 능력주의는 시민으로서 살아가는데 반드시 필요한 공감(empathy)을 앗아간다는 점에서도 문제이다. 인류 문명을 공감 영역의 변화로 구분한 리프킨(J. Rifkin)은 19세기 시민의 등장으로 공감 영역이 이전보다 더 확대된 반면 자본주의 물질문명은 인간 종에 생기를 불어넣는 공감 본성과 욕구를 빼앗는다고 지적했다.[14] 일상생활까지 침입한 시장원리가 사회적 가치와 규범의 타락을 재촉한 끝에 공감·동정·정의·호혜·공정·이타심과 같은 도덕감정들(moral sentiments)은 추방당하고 말았다. 문명(civilization)의 위기인 것이다.

잃어버린 것을 찾아서

시민성의 복원

사회성의 상실, 공동체 실패에 따른 국가-공동체-시장 사이의 균형 파괴, 시민성 상실의 복합적 결과는 우리 삶의 위기이며 우리가 살고 있는 지역과 공동체, 그리고 이를 지탱하는 관계의 위기이다. 그것은 동시에 정치의 위기이다. 이러한 위기들은 모두 지속가능성(sustainability), 회복탄력성(resilience)의 위기로 집약되고 응축된다.[15] 문제는 이 위기가 그 문제 발생 규모나 범위, 그리고 해결책에 있어서 일국적 차원의 문제를 넘는 것이며, 개방시스템(open system)적 속성을 가지고 있다는 점에서 한층 더 복잡하고 풀기 어렵다는 점이다.

사회성을 상실한 공동체, 불평등과 능력주의에 의해 변형되고 왜곡되고 약화된 시민들의 공감능력과 사회적 자유, 거대 과점체들에게 포획당한 국가와 분열과 배제에 기반한 정체성의 정치에 대해 현재의 시스템은 시장을 통한 개인적인 대처가 필요하다고 부추긴다. 또 시장적 해법 발견에 능통해진 신자유주의 '작은 정부'는 시민들을 더 의존적인 개체로 만들면서도 참여와 숙의, 자율과 자기통제, 호혜와 협력, 책임과 사회적 자유 같은 관계를 통해서만 얻을 수 있는 가치와 시민적 덕성이 발휘될 여지를 허용하지 않는다.

[그림 Ⅰ-1] 현재 위기와 사회적경제의 지향

자본주의의 위기에 대한 여러 우려와 다른 처방에 대한 다양한 해법 제시는 사회의 집합적 행동을 촉구하는 것으로 모아진다. 이 집합적 행동 양식의 하나가 사회적경제라면 사회적경제는 시민(사회)의 집단적 정체성과 잠재력을 가져야 한다. 그 출발점은 바로 시민성의 복원이다. 구(舊) 자유주의 과제를 여전히 미완의 과제로 안고 있는 우리에게는 시민성의 '복원'보다는 시민성의 '확보'가 더 적절한 표현일지 모른다. 근대 시민혁명은 개인 권리의 양도에 의한 국가 혹은 정치권력의 탄생을 의미하지만 동시에 그 지배에 대항하는 반작용으로서 시민사회의 성장을 의미한다. 게다가 분단 모순까지 같이 안고 있는 우리 사회는 시민으로서 자기 형성의 기회를 갖지 못했다. 그래서 시민들은 자신의 권리를 성급하게, 그리고 전면적으로 국가나 정부 시스템에 의존함으로써 더 많은 것을 정부에 기대하고 의존하게 되었다. 이러한 기대의 상실과 절망, 그리고 분노가 촛불혁명으로 이어지고 권력을 교체하기도 했지만 그 기반은 여전히 허약하고 지속가능하지 않다.

시민주권은 일국적 차원에서 뿐만 아니라 지구적 차원에서 발생하는 새롭고 다양한 문제들을 해결하기 위해 시민들의 필요에 부응하여 정치적·사회적인 권력을 스스로 만들고, 행사할 수 있는 시민에게 고유한 권리이다. 경제생활 뿐만 아니라 정치·사회·문화 모든 측면에서 시민주권의 행사자로서 사회적경제가 역할을 하려면 개인, 기업을 포함한 다양한 조직, 그리고 공공기관과 같은 정부 수준에서 시민성을 확보해야 한다. 구(舊) 자유주의 과제를 해결하지 못한 우리 사회의 여러 흔적들은 다른 나라와 차별화되는 우리 식의 사회적경제 발전과 진로를 규정하면서 때로는 사회적경제의 올바른 작동과 제도화를 제약하는 요소로 작용하기도 한다.

사회적경제가 사회적인 것 혹은 사회성을 복원하기 위한 시도로서, 그리고 공동체의 기반으로서 지역성을 복원하기 위한 노력으로서 의미를 가진 것이라면 자본주의 시장경제가 파괴한 시민성에 대한 대응으로서 사회적경제의 역할은 상대적으로 덜 강조되고 있다고 봐야 할 것 같다. 물론 사회성과 지역성 그리고 시민성의 요소들은 서로 연관되어 있고, 따라서 그 복원에 있어서도 어떤 것이 우선이고 어떤 것이 나중인지를 얘기하는 것은 도움이 안된다. 그러나 현재의 사회적경제가 한 걸음 더 나아가기 위해서는 이러한 시민성의 요소들이 더욱 확장되고, 사회성 혹은 지역성의 요소들과 결합되어야 한다. 경제 활동의 목적을 돈벌이가 아니라 살림살이와 사회적 필요의 충족에 두고, 실체적 경제를 작동하게 하는 것으로서 사회적경제의 잠재력은 여전히 시장경제 바깥에 존재하는 영역들을 그 기반으로 확대해가는 데 있고, 이것이 바로 시장경제가 포괄하지 못하는 시민성의 기반을 형성하고 복원하는 길이 될 것이다. 문제는 시장화되지 않은 시장 바깥에 존재하던 영역들에 대해 시장 역시 이를 기회의 영역으로 보고 있고 그런 점에서 사회적경제와 시장은 서로 경쟁할 수밖에 없다는 데 있다. 이런 상황을 직시한다면 시장경제와 사회적경제가 서로 양립 불가능한 것, 혹은 대체 관계에 있는 것으로 보는 것은 무리이다. 오히려 두 가지 서로 다른 경제생활의 조직 방식이 한 사회 안에서 공존하고 있다는 인식이 필요하다. 물론 이 두 가지는 항상 조화롭게 공존하지는 않는다. 따라서 이 두 가지는 항상 긴장과 갈등 관계에 놓여 있다. 특히 금융주도 자본주의가 개인 뿐만 아니라 기업, 정치를 규율하고 지배하는 상황에서 시장과 공존하는 사회적경제 방식을 어떤 방식으로 작동하고 확대해갈 것인가 하는 문제 역시 우리가 풀어야 할 숙제이다.

사회적경제를 통한 시민성 확보: 다섯 가지 의미

사회적경제를 통해 시민성을 복원하거나 확보한다는 것은 어떤 의미가 있을까? 첫째, 사회성을 상실한 채 독립성마저 빼앗겨버린 개인 시민들의 다양하고 새롭게 생성되는 욕구와 필요들을 사회적경제 방식으로 충족시킨다는 의미가 있다. 어떤 경우에는 시장교환에 의존하기도 하겠지만 사회적경제는 시장가치에 기반하지 않은 시민으로서 필요를 충족할 수 있게 한다. 사회적경제방식을 통해 지역민들의 필요가 일상생활 속에서 해결되고 그 속에서 지역민들이 효능감을 느끼고 공동체 소속감과 유대감을 느낄 수 있어야 하는 것이다. 그러나 시장을 통해 보상받는 경제적 가치만이 중요하다고 배우고 경험해 온 일반인들이 시장을 통해서는 보상되기 어려운 사회적 가치를 이해하려면, 그리고 이 사회적 가치를 만들어 내는 활동이 지속가능성을 가지려면 사회적 가치를 알아보는 시민들의 자발적인 지지와 지원이 필요하다. 이것은 전례없는 코로나19 위기가 말해주듯이 재난 상황에서 가시화되고 구체화되는 사회적 문제들에 대한 대응, 그리고 좀 더 장기적으로 자원 사용에 있어서 환경이나 생태 복원 문제와 관련된 사회적 가치 창출, 그 지속가능성 확보에서도 마찬가지일 것이다.

둘째, 다양한 이해관계를 가진 사람들에게 일자리를 제공하거나 제품이나 서비스 생산에 참여하게 함으로써 사회적 최소한을 제공하는 과정에서 양질의 사회관계를 만들고, 사회적 자유와 책임을 부과함으로써 사회적경제가 이들을 포용한다는 것을 의미한다. 또한 사회적비용(social cost)을 기꺼이 부담하는 사회적경제 기업은 사회적 권리 침해로부터 시민들을 보호하고 사회적 시민권을 보장하는 선구자로서 모습과 역할을 제시할 수 있다.[16] 주민 혹은 시민들의 참여는 사회적경제의 존립 기반이다. 시민사회의 운영 방식 역시 사회적경제 조직의 그것과 친화력이 더 높으며 그런 점에서 시민참여는 사회적경제 시민성 확보의 기본이자 핵심적 요소이다. 우리나라 사회적경제는 짧은 역사에 비하면 많은 성과도 있었지만 정부 주도라는 특성으로 인해 시민성 확보를 제약하는 방향으로 발전해왔다. 신자유주의에 내재한 심각한 사회경제적 불평등과 기후 위기 등 여러 사회문제 해결에 사회적경제가 적극적으로 나설 수 있으려면 시민권의 확보는 필수적이다. 또한 이 시민권은 분열과 배제를 기반으로 한 정체성의 정치를 견제할 것이다.

셋째, 사회적경제의 시민성 확보는 지역성의 상실 때문에 생기는 공백을 메운다는 의미가 있다. 축소사회에 대한 우려와 심각한 지방소멸이라는 외면할 수 없는 현실 앞에서 지역 잠재력과 회복력을 유지하려는 노력의 중심에서 사회적경제의 역할이 있다. 이것은 사회적경제가 지금보다 더 지역을 기반으로 활동하고, 지역 속에서, 지역민들과 함께해야 함을 말한다. 재난 상황에서 지역사회 순환경제시스템은 훨씬 더 유연하며 훌륭한 안전망 역할을 할 수 있음을 보여주었다. 이 사회적 안전망은 산림과 같은 공유지가 지역민들의 삶에 생활수단 등을 제공했던 것과 마찬가지로 시민들의 참여와 시민권력의 토대로서 또 다른 공유지(commons)가 될 수 있을 것이다. 신재생에너지를 통해 에너지를 생산하고, 지역순환농업을 통해 식재료를 제공하고, 상호 보완적 돌봄과 교육 서비스를 집약 연계하고, 다양한 프로슈머 개인들을 통해 물품을 공급하고, 지역사회 기반 공유경제로 효과적으로 자원을 활용하고, 지역자산화된 사회주택과 협동조합 기반 의료서비스를 소유함으로써 최악의 경우 지역이 봉쇄되더라도 건강하게 버틸 수 있는 독립적 힘을 얻게 되었다. 협동조합, 사회적기업 뿐만 아니라 최근의 소셜벤처나 사회혁신 프로젝트, 그리고 때로는 민간기업의 참여와 협력을 통해 만들어진 이 과정들은 모두 지역을 기반으로 한 사회통합, 새로운 양질의 관계망 형성, 사회적 유대와 신뢰를 높이는 일이자, 지역의 새로운 공유지를 만들고 회복가능성을 높이는 데 필요한 일들이다.

넷째, 사회적경제의 시민성 확보는 개인 시민에 대해서 뿐만 아니라 영리기업들에게도 윤리·투명·환경 책임(responsibility)을 요구하고 확산시킨다는 의미가 있다. 또 일상화된 고용조정을 통해 비용을 줄이고, 환경 비용 등 사회적비용을 제3자나 사회에 전가하는 기업들의 단기주의를 규율하고 혁신과 역동성을 되찾는 일이다. 뿐만 아니라 경제적 가치와 사회적 가치를 균형있게 추구하면서 성장하려는 사회적경제 기업들에게 설명책임(accountability)을 내재화하고 규범화하도록 만든다. 이 효과들은 기업사회책임을 기업전략으로만 활용하려는 영리기업들의 행동을 교정하고, 나아가 능력주의를 조장하는 금융권력, 그리고 조작에 능한 과점체들과 포퓰리즘 간 동맹을 통제해야 한다는 사회적 요구들을 증대시킬 것이다.

마지막으로 시민성의 확보는 우리 사회의 지속가능성과 회복탄력성을 확보한다는 의미를 추가할 수 있을 것이다. 앞에서도 말했듯이 사회성의 상실, 국가-공동체-시장 사이의 균형 파괴, 시민성 상실의 복합적 결과는 우리 삶의 위기이며 우리가 살고 있는 지역과 공동체, 그리고 이를 지탱하는 관계의 위기이다. 그것은 동시에 정치의 위기이다. 따라서 이러한 위기들은 모두 지속가능성의 위기로 집약되고 응축되어 있기 때문이다.

요컨대 자본주의 자유시장경제가 제한하고 빼앗아버린 시민성의 요소들을 복원하는 것이야말로 시장의 힘을 제어하고 공동체와 국가 사이의 균형을 이루면서 '족쇄찬 리바이어던'으로 나아가는 길이다. 이 길을 가는 한 방법이 사회적경제라면 사회적경제는 시장경제에서 잃어버린 사회성과 지역성, 그리고 시민성을 회복하는 데 중심이 되어야 한다. 사회성과 지역성의 복원은 사회의 필요를 발견하고 사회적경제 방식의 해법을 요구하는 필요나 수요 측면이었다면, 시민성에 대한 요구는 그 해법을 가능하게 하는 토대로서 시민의 역량과 정체성, 그리고 사회적경제 조직의 집단적 정체성, 즉 공동선을 형성하고 강화한다는 공급적 측면의 의미가 있다. 물론 그러한 시민성은 저절로 생겨나지 않는다. 사회성과 지역성의 요소들이 사회적경제 방식으로 구체화되면서 시민들의 참여가 증가하며, 이들에게 효능감이 생기고, 자신이 역량이 커지는 변화를 통해 시민성은 생기고 축적될 수 있다. 사회적경제는 미래 사회 전망을 내놓을 수 있어야 하고 그 의미를 시민들과 공유해야 한다.[17] 시민성 회복은 사회적경제에 대한 공감과 지지가 확산되는 상호적 과정이자 동시적 과정이다. 이 과정을 통해서만 사회적경제가 주변

(fringe)에서 벗어나 사회연대경제로[18], 비공식경제에서 공식경제로 진화해 갈 수 있을 것이다.

장 별 소개

이상 사회적경제의 원리나 작동에 있어서 전환적 사고의 필요성과 그 방향이 '사회적경제의 시민성 회복'이 되어야 한다는 관점에서, 자본주의 자유시장이 사회성을 억압하여 시장 거래의 지배 하에 두고, 공동체-국가-시장간의 균형에 필요한 지역성의 기반을 무너뜨렸으며, 이 결과 자본주의의 존립기반인 시민성의 토대를 약화시켰음을 확인해보았다. 이러한 진단이 맞다면 우리를 포함해 지금까지의 사회적경제 발전은 주로 사회성 상실에 대한 대응으로서 잃어버린 사회성을 회복하고자 하는 노력의 산물이었다고 평가할 수 있을 것이다. 또 최근 지역 주도 담론의 확산과 함께 사회적경제를 통한 다양한 전략과 실천들이 활발해지는 것은 '이중운동'(double movement)의 토대로서 지역을 회복하고 국가-공동체-시장 사이의 균형을 회복하려는 실천이라고 이해할 수 있다. 이러한 노력 위에서 앞으로 사회적경제가 더 발전하고 성장하려면 특정 개인, 기업, 그리고 특정 지역이나 국가, 그리고 전 지구적 수준에서 '시민성 복원' 혹은 '시민성 확보'가 무엇보다 필요하다. 따져보면 그리 새롭지 않은 생각일 수도 있는 문제 제기를 다시 꺼내 그 타당성을 검토해보는 작업은 사회적경제에 대한 기대를 높여 더 큰 부담을 지우는 것일 수도 있을 것이다. 그럼에도 10년 후 우리 사회적경제의 미래 전망을 좀 더 분명하게 만들고 공감에 바탕한 현재의 실천으로 연계하기 위해서는 이러한 작업은 건너뛸 수 없다. 이런 관점에서 1부는 사회적경제의 철학이나 운영 원리를 중심으로 주제를 구성했다. 모두 5개로 이루어진 각 서술들은 방금 언급한 내용들에 대한 각 필자들의 일치된 견해를 반영하지 않는다. 또 주제들도 도입부에서 제기된 내용들을 다 다루지 못하는 한계도 있다. 이러한 한계에도 그동안 당연하다고 생각해왔던 사회적경제의 철학과 운영원리와 관련된 몇 가지 주제들을 재검토하고 향후 사회적경제가 시민성의 기반 위에서 좋은 사회를 만들어가는 주체로서 역할을 하려면 무엇이 보완되어야 하는지를 살펴보고자 하였다.

1장은 돌봄, 협동, 연대를 추구하는 '사회적경제'를 이윤을 추구하는 시장경제와 대비시켜 사회사상사적 관점에서 이해해 보려는 차원에서 마련되었다. 이 어려운 작업을 놓고 필자는 고전적 자유주의 생각에서부터 폴라니에 이르기까지 개인, 사회, 시장에 관한 논의를 관통하는 키워드를 '사회의 발견'이라고 요약한다. 사회적경제 운동과 사상의 출발점으로 사회의 발견이라는 토대 위에서 필자는 '다르게 사는 삶의 궁리'가 지속되어야 한다고 말한다. 다르게 사는 삶이란 물질적 필요를 충족하면서 시민적 덕성이 원리가 되고 사회경제적 차별이나 특권과 소외가 없는 사회가 될 것이다. 사회적경제는 이런 사회에 대한 비전의 공유, 그리고 이를 실천하려는 궁리와 노력들이 아닐까? 원고를 요약해야 하는 시점에 필자는 "(칼)폴라니랑 이탈리아 시민경제학을 묶을 수가 없어서..괴롭습니다"는 고민을 전해왔다. 이 장에는 직접 다루지는 않았지만 필자는 시민경제학의 가능성에 대해서도 누구보다 많은 고민을 하고 있는 연구자이다. 출간 일정을 고려하면 '굳이 둘을 묶지 않아도 되는데'라는 요지의 답을 드리고 싶었다. 결국 시장과 사회 사이의 관계 혹은 시장경제와 사회적경제 사이의 차이에 관한 것일 텐데, '둘은 다를 수 밖에 없지 않나' 하는 생각에서였다. 이 질문과 고민은 우리 삶에 사회적경제가 무슨 의미이고, 거기에 합당한 철학과 원리가 무엇인지를 탐구하려는 사람들이 부닥치는 것 중 하나이지 않을까? 이 장을 통해서 이런 질문에 대한 답을 찾을 수 있기를 기대해본다.

2장은 기계시대 이래 4차산업혁명 기술 발달에 이르기까지 이로 인한 노동시장의 급격한 변화와 표준적인 고용관계 해체의 피해는 대부분 노동에 전가되었음은 역사를 통해 확인할 수 있다. 여기에 불평등과 능력주의가 낳은 노동 존엄성의 추락, 생산윤리의 후퇴는 '노동하는' 시민들의 정체성을 약화시키고 분열을 가속화하고 있다. 과거 같으면 완전하지는 않더라도 조직된 노동의 대응도 기대해볼 만도 하지만 이제는 그마저도 희망이 보이지 않는다. 필자는 노동운동이 직면한 두 위기, 즉 생태 위기와 급속한 기술발전으로 인한 위기를 종속 노동으로부터 해방과 여러 가능성을 모색하는 새로운 기회로 삼을 수 있다고 주장한다. 사회연대경제 속에서 노동의 재인간화의 길, 그리고 새로운 시민권의 세계로 나가는 방법으로 필자가 제시하고 기대하는 것은 돌봄 영역과 디지털 긱 경제(gig economy)하의 플랫폼 협동조합이다. 리프킨도 지적했지만, 사물인터넷 등을 통한 연결 확대는 문명사적 차원에서 공감의 영역을 확대시킨다. 그리고 플랫폼 협동조합을 구성한 라이더유니온과 풀빵의 시도를 포함한 노동공제운동도 향후 노동운동이 사회운동으로서 정의로운 전환을 이루어내는 하나의 계기가 될 수 있을 것이라 주장한다. 마치 자본주의 초창기에 노동자들이 여러 형태의 공제조합들을 통해 자본에 대항했던 것처럼 말이다. 우리 현실을 돌아보면 그동안의 사회적경제는 노동자 개인 차원에서든 노동조합같은 집단 차원에서든 연대나 협력의 대상으로서 크게 고려하지 못했다. 아직은 출발 단계이고 그 성패를 성급하게 판단할 수 없지만 사회연대경제를 향한 노동의 행보는 사회적경제 다른 부분들에게 반성을 촉구하는 동시에 둘 간의 연대와 연결을 모색하는 중심 고리가 될 것이다.

3장은 정부 주도 사회적경제 발전과정에서 나타난 문제점들을 '제도화의 역설'로 표현하고 이 중 사회적경제 조직의 동형화의 문제, 허약한 민관파트너십의 현황을 다루고 있다. 이 동형화는 사회적경제 조직들이 정부 지원을 포함해 다양한 자원을 획득하는 정당성의 근거가 되기도 하지만, 사회적경제 조직의 자율성 상실이라는 대가를 치를 수 있으며, 사회적경제 조직의 다양성을 저해한다. 또 중앙정부나 지방정부에서 민관파트너십에 기반한 사회적경제 거버넌스가 구축되었으나 그것은 '명목적 단계'에 머물러 있다고 진단한다. 이러한 진단을 배경으로 민관파트너십에서 중요한 행위자인 중간지원

조직의 역할을 제시한다. 인력, 재정, 전문성 부족, 실질적 네트워크와 협력 관계 미약, 그리고 정부사업 대행, 사업비 배분기관이라는 정체성에서 벗어나야 할 과제를 가진 우리 사회적경제 중간지원조직들은 지역생태계 앵커(anchor)이자 플랫폼으로서, 민관협력(협치)을 구축하는 관계형 전초 기지로서 위상을 재정립해 가야 한다. 또 군건한 민민거버넌스를 바탕으로 한 시민사회, 민간기업 등 다양한 부문의 참여, 중앙정부와 지방정부 간 명확한 역할 분담에 기초한 지역 혹은 지방정부 차원의 거버넌스 구축, 지역자산에 대한 지역의 권한 강화 등을 제시한다. 이러한 지향과 과제들은 사회적경제의 시민성을 강화하고 지속가능한 생태계를 만드는 데 중요한 역할을 할 것이다.

4장은 사회적경제 규모 확대(scale up)와 함께 사업조직으로서 비즈니스에 과도한 강조가 사회적경제 기업들을 사회문제에 대한 '시장적 해법'으로 각인시키고, 따라서 정체성 상실 우려가 확대되고 있다는 진단에서 출발한다. 초창기 유럽에서 시장경제에 대한 대안으로 인식되기까지 했던 사회적경제는 신자유주의에 포획된 채 오히려 그것을 강화하고 있음을 부인하기 어렵다. 특히 인간 중심이어야 할 사회적경제의 목적과 운영 원리와 대조적으로 종사자들의 역량소진(burn out)과 이에 따른 사회적비용 증가 현상이 발생하고 있다. 이런 진단을 배경으로 기존 사회적 가치 창출 추구, 이윤배분 제약, 민주적인 조직 운영, 다중이해당사자 거버넌스 등 기존 사회적경제 조직들이 가지고 있는 특성에 사회적 비용을 부담하는 사회적경제 기업의 특성을 더하여 그것의 의미와 사회적경제 실제 작동에 대한 효과를 살펴본다. 여기에서 핵심 개념은 캅(William K. Kapp)의 사회적비용(social costs)이다. 나아가 이와 같은 사회적경제 조직의 특성을 이해하고 또 실제로 잘 작동하기 위해 필요한 인식 전환은 어떤 것들이 있는지를 제시한다. 이러한 해석과 제안들은 사회적경제 기업의 정체성을 더 풍부하게 하고 경제조직으로서 갖추어야 할 시민성을 강화하는 한 가지 경로를 제시할 수 있을 것이다.

5장에서 필자는 그동안 우리 사회가 경험했던 재난과 이에 대한 관리의 실패가 시장실패, 정부실패, 특히 후진적 재난관리체계에서 비롯된 것이라고 진단하고 그 대안으로 시민사회와 지역사회 공동체가 그 역할을 해야 한다면 이를 위해 필요한 역량이 무엇일까 하는 질문에서 출발한다.

경제사회 시스템의 개방성, 위기의 원인이자 해결책도 될 수 있는 기술시스템의 복잡성, 자본과 기업들이 재난을 사업 기회로 보고 재난방지나 복구로 이익을 챙기려고 국가를 재난의 도구로 사용하는 경제체제, 즉 재난자본주의는 재난을 더욱 악화시킬 뿐이다. 이 상황에서 필자가 내놓는 해법은 첫째 고신뢰성 조직 형성, 둘째 사회적 합리성 강화, 셋째 지구적 차원의 위험을 초래하는 자본을 규제하는 시민사회의 역량 강화이다. 이런 목표를 달성하기 위해 먼저 합리성과 책임성을 갖춘 시민으로 구성된 시민사회가 필요하고, 복잡한 기술 시스템 운영자가 합리적이고 책임감 있게 의사결정을 할수 있도록 감시하는 시민사회의 역할이 필요하다고 제안한다. 또 지역공동체 시민사회는 재난에 대응하고 회복할 수 있는 역량을 갖추고, 장기적인 관점에서 기후변화에 대응하는 생활방식을 만들어 건강한 공동체를 형성해야한다. 마지막으로 사회적경제는 자본의 이윤에 의해 작동하는 기술시스템의 위험에서 호혜와 연대를 통해 사회를 보호하는 대안적 경제체계를 구성해야한다고 주장한다. 그러나 필자도 인정하듯이 대안적 경제체제로서 재조명되고있는 사회적경제는 그동안 위험사회에 제대로 대응하지 못했다. 이러한 점을반성한다면 필자의 진단이나 제안들은 우리 사회적경제가 폴라니가 말하는'이중 운동'의 한 가운데로 나아가는 데 필요한 지혜를 줄 수 있을 것이다.

참고문헌

송원근. 2022. "사회적비용을 부담하는 사회적경제 조직: 캅(William K. Kapp)의 사회적비용 관점에서". 『협동조합연구』, 40(4): 147-172.

이진랑. 2022. "사회적경제 기업에 관한 주류 언론 담론과 대응 담론 : 이중적 존재성과 대항적 정체성". 『시민인문학』, 42: 149-182.

장원봉·하승우·신명호 외. 2021. 『한국 사회적경제의 거듭남을 위하여, 장원봉과 그를 추모하는 사람들』. 착한책가게.

피터 라인보우. 2012. 『마그나카르타 선언』. 정남영 옮김. 갈무리.

Acermoglu, D., and J. Robinson. 2020. *The Narrow Corridor: States, Societies, and the Fate of Liberty*. (『좁은 회랑』. 장경덕 옮김. 시공사)

Capra, F., and U. Mattei. 2015. *The Ecology of Law: Toward a Legal System in Tune with Nature and Community*. Berrett-Koehler. (『최후의 전환』. 박태현·김영준 옮김. 경희대학교 출판문화원. 2019)

Collier, P. 2018. *The Future of Capitalism: Facing the New Anxieties*. (『자본주의의 미래』. 김홍식 옮김. 까치. 2020)

Laville, J. L. 2015. "Social and solidarity economy in historical perspective". in Utting, P. (ed.) *Social and Solidarity Economy: Beyond the fringe*. Zed Books.

Rajan, R. 2019. *The Third Pillar:How Markets and the State Leave the Community Behind*. Penguin Press.

Restakis, J. 2022. *Civilizing the State: Reclaiming Politics for the Common Good*. New Society Publisher. (『시민권력은 어떻게 세상을 바꾸는가?』. 번역협동조합 옮김. 착한책가게. 2022)

Rifkin, J. 2014. *The Zero Marginal Cost Society*. New York: Palgrave Macmillan. (『한계비용 제로 사회』. 안진환 옮김. 민음사. 2014)

Sandel, M. 2020. *The Tyranny of Merit: What's Become of the Common Good?*. Farrar, Straus and Giroux. (『공정하다는 착각』. 함규진 옮김. 와이즈베리)

Smith, A. 1759. *The Theory of Moral Sentiments*. (『도덕감정론』. 박세일·민경국 옮김. 비봉출판사. 2005).

Stiglitz, J. 2013. *The Price of Inequality: How Today's Divided Society Endangers Our Future*. WW Norton & Co. (『불평등의 대가』. 이순희 옮김. 열린책들)

Weber, M. 1922. *Wirtschaft und Gesellschaft: Economy and Society*. 1978. Guenther Roth et al. (eds.)

1) 장원봉 외, 2021.

2) "순수히 시장에 의하거나, 혹은 서로 다른 이해를 가진 당사자들의 '이해 경합 (Interessenkonstellationen)'에 기반을 두고 행사되는 지배는 바로 그 무규제적인 성격 때문에 어떠한 특정한 의무와 복종 관계에 의해 행사되는 권위적 지배보다 훨씬 더 억압적일 수 있다. (…) 특히 시장에 근거한 이해경합이란 '형식적으로만' 볼 때는 마치 '자유'로운 개인간의 경합 관계로 비쳐진다."(Weber, 1922, 946면)

3) Stiglitz, 2013.

4) ibid

5) Capra & Mattei, 2015/2019, 106면.

6) 주의(ism)의 도그마에 빠지지 않는다면 개인 자유와 연대간 긴장과 갈등 해소에 사회적 경제가 어떤 역할을 할 수 있을까하는 문제와 관련해 밀(J.S.Mill)의 생각은 하나의 시사점을 준다. 밀은 현대사회에서 "개인주의에 기초한 자각적인 시민적 연대성이 확립되어야 하며 그것이야말로 진정한 단합과 협동의 윤리가 될 수 있다"고 주장한다. 이는 개인의 자발성에 입각하면서도 자본주의 문제점을 해결할 수 있는 사회적경제 영역이 자유주의 시장경제를 근간으로 하는 현재 사회에도 반드시 필요함을 시사해준다. 자유주의적 철학에 입각해서도 사회적경제의 존재와 발전을 얼마든지 논의할 수 있다. 또 이런 관점에서 보면 사회적경제를 소위 '사회주의'나 '좌파 정책'으로 폄훼하는 것 역시 얼마나 단순한 인식과 논리에 입각한 것인지를 알 수 있다.

7) 피터 라인보우, 2012.

8) Sandel, 2020.

9) Rajan, 2019.

10) 이 '족쇄찬 리바이어던(shakled Leviathan)'은 분쟁을 공정하게 해결하고, 공공서비스와 경제적 기회를 제공하는 국가이며, 동시에 지배를 막으면서 자유의 기본적 토대를 구축하고, 사람들이 국가권력을 통제할 수 있다고 믿으면서 서로 신뢰하고 협력하며, 이를 통해 국가의 역량을 키울 수 있도록 허용하는 리바이어던이다(Acemoglu & Robinson, 2020). 그러나 족쇄찬 리바이어던의 사례로서 미국과 영국을 지목한 아세모글루와 로빈슨의 견해에는 동의하지 않는다. 대신 사회(연대)적경제가 발전한 나라로 자주 언급되는 이탈리아, 스페인, 프랑스 등 유럽 국가들과 캐나다 퀘벡주 등 사회적경제를 통해서 강한 국가와 강한 사회의 균형을 찾으려는 국가들이 더 적합해보인다.

11) Collier, 2018/2020.

12) Smith, 1759/2005, 53면.

13) Sandel, 2020, 327-329면.

14) Rifkin, 2014, 449면.

15) 지속가능성은 균형이론에 근거해 현존하는 자원을 효율적으로 활용하는 것을 추구하는데 비해 회복탄력성 개념은 급변하는 상황에서 발생하는 위기에 대처하고 불확실성을 초래하는 위협요인을 줄이는 것을 추구한다는 점에서 차이가 있다.

16) 사회적비용을 부담하는 사회적경제 조직에 대해서는 이 책의 4장과 송원근(2022)를 참조하기 바란다.
17) 이진랑, 2022.
18) Laville, 2015.

1장

돌봄과 연대의 경제
사회적경제의 경제철학

유철규

사회적경제, 대안의 경제철학을 찾는다

"사회 따위는 없다. 개인이라는 남자와 개인이라는 여자, 그리고 가족이 있을 뿐이다." 1979년 집권한 마거릿 대처(Margaret Thatcher) 영국 총리가 취임 직후 의회 연설에서 손에 들고 간 하이에크(Friedrich Hayek)의 저서를 단상 위에 내리치며 했다는 말이다.[1] 이른바 신자유주의 선언이라고 알려진 일이다. 또 그의 정책과 가치관을 강하게 담은 대표적 정치적 슬로건으로 "(신자유주의 이외의) 대안은 없다(There is no alternative, TINA)."[2]가 꼽힌다. 그는 뒤이어 "대안이 무엇인가? 이전으로 돌아가자는 말인가? 높은 생활비, 더 많은 세금, 더 많은 부채, 더 높은 이자율과 인플레이션, 그리고 높은 실업률로?"라고 반문했다. 당연히 그 이전이란 1960년대 정점에 이르렀던 유럽 사회민주주의식 복지국가를 가리킨다. 대처 총리는 복지국가의 실패를 선언한 것이다. 그리고 다시 "시장으로!"를 외쳤다. 그러나 서구 복지국가의 등장 자체가 그 이전 자유방임을 내세운 시장이 대공황과 세계대전의 결과라는 점을 상기한다면, 역사를 퇴행적으로 되돌리는 일이다. 심화하는 양극화와 민주주의의 위기, 그리고 그 결과로 사회적 갈등은 격화하고, "고용 없는 성장"은 충분한 일자리를 제공할 수 없었다. 그리고 그 해법을 찾는 일에는 무력하기만 하다. "시장"을 다시 내세운 신자유주의는 다시 복지국가 이전에 있었던 시장의 실패를 반복할 뿐이다.

다수 대중의 생활상의 기본적 욕구, 즉 일상의 의식주가 위협받을 때, 구성원의 참여를 먹고 사는 민주주의는 퇴락하게 마련이고, 평등, 배려, 협력과 서로 돕기의 시민적 덕성은 사치가 된다. '부르주아(bourgeois) 혁명'으로 열린 근대의 지배적인 주류 사회·경제 사상은 사회를 관리하는 두 가지 메커니즘으로 시장과 국가를 제시했다. 시장도, 국가도 일상의 먹고사는 문제를 해결하지 못하는 것이 점점 분명해질수록 다르게 살아가는 방식에 대한 대중적 갈망은 커진다. 세계 각지에서 대안적 삶과 다르게 사는 삶의 가치와 규범, 철학에 대한 갈구는 커지기만 한다. 그런데 시장과 국가와는 다른 방식으로 사회를 운영하는 사례는 역사적으로나 지역적으로 너무나 많이 찾을 수 있다. 영국의 로치데일소비자협동조합이 다시 재조명되고, 스페인의 몬드라곤, 이탈리아 에밀리아로마냐 지역, 캐나다 퀘벡이 다시 발견되었다. 오언(Owen), 생시몽(Saint-Simon), 푸리에(Fourier), 지드(Gide), 라이파이젠(Raiffeisen), 푸르동(Proudon), 크로포트킨(Kropotkin), 밀(Mill), 그리고 폴라니(Polanyi)와 같은 운동가와 사상가들도 소환되었다. 국제협동조합연맹 ICA는 1995년 창립 100주년을 맞아 협동조합의 정의, 가치, 그리고 행동원칙을 채택한다. UN은 2012년을 협동조합의 해로 지정했고, 2007~8년 글로벌 금융위기 이후 스페인, 프랑스, 포르투갈, 캐나다, 에콰도르, 멕시코 같은 나라들은 「사회적경제기본법」을 제정했다. 한국에서도 2007년 「사회적기업육성법」이, 2012년 「협동조합기본법」이 시행되었다. 국가도 아닌 시장도 아닌 영역에서의 다른 삶을 위한 운동과 비전, 방향과 철학을 아울러 씌운 이름이 한국에서는 '사회적경제'3)이다. 이 글은 돌봄, 협동, 연대를 추구하는 '사회적경제'를 이윤을 추구하는 시장경제와 대비시켜 사회사상사적 관점에서 이해해 보고자 한다. 2절과 3절은 개인(인간), 사회, 시장의 관계를 중심으로 지배적인 주류 사회과학사상과 사회적경제의 사상을 대비시켜 다룬다. 4절은 결론을 겸해서 한국경제에서 사회적경제 운동과 사상적 과제를 제시하려고 한다.

주류 사회사상의 개인(인간), 사회, 시장의 개념
:고전적 자유주의

사회적경제의 개념과 사상의 갈래가 워낙 많고, 지금 이 순간에도 그 이론적, 실천적 노력은 세계 각지에서 진행형이므로, 여기에 일반화해서 정리하기는 어렵다. 다만 시장과 사회 및 개인을 어떻게 이해하는가를 주류 사회사상뿐 아니라 사회적경제의 사상을 이해하는 핵심적인 기준으로 삼을 수는 있다.

근대 상업적 (시장)사회를 형성하는 계기는 부르주아 혁명이라 불리는 일련의 역사적 사건들이며, 그 가운데 영국의 청교도 혁명(1642~1660)이 선구적인 시민혁명이라고 불린다. 청교도 혁명이 채 10년도 진행되기 전에 토마스 홉스의 『리바이어던(Leviathan)』(1651)이 출간되는데, 홉스는 혁명으로 탄생할 새로운 질서의 원리와 그 시민적 철학의 선구적 건설자로 알려져 있다. 이 근대 시스템의 주류·지배적 원리를 '자유주의'라 부른다. 이른바 '근대의 설계(기획)'이다. 국교도와 반동적인 영주·귀족 세력에 의해 옹위되고 있던 찰스 1세의 전제정치에 대한 요맨과 젠트리 등 신흥 부르주아계급의 충돌이라는 성격을 띠는 청교도 혁명의 요체는 인간 역사상 최초로 '개인'을 탄생시킨 일이다. 종교적으로 보면 자신의 신앙을 통해 신과의 직접 고독한 대화를 통해 얻어낸 양심을 토대로 한 자연적 자유의 관념이 성립한 것이다. 사제에게 고하는 고해성사를 통해 간접적으로 혹은 집단적으로 얻어지는 공통의 선악 기준이 부정됨으로써, 전통적인 공동체적 질서의 토대를 무너뜨릴 수 있었고, 이는 곧 그때까지의 교회적 국가관과 구질서를 붕괴시키는 원동력이었다. 신분, 혈연, 세습, 하사와 호혜, 충성과 헌신, 신뢰는 구 봉건 공동체를 구성했던 구체제의 인간관계로서 이념적으로 부정된다. 이로써 봉건질서로부터 인간은 해방되었다. 공동체적 인간 간 연계가 끊어졌다는 것은 동시에 공동체의 보호도 없다는 것을 의미한다. 마르크스의 표현으로 하자면 '이중(二重)의 자유'4)를 얻었다. 홉스가 답하고자 했던 혁명의 시대과제는 신분질서로부터 해방된 자유롭고 평등한 개인으로부터 어떻게 지속가능한 새로운 사회질서를 만들 수 있는가 하는 것이다. 홉스의 해석은 공통의 권력이 없는 (부정되는) 곳에서 내것, 남의 것의 구별도 정의와 불의의 관념도 없다는 것이었다. 내것은 내가 손에 들고 있는 동안만 나의 것이다. 공통의 선악기준이 부정되었으므로 각 개인의 양심(선악의 기준)은 같을 수 없는 것이고 필연적으로 서로 충돌할 수 밖에 없다. 나의 생존 즉, 나에게 선인 것은 타인에게는 악이다. 이것이 '인간은 인간에 대한 늑대'라고 표현되며, 새로운 질서의 출발점인 자연상태는 '만인에 의한 만인의 투쟁상태'이다. 봉건적 공동체의 족쇄에서 해방되어 개인은 광야에 홀로 서 있다. 그 상태가 근대의 시작이며 태초이다. 그러나 이 상태는 지속가능하지 않다. 해결책은 개인의 자연적 권리(자유)를 일부씩 떼어내어 광야의 바깥에 모아놓고 광야의 질서를 유지하도록 하는 것이다. 바깥에 모은 그 힘이 공권력이며 국가이다. 국가가 유지하도록 위임받은 질서는 광야에 홀로 선 개인의 생존 근거인 사유재산을 보호하고, 서로의 필요에 의한 계약을 보호한다는 두 가지이다. 홉스의 인간관은 마키아벨리의 그것을 공유한다.

"인간이란 은혜를 모르고, 변덕스럽고, 위선적이고, 가식적이며, 위험은 감수하려 하지 않으면서 이익에는 밝다. 당신이 그들을 잘 대접해 줄 동안 그들은 모두 당신 편이다....정작 필요할 때 그들은 등을 돌린다....우정이 영혼의 위대함과 숭고함에 의해서가 아니라 물질적 대가를 치르고 획득한 것이라면 그때의 우정은 돈으로 구매된 것일 뿐 온전한 것이 아니어서 막상 필요하게 될 때는 쓸모없는 것이 되고 말기 때문이다."(마키아벨리, 최장집 엮

음(2014)).[5]

폴라니가 언급했듯이[6] 이 근대의 기획은 애덤 스미스를 이정표로 하여 종결된다. 스미스도 홉스의 문제의식, 즉 부르주아혁명으로 탄생한 새로운 사회질서가 지속가능한가에 답한다는 시대적 과제를 함께한다. 산업혁명을 코앞에 두고 출간된 『국부론』(1776)에서 아직 실현되지 않은 근대사회의 경제적 질서를 체계적으로 제시하고자 했던 것이다. 그러나 홉스와는 그 기획이 좀 다르다. 스미스는 『국부론』 이전에 출간된 『도덕감정론』에서 인간의 본성으로서 도덕 감정을 제시했다. 사람들의 마음에는 '편파적이지 않은 관찰자(impartial spectator)'가 있어서 자신의 사적인 이해관계를 떠나 세상을 바라볼 수 있게 해준다. 이는 자신을 타인의 시선으로 바라볼 수 있게 해주고, 타인의 행복이나 불행에 '공감(sympathy)'할 수 있게 해준다. 다시 말해 인간에게는 타인을 역지사지할 수 있는 능력이 있다. 따라서 홉스보다 훨씬 덜한 국가권력의 강제력만으로도 새로운 시민사회의 경제적 질서는 작동할 수 있으며, 지속가능하다.

만약 스미스가 『국부론』에 『도덕감정론』의 인간을 조금 더 적극적으로 담았더라면, 경제학에서 삶의 질과 행복의 질을 결정하는 인간 간 '관계'를 제거하고 칼라일(T. Carlyle)이 명명한 대로 경제학을 '우울한 학문(dismal science)'이 되게 한 원흉으로 몰리지는 않았을 것이다. 그러나 유감스럽게도 『국부론』에서 스미스는 『도덕감정론』과 상당히 다른 길을 선택한 것으로 해석할 여지가 너무 많다.

다시 돌아 근대 상업사회의 주류 사회사상이 제시하는 사회관으로 가자. 홉스에게서 모든 전통적·봉건적·공동체적 관계와 단절된 채 홀로 선 개인들에게 유일하게 남는 관계는 서로의 필요에 의한 자발적 교환관계뿐이다. 이 교환관계는 사유재산을 전제해야 가능한 계약관계이기도 하다. 이것이 광야 바깥의 공권력에 의해 유지되는 광야의 성격이다. 만약 사회라는 것이 그 구성원 간 즉, 개인 간 관계의 합이고, 유일하게 남은 개인 간 관계는 교환관계뿐이라면, 이 개인 간 교환관계의 총합이 사회가 된다. 그리고 개인 간 교환관계의 총합은 시장이라고 불린다. 그러므로 시장이 곧 사회이다. 그리고 국가는 광야 즉, 시장의 바깥에 존재한다. 시장의 원리와 국가의 원리가 근대 상업사회의 두 가지 질서원리가 된다. 이제 왜 주류 근대사회과학이 국가와 시장 이외의 다른 질서(예를 들어 사회적경제, 시민경제 등)를 이해하기 어려운지 그 이유를 알 수 있게 되었다. 시장이 바로 사회의 실체이며 다른 이름인데, 그리고 사회 속의 인간관계는 교환관계뿐이어야 할 텐데 어떻게 시장과 대립하거나 다른 인간관계가 사회의 중요한 역할을 담당할 수 있는가? 폴라니(1944)가 제기했던 문제 즉, 근대사회의 모순은 경제와 사회의 분리에 있다는 주장이 어떻게 성립할 수 있는가? 마가렛 대처가 "사회 따위는 없다"라고 선언했던 생각의 뿌리가 여기에 이어져 있다. 신자유주의 사상의 또 다른 한 축을 이루는 하이에크(1944)가 사회의 이름으로, 사회의 이익이라는 이름으로, 공공의 이름으로, 공공의 이익이라는 이름으로 행해지는 모든 것들은 결국 어떤 개인의 이익과 다른 개인의 손해로 끝날 뿐이라고 설파한 내용과 겹쳐있다.

사회의 발견 : 두 개의 인간, 두 개의 경제

르네상스, 종교개혁, 근대 부르주아 시민혁명을 거치면서 기존의 봉건질서가 붕괴되고 파탄에 이르게 되었을 때, 이를 재조직하기 위한 질서를 구상해야 하는 것이 홉스(Thomas Hobbes), 로크(John Locke), 루소(Jean-Jacques Rousseau)와 같은 근대 사회사상가들의 시대과제였다. 어떻게 지속가능한 질서를 창출할 것인가? 그 작동 원리는 무엇인가? 이 시대과제에 부응한 것이 첫째, 주권국가의 발견이었다. 뒤이은 산업혁명을 맞아 법과 국가 통제의 영역을 벗어나는 시장경제의 영역이 확대될 터인데, 이에 시장경제 영역을 발견함으로써 법과 국가통제의 영역을 최소화한 채 시장경제의 원리로 세상을 재조직하고 그 시장질서가 지속가능함을 보이는 것은 '보이지 않는 손'으로 유명한 스미스(Adam Smith)가 대답한 시대 과제였다. 이렇게 국가와 시장이라는 두 가지 사회조직 원리가 발견되었다.

이제 사회적경제의 전제인 사회가 발견될 차례이다. 인간이 살아가기 위해서는 일상에서부터 다양한 타인들과 다양한 관계를 맺어 가야 한다. 그 관계의 총체 혹은 그 관계의 존재방식으로서의 사회가 발견되어야 한다. 이 사회의 발견은 앞에서 말했지만, 국가가 그리고 시장이 나의 삶의 욕구를 충족시키지 못하고, 나의 생존을 보장하지 못할 때 시작된다.

국가영역을 사회의 실체라고 생각하든, 시장영역을 사회의 실체라고 생각하든 근대 주류·지배적 사회사상을 구성하는데 참여했던 모든 사상적 흐름(서로 충돌하는 듯 보이는 경우에도)은 사회재산권과 개인 간 자발적 계약의 자유를 최우선으로 하는 경제적 자유주의가 불가항력적이라는데 동의했다. 시장사회는 불가피한 자연적 진화의 산물로 받아들여졌다.

폴라니(1944)[7]는 이 시기 국가와 사회가 다른 것이라는 것을 깊이 의식하고, 또 동시에 인간행동의 여러 동기들은 사회에 의해 주어지는 것이라고 주장한 유일한 인물로 로버트 오언을 지목한다. 오언에 의해 사회란 현실적인 존재이므로 결국 인간은 그것에 복종할 수 밖에 없다는 진리가 분명해졌다. 오언은 사회를 조직하는 일을 국가에 기대려 하지 않았다. 오언은 사회가 실재한다는 현실이 개인의 성격 형성에 미치는 영향력을 부인하고 '개인화'로 시장을 설명하려는 모든 시도를 논박했다. 국가와 시장, 그리고 산업혁명의 밑바닥을 채우고 있는 것은 인간과 자연이, 인간과 인간이 현실에서 구체적으로 맺고 있는 관계로서의 실체이다. 영국의 19세기 전반기를 채우고 있었던 그 압도적인 대중의 빈곤은 개인 자신의 문제가 아니라 사회적 문제이다. 문제가 되는 것은 소득을 얼마 더 얻는가가 아니라 사람이 비참한 상태에 빠질수록 인간이 타락하고 있다는 데 있다. 인간이 일상을 살아가는 사회적 환경, 그의 이웃, 이웃 마을, 공동체 내에서 그가 차지하는 위치, 그의 직업적 기술까지 무차별하게 부서졌다. 가장 기초적인 생계까지 공장노동에 의존하기 때문인데, 비참한 빈곤과 혹독한 노동은 경제적인 문제인 것 같지만 그 본질은 사회적 문제라는 점을 분명히 하고 있다. 문제의 해결책은 시장경제의 작동원리에 인간을 맡기는 것도 아니고, 동시에 국가의 권력과 법령에 맡기는 것도 아니다. 사회라는 실체를 강화하고 다시 구성해야 하는 것이다. 오언의 사회주의는 사회실재(reality)의 현실을 인식함으로써 인간의식을 개혁하려는 것이다.

맨체스터와 뉴라나크 등지에서 방적공장 사업으로 성공을 거둔 사업가였던 오언은 1921년 "대중의 고통을 제거하기 위한 계획"을 뉴라나크 주에 제출했다. 거기서 그는 노동시간 제한, 아동노동 제한 등을 내용으로 하는 공장법개정(1833) 같은 것으로는 빈민의 고통을 해결할 수 없으며, 빈민 대중이 새로운 철학에 기초해서 생산적인 노동에 종사할 수 있게 해야 한다고 주장했다. 즉, 협동 공동체를 건설해야 한다는 것이다. 이상적인 공동생활을 통해서 교육과 훈련, 그리고 생산과 소비를 영위함으로써 인간의 능력을 고양한다는 오언의 발상은 이후 협동조합운동에 깊은 영향을 주게 되고 로치데일공정선구자협동조합의 설립과 운영에 강하게 시사점을 주었다.

이렇듯 사회의 발견은 사회적경제 운동과 사상의 출발이다. 이제 시장자유주의자들이 주장하는 것과 다르게 우리가 물질적 삶을 영위하는 경제가 최소 두 개 이상의 복수로 구성되었다는 점을 상기해 보자.[8]

우리는 최소한 두 가지 전혀 다른 의미의 경제에서 살고 있다. 첫 번째 경제에서 인간은 삶을 영위해가는 과정에서 발생하는 여러 가지 욕구를 충족하기 위해 생산하고 분배하고 소비한다. 바로 폴라니의 표현을 빌리자면 인간이 공동체 구성원으로서 서로 연대하고 협력하면서 삶터와 일상의 물질적 필요를 확보하는 곳이다. 이 경제에서 생산하고 분배하고 소비하는 경제행위는 삶을 영위해가기 위한 수단일 뿐이다. 일상의 삶을 통해 윗세대를 봉양하고 다음 세대를 이어가는 것이며, 매끼 식사를 준비하고 청소하고 집을 고치고 이웃과 어울리며, 이웃과 친지의 경조사에 참석하고 또 그들은 나의 경조사에 참석한다. 큰물이 들면 함께 제방을 고친다. 이 삶은 타인과의 관계 속에서만 살아갈 수 있는 삶이다. 이 일상의 삶에서 인간은 독자적 주체이기는 하지만, 동시에 타인과의 인격적 관계 속에서 살아가야 하는 주체다. 첫 번째 경제는 시장이 사회 전체를 조직하는 원리로 등장하기 전부터 인류의 역사와 함께 존재해왔고 지금도 엄연히 존재한다.

한편 두 번째 경제에서 인간은 자신과 이웃의 필요를 충족하기 위해서가 아니라 판매를 목적으로 생산한다. 사용하기 위해서가 아니라 판매를 통해 이윤을 얻기 위해 생산하는 것이다. 이 경제에서는 인간이 삶을 영위해가기 위해 욕구를 충족해가는 과정이 판매를 위한 시장이 되며, 이윤을 얻기 위한 수단에 불과하다. 여기에서 인간의 삶은 궁극적으로 경제적(금전적) 이익을 으뜸의 목적으로 추구하는 단면적 존재로 나타난다. 수익(편익)과 비용이 화폐적 숫자와 같은 동질의 것으로 계산될 수 있어야 경제적 이익을 계산할 수 있다. 최대의 경제적 이익을 목적으로 하는 이 경제 영역의 으뜸 원리는 효율성과 합리성이다.[9]

첫 번째 경제의 사례인 가정경제나 공동체의 경제는 구성원 간의 의무나 정서적 유대감, 그리고 전통적인 규범들과 묶여 있기 때문에 물질적 관계에 근거한 시장의 엄격한 합리성과 충돌한다. 결국 우리가 익숙해져서 본래 그러려니 여기는 시장경제는 가정경제와 공동체로부터 분리되어야만 독자적으로 작동할 수 있다. 전자의 가치와 운영원리는 협동과 연대이다. 후자는 국가의 강제와 시장의 경쟁을 운영원리로 삼는다.

근대 부르주아 혁명을 계기로 인류 역사에 등장했고 오늘날까지도 지배적인 지위를 차지하고 있는 경제의 모습은 두 번째 경제다. 두 번째 경제에서는 인류의 재생산에 필수적인 가정경제(음식을 생산하고 아이를 돌보는 노동에 의해 지탱되는 경제)를 가치 있는 일로 인정하지 않는 경향이 있다.

왜 근대 부르주아혁명 이후 등장해 짧은 역사를 갖고 있는데 불과한 두 번째 경제가 유구한 역사의 첫 번째 경제를 지배(대체 혹은 환원)하고, 후자를 포함한 전 세계가 전자의 영역으로 들어오게 되었는지는 중요한 물음이다. 그 이전의 인간 역사에서 시장제도로 전체 사회와 경제가 조직되는 경우는 없었으며, 시장은 항상 전체사회의 움직임에 있어서 부수적인 존재였기 때문이다.

폴라니(1944)[10]는 이를 자유주의 교리의 탄생과 인위적인 확산에서 찾는다. 두 번째 경제를 이념적으로 지탱하고 있는 경제적 자유주의는 시장체제의 창출에 집중했던 사회의 조직원리였다는 것이다. 달리 말하면 근대에 들어 절대국가는 정치적 주권의 영역을 하나의 경쟁적 시장으로 조직하기를 원했고, 경제적 자유주의는 그 통합적 경제에 작동 이념을 제공했다.

앞의 두 경제에서 인간은 일상의 삶을 살아가는 구체적 인간 즉 다면적이고 총체적인 인간, 사회적 존재로서 연대하고 협력하는 인간상이 먼저 나오고, 차례로 개인화되어 모래처럼 흩어져서 사익을 추구하며 갈등하고 경쟁하는 시장 인간상이 나오게 된다. 두 인간상은 확연히 대비된다. 전자에서 인간은 자신과 공동체가 행복한 삶을 영위하는데 필요한 것들을 조달하기 위해 활동(생산)한다. 후자의 경제에서 이기적 인간은, 욕망은 무한한 반면 그 욕망을 충족시킬 자원은 유한한(희소한) 조건 속에서 합리적 선택을 한다. 전자의 경제에서 경제행위의 기준은 다양한 사회적 필요에 대한 대응이 될 것이고, 후자의 경우에는 이윤, 수익률, 리스크, 비용 등이 될 것이다.

한국사회에 부합하는 사회적경제철학의 필요성

주류사회과학(특히 주류경제학)이 추구하는 방식에 따라 사회적경제의 운영원리와 철학에 관한 일반적인 원칙을 찾으려는 시도는 협동조합에 관한 일부의 진전을 제외하면 아직 전세계적으로 만족스럽지 않다.[11] 지역에 뿌리내린 일상의 시민적 삶에서 찾아야 할 사회적경제의 성공원리를 국가 단위로까지, 그리고 더 나아가 국가 단위를 넘어 확장하는 것이 가능한 것인지조차 아득해 보일 수도 있다. 그러나 일시적인 부침은 있었지만 유럽을 중심으로 하는 서구 사회에서는 이미 200년 이상 국가에 부당하게 종속되지 않고, 경쟁시장의 원리에서 자유로운 '다르게 사는 삶'에 대한 궁리는 계속되어 왔다. 시장이 충분한 일자리를 제공하지 못하여 다수 대중의 의식주를 안정적으로 해결하는데 실패하고, 유럽 사민주의 복지국가 역시 위기에 처하면서 시장과 국가의 실패를 모두 겪었다. 이 시장과 국가의 동시 실패가 반복되는 한 앞서의 궁리는 계속될 것이다.

사회적경제에 관한 실천적 활동과 학술적 활동의 경험이 일천한 한국사회에서 국가 아니고, 시장도 아닌 영역의 실체를 발견하고 그 운영원리와 다르게 사는 삶의 철학을 찾으려는 노력은 아직 걸음마 단계에 있다. 국가와 시장과 구별되는 사회의 실체도 아직은 충분히 인식되고 사회적으로 받아들여졌다고 보기도 어려운 점이 많다. 시혜적으로 접근하는 국가의 재정적, 제도적 지원에만 의존하는 방식으로 소모적인 양적 확대에 치중했던 시기도 어느 정도 지나갔다. 복지국가의 문턱에 갓 들어서 있는 마당에, 서구 복지국가의 실패를 미리 앞당겨 가져올 필요는 없어 보인다. 그럼에도 불구하고 일제를 거쳐 근대에 진입한 이래 군사정권의 독재정치를 겪고, IMF 경제위기의 트라우마를 거쳐 신자유주의 시대를 지나가면서 이 땅의 대중은 서구와는 또 다른 종류의 국가의 실패와 시장의 실패를 겪었고 겪고 있다. 어느 쪽도 다수 대중의 일상적 삶을 충분히 안정시키지 못했다. 일상의 삶이 안정되지 않으면 시민적 참여를 조건으로 하는 민주주의도 지체할 수밖에 없고, 시민적 덕성의 함양도 지체할 수밖에 없다.

서구의 경험과 한국의 경험과 조건이 다르게 보이지만, 인간의 생존에 필요한 물질적 조건을 안정적으로 충족시키고, 시민적 덕성으로서 참여, 배려, 평등, 연대, 협동, 서로 돌보고 도움주기를 원리로 삼는 사회, 사회적·경제적 장벽이 없고 편가르기가 없는 사회, 누구라도 타인을 무시하지 않는 사회, 특권과 소외가 없는 사회, 다른 구성원의 희생으로 이득 보려 하지 않는 사회라는 비전을 공유한다면 그것이 서구이건 아시아이건 어디든 함께 실천하고 궁리할 수 있다.

참고문헌

김창진. 2014. "근대 서구의 사회사상과 협동의 사회경제". 김창진 엮음. 『협동과 연대의 인문학』. 가을의아침.

김신양. 2022. "200년 사회적경제의 역사 속 한국의 사회적경제". 『공동체문화와 민속연구』, 4호: 101~140.

김형미. 2014. "협동조합운동의 선구자들과 '협동조합공화국'". 김창진 엮음. 『협동과 연대의 인문학』. 가을의아침.

신명호. 2014. "사회적경제의 이해". 김성기 외 지음. 『사회적경제의 이해와 전망』. 아르케.

신정완. 2014. "복지국가와 연대". 김창진 엮음. 『협동과 연대의 인문학』. 가을의아침.

유철규. 2020a. "사회적경제의 이해". 『협동조합 일반』. 중소벤처기업부·소상공인시장진흥공단.

_____. 2020b. "역자해제: 국가도 시장도 아닌, 무엇이 있을 수 있는가?". Bruni, L. 2012. *The Wound and the Blessing*. (『콤무니타스 이코노미』. 강영선 외 옮김. 북돋음. 2020.)

_____. 2014. "자본주의, 사회적경제 그리고 협동조합". 김창진 엮음. 『협동과 연대의 인문학』. 가을의아침.

_____. 2002. "신자유주의". 김수행·신정완 편저. 『현대 마르크스경제학의 쟁점들』. 서울대학교출판부.

이견직. 2014. "사회적 경영의 이해". 김성기외 지음. 『사회적경제의 이해와 전망』. 아르케.

이병천. 2018. "경제문명사와 실체적 비시장경제학: 폴라니의 『인간의 살림살이를 중심으로』". 이병천 편. 『경제사상과 전환시대 자본주의』. 도서출판 해남.

홍기빈. 2009. "옮긴이 해제: 시장경제 유토피아와 사회의 발견". 홍기빈 옮김. 『거대한 전환: 우리 시대의 정치·경제적 기원』. 도서출판 길.

Hayek, F. 1944. *The Road to Serfdom*. (『노예의 길: 사회주의 계획경제의 진실』. 김이석 옮김. 2018. 자유기업원.)

ILO. 2010. *The Resilience of Social and Solidarity Enterprises: the Example of Cooperatives*. Global Jobs Pact Policy Briefs, No.10.

Polanyi, K. 1944. 『거대한 전환: 우리 시대의 정치·경제적 기원』. 홍기빈 옮김. 도서출판 길. 2009.

Zagmagni, S., and L. Bruni. 2004. Economia Civile. (『21세기 시민경제학의 탄생』. 제

현주 옮김. 2015. 북돋음.)

平田清明 엮음. 1979. (『사회사상사』. 장하진 옮김. 한울.)

---

1) 이 말은 1987년 9월 23일 한 여성지(Women's Own magazine)와의 인터뷰에서 먼저 나타
난다.

2) Thatcher, Margaret (21 May 1980). "Speech to Conservative Women's Conference", mar-garetthatcher.org.

3) 비영리조직, 제3부문, 자원활동조직, 연대경제, 시민경제 등 명칭은 국가별, 지역별로 다
양하다. 김신양(2022)은 2010년을 전후하여 '사회연대경제'라는 이름이 전세계적으로 공
식적인 명칭이 되었다고 밝히고 있다. 프랑스는 2014년에 '사회연대경제법'을 도입했다.

4) 공동체로부터의 해방이라는 자유는 동시에 굶어죽을 자유를 의미한다. 공동체의 보호아
래에서는 그 구성원에게 혼자 굶어 죽을 자유는 주어지지 않는다.

5) S. Zagmagni & L. Bruni, 제현주 옮김(2015, p.85)에서 재인용.

6) K. Polanyi(1944), 홍기빈 옮김(2009), p.337

7) 홍기빈 옮김(2009), pp.366~369.

8) 이하는 유철규(2020, pp.13~14)를 다듬어 정리한 내용이다.

9) 막스 베버(M. Weber)에게 있어 자본주의란 수입과 비용을 계산하여 결산을 맞추고 그
차이인 순이윤을 계산할 수 있는 관료적 생산조직(기업)이 산업생산을 주도하고, 그것에
인간의 필요와 욕구의 충족이 의존하는 경제이다.

10) ch.12~13.

11) 국제노동기구ILO(2010)가 야심차게 사회적경제의 이론적, 실천적 실체를 찾아 보겠다는
프로젝트를 진행했지만, 그 결론은 "아직 보편적으로 정의되지 않은, 진화하고 있는 개
념evolutionary concept"이었다. 각 지역 각 나라마다 사회적경제를 지탱한 원리와 역사
가 다르다는 말이기도 하다. 사회기독교주의 사상적 전통, 아나키즘의 전통, 결사체사회
주의 전통, 남미의 연대주의 전통, 자유주의 전통을 아우르는 광범한 사상적, 실천적 스
펙트럼의 크기를 ILO연구팀이 확인했다.

2장

사회연대의 재구축
노동운동과 사회적경제의 연대로 창출하는 정의로운 전환

김형탁

거대한 도전

노동운동은 다양한 도전에 대한 답을 요구받고 있다. 이미 지난 세기부터 시작된 이 도전에 대해 노동운동은 더 답을 미룰 수 없는 상황에 이르렀다. 기후 위기는 인류의 생존 자체를 위협하고 있고, 기술혁신의 수준은 노동자의 작업장을 벗어나서 삶의 전 영역에서 예속성을 강화하고 있다. 하지만 조직된 노동은 변화된 상황에 대안을 제시하지 못하고, 기존 체제가 해체되는 과정에서 그동안 쟁취한 권리를 지키는 투쟁을 수세적으로 전개하였다. 이미 판이 바뀌고 있는데, 그 판 안에서 안정성을 지키기 위한 노력은 숭고할지는 몰라도 지혜롭지 못하다. 그러나 노동운동 내에서도 이대로는 안 된다는 인식이 확산하고 있고, 새로운 체제에 대한 전망을 시급하게 수립하는 작업을 요구하고 있다.

정의로운 전환에 대한 논의는 생태적 위기에 대한 대응에서 시작하였다.

노동운동이 생태적 위기에 대해 관심을 가진 건 주로 일자리 때문이었다. 지속 가능한 체제로 전환하기 위해서는 사회체제 전반의 변화가 필요하고, 생태 위기를 가속하는 생산 체제의 변혁도 불가피하다. 이 과정에서 기존의 일자리는 위협받을 수밖에 없다. 정의로운 전환에서 정의롭다(just)는 건 일자리의 유지와 관련되어 있다. 정의로운 전환은 지속 가능한 체제로의 전환에서 발생하는 일자리 감소를 새롭게 창출되는 일자리로 대체하고, 불가피하게 일자리를 잃게 될 경우는 합당한 보상을 하는 전략이다. 그러나 이 논의가 시작된 지 오래되었지만, 사회적 합의의 길은 멀다. 아직 사회적 합의의 어느 주체도 준비도 없고 의지도 없기 때문이다.

제2의 기계시대[1] 또는 제4차 산업혁명이라 불리는 기술의 급속한 발전도 노동운동에 심각한 도전이다. 도전이라고 표현한 것은 주체의 대응에 따라 위기가 될 수도 있고, 새로운 기회가 될 수도 있기 때문이다. 새로운 기술 시대에는 표준화된 기술을 요구하는 모든 일자리가 사라질 위협의 대상이 되었다. 사이버 물리시스템에 의해 그동안 인간의 손이 닿을 수 없었던 일까지 안전하고 정확하게 수행할 수 있게 되었다. 챗GPT가 보여주었듯이 AI는 초연결 기술에 의해 인간의 고유한 정신적 활동이 필수적이라고 인식되었던 일도 척척 수행해 낸다. 육체노동이든 정신노동이든 기계가 가능한 영역이 어디까지냐를 묻는 건 이제 의미 없는 일이 되었다. 결국 문제는 어떠한 사회를 구상하는가, 그리고 그러한 사회에 대한 합의를 이루어 낼 수 있는가로 귀결되었다.

두 가지의 거대한 도전 외에도 일을 둘러싼 세계는 급격하게 변화되었다. 인구의 구성이 한 세대 전과 완전히 달라졌다. 인구 구성은 역피라미드 형태를 보이는 고령사회가 되었고, 출생률은 급격하게 줄어들었다. 한국의 노인 빈곤율은 OECD 국가 중에서 꼴찌를 벗어나지 못하고 있다. 부양할 노인인구의 증대와 생산가능한 노동인구의 감소로 사회가 정상적으로 유지될 수 있을까에 대한 의심도 커졌다. 생산 인구의 감소가 기술 혁신을 더욱 촉진하고, 또 이로 인해 일자리가 더 줄어드는 악순환도 가능한 시나리오의 하나가

되었다.

세계화와 자본의 금융화로 인해 사회는 더욱 위험해졌다. 금융화는 자본의 자유로운 이동을 막는 장벽이나 보호장치의 철폐, 은행에 대한 규제 완화와 약탈적인 대출의 증가, 제조업의 파괴, 노동조합의 약화, 불안정한 저임금 일자리의 확산 등을 뜻한다.[2] 자본은 더욱 단기적 이익을 위해 움직이고, 이로 인한 자산의 불평등은 극심해졌다. 가난한 노동자는 노동 소득의 격차뿐 아니라 자산의 격차로 이중의 고통을 받는 처지이다. 세계 10위의 경제 대국임에도 불구하고 전체적으로 한국의 사회정의 수준은 최하위에 머물고 있다.

이러한 도전에 대해 일자리를 수세적으로 방어하는 투쟁으로는 이 위기를 돌파할 수 없다. 그러나 솔직하게 말하면 조직된 노동운동이 이러한 도전과 위기에 대한 인식을 공유하고 있는지도 의문이다. 노동운동은 사회를 변화시키는 현실적인 힘이기에 노동운동 내의 공유된 인식은 사회 변화의 방향과도 관련된다. 현재의 위기는 기존의 틀 내에서 해법을 찾을 수는 없다. 왜냐하면 현재의 노동체제 역시 기존의 틀 속에서 정착해 온 것이기 때문이다. 사회정의와 연대에 대한 요구가 커지고 있는 이유는 지금까지와는 다른 새로운 해법이 필요하기 때문이다.

표준적인 고용관계의 해체

2차대전 이후 서구에서 정착되었던 표준적인 고용관계는 극적으로 해체되고 있다. 노동자들은 표준 고용관계 대신에 신축적·비표준적·한시적·불안정한 고용관계를 경험하고 있다.[3] 표준적인 고용관계에서 노동자는 단일한 사용자와 종속적 고용관계를 맺고 안정적으로 일자리를 유지하며, 고용에 기반한 다양한 사회보장의 혜택을 누릴 수 있었다. 하지만 이제 이러한 일자리는 더 이상 기대하기 힘들다. 기업의 외주화와 파견근로는 일반화되었으며,

사회안전망도 약화되었다.

표준적인 고용관계의 해체는 신자유주의 정책으로 본격화되었지만, 디지털 기술의 확장으로 더욱 가속화되었다. 고용 계약에 종속되었던 노동자는 이제 알고리즘에 의해 종속관계로 들어간다. 알랭 쉬피오는 이를 '수(number)에 의한 통치'라는 개념으로 표현했다. 디지털 혁명으로 노동자는 이제 복종하는 것으로는 충분하지 않고 경쟁력이 있어야 하고 성과를 내야 한다. 수에 의한 통치에서 지배자는 자신의 의사를 숫자로 나타낸다. 기계의 톱니바퀴처럼 명령에 복종할 것을 요구하지 않고 외부에서 보내는 신호에 반응할 것을 요구한다. "노동조직은 더 이상 지시자와 종속자 사이의 분업의 원리에 기초하지 않으며, 종속자들의 노동을 단순하고 측정 가능한 과정들로 분해하는 원리에 기초하지도 않는다……이들은 모두 반응력을 보여줘야 하고, 수치화되어 할당된 목표를 달성해야 한다."[4] 이처럼 산업노동조직에서는 지시받는 자들이 지시하는 자들에게 종속된다는 원리에 기초하였지만, 탈산업의 노동조직은 모두가 제어된다는 원리에 기초하고 있다.

표준적인 고용관계의 해체는 이에 기초한 노동 관련 법과 제도가 노동자들에게 보편적으로 적용되지 않는 상황을 만들었다. 기존 체제에서도 노동복지는 보편적으로 적용되지 않았다. 노동시장 안으로 들어오지 못한 노동은 아무리 가치 있는 일이라 하더라도 주변적인 비공식 노동으로 취급받았기 때문이다. 가사노동, 돌봄노동, 자원봉사 등 사회의 유지를 위해 필수적인 노동일지라도 그 노동은 정당하게 대우받지 못했다. 노동의 유연화로 형성된 불안정한 고용관계 아래에서는 노동자 대다수가 제대로 된 노동복지의 혜택을 받을 수 없다. 현재의 노동체제는 사업주에 종속된 임금노동자를 표준으로 하여 설계되었기 때문이다.

이 과정에서 노동조합은 비정규직의 정규직화라는 구호만 당위적으로 내세웠을 뿐 효과적인 대안을 만들어 내지 못하였다. 대기업 정규직의 기득권을 가진 노동자는 공정이라는 탈을 쓰고 자신들만의 보루를 지키기에 급급하였다. 사업장 조합원의 이해를 우선 대변할 수밖에 없는 기업별 노동조합체제에서 노동조합은 대의명분과 실리가 철저하게 괴리되는 모습을 반복하였다. 안타까운 일은 노동조합이 비정규직의 정규직화라는 당위에만 매몰되어 변화하는 현실을 적극적인 기회로 만들어 내지 못하는 현실이다. 이제 노동조합은 임금노예제를 벗어나기 위해서는 규제와 금지 명령이라는 수단에 의존하지 않고 브레이크만 손에 잡던 수준을 넘어 운전대를 장악해야 한다.[5]

전환의 기회

기술혁신으로 인간은 안정적이고 표준화된 일자리에서 점차 내쫓기고 있다. 새롭게 생겨나는 일자리는 대부분 비표준화되고 안정성이 취약한 영역에서 나타난다. 새로운 기술은 인간의 노동을 창의적으로 만들 가능성이 풍부하지만, 현실 세계의 일자리는 분할되고, 단기적이며, 알고리즘에 종속되어 있다. 불안정하고 취약하다는 이유는 일 자체의 특성이 아니라, 기존의 노동법과 사회법 체제가 변화하지 않았기 때문이다. 단기간 일하면서도 시민권을 가진 인간으로서 생활할 수 있는 체제라면 진보한 사회체제다. 따라서 노동운동에는 체제를 변화시킬 기획이 필요하다.

"디지털 혁명이 제공하는 기회는 노동의 재인간화를 위한 기회이다. 인간의 노동에서 프로그래밍할 수 있는 모든 부분을 우리의 '지능 기계들'이 맡아 준다면, 그렇다면 인간은 순수하게 포이에시스적인 노동, 즉 어떤 기계도 할 수 없는 것, 자유와 창조성과 타인에 대한 배려에 기초한 노동에 집중할 수 있어야 할 것이다. 다시 말하면, 디지털 혁명은 노동자를 '자기자신의 상인'으로 의제하는 허구에서 벗어나, 임금노동을 넘어 '진정으로 인간적인 노동 체제'를 확립할 수 있는 새로운 기회이다."[6]

시장 전체주의 속에서 노동자는 임금을 위해 자신의 자유로운 노동을 종속노동으로 변화시켜야 한다. 종속된 노동은 사회의 공동선에 기여하는 노동이 아니라 사적인 이윤을 위한 노동이다. 노동조합은 종속관계를 전제로 정당한 대가를 얻기 위한 운동이었고, 노동법은 그것을 보장하기 위한 제도였다. 하지만 표준적인 고용관계가 해체된 상황에서도 종속노동을 전제로 한 사회체제를 고수해야 할 이유는 전혀 없다. 새로운 체제에서는 필라델피아 선언(1944)에서 말하는 '노동자들이 최대한의 능력과 지혜를 제공하고 공동선에 최대한 기여할 수 있는 만족'을 얻기 위한 노동체제를 형성해야 한다.

종속노동을 전제로 하지 않는다면 우리는 훨씬 풍부한 가능성의 세계에 들어설 수 있다. 일자리를 잃으면 생존하기 어렵다는 두려움만 해소할 수 있다면, 오히려 우리는 더 다양한 노동의 세계를 만들어낼 수 있다. 노동운동은 공동선에 기여하고 시민으로서 안전한 삶을 누리는 자유로운 노동의 세계를 만드는 기획을 시작해야 한다. 그러기 위해 계급이라는 구획에 한정되지 않는 새로운 주체성을 형성해야 한다.

네그리와 하트는 『공통체(Commonwealth)』에서 '가난'과 '사랑'이라는 두 개념을 핵심적으로 사용하고 있다. 가난의 관점에서 세계를 이해하게 되면 임금 관계의 안팎에서 이루어지는 광범한 생산활동을 보게 되어 계급 구성이 어떻게 변했는지 새로운 눈으로 볼 수 있다. 또한 사회적으로 배제되었다고 간주된 자들, 즉 빈자, 이주자, 불안정 노동자들이 비록 종속된 상태이지만 삶정치적 생산의 전지구적 리듬 속에 완전히 들어와 있다는 것을 발견하게 된다. 빈자는 더 이상 결핍이 아니라 가능성에 의해 정의되며, 운동의 과제는 빈자의 생산성과 가능성을 힘으로 전환시키는 방법을 찾는 것이 된다.[7]

네그리와 하트는 사랑을 철학과 정치에 필수적인 개념으로 발전시켜야 할 것을 주문한다. 그러기 위해서는 빈자의 관점에서, 빈자들이 어디서나 보여주는 사회적 유대와 사회적 생산의 수많은 형태들에서 시작하는 것이 유용하다. 유대, 다른 사람들을 돌보는 것, 공동체를 창조하는 것, 공통의 기획으로 협력하는 것은 빈자들에게는 필수적인 생존 메커니즘이기 때문이다. 빈자는 물질적 결핍에 의해서 정의되지만, 빈자의 진정한 본질은 결핍이 아니다. 빈자는 항상 발명과 생산의 힘을 갖추고 있다. 연대를 통해 개별적 신

체가 사회적 신체를 형성하면 새로운 공통적 주체성을 구축할 수 있다.[8]

울리히 벡도 전통적인 노동 관행의 종말은 21세기에 일을 위한 새로운 아이디어와 모델을 발전시킬 기회로 볼 수 있다고 한다.[9] 벡은 지역과 초국적 네트워크로 민주적으로 조직된 활동적인 시민들이라는 개념을 통해 대안적인 비전을 제시한다. 사회적 배제의 위협에 대항하여 모두가 일에 대한 새로운 정의와 배분에 포함될 권리를 가질 수 있고 가져야 한다. 여기서는 공식적 고용(노동시간의 상당한 감축과 함께)과 자기 고용의 예술적, 문화적, 정치적 '시민 노동(civil labour)' 사이의 끊임없는 운동을 수반하며, 종합적인 사회 보호에 평등한 접근을 제공한다.

이러한 기획은 새롭게 창조된 것이 아니라, 인류가 사회를 유지해 온 보편적인 원리에 기반한다. 어느 사회에서나 어렵고 힘든 환경에 맞서 공동체 전체의 이익을 위해 우애와 연대로 맺어진 관계를 발견할 수 있다. 자본주의 시장이 모든 관계를 규율하듯이 보이는 현재에도 위기가 닥치면 아무 대가도 바라지 않고 타인을 위해 봉사하는 모습을 쉽게 볼 수 있다. 가난과 탐욕은 관계가 없다. 빈자는 자신이 필요한 것을 요구할 뿐이며, 공동체에 대한 마음은 부자보다 더 크다. 아프리카 언어에서 "가난하다"라는 말은 세계은행이 이해하는 의미, 즉 하루 2달러 이하의 소득을 의미하지 않는다. 가난한 자는 "사람이 별로 없는 자" 또는 "타인의 연대에 기댈 수 없는 자"이다.[10]

기술의 발전이 인류에게 재앙으로 비치는 것은 그 기술이 인간의 노동을 약탈하는 수단으로 쓰이기 때문이다. 그러나 체제의 작동원리를 바꿀 수 있다면 그 기술은 인간성을 고양하는 수단이 될 수 있다. 노동운동의 과제는 그 원리가 작동될 수 있도록 하기 위해서는 어떠한 조치가 필요한지를 찾아내는 것이다.

사회연대경제와 일의 미래

2019년 ILO는 "일의 미래를 위한 ILO 100주년 선언"을 선포하였다. 선언은 "기술혁신, 인구 변화, 환경 및 기후 변화, 세계화 그리고 노동의 본질과 미래 나아가 인간의 존엄에 상당한 영향을 미치는 지속적인 불평등"으로 일의 세계에서 변화가 도래하였다고 진단하며, "완전하고 생산적이며 자유롭게 선택할 수 있는 고용 그리고 모두를 위한 양질의 일자리를 보장하는 공정하고, 포괄적이며 안전한 일의 미래를 만들기 위한 도전 과제에 대응하고, 기회를 포착하기 위해서는 즉각 행동에 나서야" 할 것을 주문하였다.[11] 아울러 "양질의 일자리와 생산적 고용, 모두를 위한 나은 생활수준 창출을 위해 영세 중소기업과 협동조합 및 사회연대경제에서의 기업활동과 지속가능한 기업을 위한 환경조성을 촉진함으로써 경제성장과 고용 창출의 주 원천으로서 민간부문의 역할을 지원"하는 노력을 하기로 결의하였다.

사회연대경제(SSE)는 '기업과 조직, 특히 협동조합, 공제회, 어소시에이션, 재단 및 사회적기업을 지칭하는 개념으로, 경제적, 사회적 목적을 추구하고 연대를 촉진하면서 구체적으로 재화, 서비스, 지식을 생산'하는 조직으로 정의된다.[12] 기술혁신으로 전통적인 일자리들이 감소하면서 새로운 노동 수요가 필요한 상황에서 기존의 노동체제에서는 주목받지 못하거나 주변에 존재했던 일자리에 대한 수요가 늘 것으로 보인다. 이러한 일들은 그동안 가정이나 자원봉사단체 또는 공공기관에 의해 수행되었으며, 사회연대경제 조직들이 주목해 왔던 영역이다.

이 일들은 노동 집약도가 높고 생산성이 낮으며 이용자들이 비용 압박을 받는 분야이다. 잠재적 수요가 어느 정도인지 파악하기도 쉽지 않고, 수요가 고정적이지도 않다. 이러한 부문의 일자리는 급여가 낮고, 일이 구조화되어 있지 않으며 비공식적이다. 그래서 시민과 지역사회에 가치가 높은 일임에도 불구하고 서비스 공급은 체계적이지 않으며 비정형적 고용 계약을 활용

한다.[13]

하지만 이 분야의 일자리에 대한 수요가 증가하면 기술혁신은 일자리의 전문성을 높일 수 있는 방향으로 작동할 수 있다. 인간이 하는 힘든 노동을 신기술의 기능으로 보완할 수 있도록 하면 일자리의 질은 높아질 수 있다. 협업 로봇을 비롯한 새로운 기술을 통합할 수 있는 역량이 필요하며 전문성을 갖추기 위한 교육과 훈련이 필요하다. 이러한 일자리는 고령인구의 노동수요를 해결할 방안도 된다. 이윤을 위한 기업이 중심이 되지 않는 사회연대경제는 이 분야 일자리의 질을 변화시켜낼 수 있다.

Borzaga 외(2019)는 SSE 조직은 돌봄과 같은 사회적 일자리 분야에서 다른 유형의 기업들은 할 수 없는 최소한 세 가지의 독특한 이점을 가지고 있다고 진단한다. 먼저 SSE 조직은 새롭게 발생하는 요구를 잘 식별할 수 있다. 이용자와 자원봉사자가 그 거버넌스와 인력 안에 함께 하고 있기 때문이다. 그들은 봉사하는 지역사회와 매우 밀접하게 연결되어 있고 그들의 요구에 가장 잘 맞출 수 있다.

두 번째 이점은 이러한 서비스가 시장에서 실패하기가 쉽고 시장 메커니즘을 통해 공급하기 어렵다는 특성과 관련 있다. 이러한 특성은 생산자와 이용자 사이에 현저한 정보 비대칭이 존재하기 때문이다. 그러나 SSE 조직은 종종 이용자에 의해 설립되거나 이용자가 거버넌스에 포함되기 때문에 이러한 정보의 비대칭을 처리할 수 있는 준비가 잘 되어 있다. 그래서 SSE 조직은 다른 유형의 기업보다 더 나은 관리와 더 높은 품질의 서비스를 제공할 가능성이 크다.

세 번째 장점은 SSE 조직은 투자된 자본에 대한 보수가 우선순위가 아니어서 이윤이 낮은 활동을 수행하면서도 운영할 수 있고 발전할 수 있는 능력이 있다는 점이다. 자본과 투자 수익에 더 많이 의존하는 영리 기업들은 이 부문에 진입할 가능성이 크지 않은데, 시장 실패의 가능성이 크기 때문이다. 이 점은 전통적으로 공공 부문이 시장에서 충분히 제공할 수 없는 필수적인 서비스를 제공하기 위해 이 분야에 개입하는 이유이다. 그러나 공공 부문 기관들은 예산 삭감과 적자 지출에 대한 부담에 직면하고 있어 다른 행위자들이 개입할 필요가 있다. SSE 조직은 기부와 자원봉사를 포함한 다양한 자원에 의존할 수 있고, 그들의 가치와 사회적 열망에 동기 부여되어 높은 직무 만족도를 유지하면서 상대적으로 낮은 임금을 받아들일 수 있는 노동자를 모집할 수 있다.

SSE 조직이 잠재력을 발휘할 수 있는 분야는 '돌봄 경제'에 한정되지 않는다. 디지털 플랫폼에 의해 가능해진 긱 경제(gig economy)에 영향을 받는 다른 많은 경제 활동과 마찬가지로 창조 문화 산업 분야도 SSE 모델을 채택할 수 있는 비옥한 토양이다. 돌봄 경제와도 비슷한 특성을 가진 이 분야에서 이 모델을 채택함으로써 종사자의 역량을 키우고 더 많은 안전을 제공할 수 있다.

여러 나라에서 플랫폼 협동조합이 만들어지는 데는 이러한 수요가 있기 때문이다. 플랫폼 협동조합은 상호 간 연결이나 서비스를 조직하기 위하여 웹사이트, 모바일 앱 또는 프로토콜을 활용하는 조합원 소유 기업을 말한다. 디지털 플랫폼을 더 민주적으로 소유하고 통제하기 위하여 협동조합 모델을 활용한다. 비공식 경제 노동자들의 기존 협동조합이 조합원들이 더 많이 통제하는 방식으로 조합원이 생산한 재화와 서비스를 사용자들에 제공하기 위하여 온라인 애플리케이션을 활용한다. 프리랜서, 예술인, 기술 노동자, 긱 이코노미에서 활동하는 노동자들이 활용하며, 그 분야의 노동조합으로부터 지원을 받기도 한다.

노동시장의 균열과 생산 기능의 탈집중화를 통한 생산 공정 해체 경향은 일자리의 취약성을 증가시켜 더 효과적인 조정 메커니즘이 필요하다. 하지만 지금까지는 공유경제와 같은 가장 혁신적인 분야까지 포함하여 사실상 일시적이고 불안정한 고용에 의존하는 조직 모델이 주였다. 하지만 플랫폼 협동조합처럼 새로운 분야에서 SSE 조직의 모델을 도입하면 사회의 작동방식을 변화시킬 수 있다.

노동공제운동과 사회연대경제

한국의 노동운동이 사회적경제와 친화성을 갖지 못한 이유를 쉽게 이해하기는 어렵다. 70년대 민주노조운동의 역사에는 협동조합과 공제회의 흔적을 찾아볼 수 있지만, 민주노총이 결성된 이후 그 흐름은 단절되고 말았다. 한국노총의 경우도 1981년 자체 조사에서 2,055개 단위 노조 및 지부 가운데 380개 노조에서 소비조합 구판장이나 매점을 운영하는 것으로 나타났고, '협동조합사업본부'를 설치하여 4개년 계획을 수립하여 소비조합, 노동금고, 공제조합을 노총의 3대 협동조합운동으로 설정하였지만 그 이후 활동은 찾아보기 힘들다.[14)

1987년 노동자대투쟁으로 노동조합이 새로이 결성되거나 민주노조로 전환하는 과정에서 전투적 조합주의가 노동운동의 주요 노선이 되면서 공제회와 협동조합에 대한 관심이 사라진 것으로 추측할 수 있다. 개발독재 과정에서 잃어버린 노동자의 권리를 찾는 과정에서 조합원 동원을 통한 힘의 결집이 우선되고, 단체협약을 통해 조합원의 권리를 보장받는 일이 먼저였기 때문이다. 노동자의 생활상에서 필요한 요구도 단체협약을 통해 해결하려는 노력이 우선이었다.

하지만 기업별 노조 체계와 사업장 중심의 단체협약 적용은 노동조합이 포괄하지 못한 노동자의 권리를 방치하는 결과를 낳았다. 한국의 노동조합 조직률은 2021년 기준으로 14.2%로 전체 조합원 수는 293만여 명이다. 민간 부문에만 한정하면 조직률은 11.2%이다. 근로자 300명 이상 사업장의 조직률은 46.3%에 이르지만, 100명 미만 사업장의 경우 0.6%에도 이르지 못한다. 30명 미만 사업장의 경우 조직률은 0.2%에 불과하다. 중소영세사업장의 노동자에게 노동조합은 자신과는 거리가 먼 존재이다. 또한 노동법상 단체협약의 적용 범위는 사업장에 국한되고 조합원이 아니면 노동조합의 혜택을 받을 기회도 없다. 조합원 구성과 단체협약 적용률을 보면 현재 한국의 노동조합은 전체 노동자의 이해를 대변하는 조직으로 보기 어렵다. 노조법상의 노동자로 분류되지 못한 노동자들과 실제 노동자의 처지와 다를 바 없는 무고용 자영업자까지 포함하면 그 대표성은 아주 좁은 범위로 축소되고 만다.

이러한 취약한 대표성은 노동조합이 사회적 영향력을 가지기에는 어려운 조건이 되었다. 사회운동적 노동조합주의는 낮은 조직률로 노동운동의 정당성을 확보하기 위한 중요한 전략이었다. 하지만 기업별 노동조합이라는 한계는 사회운동적 노동조합이 되기에는 결정적인 걸림돌이 되었다. 노동조합은 조합원의 요구에 우선 응하지 않을 수 없었고, 분절된 노동시장 구조로 인해 조합원들의 요구는 기득권을 지키는 것이 우선순위였기 때문이다. 한국의 노동운동이 사회적 영향력을 점차 상실해 간 과정은 사회연대에서 멀어진 궤적과 다르지 않다.

한국의 노동조합은 전투성과 배타성을 동시에 가지고 있고, 이러한 점이 노동조합운동을 '그들만의 리그', 집단적 이기주의로 공격할 수 있는 근거가 된다. 이러한 폐쇄적인 구조는 같은 직장을 다녔던 퇴직자를 조합원으로 받아들이기 꺼리는 분위기에서도 확인할 수 있다.

노동운동은 현재의 노조 체계로는 노동조합이 노동자 대표성을 가질 수 없다는 점을 솔직하게 인정하는 데서 새롭게 전략을 세울 수 있다. 노조로 대표되지 못하는 노동자, 그리고 법적으로는 노동자가 아니나 그 처지가 노동자와 다를 바 없는 시민들의 삶을 개선하기 위한 전략을 세워야 한다. 노동공제운동은 그 전략에 합당하게 들어맞는다.

공제는 다양한 형태를 가지고 있다. 크게 일반공제와 상호부조형 공제로 나눌 수 있지만, 상호부조형 공제에서도 노동공제라는 이름으로 공제가 시도된 건 오래되지 않았다. 유사한 사례로 그 이전부터 자활공제협동조합, 공익활동가 사회적협동조합 동행, 안산의 일하는 사람들의 생활공제회 좋은이웃의 사례가 있지만, 불안정·취약 노동자를 조직하기 위한 시도로 본격적으로 시작된 건 봉제인공제회이다. 봉제인공제회를 계기로 하여 2021년에는 노동공제연합 사단법인 풀빵이 만들어졌다. 풀빵에는 2023년 3월 현재 26개의 회원조직이 있다. 이와 별도로 한국노총에서도 2021년 한국플랫폼프리랜서노동공제회를 만들어 활동하고 있다.

노동공제운동은 아직 초기 단계여서 본격적으로 성과를 평가하기는 어렵다. 하지만 노동조합으로는 어려웠던 분야에서 공제 활동을 통해 조직이 만들어지고 조합원 수가 늘어나는 모습을 보면 잠재력이 있다고 평가할 수 있다. 봉제인공제회는 화섬식품산업노조에서 운영하는 공제회로 서울봉제인지회의 조합원 모두가 공제회의 조합원이다. 봉제인지회는 '공제회를 품은 노동조합'이라는 모델로 설립된 노동조합이다. 봉제업은 민주노조운동의 화신이라 할 수 있는 청계피복노조가 활동하던 업종이다. 청계천의 평화상가, 통일상가에 밀집해 있던 봉제업이 사양화되면서 인근 동네의 골목으로 분산되면서 노조의 활동이 어려워졌다. 정부의 강제해산조치에도 꿋꿋하게 활동을 이어간 청피노조는 결국 1998년에 활동을 중단하게 되었다. 분산, 고립적으로 노동을 하는 노동자들을 노동조합 조합원으로 묶어 내기란 쉽지 않은 일이었다. 하지만 봉제인공제회가 만들어지고 조합원 수가 늘어나 현재 300명이 넘는 조합원이 되었다.

라이더유니온도 조합활동에 공제를 포함하고 있다. 소액대출, 자차수리 공제를 실시하고 있다. 라이더유니온은 2022년 총회 결의를 통해 조합원 전원이 풀빵 기본공제에 가입하였다. 대리운전노조 경기지부와 부산·울산·경남을 중심으로 대리운전기사들이 모인 조직인 카부기상호공제회도 사고 시 자기부담금의 일부를 공제사업으로 지원하고 의료지원 등 협약기관을 통해 다양한 서비스를 제공하고 있다. 이들 조직은 조합원 확대에 공제사업이 중요한 역할을 하고 있다고 말한다. 이들의 활동은 공제사업에 국한하지 않고 안전지킴이 활동15), 동료 돌봄 활동 등 사회적 활동을 함께 수행하고 있다.16)

노동공제회에 대한 주목은 노조로 쉽게 연결되지 않는 불안정·취약노동자 조직화 사업으로 시작되었지만, 앞으로 그 활동은 불안정·취약노동자의 권리 찾기와 노동복지체계 형성이라는 과제로 이어질 것으로 기대된다. 하지만 해결해야 할 과제가 많다. 노동공제운동의 성공을 위해서는 활용 가능한 자원과 역량이 집중되어야 하기 때문이다. 아직 한국에는 총연맹 차원의 노동연대기금도 없고, 노동금고도 존재하지 않으며, 노동자협동조합도 걸음마 수준에 불과하기 때문이다. 역으로 노동공제운동의 성장이 이러한 사회적경제 조직들이 분화·형성될 수 있는 기반이 될 수 있다.

유럽의회는 일찍부터 공제회의 역할에 주목하고 있다. "사회적 안전을 제공하는 데 있어 더욱 더 많은 책임이 민간 영역에 주어질 것이다. 이 점에서 사회적경제, 더욱 구체적으로 공제회는 점점 더 중요한 역할을 하게 될 것이다. 연대, 민주적 운영, 무(無) 주주의 핵심 가치와 함께 공제회는 회원의 이익을 위해 그리고 그 본성상 사회적으로 책임지는 방식으로 운영될 것이다. 앞에 놓인 도전들에 대한 해결책을 찾는 데 있어 역할을 하기 위해서는 무엇보다도 설립 원칙과 구체적 작동방식을 지킬 수 있어야 한다."[17]

맺으며

캐나다의 사회적경제 활동가 낸시 님탄이 전해 준 이야기는 빈자의 공동체가 가진 힘이 얼마나 큰지 실제로 확인해 준다.[18] 1983년 당시 푸앵트생샤를은 캐나다 도심 지역 중 가장 가난한 곳이었다. 한때 캐나다의 산업 중심지였던 이 지역은 세인트로렌스 수로가 열리고 미국과 무역이 증가하면서 제조업 기업이 미국으로 빠져나가 텅빈 공장과 주차장만 남는 황량한 지역이 되었다. 실업률이 31%에 달했고, 1951년 3만 명이던 인구는 1986년에는 1만 3천 명으로 줄었다.

하지만 지역의 사회적 구조와 마을공동체 정신은 살아 있어서 "푸앵트생샤를 경제 프로그램"을 만들어 공동체 경제 개발을 시작하였다. 과거에 가장 급박한 사회적 필요에 대응하는 일에만 주력하던 활동가들이 활동의 방향을 전환하여 주민 스스로가 지역의 위기를 해결하고 경제적 발전을 이루는 사례를 만들어 냈다. 이 과정에서 퀘벡주 정부도 큰 역할을 했지만, 지역의 일자리 창출에 퀘벡노동자총연맹 연대기금의 투자가 큰 힘이 되었다는 점도 빼놓을 수 없는 사실이다. 그리고 그 투자는 퀘벡노동자총연맹 연대기금의 첫 투자이기도 했다.

퀘벡의 사례는 고유한 사회문화적 조건 속에서 만들어진 것이기에 한국 사회에 그대로 이식하기는 어려울 것이다. 하지만 한국의 노동운동의 방향에 많은 영감을 주는 사례이다. 노동운동의 쇠퇴와 노동운동에 가해지는 비판에도 불구하고 노동운동은 한국 사회에서 힘을 가지고 있는 실체적 존재다. 노동운동이 사회 문제를 의제로 삼고 실천적인 대안을 내놓는다면 노동운동에 대한 사회적 비판은 새로운 연대에 대한 기대로 전환될 수 있다. 그러기 위해서는 지금까지 노동조합으로 대변되지 못했던 이해관계들을 주목하고 자원과 역량을 투입해야 한다.

최근 사단법인 풀빵에서 기본공제 가입자를 위한 소액대출 기금을 모으기 위해 '풀빵 금고지기'를 제안하였다.[19] 1구좌당 100만원으로 3년간 무이자로 풀빵에 신탁하는 사업이다. 모인 기금은 급전이 필요한 조합원에게 연리 3%의 이자로 150만 원까지 대출한다. 2022년 12월부터 금고지기 모금에 들어갔는데, 2023년 3월 말에 350 구좌가 약정되었다. 짧은 시간 안에 이렇게 많은 금액이 연대의 정신으로 모인 사실에서 사회연대가 작동할 수 있는 토대가 있음을 확인할 수 있다. 이러한 토대 위에 한국의 노동운동이 보편적인 사회운동으로서의 성격을 회복하기를 기대한다.

1) Brynjolfsson, E., A. McAfee. 2014. *The Second Machine Age*; W. W. New York: Norton & Company, Inc.

2) 낸시 프레이저. 2021. 『낡은 것은 가고 새것은 아직 오지 않은』. 책세상. 19면

3) 이철. 2015. "표준고용관계의 쇠퇴와 새로운 규제적 접근의 필요성". 『동향과 이슈』, 2015-6. 서울노동권익센터.

4) 알렝 쉬피오. 2016. "진정으로 인간적인 노동체제". 박제성 옮김. 『노동법연구』, 제40호: 406. 서울대노동법연구회.

5) G. D. H. 콜. 2022. 『길드 사회주의』. 장석준 옮김. 책세상. 29면

6) 알렝 쉬피오. 2019. "사회정의의 현대적 의미와 ILO의 미래". 『사회정의를 향한 ILO 백년의 도전과 동아시아의 경험』. 한국노동연구원, 11-12면

7) 안토니오 네그리·마이클 하트. 2014. 『공통체』. 정남영·윤영광 옮김. 사월의 책. 21면

8) 상동 261-262면

9) Beck, U. 2000. *The Brave New World of Work*. Polity Press.

10) 알렝 쉬피오. 2019. 『필라델피아 정신』. 박제성 옮김. 매일노동뉴스. 190면

11) 한국노총 번역문 활용.

12) ILO(International Labour Office). 2011. *Social and solidarity economy: Our common road towards decent work.*

13) Borzaga, C., G. Salvatori, and R. Bodini. 2019. Social and Solidarity Economy and the Future of Work. *Journal of Entrepreneurship and Innovation in Emerging Economies*, 5(1): 37-57.

14) 서울노동권익센터. 2019. 『노동공제, 오래된 미래』. 86면

15) 이수리. "배달라이더들 이륜차로부터 안전한 산본중심상가 캠페인 진행". 2022.9.16. 군포시민신문. https://www.mediagunpo.co.kr/14827

16) 정근. "콜 잡는 대신 원룸 문 두드리는 대리기사들". 2023.1.11. 오마이뉴스. https://www.ohmynews.com/NWS_Web/View/at_pg.aspx?CNTN_CD=A0002892556

17) European Parliament. 2011. *The role of mutual societies in the 21st century.* Policy Department A: Economic and Scientific Policy.

18) 낸시 님탄. 2022. 『사회적경제, 풀뿌리로부터의 혁신』. 홍기빈 옮김. (재)아이쿱협동조합연구소. 32-61면

19) 신승근. "급전 필요한 노동자 위해 어깨걸는 노동공제연합 '풀빵' 운영합니다". 2023.2.25. 한겨레신문. https://www.hani.co.kr/arti/society/labor/1081188.html

3장

공공-민간 파트너십의 지향과 과제

송원근

배경

2007년 「사회적기업육성법」, 2012년 「협동조합기본법」 제정 이래 사회적경제가 제도화되면서 사회적경제 활성화를 위한 많은 정책적 노력이 있었다. 그러나 양적 성장에 상응하는 질적 성장도 함께 이루어지고 있는지를 되돌아봐야 한다. 정부 주도의 사회적경제 발전이 그 내재적 가치로서 자율과 협력, 연대를 강화하고 있는가? 다양한 형태의 협치 혹은 민관협력파트너십(private-public partnership)이 형성되었지만, 단순한 "행정의 이행", 정치적 리스크에 좌우되는 "허약한 파트너십"이라는 비판에는 어떻게 대응해야 하는가? 다른 한편 사업조직으로서 비즈니스에 대한 과도한 강조는 '사회문제에 대한 시장적 해법'으로 사회적경제를 각인시키고, 사회적경제의 정체성 상실에 대한 우려를 낳았다. "한국의 사회적경제는 정부가 주도하는 제도에 종속되고 시장에서 생존경쟁에 압박당하는 문제에 직면해 있다"(이해진, 2017). 사회적경제 생태계는 과연 건전하고 바람직한 방향으로 조성되고 있는가?

이 장에서는 정부주도 사회적경제 발전과정에서 나타난 문제점들을 '제도화의 역설'로 표현하고 이 중 사회적경제 조직의 동형화, 허약한 민관파트너십의 현황을 진단해본다. 나아가 민관파트너십 형성에서 중요 참여자 중 하나인 중간지원조직의 역할을 포함 건전한 사회적경제 생태계 조성을 위해서 어떤 지향과 노력들이 필요한가를 살펴본다.

제도적 동형화와 보충성의 원리

서로 다른 제도화 과정

산업혁명 이후 공동체 해체에 대응한 민간의 자발적인 노력은 다양한 형태로 전개되었고 이는 시장이 제공하지 못하는 사회적 필요를 충족시키기 위한 과정이었다. 영미권에서는 비영리조직들의 자선 활동이 그리고 유럽에서는 협동조합이나 상호공제조합 등이 그 역할을 대신했다. 이른바 제3섹터는 다양한 사회서비스를 포함한 사회적 필요를 제공하는 주체이자, 다양한 시민사회가 참여하는 통로였다. 복지국가 발달로 국가 역할이 커지면서 주춤했던 이들의 역할은 복지국가 위기에 대응하는 과정에서 다시 주목받았다 (Defourny, 2014; 박종현, 2017). 유럽에서는 협동조합, 상호공제조합, 민간단체, 종교단체를 중심으로 줄어든 복지를 메우는 활동이 증가했다. 대표적으로 영국은 전통적으로 제3섹터가 협동조합·공제조합·우애조합을 중심으로 저소득층 복지 확충과 빈곤 완화에 기여해 왔고 그 규모 또한 상당히 컸다. '제3의 길'이 정책적으로 제시되면서 복지 민영화 및 축소가 진행되었고, 제3섹터의 역할이 중요하게 주목받으며 사회적경제의 제도화가 본격화되었다. 반면, 풀뿌리 민주주의 운동보다는 기업이나 부유층이 설립한 재단이나 비영리조직 중심으로 저소득층 복지 및 빈곤 문제에 대응해왔던 미국은 경제위기를 경험하면서 비영리조직에 대한 기업과 재단의 투자와 지원이 크게 축소되었다. 이에 대한 대응 과정에서 일부 비영리기관들은 영리를 추구했고, 기업사회책임(Corporate Social Responsibility:CSR) 활동도 본격화됨으로써 복지서비스가 확대되었다. 이 과정에서 제3섹터는 정부를 대신해 취약 계층에 복지서비스를 공급하거나 정부와 협력 속에서 취약계층 대상 일자리 제공 파트너로서 역할을 새롭게 부여받았다.

한편 사회적경제를 제3섹터를 중심으로 정의하는 유럽과 달리 일본에서는 국가나 지자체 그리고 민간기업 등이 공동출자해 설립된 사업체를 공공(제1섹터) 및 민간(제2섹터)과는 다른 독자적인 섹터로서 제3섹터라는 의미를 사용한다. 따라서 사회적경제라는 표현보다 소셜비즈니스(ソーシャル·ビジネス), 커뮤니티 비즈니스 (コミュニティ·ビジネス), 마을만들기(まちづくり), 비영리부문, 제3섹터 등과 같은 유사 개념이 다양하게 활용되고 있다. 경제적 차원의 사회적경제는 연대의 경제라고도 부르며, 주로 워커즈 콜렉티브, 지역통화, NPO 뱅크 등을 지칭하면서 발전해왔다.

이처럼 사회적경제가 발전하는 과정과 그 기능 방식은 국가마다, 지역마다 다를 수 밖에 없다. 사회적경제는 국가, 시장, 시민사회로부터 자원을 흡수하면서 사회적·경제적 역할을 수행하고 따라서 국가, 시장, 시민사회 각 부문의 역량, 역사적 경험, 제도적 배치에 따라 사회적경제의 구체적 모습도 차별성을 보인다(최나래·김의영, 2014).

역사적 과정에서 생겨나고 발달한 사회적경제의 제도화는 정부 정책에 영향을 주기도 하고 영향을 받기도 한다. 하나는 일반기업들과 시장에서 경쟁해야 하는 사회적경제 조직들이 정부에 법인격 부여와 같은 제도화를 요구하고 이에 정부가 법과 제도를 만드는 것이다. 다른 하나는 정부가 사회적경제 조직들을 복지정책의 파트너로서 전략적으로 선택하는 경우였다. 유럽은 후자의 사례가 압도적으로 많다.

전자에 해당한다고 볼 수 있는 우리나라에서 사회적경제가 주목받게 된 것은 IMF경제 위기 이후 높은 실업률, 고용없는 성장, 소득양극화 심화였다.

그런 상황에서 정부는 일자리 창출의 수단으로 사회적경제에 주목했다. 특히 2007년 제정된 「사회적기업육성법」은 2000년 국민기초생활보장법에 근거한 자활사업, 2003년 사회적일자리라는 명칭으로 불린 공공근로사업이 제공하는 저임금, 임시직 일자리의 한계에 대한 인식을 바탕으로 한 것이었다. 국가는 취약계층을 노동시장으로 통합하기 위해 사회적경제 조직의 창설과 운영을 지원했다(김혜원, 2011). 이러한 과정을 거쳐 협동조합, 사회적기업, 마을기업, 자활기업 등이 정책화되고 제도화된 형태의 대표적 사회적경제 조직들로 자리잡게 되었다. 사회적경제에만 국한된 것은 아니지만 정책 실행 과정에서 정부 주도성은 형식적이거나 위약한 거버넌스 혹은 민간-정부 파트너십으로 구체화되었고, 정부에 대한 의존성 또한 줄어들지 않았다. 당연한 귀결로 사회적경제 조직들은 사회적 목적 달성이나 지역사회 기여보다는 보조금 확보 경쟁에 더 많은 노력을 기울였다. 그 결과 사회적경제 구성원들의 자발성이나 헌신성이 약화되고, 사회적경제 조직들의 정체성도 위태롭게 되었다. 문재인 정부 들어 사회적 금융이나 지역주도 담론 등이 활발해지면서 사회적경제생태계를 강화해야 한다는 주장에도 우리나라 사회적경제생태계는 여전히 정부주도형이라는 딱지를 떼지 못하고 있다.[1] 그러나 사회적경제 생태계가 가지는 가장 큰 의의는 무엇보다도 사회적경제를 지속가능하게 만들어, 사회적경제가 중심이 되어 사회적경제를 필요로 하는 환경과 구조, 선순환 시스템을 작동 가능하게 만든다는 점이다.

제도화의 역설

시장경제를 보완하는 경제조직방식으로서 사회적경제의 제도화를 좀 더 긍정적인 시각으로 바라보면 정부에 의한 또 다른 시장의 창출이라고 볼 수 있을 것이다. 그러나 다른 한편으로는 사회적경제 기업의 존립과 지원 근거로서 마련된 제도들이, 그 제도하에서 행동하는 개인들의 기대와 행동에 바람직하지 않은 나쁜 방향으로 영향을 미칠 위험이 발생한다. 이른바 '사회적경제 제도화의 역설'인 것이다. 이 역설은 기업이나 중간지원조직같은 사회적경제 조직들의 동형화, 허약한 민관파트너십, 그리고 부처별로 분절적인 사회적경제 정책으로 인한 부처 간 칸막이와 경쟁 심화, 제도화 조직 유형에 근거한 부문 중심의 연대로 인한 부문 간 연대 저하 등으로 현상된다.

제도적 동형화(Institutional Isomorphism) 현상

제도화의 역설 가운데 가장 많은 주목과 우려의 대상이 된 것은 사회적경제 조직들의 제도적 동형화 위험이다(라준영, 2014; 이재희·조상미·권소일, 2018; Borzaga et al., 2019). 제도적 동형화는 처음에는 다양한 목적과 구조, 작동양식을 가지고 있던 조직들이 안정화 시기를 거치면서 동질성의 압력으로 인해 사회 내 여러 조직들의 구조나 프로세스가 유사하게 되는 경향을 말한다(DiMaggio & Powell, 1983).[2] 어느 한 분야에 속한 개별 조직들에게 그 조직을 둘러싼 주변 환경들로부터 거의 같은 요구가 전달되고 조직은 이 요구에 따라 행동함으로써 모든 조직의 모습이 유사해진다는 것이다.

사회적기업 인증제 같은 것도 강제된 동형화의 한 유형이고(장원봉, 2009) 이 과정에서 사회적경제 기업들은 공무원들의 관료주의적 '관행'에 순응하거나 영리기업들에 요구되는 사항들을 충족시켜야 했다. 정부 자원 의존도가 높은 조직일수록 이 동형화의 위험은 커진다. 또 사회적경제 기업 성장(scale up) 과정에서 전문성에 대한 요구 때문에 소수에 의사결정을 맡기거나 이윤 지향적 기업 운영에서 오는 동형화는 사회적 역할과 목적을 소홀하게 만들 수 있다(Borzaga et al., 2019). 사회적경제 관련 법이나 규제가 아니더라도 사회적경제(기업)에 대한 사회적 기대같은 외부 힘에 의해 강제로 제도적 규범을 받아들이는 경우도 있을 수 있다. 또 전국적으로 사회적경제에 진입하고자 하는 주체들이 증가하면서 비즈니스 모델이나 경영 분야 교육이 일반 영리기업에서 생겨나고 발전된 이론, 사례를 교육하는 전문가들 중심으로 진행되면서 사회적기업가들이 자본주의적 생산양식, 이윤추구기업의 논리에 동화되는 현상도 나타났다(이홍택, 2019:57).

이 동형화는 사회적경제 조직들이 정부 지원을 포함해 다양한 자원을 획득하는 정당성의 근거가 되지만, 사회적경제 조직의 자율성 상실이라는 댓가를 치를 수도 있으며, 사회적경제 조직의 다양성을 저해한다. 또 동형화된 조직간 경쟁으로 인해 사회적경제 조직 종사자들의 역량소진(burn-out) 현상도 빈번해 질 수 있다. 그렇다고 동형화가 꼭 나쁜 것만은 아니다. 민간기업들도 마찬가지지만 불확실한 환경에 대응하기 위해 성공적인 기업들의 제도와 규범을 받아들이고 모방함으로써 변화하는 환경에 대응하기 위한 노력의 결과라고 해석가능하기 때문이다.[3] 또한 지역 주민들의 자발적 참여와 조직화에 기초한 사회적경제의 지역화 전략이 유사한 활동을 하는 조직들을 증가시키기도 한다는 점에서 혼종성을 특성으로 하는 사회적경제의 다양성을 확대시키는 효과도 있다. 그러나 지역화 담론이나 지역화 전략이 마을과 지역에 대한 관심을 높이고 있다고 해도 아직은 이상적인 차원에 머물고 있고, 지역화 전략의 중요한 파트너인 지방정부와 관계에서 제도적 동형화 문제는 중앙정부와 동일하거나 오히려 더 심각한 경우도 많다.

보충성(Subsidiarity) 원칙과 사회적경제의 도구화

제도적 동형화 이외에 제도화의 역설은 민간-공공 파트너십의 미형성 혹은 허약성으로 구체화된다. 이는 보충성(subsidiarity) 원리와 밀접하게 관련되어 있다. 원래 '다른 사람들에게 원조 또는 도움을 준다'는 의미의 보충성 원리는 근대를 지나면서 사회 조직화에 있어서 역할 배분의 특정 양식을 가리키는 의미가 추가되었다. 그것은 소규모 단위 수준에 우선적으로 그 역할이 배분되어야 한다는 것이다. 따라서 보충성 원리는 "사람들이 원하는 대로 자유롭게 행동하고 정치 권력이 다가오지 못하도록 하는 것" 또는 "사회적인 자발적 참여와 제안(social initiatives)의 거버넌스를 더 낮은 수준에 두는 것"을 의미하게 되었다.[4] 그래서 정부는 원칙적으로 개인을 포함한 사회 내 각

단위들의 자율성을 최대한 보장해야 하며 반드시 필요한 경우에만 개인 또는 단위 조직들의 활동에 개입할 수 있다(이권능, 2022). 이 새로 추가된 의미는 사회 각 구성 요소들이 가져야 하는 자율성(autonomy) 원칙을 강조한다. 동시에 보충성은 여러 부분들로 구성된 전체가 추구하는 목표 달성을 위해 어떤 부분은 예비적 존재로서, 또 전체가 잘 작동하지 않을 때나 다른 부분이 곤란에 처했을 때 이를 보완해준다. 이런 의미에서 보면 보충성 원칙이 강조하는 것은 각 부분들의 유기적 협력과 연대이다. 이런 점에서 보충성은 사회적경제 작동의 핵심 원리와 유사하다.[5]

그런데 시장실패나 정부실패에 대응하면서 발전해왔던 사회적경제에서 이 보충성의 원리는 사회복지 분야에서와 마찬가지로 정부 역할을 전반적으로 축소하는 근거로 잘못 적용될 위험이 있다. 실제로 많은 유럽 국가들에서 복지국가가 후퇴하면서 이러한 현상들이 목격되기도 하였다. 사회서비스 공급의 다원화와 사회적경제에 의한 서비스 대체는 신자유주의 정책에 의해 주도되는 개혁과 연결되어 있고, 신자유주의는 시장 영역을 지속적으로 확대하고 시장원리를 강화하는 동시에 신자유주의적 대응을 필요로 하는 국제적 환경을 점점 더 많이 만들어 내는 자기강화 메커니즘을 가지고 있다. 이런 현상을 '사회적경제의 도구화'[6]라 부를 수 있다.

우리나라도 사회적기업육성법 제정 당시부터 사회적경제가 정부의 기존 역할을 대체함으로써 전반적인 복지 축소를 가져올 것이라는 우려가 많았다. 또 시민사회 역시 국가 기능을 시장으로 외주화하는 중간 단계 정도로 인식되기도 하였다. 따라서 민간 혹은 시민사회에 대한 자율보장과 권한 이양에 기초한 파트너십을 통해 복지 축소를 해결하고자 했던 유럽과 달리 우리는 참여자 주체에 대한 논의도 부족했고, 중앙정부와 지방정부의 간섭과 권한 남용도 줄어들지 않았다. 법이나 규정에 의해 정의되고 지원되는 사회적경제 조직들의 자기영역화도[7] 지역의 다양한 주체들을 배제시키는 모순적 상황을 연출했다. 그렇지 않고 다른 영역들이 참여하는 경우에도 협력을 통한 시너지보다는 다른 참여자들, 사회적경제 영역 외부의 민간이나 시민사회의 역량을 오히려 감소시키는 현상도 나타났다.[8] 이러한 문제점들은 사회적경제 각 구성 요소들의 제한적 참여, 자율이나 협력에 기반하지 않는 거버넌스의 형성, 혹은 허약한 파트너십 구축 등으로 귀결되었다.

허약한 사회적경제 파트너십

사회적경제가 시장과 국가의 실패에 대응하면서 공동의 목표 달성 또는 문제 해결을 위해 주체와 영역의 경계를 넘어선 연대와 협력적 실천을 통해 작동되기 위해서는 거버넌스가 중요하다. 거버넌스를 어떻게 정의할 것인가에 대한 학문적 합의는 아직 없다. 또 거버넌스가 적용되는 분야에 따라 서로 다른 정의도 가능하다. 그러나 일반적인 의미에서 거버넌스는 사회 내 개인, 가족, 단체, 기업, 중앙 혹은 지방정부들과 같은 사회 내 다양한 조직들 간 관계를 조직화하고 이들 사이에서 역할을 배분하고 결정하는 구조, 자율적이고 독립적 행위자 간의 조정과 관리를 의미한다. 1980년대 이후 등장한 변화된 통치시스템을 반영한 거버넌스 개념은 국정 운영에 민간이 자율성을 갖고 참여하는 방식을 의미했고, 이는 정부 역할 축소와 시민사회 성장, 민주주의 확대를 배경으로 한다. 이런 배경 하에서 거버넌스는 공공과 민간영역 행위자 간의 네트워크 방식의 수평적 협력구조라는 좀 더 좁은 의미를 가진 것으로 이해해 볼 수 있다.[9]

따라서 사회적경제에서도 거버넌스는 사회적경제를 둘러싼 시장, 국가, 시민사회 행위자들, 즉 다양한 이해당사자들 간 파트너십을 효과적이고 민주적으로 실현하기 위한 방식이자 실천 기제로서 의미가 있다. 그러나 우리나라 사회적경제 거버넌스, 그리고 이를 기초로 한 파트너십이 제대로 작동하고 있는가 하는 질문에 대한 답은 '아니오'다. 사회적경제 거버넌스에 큰 변화와 진전이 있었다고 평가할 수 있는 문재인 정부 시기에도 이러한 답은 크게 바뀌지 않는다. 문재인 정부는 대통령비서실 내 사회적경제비서관 설치하고 대통령 직속으로 사회적경제위원회를 설치하였으나 집단적 힘에 근거하지 못하였다. 지자체 단위에서도 민간 참여를 보장하는 사회적경제 조례가 만들어지고 이에 근거해 사회적경제위원회가 설치되어 형식적으로는 민관공동위원장 형식을 취하는 위원회가 다수 존재했다. 그러나 이 위원회는 행정 계획과 예산 배분 등을 심의(자문)하는 기구로서 그 역할이 아주 제한되었다. 마지막으로 사회적경제 당사자조직들의 네트워크는 소수 활동가 중심의 협의체 수준에 머물렀고, 제도화된 사회적경제 각 부분의 협회 중심으로 운영됨으로써, 지역의 다양한 의제들을 중심으로 한 네트워크 형성에는 이르지 못했다(문보경, 2021). 다른 방식으로 표현해보자면 우리나라 사회적경제의 민관파트너십은 여전히 명목적, 혹은 형식적 단계에 머물러 있다.

거버넌스나 파트너십 형성과 관련해 아른쉬타인(S. R. Arnstein)은 정부에 대한 주민 참여를 기준으로 그 정도에 따라 크게 세 단계를 구분하고, 모두 8가지 참여 형태를 제시한 바 있다. '참여의 사다리'에 따르면 우리나라 사회적경제 거버넌스는 아주 예외적인 경우를 제외하고는 명목적 단계(degree of tokenism)에 머물러 있다. 참여자들에게 실질적인 권한이 주어지지 않고 제대로 된 참여가 이루어지지 않는 단계이다. 미국을 대상으로 한 것이어서 우리와는 다른 측면이 많겠지만 아른쉬타인의 아래 인용은 여러 가지 측면에서 우리의 현실과 너무 닮았다.

"아무리 '참여'해 봐야 기득권자들이 정한 범위를 넘을 수 없었다. 행정당국은 과거의 행태를 반복하였다. 행정당국이 지역공동체에서 실제로 중요한 역할을 하는 단체와는 일하려 하지 않았다. 실제 빈곤층이 주민 대표가 되지 못했다. 주민 대표로 참여한 사람들은 자신들의 권한을 제대로 알 수 없었다. 주민들이 혁신을 요구하면 관료적인 반응이 돌아왔다. 행정당국이 숨은 의도를 제대로 밝히지 않았다. 정부의 공식적인 자료조차 제공하지 않았다. 의사결정과정을 제대로 이해하기 위한 교육프로그램이 없었다."(Arnstein, 1969:217, 강세진, 2022 재인용).

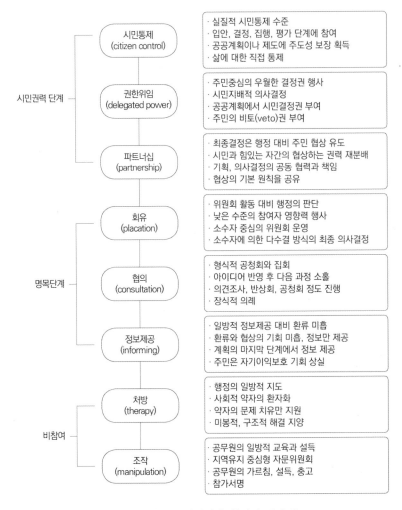

[그림 Ⅰ-2] 아른쉬타인의 '참여의 사다리'

*출처: Arnstein(1969: 216-24), 김선균·김찬규(2016)의 재인용

파트너십과 공동생산(co-production)

민관파트너십(PPP)

아른쉬타인의 명목적 단계 다음은 주민에게 실질적인 권한이 주어지는 단계, 즉 시민권력(degrees of citizen power) 단계이다(Arnstein, 1969: 217). 이는 계획 및 의사결정 책임을 공유하고(partnership), 결정 권한을 주민에게 위임하며(delegated power), 정책의 계획, 집행, 관리가 권한을 완전하게 위임받은 주민들의 자치에 의해 통제되는(citizen control) 단계이다. 즉 파트너십은 정책위원회, 계획위원회 등의 정책 사업에 대한 의사결정 구조에서 주민이 기득권자와 의사결정 책임을 공유하는 것이다. 이를 보장하기 위해 주민과 기득권자가 동등한 입장에서 협의하여 주민의 권한과 책임에 대한 기본 규칙을 정하고 일방적으로 파기될 수 없도록 명문화한다. 권한 주민 위임은 '파트너십'처럼 주민과 기득권자의 동등한 지위를 보장하는 것에서 더 나아가 도시만들기 정책위원회나 지역공동체사업단의 의석 다수를 주민들에게 배분하여 주민이 정책 사업에 대한 의사결정을 주도하는 방향으로 개선함으로써 현장의 요구와 상황을 반영한 사업계획이 좀 더 효율적으로 입안될 수 있다. 이전 단계에서는 기득권자들이 주민들의 요구를 무시하거나 딴지를 거는 입장이었다면, 결정 권한이 주민에게 위임되는 단계에서는 기득권자들이 해당 사업에 반대하려면 충분한 근거를 가지고 협상에 임해야 한다. 마지막으로 주민자치는 특정 사업에 대한 포괄적인 권한을 주민들에게 완전히 위임하는 것이다. 즉 주민들이 정책 사업에 대한 계획, 집행, 관리에 대해 전적으로 책임지면서 스스로 발전하고 변화하도록 기회를 부여하는 것이다.

공동생산(co-production)

공동생산(co-production)은 위의 시민권력 단계의 구체적 작동방식을 표현한 것이라 볼 수 있다(Arnstein, 1969). 시민권력 단계는 정책 입안과 결정, 집행, 평가를 주도한다는 의미를 핵심으로 하는 것이다. 따라서 공동생산은 단순한 참여의 확대를 의미하는 것이 아니라 파트너십 관계에 존재하는 책임과 권한의 위임, 그리고 시민들의 주도를 포함한다. 따라서 거버넌스 혹은 파트너십은 목적 그 자체로서가 아니라 지역사회의 해결되지 않는 사회적 필요를 해결하는 혁신적 방안을 발견하고 이를 효율적으로 추진하기 위해 필요한 방법으로서 정부와 공동생산을 실현하기 위한 전제 조건이다.

거버넌스, 파트너십, 공동생산과 같은 개념들은 전통적으로 구분되었던 국가, 시장 그리고 시민사회의 역할이 영역 간 경계가 흐려지고[10] 따라서 각 주체 간 다양한 자원의 흐름 속에서 폭넓은 공동생산 여지가 만들어지고 있다는 배경 속에서 탄생한 개념들이다. OECD 조사에 따르면 공동생산은 다양한 공공서비스 분야에서, 그리고 모든 정부 계층을 아울러 존재한다. 특히 경제위기를 겪으면서 교육, 의료 등 공공서비스 제공에 있어 혁신적인 방법으로 정부가 시민사회와 공동으로 이 서비스를 제공하는 국가들이 늘어나고 있다(OECD, 2012). 사회적경제는 지역사회의 필요를 충족하기 위한 시민사회의 자발적인 대응의 매개체로서 뿐만 아니라 지방정부 차원에서 효율적인 정책집행을 위한 중요한 파트너로서 공동 생산의 다양한 영역과 부문을 담당하고 있다.

공동생산(co-production)은 "공공서비스 개선을 위하여 이 서비스를 제공받는 사람들과 제공하는 사람들(정부), 그리고 시민들이 파트너십(partnership)을 이루어 작업하는 방식"이다.[11] 그러나 이 정의는 공동생산이 중요하게 강조하는 두 가지 의미가 부족하다. 하나는 서비스 사용자들이 단순히 충족되어야 할 욕구를 가진 사람이라기보다 그 서비스 개선에 도움이 되는 자산을 가진 사람으로 바라본다는 것이다. 이 자산들은 자금 등과 같은 금융적 형태보다는 공공서비스에 기여할 수 있는 기술, 전문지식, 상호 지원 형태를 띤다. 따라서 공동생산은 더 많은 상의(consultation)나, 더 많은 참여(participation)를 넘어설 뿐만 아니라 지역 주민의 스킬과 경험을 공공 및 자발적 서비스를 제공하는 데 활용하도록 추동하고, 상호지원 네트워크 형성이나 기존 네트워크 이용에 있어서 책임을 공유하도록 한다(Carr & Needham, 2013; NEF, 2008). 다른 하나는 파트너십이 서비스 생산에서 뿐 아니라 서비스 전달 과정에서도 관철되어야 한다는 점이다.

이럴 경우에만 시민통제가 실질적으로 작동하게 되고 시민과 함께 더 나은 서비스를 생산, 전달하고, 공동체 차원의 사회적 가치와 비즈니스 차원의 경제적 가치 창출에 기여할 수 있다. 또 이를 통해 장래의 발생할지도 모르는 문제를 미연에 방지할 수 있도록 이용자들의 행동 변화를 유도하고 비용을 절감할 수 있다(OECD, 2012; Bovaird & Loeffler, 2012). 그러나 공동생산을 효과적으로 실현하는 데는 위험도 따른다. 예를 들면 공동생산에 대한 전문가들의 반발과 통제 상실에 대한 우려이다. 이를 상쇄하기 위한 전문가 지원과 훈련에도 비용이 필요하다. 관련 단체들로부터 정보와 지지, 참여를 유도하는 비용, 이전에는 제공되지 않던 새로운 서비스 제공에 따른 추가적 비용 등도 만만치 않을 것이다. 또 공동생산이 사용자와 시민에 대한 책임 전가로 이어지거나 이 과정에서 일어날 수 있는 예상하지 못한 결과에 따르는 비용 문제도 있다. 더 심각한 문제는 공공서비스를 축소하려는 정부의 책임을 최소화할 수 있다는 우려이다. 실제 공동생산과 사회적 가치 개념들을 확산시킨 영국의 빅소사이어티(Big Society) 정책이[12] 정부의 사회서비스를 대체하고 정부 책임을 줄인다는 비판이 많았다. 물론 빅소사이어티는 큰 정부의 대안으로 정부가 주도하는 것이 아니라 사회 역량과 자생력을 키운다는 원칙을 가지고 있다는 점에서 주민참여가 부족한 우리 현실에서 참조할 만한 것이기도 하지만 한 걸음 더 나아가야 한다. 공동생산이 제대로 효과를 내려면 서비스의 정부 대체성을 넘어 관계성에 기반한 실제적(substantive) 생산을 통해 사회의 필요를 발굴하고 이를 공동생산 방식으로 해결하는 것이 필요하다. 또 결과에 대한 책임까지 공유하는 파트너십과 협력단계,[13] 즉 시민권력 단계로 진화해가야 한다.

파트너십의 실천 과제

우리나라 사회적경제 생태계도 민관협력 거버넌스를 바탕으로 당사자 조직의 역량을 한층 더 제고하고 네트워크 연계성을 강화하는 방향으로 진화 중이다(김영식, 2018). 그러나 사회적경제를 직접 대상으로 하는 정책 뿐만 아니라 사회적경제를 활용하려는 관련 정책들에서[14] 사회적경제 주체 또는 이를 통한 시민들의 역량 강화가 목표로 설정되어 있지만 실질적 효과는 매우 제한적이다. 시민역량 강화는 사회적경제-시민-정부가 거버넌스 또는 파트너십 형성에 있어서 중요한 전제이자 결과이기도 하다. 따라서 사회적경제가 제도화의 역설을 극복하고 정부 뿐만 아니라 다양한 시민(사회)들과 함께 민관파트너십을 구축, 각자의 역량을 강화함으로써 건강한 생태계를 구축하고 확장하려면 몇 가지 실천 과제를 해결해야 한다.

시민집단(주체)의 형성과 참여적 민주주의

아른쉬타인의 유형 분류는 스스로 인정하고 있듯이 권력을 가진 사람과 그렇지 못한 사람들 각각이 다양한 관점을 가지고 있고 이해관계 실현을 위해 경쟁하고 갈등하며, 여러 집단으로 분화되어 있다는 사실을 고려하지 못하고 있다. 이러한 한계는 진정한 의미의 참여를 방해하는 요인들을 간과할 위험과 연결되어 있다. 권력자들의 경우, 인종적 편견, 가부장주의, 권력 분산에 대한 저항, 권력을 가지지 못한 사람들의 경우에는 허약한 공동체의 정치적 사회경제적 인프라와 지식기반의 부족, 이익이 되지 않는 일을 위해서나 소외, 그리고 불신을 해결하기 위해 주민을 대표할 수 있고, 설득하며 이에 책임도 질 수 있는 시민집단을 조직화하는 일이 그것이다(Arnstein, 1969: 217).

이 시민집단은 시민들의 시민적, 정치적 관여를 통해서 형성되고 조직될 수 있다. 그러나 개인화, 시장화가 내면화된 상황에서 일반 시민들은 공공의 일에 대한 관심도 낮고, 공적 사안에 대한 토론과 참여에 소극적이다. 또한 시장은 인간으로 하여금 이기심과 금전적 동기에 지나치게 의존하게 만들고 이를 부추김으로써, 덕성이나 이타심, 협력과 연대, 우정과 신의 등과 같은 특성들이 들어설 자리를 점점 더 좁게 만든다. 상황이 이렇다면 사회적경제 는 시민을 참여시키고, 다른 시민과 조직, 그리고 정부와 관계 속에서 시민 적, 정치적 스킬을 얻고 다듬으면서 자기 역량을 키우는 책임 있는 시민들을 조직하고 성장시키는 좋은 방법이 될 수 있다.[15] 정책형성 과정에서 정책 수 혜자들인 시민들의 능동적 참여는 단순한 참여를 넘어 이들의 경험과 기술 을 활용하고, 네트워크를 형성하며, 책임을 공유함으로써 지역사회 권한을 강화하고, 변화하는 욕구들을 발견하고 해결하며 이를 주민이 주도하는 지역 발전으로 이어질 수 있다. 이것은 결국 한 국가 차원에서든 특정 지역 혹은 공동체 차원에서든 양질의 사회관계를 만들고 사회적자본(social capital), 혹은 더 적극적인 표현으로서 시민자본(civil capital) 형성과 강화에 도움이 된다.[16]

퍼트남(R. Putnam)이 말한 '사회적 자본'(social capital)은 시민들의 덕성을 기초로 사회관계 속에서 서로를 신뢰하는 정도, 참여 의지, 정의감 등에서 생겨나는 것이다. 한 나라, 혹은 지역 발전이 재화나 서비스의 양이나 그것 이 가져다주는 생산함수적 효용이 아니라 사회구성원들이 이 재화나 서비스 에 접근할 수 있는 실질적 권리를 얼마나 갖추고 있느냐에 의해서 측정되어 야 한다고 주장한 센(A. Sen)은 시민들이 경제적 능력이 아니라 자신들이 원 하는 것을 자유롭게 선택할 수 있는 사회적 가능성(capabilities, 혹은 역량)을 통해서 시민으로서 권리와 자격이 획득된다고 주장했다. 나아가 센은 서로 다른 역량과 자원을 지닌 개인, 집단, 사회간 합리적 합의가 가능하도록 만 드는 민주적 숙의(democratic deliberation)와 공적 추론(public reason)이 필요하다고 주장한 바 있다(Sen, 1999). 샌델(M. Sandel)도 '시민들이 공동선과 정의에 대해 심사숙고하는 것, 시민적 삶과 공적 숙고, 시민교육'에 민주주의의 성패가 달려 있다고 말한다. 정치에서 뿐만 아니라 경제에서도 공동선에 대한 숙의가 이루어져야 하며 시장의 원리인 '1원 1표'를 넘어 '1인 1표'의 다수결주의와 대의제 민주주의를 넘어서는 시민적 숙의와 참여의 가치가 관철되는 것이 필요하다고 강조한다(Sandel, 2012).

　사회적경제 파트너십에 의한 시민적 참여와 숙의는 상호성을 제고하는 방법이다. 동등한 파트너십의 대상으로서 정부와 민간이 각자의 역할과 책임을 정하고 사회적 필요를 제공하는 과정에서 참여적 상호성(participatory reciprocity)이 높아진다. 참여적 상호성은 각각의 주제들의 자유와 자기 자신의 발전을 위해 부여된 역량을 행사할 자유의 영역을 확대하는 과정에서 성장한다. 참여적 상호성을 증진하는 사회적경제의 파트너십은 정부를 더 민주적 공간으로, 시장을 더 호혜적 공간으로, 공동체를 더 자유롭고 양질의 관계가 형성되는 공간으로 만들 수 있음을 의미한다. 그러나 이 참여적 상호성은 숙의적 상호성(deliberative reciprocity)으로 발전할 때 완전한 의미를 가지며 그 효과도 배가될 수 있다. 숙의적 상호성은 사회적 필요의 충족과 관련된 의사결정들이 관련 당사자들이 알 수 있고 설득할 수 있는 합당한 이유들에 근거한 것인지 아닌지를 보증하는 과정이다(Brown, 2010).

중간지원조직의 역할

　민관파트너십 혹은 공동생산 파트너십 형성에 있어서 중간지원조직은 다른 참여자들에 비하여 그 중요성이 남다르다. 이들 중간지원조직은 정부뿐만 아니라 다양한 부분에서 다양한 정책과 자원을 통해서 파트너십을 구축하고 사회적경제와 협력하고 있기 때문이다. 현재 우리나라 지방정부의 중간지원조직들은 약간의 차이는 있으나 대체적으로 민간위탁 형식을 취하고 있고 설립 주체, 다른 식으로 말하자면 자원의 공급원도 다양하다(김종걸,

2019: 51). 또 위탁 주체가 공공인가 아니면 민간인가, 민간이라고 해도 개별 사회적경제 조직인가 네크워크인가에 따라, 그리고 각 위탁기관의 수행업무가 통합적인가 아닌가, 심지어는 지방자치단체장의 의지에 따라서도 다양한 모습을 띠면서 변화해 간다.

일반적으로 사회적경제의 한 구성요소로서 중간지원조직의 역할은 첫째, 사회적경제 주체에 대한 정보수집·제공, 둘째, 사회적경제 조사·교육·연구 및 정책개발, 셋째, 사회적경제 사업 활성화를 위한 재정 및 경영지원, 넷째, 사회적경제 네트워크 및 교류 촉진 등으로 정리될 수 있다. 그러나 중간지원조직의 가장 중요한 역할은 공동생산 혹은 민관협치의 한 가운데에서 사회적경제 현장의 사회적경제 기업들 사이의 중개자, 자원연계자, 역량구축자, 그리고 이를 실행하는 과정에서 각 이해당사자들간의 조정자 역할이다. 정부 기구를 포함 지역의 다양한 파트너들과 관계 속에서 형성되고 발전하는 중간지원조직 혹은 중간지원조직 활동은 중간지원조직의 전문성을 더욱 높이며, 이른바 시민앙트러프레너십[17] 구축, 강화에도 기여할 수 있다.

그러나 우리나라 중간지원조직이 마주한 현실은 인력, 재정, 전문성 부족, 실질적 네트워크와 협력관계 미약, 그리고 정부사업 대행, 사업비 배분기관이라는 정체성 같은 문제점들이다. 따라서 중간지원조직들은 이러한 문제들을 극복하면서 동시에 지역생태계의 앵커(anchor)이자 플랫폼으로서, 그리고 민관협력(협치)을 연결하는 관계형 전초 기지로서 위상을 정립해 가야 한다.

특히 지역생태계 차원에서 사회적경제 생태계 활성화를 위해 행정과 현장을 연결하는 가교로서 사회적경제 당사자 조직의 목소리를 대변하여 행정과 지속가능한 협력을 이끌어내는 중간지원조직의 역할이 필요하다. 이런 점에서 광역 단위에서 활동하는 중간지원조직의 역할은 특별한 중요성을 가진다. 이는 중앙정부 주도로 생태계가 형성되는 과정에서 중앙정부 중간지원조직이 지역사회 당사자조직이나 현장에 직접 개입하는 데 한계가 있고, 지자체가 중앙부처 사업비 배분 기관으로서 스스로의 역할을 제한하는 경우가 대부분이기 때문이다. 따라서 광역 차원에서 중앙정부, 광역정부, 기초정부 간 역할 분담을 토대로 지역의 사회적경제 조직 뿐만 아니라 시민사회를 연계, 조정하며 이들이 참여하는 지역사회 문제 해결을 위한 협력적 거버넌스, 지속적 사회적경제 파트너십, 나아가 지역 차원의 건강한 사회적경제생태계 구축에서 중심적인 역할을 해야 한다.

시민사회와 사회적경제의 협력

민-민 거버넌스에서 출발

많은 당사자조직들이나 중간지원조직 활동가들이 지적하는 것처럼 사회적경제 파트너십은 사회적경제 당사자들 사이의 협력적 네트워크를 토대로 만들어진다. 네트워크가 구성되려면 참여자들의 합의된 규칙이나 원칙이 필요하며, 자원 등을 실제로 공유할 때 그 효과를 발휘할 수 있다. 당사자조직들 사이의 민간 네트워크, 혹은 민-민거버넌스(윤도현, 2019)는 사회적경제가 호혜와 연대의 원리를 통해 작동한다는 점에서도 그 중요성이 확인되지만, 지속가능한 생태계 발전이라는 측면에서도 중요하다. 사회적경제가 정부나 공공부문에 대한 의존도를 낮추기 위해서도 당사자조직 네트워크의 역할은 필요하다. 당사자조직 네트워크가 각 사회적경제 조직별 연합회 등으로 구체화될 경우, 이들 사회적경제 조직 당사자 네트워크들은 개별 사회적경제 기업들을 지원할 뿐만 아니라 연대기금 조성이나 공동사업을 통해 개별적으로는 불가능한 정도의 규모화를 가능케 할 수 있고 경영 위기에 효과적으로 대응할 수도 있다. 이들 각 사회적경제 조직별 연합회는 여타 조직 혹은 타업종 연합회와 협력함으로써 개별 사회적경제 부문 내의 협력은 물론 여러 부문들 사이의 연대와 협력도 촉진할 수 있다.

비영리재단의 참여와 협력

민-민거버넌스 구축은 시민사회(NGO) 혹은 비영리단체(NPO)와 협력을 통한 민관파트너십으로 발전해야 한다. 그러나 시민사회 비영리조직이 정부 서비스를 전달하는 역할을 하는 경우 좋은 의도에도 불구하고 서비스 사용 자에 대한 책무가 부족하거나, 정부와 같은 정도는 아니라 해도 권위적이고 경직적으로 운영되기 쉽고, 투명성도 부족하다(Restakis, 2020/2017: 173). 또 사회적경제 영역에 기존의 시민사회단체가 주도적으로 참여하면서 그들만의 리그를 형성하기도 했다. 그 결과 기존 시민사회 단체와 관련 없는 일반 시민이 주체로서 적극적으로 참여하지 못하는 결과가 나타나기도 했다(양세훈, 2012). 마지막으로 지자체와 경실련, YMCA, YWCA등 주요 NGO 및 시민단체가 참여하여 지역사회의 인적·물적 자원 연계를 통해 사회적기업을 지원하는 전국네트워크 민관협의체 운영되고 있지만 지역 차원에서는 이러한 협력을 찾아보기 쉽지 않은 것도 사실이다.

이러한 문제점을 극복할 수 있다면 사회적경제 조직들은 다양한 활동 속에 NGO나 NPO 등과 재능기부 등으로 결합하는 방식 이외에도 기업들이 설립하는 비영리법인 자체가 사회적경제 민간 중간지원조직이 된다거나, 비영리 민간재단이나 결사체(association)가 사회적경제 관련 기금 조성에 참여하는 형식으로 다양한 협력 방식을 모색할 수 있고 실제 다양한 방법으로 시도되고 있다.[18] 분명한 것은 이들을 통해 자원을 동원하는 것은 사회적경제 조직의 성장과 지속가능 자립 경영, 그리고 지속가능한 사회적경제 생태계 조성에 큰 활력이 될 수 있다는 점이다.

사회적경제와 시민사회 혹은 비영리단체들은 사회적 가치인 공익성과 공공성 확대라는 공동의 목표를 공유하고 있다. 물론 시민단체나 비영리 공익법인 등이 공익성이나 사회적 목적성 측면에서 유사하지만 이들을 사회적경제 기업의 범주에 포함시킬 것인가에 대한 합의도가 낮으며, 영향력도 크지 않다. 그러나 사회적기업이나 협동조합같은 사회적경제 조직과 시민들의 자발적 결사인 시민단체는 모두 협동과 연대, 인권과 호혜, 민주적 의사결정, 공동체 의식 등을 바탕으로 하고 있다. 또한 시장자유주의의 폐해를 극복하고, 기업의 목적이 이윤 추구에만 있는 것이 아니라 사회에 기여하기 위함이라는 가치를 경제사회와 시민사회에 확산하고자 하는 지향도 동일하다. 또 지역 주민들의 자발적 참여를 통해 지역의 다양한 사회문제를 해결함으로써 지역사회와 공동체를 복원하고 활성화하려는 것을 공통 목표로 삼고 있다는 점도 유사하다. 따라서 둘은 다른 어떤 사회경제조직보다도 적극적 협력과 연대가 필요하다(한국협동조합연구소, 2018).

시민사회의 관점에서 보면, 그동안 지방자치에 대한 시민사회의 개입과 실천이 정치적 민주화와 시민사회의 민주적 성숙에 크게 기여해왔지만 지역경제에 대한 개입과 실천은 상대적으로 소홀했다. 즉 외환위기 이전보다 크게 심화된 소득불평등, 점차 증가하는 고용불안, 과도한 사교육비 지출 부담 등 시민생활 불안의 구조화와 악순환 상황에 대처하기 위한 경제적 실천 활동에 대한 주목이 부족했다. 따라서 시민운동이 참여하여 지역적 토대 또는 시민 생활 문제를 기반으로 한 시민들의 구체적 지지기반을 구축하려는 노력이 강화되고 있는 것은 바람직한 일이다. 시민들의 생활 문제를 해결하는 직접 행동으로서 사회적경제와 협력을 강화하고 지역돌봄서비스와 같은 시민들의 생활과 밀접한 서비스 제공과 시민권익 옹호 기능을 유기적으로 제공하는 시민운동을 더욱 강화할 필요가 있다.

사회적경제 입장에서는 정책 형성과 이슈 대응 역량을 갖추고 있는 시민사회와 협력을 통해 지방정부 정책에서 사회적경제의 비중을 확대 강화하기 위한 전략적인 협력 파트너로 시민사회 단체를 고려할 필요가 있다. 또 시민사회나 비영리단체들이 네트워크로 연결되지 못하거나 협력적 관계를 지속하지 않는다면 지역이나 사회를 변화시키는 동력이나 실효성 있는 대안을 마련하기가 점점 더 힘들어지고 지지기반인 시민들의 지지를 얻기 힘들다.

민간기업의 참여

민관거버넌스 구축을 통한 사회적경제 생태계는 사회적 가치를 추구하고자 하는 민간 기업들의 참여를 통해서도 강화될 수 있다. 민간기업의 참여는 사회적경제 조직의 다양성을 확대하고 특히 지역에서 사회적경제 기업과 민간기업 간 네트워크와 협력을 강화해 지역공동체에 활력을 불러일으킬 수 있다. 이론적인 논의이기는 하지만 드푸르니(J. Defourny)는 경제적 목적과 사회적 목적 간 균형을 추구하고 이들을 통합시키려는 지향성을 가지는 중소기업들(SMEs)을 사회적경제의 중요한 조직 모델의 하나로 언급했다(Defourny, Nyssens & Brolis, 2020). 물론 우리나라의 경우 중소기업, 소상공인이나 개인사업자가 구체적으로 어떠한 위치에 있고 이들이 사회적경제에서 어떤 역할을 할 수 있는지에 관한 논의는 아직 충분하지는 않다(오단이, 2020: 119).[19]

그러나 기업사회책임이나 ESG경영 확산 등으로 기업들의 사회적 목적 활동에 대한 인식과 실천이 확대되는 가운데 프랑스나 벨기에는 기존 협동조합 이외에 명시적으로 사회적영향력 회사 등을 제도화하여 민간기업의 참여, 이를 통한 사회적 가치 창출에 적극적으로 나서고 있다. 영국의 사회적기업은 영리기업인 주식회사가 될 수도 있고, 사회적 목적이 특정 요건에 맞는다면 자선 단체로도 등록할 수 있으며, 공동체이익회사(CIC) 형태를 취할 수 있다. 이 중 CIC로 등록하려면 해당 업체가 공동체 목적을 위해 설립되었음을 증명하는 '공동체이익심사(community interest test)'를 통과해야 하며, 그 자산과 수익이 이러한 목적을 위해 쓰인다는 것을 입증하기 위해 '자산 동결(asset lock)' 요건을 충족해야 한다.[20] 사회적 목적을 추구하는 다양한 사회 프로젝트와 기업 로직을 연결시키는 사회적기업으로서 공동체이익회사 등이 사회적경제 영역에 포함되면서 지역공동체 차원에서 이들의 역할과 이를 위한 사회적기업 지원 정책이 활발하게 추진되었고, 사회적경제의 중요한 축을 형성하게 되었다. 프랑스도 2014년 사회연대경제법(ESS)을 제정해 사회적 가치창출을 목적으로 하는 상업회사인 '사회적 유용성을 가지는 연대기업(entreprise solidaire d'utilité sociale: ESUS) 인증제'를 신설, 일반 영리기업들도 사회적경제 조직과 같은 운영 원리를 채택하도록 하고 있다(신순예, 2014). 룩셈부르크도 어소시에이션으로 구성된 사회적경제 부문을 확장하기 위하여 '사회적영향력회사(société d'impact sociétal, SIS)인증제'를 도입해 주식회사, 유한회사, 협동조합 회사의 사회적 영향을 평가하여 SIS인증을 부여하고 있다. 우리나라의 경우에도 사회적경제를 통한 기업공헌을 목적으로 대기업인 SK(SK E&S, SK 인천석유화학), 지역 향토기업인 삼진어묵(삼진이음)이 도시재생사업 등에 민간기업으로서 참여하고 있다(김유란, 2020).[21] 그러나 아직은 일부에 국한되어 있고 또 그 활동이 기업의 자발적인 의사에 맡겨져 있거나 목적이나 지향에 있어서도 사회공헌 차원, 자선적 전략 차원에 머물러 있다. 따라서 사회적 책임에서 한 걸음 더 나아가 기업들 뿐만 아니라 사회적경제 조직들 모두에게 행동의 변화를 일으킬 수 있도록 기업시민의식(corporate citizenship)이 확산되고 내재화되어야한다. 특히 지역에 기반한 기업들은 이 시민의식에 기반하여 다른 사회적경제 기업 혹은 시민단체들과 교류를 확대하고 협업네트워크를 확대함으로써 기업의 경제적 이익과 공동체에 대한 기여를 늘려가야 한다.

지역 차원의 민관협력 거버넌스

일반적으로 민관협력파트너십이 강화되려면 지방정부가 주민 참여에 기반하여 자기결정권을 강화하는 제도화된 시스템, 즉 지방분권화가 선결 조건이다. 이러한 지방분권을 전제로 할 때, 지방정부는 일반 행정 뿐만 아니라 사회적경제 영역 등 다양한 영역과 정책에서 국가 영역과 공동체 영역을 연결하는 역할을 할 수 있다. 지역과 지방정부는 시장과 국가 영역 사이에 사회적경제가 존립하는 근거이며 따라서 지역 차원에서 이러한 거버넌스가 어떻게 형성되는가에 따라 지역의 사회적경제 발전에 커다란 영향을 미친다.

지역 차원에서는 각 지자체와 중간지원기관, 당사자조직, 민간전문가가 참여하는 다양한 층위의 거버넌스들이 존재한다. 지역거버넌스에 대한 논의는 사회적경제가 지방정부 정책으로 본격적으로 수용되기 시작한 2010년 경부터이다. 본격적인 민간주도 거버넌스는 2012년 이후 운영 중인 서울시 사회적경제 민관정책협의회(당시 서울시 사회적경제정책기획단)이다. 이 기구는 사회적경제를 중요한 정책 의제로 안착시키고, 행정과 민간이 정책의 공동생산을 이루어내는 데 결정적인 역할을 담당했다. 이후 여러 지역에서 민관협력 거버넌스의 구축이 시도되었고, 일정 정도의 성과도 있었으며, 광역뿐 아니라 기초자치단체 단위에서 사회적경제 분야의 거버넌스가 구성·운영되고 있다. 「사회적기업육성법」 관련, 지방자치단체의 각 조례에 근거한 '사회적기업육성위원회'가 많은 지방정부에서 운영되었고, 민선 7기 지방선거 이후 각 지역별로 거버넌스 구조 재편이 진행되었다. 물론 민관협력을 위한 위원회 등 기구가 설치되었다고 해서 민관협력이 자동적으로 실현될 것이라고 기대할 수 없다. 즉, 시민들의 참여와 역량, 주민자치 역량이 전제되지 않으면, 민관협력은 '무늬만 협치 또는 형식적인 협치'로 끝나버릴 가능성이 매우 높다. 시민 스스로 문제를 인식하고, 개선하고자 노력하면서 경험을 축적하지 않으면 주민자치 역량은 개발될 수도, 축적될 수도 없다. 이것이 바로 민관협력 거버넌스의 성패를 가르는 가장 중요한 요인이다.

광역정부의 역할

분권에 기초한 중앙-광역-기초-민간 협력적 거버넌스 구축에서 광역 정부는 특별한 역할을 부여받는다. 물론 현재의 광역정부는 중앙정부 법·제도와 관련된 사업 영역에서 중앙정부와 일관성을 유지하고 있고, 이런 점에서 지방정부는 중앙정부의 재원 배분자 역할에 머물러 있다. 민관거버넌스 구축과 운영도 유사한 모습을 가지고 있다. 또 국가 수준의 가이드라인에 광역-기초 간 경계가 모호하고, 각 기초자치단체의 상황에 따라 적정한 수준의 업무 분배 및 협업 방식에도 차이가 있다. 이를 고려할 때 광역 정부는 중앙정부, 광역자치단체, 기초자치단체 간 명확한 역할 분담을 통해 이를 정리하고 실행하는 법적 근거를 만들고 제도화할 의무를 가진다. 정부는 중앙정부 내 관계부처와의 협의체, 중앙-광역-기초 간의 다수준 간 협의체, 민간부문과의 협의체, 지방정부 내 각 부서 간 협의체 등을 구성하고 이를 다중심(polycentric) 거버넌스(Ostrom, 1990)가 작동하는 시스템으로 만들어가야 한다. 이 때 민간과 정부간 협의체 및 당사자조직 간 네트워크 구축·지원은 기초정부가, 관계부처와 협의체 운영은 중앙정부가, 지방정부 내 협력체계는 광역 및 기초정부가 주로 추진해야 할 주체가 될 것이다(김진영·정석호, 2020). 다소 이상적인 것이긴 해도 이것이 가능하다면 지방정부는 중앙정부의 재원 배분자로서가 아니라 재정과 권한 면에서 지역공동체 발전을 위한 자원을 모으고 필요한 분야에 배분하고 조정하는 조정자로서 역할을 수행할 수 있을 것이다. 지자체마다 재정적 여력이 크지 않지만 그래도 광역시는 재정과 권한이 많은 편이고, 광역도의 경우에는 기초 시·군에 대한 권한을 가지고 있기 때문이다. 이러한 거버넌스를 토대로 할 때만 지역 사회적경제 조직의 참여를 높이는 민간-사회적경제-광역정부-지방정부간 거버넌스 구축이 가능하다.[22] 또한 민관거버넌스 구축 이전에 민간부문 당사자조직 간의 네트워크 구축 및 운영을 지원하고 건강한 당사자 협의체 형성을 통한 민-민거버넌스 구축을 지원해야 한다. 민관협력의 구체적 실행 방식에 있어서도 현재와 같이 공공이 주도하고 민간이 하청하는 구조를 극복하지 못하는 상황에서 민간-사회적경제-공공 파트너십(PSPP)이 성공하기 위해서는 민간위탁(2~3년 단기)이 아닌 시민위탁(관리형 30년)을 도입할 필요가 있다.

통합적 실행과 지자체 간 역할 분담

광역정부의 또 다른 기능은 중앙정부별 개별 지원 사업 종료 후 타 사업과 연계 교차 지원 등이 가능한 중앙정부 및 광역정부 시스템 구축이다. 사회적경제의 발전이 당분간은 정부 주도성을 면하기 어렵다는 사정을 감안할 때, 지방정부 차원의 민관협력거버넌스가 잘 작동하기 위해서는 사회적경제 관련 정책 실행 단위에서 통합적 실행, 그리고 이를 제도적으로 보장하는 거버넌스 구축이 필요하다. 사회적경제 재원의 전달체계 측면에서 볼 때 이 통합적 실행은 부처별로 운영되고 있는 중간지원기관을 통합 운영하는 것, 그리고 광역자치단체 내에서 각각 운영되고 있는 다양한 중간지원조직들을 하나로 통합 운영하고 각 중간지원기관 간 협력사업을 발굴하는 것 등 두 가지 방식이 있을 것이다.[23] 그러나 현재는 부처별로 예산과 지원서비스가 대체적으로 분절되어 있고, 지역 내에서 중간지원기관의 역할을 수행할 수 있는 시민단체들 역시 개별 사업에 대해 1년 단위의 재계약을 통해 업무를 수행하는 한계를 가지고 있다. 또 어떤 방식으로 통합할 것인가에 대해서는 아직 일치된 견해가 없고 또 지역 특수성을 반영한 통합을 고민해야 할 과제가 있다. 뿐만 아니라 경기도 따복공동체 사례처럼 처음에는 통합 모델로 시작했지만 통합에서 오는 한계 때문에 다시 분리된 경우도 있다. 그렇지만 예를 들면 부처별 중간지원기관 통합은 중앙정부가, 광역단위 중간지원기관 통합은 광역정부가, 중간지원기관 협력사업 발굴 및 처우개선은 광역 및 기초정부가 고민하는 방식의 역할 분담을 모색해야 한다. 특히 지방정부 차원의 통합적 형태의 중간지원조직 모형은 원스톱 서비스 제공 뿐 아니라 조직 운영 차원에서 효율적인 예산 운영·집행을 고려할 수 있다는 장점이 있다(최인수·전대욱, 2020). 서비스 수혜자 입장에서 볼 때도, 개별부처 및 지방정부 등에서 각기 다르게 제공받던 지원정책·서비스를 단일의 통합서비스기구인 통합형 중간지원조직을 통해 모두 받을 수 있는 장점이 있다. 또 광역정부마다 차이가 있겠지만 좀 더 이상적으로 말하면 광역정부는 사회적경제 정책 권한과 자원을 기초지자체에게 전폭적으로 이양하고 기초지자체를 후방에서 지원하고 기획과 전략 수립이라는 고유한 역할을 모색하는 역할 분담도 고려할 필요가 있다(최준규, 2021).

지역자산에 대한 지역의 권한 강화

마지막으로 지역 내 자원들을 연계, 사회적경제 성장에 기반이 될 수 있게 지역자산에 대한 지역민들의 권한 확보를 위한 법 제정(예를 들면 영국의 로컬리즘 법) 등도 민관협력파트너십을 만드는 데 고려해야할 사항이다. 민관협력거버넌스 강화 혹은 지속가능성 확보는 그 물적인 기반으로서 지역(사회) 혹은 파트너십 참여자들의 지역자산에 대한 권한 강화와 확대를 통해서도 구체화되고 실현될 수 있기 때문이다. 최근 지역자산화로 표현되는 자산기반 정책은 권한이양, 주민들의 역량 강화, 그리고 민관파트너십에 초점을 맞추고 있다는 특징을 가지고 있다(김종수 외, 2012). 물론 사회적경제 분야에서 지역자산화는 아직 출발 단계에 있다고 할 수 있지만 지역자산에 대한 지역민의 권한 확대는 지역을 기반으로 지역문제를 해결하려는 사회적경제 기업의 성장과 이 과정에서 다양한 파트너들과 협력, 공동생산 가능성을 확대하는 방법이다. 나아가 사회적경제 기업들은 지역자산에 대한 시민적 소유를 기반으로 시민이 소유하고 경영할 수 있는 사업 모델의 지속적 발굴도 필요하다. 이와 관련하여 오래 전부터 얘기되어왔던 영국의 지역주권법(Localism Act)은 지역자산에 대한 지역공동체의 권한을 대폭 강화한 법으로 잘 알려져 있다. 2010년 출범한 보수당 연합정부의 '빅 소사이어티' 정책으로 등장한 지역주의 어젠다는 로컬리티(Locality)라는 지역공동체 네트워크 조직 주도 아래 2011년 4월 지역주권법(Localism Act)으로 구체화되었다. 지역자산에 대한 지역공동체 권한을 대폭 강화한 이 법으로 공동체이익회사(CIC)는 자선단체법인, 산업공제조합 등 비영리형태 법인과 함께 지역주권법에 의해 부여된 공동체의 권한을 행사할 수 있었고[24] 지역공동체가 더욱 활성화되었다.

　이런 점에서 민관파트너십 차원에서 볼 때 지역자산에 대한 공동체 권한 확대는 지역공동자원(common pool resources)을 형성하고 관리하는 중앙과 지방정부, 그리고 지역공동체 간 역할 분담, 다중심(polycentric) 거버넌스(Ostrom, 1990) 구축에도 필요한 일이다. 동시에 공동체의 구체적 권한 측면에서 영국과 같은 형태는 아니더라도 지역자산에 대한 공동체 권한 확대를 정하는 입법 및 조례 제정이 필요하다. 이는 ① 공동체 활성화 관련 법상의 국·공유자산 등 지역자산에 대한 정의와 범위 규정 ② 지역자산에 대한 지역공동체의 권한 확대(로컬리즘 법 참조) ③ 지역자산 및 자원의 지방자치단체의 관리 의무화에 관한 규정 ④ 지역자산의 활용 및 이를 통한 수익 활용과 배분에 관한 규정 등을 포함하게 될 것이다.

참고문헌

강세진. 2020. "Arnstein의 주민참여 사다리 : 진정한 주민참여란 무엇인가?". 새사연 Issue Brief. 2020. 7. 27.

공석기·임현진. 2017. 『주민과 시민 사이 : 한국 시민사회의 사회적경제 활동 톺아 보기』. 서울대 아시아연구소. 진인진.

관계부처합동. 2019. 『지역 공동체의 사회적경제 추진역량 제고 방안』. 2019. 11.

김선균·김찬규. 2016. "'참여의 사다리'로 본 민관협치에 관한 연구: 서울시 자치구 사례를 중심으로". 『NGO연구』. 11(2): 153-187.

김영식. 2018. "중앙거버넌스 구조 점검, 문제점과 해결방안". 『현장이 말하는 정부 의 사회적경제 활성화 정책』. 제8회 사회적경제 정책 포럼. 2018. 12. 6.

김유란. 2020. "민간참여 도시재생 활성화를 위한 기업의 사회공헌활동 사례 연구: 부산 영도구 대통·전수방과 인천 서구 상생마을 사례를 중심으로". 국토연 구원.

김종걸. 2019. "한국 사회적경제 중간지원조직의 생존 조건". 『생협평론』. 37(겨울).

김종수·전은호·홍성효. 2012. "공동체자산기반 접근을 활용한 사회적기업 육성정책 방향 모색". 『도시행정학보』. 25(2): 71-91.

김진영·정석호. 2020. "사회적경제 활성화를 위한 지방정부의 주요 추진 과제 Pool 선정:전문가 델파이 조사를 중심으로". 한국사회적기업진흥원.

김혜원. 2011. "한국의 사회적기업 지원정책의 개선 방안 연구: 일자리창출 중심의 지원에 대한 비판을 중심으로". 『한국사회정책』. 18(1): 209-238.

문보경. 2021. "사회적경제 정체성과 거버넌스: 제도화의 그늘 우리가 주인되는 거 버넌스를 위하여". 충남사회적경제포럼 발표문. 2021. 12. 28.

박종현. 2017. "사회적경제, '복지의 민영화'와 '복지의 혁신' 사이에서: 한국형 복지모형 구축". 『복지환경의 변화와 대안적 복지제도 연구』. 여유진 외. 서울연구원

소셜이노베이션그룹. 2020. "사회혁신의 힘 I: 시민앙트러프레너십의 시대". SIG Report, 제15호, 2020. 9. 1.

송원근. 2022. 『경남 마을공동체 활성화를 위한 정책방안 연구』. 경상남도 의회.

신순예. 2014. "프랑스 사회연대경제법의 제정 동향과 시사점". 『협동조합네트워크』. 67: 31-66. 한국협동조합연구소.

양세훈. 2012. "시민사회 단체의 역할". 『마을기업과 사회적기업의 거버넌스』. 이담 북스. 5장.

오단이. 2020. 『시민경제로서 사회적경제 개념 및 가치확산 기초연구』. 서울시사회

적경제지원센터. 2020.12.

윤도현. 2019. "지역에서 경험한 중간지원조직 민관협력의 현실". 『생협평론』, 37: 76-77.

이권능. 2022. "사회부조의 보충성의 원칙(Principle of Subsidiarity)은 사회보장의 실현에 장애물이다". 다른 백년 홈페이지.

이진랑. 2022. "사회적경제 기업에 관한 주류 언론 담론과 대응 담론 : 이중적 존재성과 대항적 정체성". 『시민인문학』, 42: 149-182.

이해진. 2017. "사회적경제 생태계 조성을 위한 지역 시민사회의 조건 탐색-춘천시에서 누가 사회적경제를 지지하는가?". 『지역사회학』, 18(3): 31-68.

이홍택. 2019. "충청남도 사회적경제의 발전과 제도적 동형화". 『한국경제지리학회지』, 22(1): 52-69.

장원봉. 2009. "사회적기업의 제도적 동형화 위험과 대안 전략", 『시민과 세계』, 15: 150-164.

전대욱·최인수·김건위. 2016. "지역공동체 소유권(community ownership)과 자산화 전략". 한국행정학회 60주년 기념 하계 공동학술대회 및 국제학술대회. 2016.6.23.

최나래·김의영. 2014. "자본주의의 다양성과 사회적기업: 영국과 스웨덴 비교연구". 『평화연구』, 22(1): 309-343.

최인수·전대욱. 2020. 「지방자치단체 중간지원조직의 지속가능성 제고 방안 연구」. 한국지방행정연구원. 2020-07.

최준규. 2021. "광역단위 사회적경제 정책의 향후 과제: 경기도 사회적경제 정책을 중심으로". 제11회 사회적 가치 포럼 토론문. 2021.10.12.

한국개발연구원. 2018. 「사회적경제 중장기 발전방안」. 기획재정부 용역보고서.

한국협동조합연구소. 2018. 「사회적경제 시도별 특화방안 연구」. 산업통상자원부 용역보고서.

행정안전부 사회혁신추진단. 2018. 『시민참여로 만드는 변화, 사회혁신의 이해』. 공직사회 사회혁신 학습 참고자료.

희망제작소. 2011. 『마을을 만드는 사람들, 지역을 살리는 사람들』. 목민관클럽 2011 국제세미나 자료집.

Arnstein, S. R. 1969. "A Ladder of Citizen Participation.". JAIP, 35(4): 216-24.

Borzaga, C., G. Salvatori, and R. Bodini. 2019. Social and Solidarity Economy and the Future of Work, *Journal of Entrepreneurship and Innovation in Emerging Economies*, 5(1): 37-57.

Bovaird, T., and E. Loeffler. 2012. "From Engagement to Co-Production: The

Contribution of Users and Communities to Outcomes and Public Value". Voluntas, 23: 1119-1138.

Brown, M. T. 2010. "Restoring reciprocity". *Civilizing the Economy: A New Economics of Provision*. Cambridge University Press.

Carr, S., and C. Needham. 2009. Co production: An Emerging Evidence Base for Adult Social Care Transformation. *Social Care Institute for Excellence(SCIE) Research Briefing*, March.

Carr, S., and C. Needham. 2013. Coproduction in social care: What it is and how to do it. SCIE (*Social Care Institute for Excellence*) guide 51. London. www.scie.org.uk/publications/guides/guide51/index.asp

Defourny, J. 2014. From Third Sector to Social Enterprise: A European research trajectory. In Defourny, J., Hulgard, L. & Pestoff, V. (eds.). *Social Enterprise and the Third Sector*, Routledge.

Defourny, J., M. Nyssens, and O. Brolis. 2020. Testing Social Enterprise Models Across the World: Evidence From the "International Comparative Social Enterprise Models (ICSEM) Project". *Nonprofit and Voluntary Sector Quarterly*, 1-21.

DiMaggio, P. J., and W. W. Powell. 1983. "The iron cage revisited: Institutional isomorphism & collective rationality in organizational fields". *American Sociological Review*, 48: 147-160.

Donati, P. 2009. "What Does 'Subsidiarity' Mean? The Relational Perspective". *Journal of Market & Morality*, 12(2).

Mafadden, M. 2018. "The Four Cs: Communication, Coordination, Cooperation, and Collaboration". Convergency Lab Jan. 3. (2023.4.7. 검색) https://convergen celabs.com/blog/2018/01/the-four-cs-communication-coordination-cooperation -and-collaboration/

NEF. 2009. *The Challenge of Co-production*.

OECD. 2012. *Together for Better Public Services: Partnering with Citizens and Civil Society*. Paris.

Ostrom, E. 1990. *Governing the Commons: The Evolution of Institutions for Collective Action*. Cambridge University Press. (『공유의 비극을 넘어』. 윤홍근 옮김. 랜덤하우스코리아. 2010)

Restakis, J. 2010. *Humanizing the Economy: Co-operatives in the Age of Capital*. New Society Publishers. (『협동조합은 어떻게 세상을 바꾸는가?』. 번역협동 조합 옮김. 착한책가게. 2017)

Restakis, J. 2022. *Civilizing the State: Reclaiming Politics for the Common Good*. New Society Publisher. (『시민권력은 어떻게 세상을 바꾸는가?』. 번역협동조합 옮김. 착한책가게. 2022)

Sandel, M. 2012. *What Money Can't Buy: The Moral Limits of Markets*. Farrar, Straus and Giroux. (『돈으로 살 수 없는 것들』. 안기순 옮김. 와이즈베리. 2012)

Sandel, M. 2020. *The Tyranny of Merit*. (『공정하다는 착각』. 함규진 옮김. 와이즈베리)

Sen, A. 1999. *Development as Freedom*. New York: Knopf. (『자유로서의 발전』. 김원기 옮김. 갈라파고스. 2013)

UNRISD. 2020. *Public Policies Fostering the Social and Solidarity Economy in Barcelona* (2016-2019). UNRISD Working Paper 2020-5.

Zingales, L. 2014. *A Capitalism for the People*. New York: Perseus Books. (『사람들을 위한 자본주의』. 김석진·박영준 옮김. 한국경제신문. 2018)

---

1) 사회적경제생태계는 "사회적경제 조직의 설립 및 발전, 시장 조성 및 이해관계자의 다양한 참여, 재생산과 재투자 등이 선순환적으로 이루어지는 시스템"이다(서울시 「사회적경제기본조례」 제3조 5항).

2) 제도적 동형화는 제도적 규범을 따르지 않게 될 경우 조직의 정당성을 상실하게 되어 필요한 자원을 획득하지 못하게 됨으로써 효율성 차원과는 무관하게 조직들이 제도적 환경에 의해 동일하게 변형되어가는 현상으로 정의(장원봉, 2009: 153).

3) 동형화는 세 가지로 구분된다. 강제적(coercive) 동형화는 법률, 공식적인 지원, 자원 통제 등에 이루어지는 동형화, 모방적(mimic) 동형화는 목적 추구의 불확실성이나 목적 자체의 모호함에 따라 성공모델의 모방을 통해 이루어지는 동형화이다. 규범적(normative) 동형화는 전문가에 의한 공식적 교육과정 및 네트워크를 통해 나타나는 전문화 과정을 말한다(이홍택, 2019).

4) 보충성 실현의 세 원칙은 ① 역할 배분에 있어서 소규모 단위가 일차적 우선권을 갖는다. ② 대규모 단위는 소규모 단위가 수행할 수 없거나 수행하기에 적절하지 않은 업무만을 담당해야 한다. ③ 소규모 단위가 자기 업무를 수행하지 못한다면, 대규모 단위가 해당 업무 수행을 대신하거나, 소규모 단위가 해당 업무를 원활히 수행할 수 있도록 도움을 제공한다(이권능, 2022).

5) 실제로 이탈리아 같은 국가에서는 subsidiarity 개념이 자유나 평등의 관념보다는 연대(solidarity)의 관념에 더 가깝다(Donati, P., 2009).

6) 아직 우리나라에서는 그 예를 찾기 쉽지 않지만 사회적경제 도구화의 위험 중 영리기업들이 노동관련 규제 등 정부 규제를 회피하기 위해 사회적경제 조직 형태를 취하는 경

우도 있을 수 있다(Borzaga et al., 2019: 52).

7) 제도화 역설 현상의 하나로서 사회적기업 등록제에 대한 일부 인증 사회적기업들의 반대같은 것도 대표적인 예가 될 수 있을 것이다.

8) 이는 필자가 민선 7기 경상남도 사회적경제 정책 관련 제도 운영과정에서 시민단체 활동가들로부터 여러 경로를 통해 들은 것을 기초로 한 것이며, 따라서 이러한 문제가 다른 지자체에도 일반적으로 적용될 수 있다는 것을 의미하는 것은 아니다.

9) 거버넌스를 '협치'로 이해하는 것은 이런 측면을 바탕으로 한 것이나 협치는 나중에 언급하게 될 공동생산(co-production) 개념과도 혼용되고 있다.

10) 공동생산 혹은 시민참여는 1970, 80년대 미국의 공공행정학에서 중요한 관심의 대상이 된 이후에, 정부의 많은 영역에서 시민 기여 없이 서비스를 효율적으로 제공하는 것은 불가능하다는 인식에서 비롯되었다.

11) 공동생산 개념은 노벨경제학상 수상자인 오스트롬(E. Ostrom)에 의해 처음 사용된 용어로 "(공공)서비스를 사용하는 사람들과 그 가족들, 이웃들과 전문가들 사이의 동등하고 상호적인 관계를 통하여 서비스를 제공하는 것"이다. 또 OECD(2012)에 따르면 공동생산은 "시민, 서비스 이용자, 시민사회단체의 직접적 참여를 통하여 공공서비스가 기획·설계·전달·평가되는 방식"을 말한다. 이 개념은 현대 복지국가에서 새로운 개념은 아니다. 복지국가에서 제공되는 공공서비스 중 많은 형태가 생산과 소비가 분리될 수 없는 성격을 가진 것이 많기에 소비자가 생산에 참여하는 것이 요구되고 있기 때문이다(Carr & Needham, 2009).

12) '큰 사회(Big Society)'는 2010년 영국 총선에서 보수당 당수였던 카메론(D. Cameron)이 내세운 정책 공약으로, 사회문제 해결을 시민과 지역사회 그리고 지방정부에 더 많은 권한을 제공하겠다는 목표로 주창된 개념이다. 즉 시민과 지역사회가 사회적 서비스 확대에 필요한 재원을 정부와 함께 마련하고 적극적인 민관협력을 통해 사회적 문제를 공동으로 해결하는 것을 의미하며, 이를 위해 지역 시민활동 활성화, 공동체 참여 확대, 사회적경제 주체에 대한 지원, 정부의 정보 공유 등을 강조한 바 있다(행정안전부 사회혁신추진단, 2018).

13) 맥파든은 단순한 정보 또는 아이디어를 교환하는 협의(communication), 각자 다른 목표를 갖고 있지만 서로의 필요에 의해 자원을 공유하는 협력(cooperation), 공동 목표를 달성하기 위해 조정자의 관리 아래 서로 업무를 공유하는 조정(coordination), 각각의 개별 노력만으로 달성할 수 없는 새로운 가치 창출을 위해 서로 책임을 공유하는 협업(collaboration)으로 구분한다(MaFadden, 2018).

14) 정부의 「지역공동체의 사회적경제 추진역량 제고 방안」(관계부처 합동, 2019)에 따르면 각종 정부 지원 사업에 사회적경제 조직 참여를 의무화하거나 활성화하도록 하고 있다.

15) 대의제 민주주의의 위기와 디지털 시대 전환이라는 배경 속에서 시민들의 참여를 통해서 제안, 시민적 지지, 협의, 계획, 토론, 투표, 모니터링 등 시민들의 숙의형 참여 프로세스를 실천(온라인 플랫폼 형태로)하고 있는 대표적 사례는 바르셀로나의 '데시딤'(Decidim; We decide!)이다. 데시딤은 스페인을 포함한 유럽의 80개 도시, 20개 국가,

150여 개 조직으로 확대되고 있다. 또 4만 명이 플랫폼에 가입해 있으며 전통적인 도시 계획 분야를 넘어 환경 분야 등 다양한 분야로 확대되고 있다(Restakis, 2022).

16) 시민자본은 시민들의 적극적 참여를 더 강조하는 표현이다. 그리고 시민 자본 형성에는 신뢰 이외에 고유한 역사, 정부 혹은 시스템에 대한 믿음, 사회가 합의하는 윤리 규범 등도 영향을 미친다(Zingales, 2014/2018).

17) 시민앙트러프레너십은 지역이 발전하고 그 지역이 사회적·경제적 자산의 체계를 세우고, 공적, 사적, 시민 영역을 넘나들며 생산적이고 탄력 있는 관계를 맺을 수 있도록 돕는 역량이다(소셜이노베이션 그룹, 2020). 앙트러프레너(entrepreneur)의 'entre'는 '~사이에', 'preneur'는 '~을 취하다, 떠안다, 받아들이다'라는 뜻을 갖고 있다. 이를 결합하면 'entrepreneur'란 서로 다른 두 영역 사이의 연결을 통해 새로운 기회와 가치를 창출하는 사람으로 이해할 수 있다. 따라서 '기업가'만을 앙트러프레너로 생각하지 쉽지만 이런 의미에서 보면 시민운동가, 복지실천가, 마을활동가, 시민봉사자, 선출 또는 임명된 공무원, 학생 및 시민들 모두가 앙트러프레너가 될 수 있다

18) 재단 자체 사업이 사회적경제 생태계 조성을 지향하고 있는 사회투자지원재단, 민간 중간지원조직으로서 역할을 했던 함께일하는재단, 아이쿱생협이 설립한 한국사회적경제씨앗재단, 그리고 지자체 차원에서 통합지원센터의 기능을 하고 있는 지속가능재단 등이 있다. 또 민간 기업으로서 도시재생사업에 참여하여 지역사회 활성화를 주도하는 삼진이음의 경우도 지자체와 민간기업이 참여하여 사회적경제의 시민적 기반을 확대하는 좋은 사례이다.

19) 오단이(2020)는 그 사례로 첫째 기존 사회적경제 조직(예: 신협, 의료사협)이 추진하는 사업이나 프로그램 내에서 하위 파트너 역할을 수행하는 경우로서 성남시 주민신협이나 안산시 안산의료사협이 추구하는 커뮤니티 케어 사업, 둘째 새로운 사회혁신 활동이나 사회적경제 활동이 활성화되는 지역적 기반이자 동등한 파트너 역할을 수행하는 경우로 대구 북성로 사회혁신 클러스터를 그 예로 들고 있다.

20) 자산동결은 시가 이하로 자산을 처분하는 것이 재단 내지 다른 CIC로 이전하는 경우 외에는 금지되며, 해산 시 자산은 이사나 출자자들에게 분배될 수 없고, 모든 자산은 공동체이익(community benefit)을 추구하는 다른 단체에 양도하도록 하여 공동체 양도를 의무화하고 있다(KDI, 2018). 즉, 자산동결로 인해 CIC는 다른 자산고정단체(등록 자선단체 포함)에 병합되거나 공동체 이익을 위한 경우가 아닌 한 그 자산을 시장가격보다 낮게 청산할 수 없다. 이는 자산·영업의 사적 양도로부터 사회적기업을 보호하고 영업 이윤과 자산을 해당 지역사회의 이익을 위해 사용하도록 하기 위함이다. 최초의 이익배분 제한은 4가지였다. ① 배분가능 이익에서 배당금이 차지하는 비중이 35%이하여야 함 ② 주식액면가 대비 배당금의 비율 상한을 제한하여 영란은행대출 기준금리 더하기 5%p 이상을 넘지 않아야함 ③ 미지급 배당금 이월은 5년으로 제한함 ④ 성과연동 대출이자율 상한을 제한함. 이 제한은 2014년 개정으로 단순화되어 첫 번째와 둘째 제한만 유지되었다(양동수·김성기·박향희, 2017). 한편 우리는 사회적기업법 제정 당시 이 "community interest"를 "사회적 가치"로 바꾸면서 마을공동체기업 관련 규정 중 '자산동결조항'이 생략됨으로써 그 중요성이 잘 알려지지 않게 되었다(전대욱 외, 2016).

21) SK는 전통적으로 사회적경제 및 제3섹터의 영역으로 인식되었던 '사회적 가치'를 대기업의 것으로 만들었다(이진랑, 2022: 163).

22) 지방정부가 주도하는 사회적경제 협력적 파트너십의 모범 사례 중 바르셀로나는 국가 수준에서 파트너 국가와 유사한 지자체 단위 모델의 대표적 사례이다(Restakis, 2022). 바르셀로나 시정부(Barcelona en Comu)는 사회적경제를 도시의 사회경제적 모델을 변화시킬 수 있는 정책 공동 설계의 파트너로 보았다. 목표는 사람을 위한 서비스를 만드는 것뿐만 아니라 사회적경제의 생산 능력을 강화하는 것이었다. 시는 자원, 교육, 공공 조달, 자금 조달 및 사회적경제의 제도적 개발에 대한 접근성을 전체적으로 확대했다. 여기서 Barcelona Activa는 시정부와 사회적경제 사이의 인터페이스로 역할을 하게 되었다(Laville, 2022). 이를 통해 2015~18년 기간 동안 신규 협동조합이 5.4% 증가했고 사회적경제 네트워크에 참여하는 기업이 25.3% 증가했으며, 카탈루니아 노동자협동조합 연합회(FCTC)에 가입한 협동조합도 32% 증가했다. 같은 기간 카탈루냐의 협동조합 아테네움 네트워크와 사회적경제 지자체 네트워크(XMESS)도 형성되었고, 전체 사회적경제의 포용적 플랫폼이 만들어졌고 카탈루니아 노동자소유 기업연합회 및 사회적경제 협회(ASESCAT)가 결성되었다. 또 카탈루니아의 사회연대경제법을 통과시키는 과정이 시작되었다(UNRISD, 2020).

23) 문재인 정부에서 특정 중앙부처를 넘어서서 '관계부처 합동'으로 다양한 사회적경제 지원대책을 만든 것은 전자의 대표적 사례라 할 수 있다. 또 후자의 경우에도 2019년 지자체의 사회적경제 '컨트롤 타워'로서 정책·사업의 책임있는 조정기구로서 추진하려던 사회적경제행정협의회(부지사가 위원장으로 지자체 다양한 부서 실국장이 참여하는)는 행안부의 권고사항이기는 했지만 두 번째 통합적 실행을 위한 단초를 마련한 것이라고 볼 수 있다(관계부처 합동, 2019).

24) 지역주권법에 의해 공동체에 부여된 권한은 커뮤니티근린계획권(Neighbourhood Planning), 커뮤니티 자산개발권(Right to Build), 매각자산에 관한 공동체 우선입찰권(Right to Bid), 유휴공공토지에 대한 공동체의 사용·요청권(Right to Reclaim Land), 공공서비스공급 및 운영 우선참여권(Right to Challenge), 자치단체의 과도한 지방세 인상에 대한 지역공동체의 승인 혹은 거부권(Right to Approve or Veto Excessive Council Tax Rises), 지역공동체의 주거자산 관리권한(Right to Manage) 및 지역공동체 캐시백(Community Cashback) 프로그램 등 매우 다양하다.

4장

사회적경제 기업의 시민성[1]

송원근

들어가며

2007년 「사회적기업육성법」 제정 이래 사회적경제가 본격적으로 제도화되면서 그동안 사회적경제 활성화를 위한 많은 정책적 노력이 있었다. 실제로 국민경제에서 차지하는 사회적경제의 비중은 처음 법 제정 당시 예상에는 미치지 못해도 꾸준히 증가하고 있다. 그러나 사회적경제가 정부 주도로 진행되면서 사회적경제의 내재적 가치인 자율과 협력, 그리고 연대가 강화되고 있는지 의문이다. 정책적 차원에서도 다양한 협치 가능성들을 모색해보지만 사회적경제 제도화가 낳은 문제점들은 여전히 미해결 상태이다. 다른 한편으로 사업조직으로서 비즈니스에 대한 과도한 강조는 '사회문제에 대한 시장적 해법'으로 사회적경제를 각인시키고, 그런 만큼 정체성 상실에 대한 우려를 확대시켰다. 한때 시장경제에 대한 대안으로 인식되던 사회적경제는 신자유주의에 포획된 채 오히려 그것을 강화하고 있음을 부인하기 어렵다. 특히 인간 중심이어야 할 사회적경제의 목적과 운영 원리에 비추어보면 제도화 과정에 편입된 종사자들의 역량소진(burn out) 현상과 이에 따른 사회적비용이 증가하는 역설이 발생하고 있다. 다른 한편 사회적경제의 중요성과 시급성은 더욱 높아지고 있다. OECD는 2020년부터 '사회연대경제 생태계 조성을 위한 국제 공동행동'을 추진하고 있고 유럽연합 집행위원회도 2021년 12월 '유럽 사회적경제 실행계획'을 채택한 바 있다. 또한 UN지속가능발전목표(SDGs) 실행의 중요 요소로 사회적경제를 지목한 국제노동기구(ILO)는 올해 6월 사회연대경제에 대한 공식 정의를 채택했다. 이와 같은 노력과 요구들에 우리 사회적경제는 과연 얼마나 잘 부응할 수 있을까? 향후 사회적경제가 이러한 요구들에 부응하면서 발전하려면 고유의 연대성과 지역성을 강화하는 동시에 자발적 참여와 책임, 윤리, 투명성, 시민적 덕성(virtue) 같은 시민성의 요소들을 내재화하고 강화해야 한다. 연대성과 지역성은 시민성의 계기이자 동시에 결과이기도 하다. 사회적경제가 시민성을 확보하려면 그동안 우리 사회적경제의 정체성을 되짚어보고 새로운 전망을 발견해야 한다. 이런 관점에서 혼종성을 특징으로 하는 사회적경제 조직[2]의 특성들을 살펴보고(2절), 다양한 사회적경제 조직 중에서 사회적 비용을 부담하는 사회적경제 기업의 특성을 추가하여 그 의미와 사회적경제에 대한 효과를 살펴본다(3절). 이러한 고찰에서 핵심은 캅(William K. Kapp)의 사회적비용(social costs)이라는 개념이다. 나아가 사회적경제 조직의 특성을 이해하고 실제 작동하기 위해서 필요한 인식 전환은 어떤 것들이 있는지를 제시한다(4절). 이러한 해석과 제안들은 사회적경제 기업의 정체성을 더 풍부하게 하고 경제조직으로서 갖추어야 할 시민성을 강화하는 한 가지 경로를 제시할 수 있을 것이다.

자본투자, 이윤추구 기업과 사회적경제 기업

혼성조직으로서 사회적경제 기업

사회적경제 기업의 특성을 알아보는 것은 사회적경제의 이론적 연원과 함께 사회적경제 자체의 개념 검토에서 시작할 필요가 있다. 그러나 사회적경제가 자본주의 자유시장경제의 여러 문제점들을 해결하기 위한 과정에서 탄생하고 진화해 온 것이라면, 그 개념에 대해 누구나 동의할 수 있는 단일 정의는 존재하지 않는다(신명호, 2014: 23). 또한 이론 및 실천적 차원에서 사회적경제의 중요성이 커지는 것에 비하면 개념 및 조직 유형에 대한 충분한 합의도 없다(김의영·임기홍, 2015). 이는 사회경제적 변화와 제도적 진화의 산물로서 사회적경제 혹은 사회적경제 조직의 활동 내용이나 조직 형태가 매우 다양하기 때문일 것이다. 1990년대 이후 유럽 사회적기업들의 경우에도 오랜 기간 동안 역사적으로 형성된 고정된 지시 대상을 가지는 개념으로 정의하기 어렵다(Defourny, 2001).[3]

1970년대 이후 등장한 사회적기업을 포함하여 다양한 조직들을 지칭하는 신사회적경제(New Social Economy)(김정원 2017: 84) 이후 사회적경제 조직들은 자본투자기업에 대한 대응물로서 그리고 다른 한편으로는 비즈니스 조직으로서 양면성을 가진다. 특히 유럽에서 나타났던 케인즈주의 복지국가 쇠퇴 이후 사회적경제의 확대 양상이나, 우리나라와 같은 정부 주도의 사회적경제 발전과정에서 공공조직으로서 성격도 부가되었다. 사회적경제 역사 속에서 발견할 수 있는 이와 같은 다양성과 혼종성은 사회적경제 조직 특성에도 반영되었다. 다중이해관계자 지배구조, 이윤배분에 대한 제약, 민주적 운영, 호혜와 연대의 원칙, 사회적 목적 추구라는 혼성조직으로서 특성이 그것이다.[4] 하이브리드 조직으로서 사회적기업이 가진 특성은 사회적기업의 비즈니스 모델에서도 확인할 수 있다. 이에 따르면 사회적경제 조직이 다양한 층위에서 존재할 수 있으며 넓게는 기업사회책임(CSR)을 실행하는 영리 기업까지 포함할 수 있다(Alter, 2007).[5]

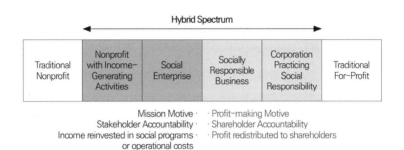

[그림 Ⅰ-3] 사회적기업 혼종성의 스펙트럼

*출처: Alter(2007: 14)

이와 같은 혼종성은 사회적경제 기업이 경제적 가치에 사회적 가치를 종속시키는 것이 아니라 사회적 가치와 경제적 가치를 동시에 추구한다는 특성으로 더욱 분명해진다. 이 혼종성은 비영리조직과는 다른 형태의 자산동결을 포함한 이윤배분 제약이라는 특성, 그리고 이를 보장하는 이해당사자 지배구조를 토대로 이윤을 조직 내에 유보해 사회적 목적(미션), 지역사회 공헌을 위해 사용한다는 사회적경제 조직의 특성과도 연관되어 있다(Laville 2001, 2009).[6] 사회적 목적 실현이라는 특성은 미국보다는 유럽의 사회적경제 조직에서 더 강조되는 특성이다. 이는 영국 사회적기업에 대한 정의에 잘 나타나 있다. 즉 사회적기업은 넓은 의미에서 "사회적 목적을 우선시하면서, 잉여를 이해당사자나 소유자의 이익을 최대화하기 위한 필요에서 운용하기보다는 비즈니스나 공동체의 목적을 위해 재투자하는 기업"이다(DTI, 2002). 이러한 특성은 자본에 대한 이익 배분을 제한하고, 사회적 목적 실현을 위한 조건으로 수익을 간주하는 전통적인 사회적경제 기업들 뿐만 아니라 상법상 회사이면서도 이익배분 및 자산처분에 제약을 두고, 사회적 목적 추구를 주된 사

명으로 하는 새로운 형태의 사회적경제 기업의 출현 등으로 확산되고 있다.[7]

이윤배분의 제한

다른 생산조직과 비교해 사회적경제 기업의 특수성을 보여주는 특성 중 하나는 자산 동결(asset lock)을 포함한 '이윤 배분에 대한 제한'이다. 여기서 이윤배분에 대한 제약은 이익의 사적 전유를 제한하는 모든 법적 형태를 말한다(Laville, 2015: 48). 통상적으로 이윤배분에 대한 제약은 여러 생산 관련된 비용들을 제외하고 남는 이윤의 배분에 관한 문제이다. 그러나 사회적경제 기업의 경우 사전적 지출로서 사회적비용 부담이나 지역사회 투자 등이 커지면 이윤의 크기가 작아지고 이런 점에서 회계상 이윤은 사회적비용으로 이미 지출된 부분을 포함하지 않는다. 즉 생산과정 자체에서 이윤으로 남았을 몫을 사회적 비용으로 부담하는 것이다. 이는 이익 배분을 목적으로 하는 투자자들이 사회적기업을 투자 매력이 없는 기업으로 인식하도록 함으로써 사회적경제 조직의 자본 조달 상의 어려움을 초래하는 요인이 되기도 한다. 또 종업원에 대한 지출이든 지역사회에 대한 투자이든 사회적 재투자가 내부 역량 강화로 이루어지지 않는다면 새로운 사업 분야에 대한 지출이나 이에 동반되는 투자 등을 실행하기가 힘들다는 문제도 있을 수 있다. 그러나 이러한 제약은 이윤극대화를 목적으로 하지 않는 사회적경제 기업의 정체성에 부합한다. 실제 제한적 이익배분(limited profit distribution)은 이윤 배분을 전적으로 금지하는(non-distribution constraint) 것에서부터 몇몇 국가들의 협동조합처럼 이익[8]을 배분하지만 제한적 범위에서만 배분을 허용하는 형태가 다양하게 혼재해있다.[9]

우리나라도 협동조합이나 사회적기업의 경우 이윤 배분을 일정 정도 제한하고 있고, 사회적협동조합은 이를 엄격하게 제한한다. 예로서 「사회적기업 육성법」 제3조는 사회적기업은 영업활동을 통하여 창출한 이익을 사회적 기업 유지·확대에 재투자하도록 노력하여야 한다고 규정하고 있고 제8조는 회계연도별로 배분 가능한 이윤이 발생한 경우, 이윤의 2/3 이상을 사회적 목적을 위하여 사용할 것(상법 상 회사·합자조합일 경우)을 인증 요건으로 규정하고 있다. 이 사회적 목적에는 ①근로자의 근로조건 개선(임금 인상, 복리후생비, 성과급 등) ②지역사회 기부 등 사회공헌사업 ③고용확대를 위한 시설투자 등이다.[10]

이 특성은 원래 이윤비배분 제약(non-profit distribution constraint)이라는 비영리조직의 특성과 유사하며, 해당 비영리조직이 이윤극대화를 위해 활동하지 않을 것이라는 신뢰를 얻거나, 혹은 사회적자본을 형성하는(Evers, 2001) 중요한 원리이다. 또 이 제약은 자본기업 경영자들의 도덕적 해이를 방지하는 여러 제도들과 마찬가지로 비영리조직 내부자들의 도덕적 해이에 대한 견제 기능을 한다. 이 기능은 최초에 비영리를 목적으로 하던 조직들이 자기 고유의 목적 추구를 위한 수익 사업을 전개할 경우 더욱 중요한 의미를 가지게 되었다. 그러나 이는 소유권이 내포하는 '잔여청구권'(residual rights) 중 소득에 대한 청구권을 제약하는 장점이 있지만 소득 배분 이외의 중요한 의사결정과정, 즉 이윤 추구 외 다른 목적 추구, 자원의 사용과 관련된 의사결정 과정에서 기회주의적 행동과 이로 인한 비용을 통제할 수 없다. 주주들에게 잔여청구권을 부여하고 있는 주식회사 형태의 영리기업에서도 경영자들의 대리인 행동 혹은 사회적비용을 유발하는 바람직하지 않은(disservices) 행동들을 통제하기 위한 여러 제도적 장치가 존재하나 거기에는 근본적 한계가 존재하는 것과 마찬가지이다.

다중이해당사자 지배구조

사회적경제 조직은 민(상)법상 회사, 재단, 조합 등 다양한 법적 소유구조를 가질 수 있지만, 잔여청구권 배분과 관련하여 중요한 것은 소유권이 재화나 조직을 지배, 관리, 자원사용, 수익배분, 처분할 수 있는 모든 권리 영역에 걸쳐 행사되어야 하는 것으로 이해되어야 한다는 점이다. 이는 경제적으로는 재산권 행사의 문제이자 정치적으로는 자치권 행사이다. 사회적경제 조직들이 직면한 문제는 바로 이 재산권과 자치권 행사에 있어서 기업대표와 주주들, 노동자와 같은 조직 구성원, 그리고 정부 등이 모두 권리 행사자로 등장한다는 점이다. 이러한 권리 배분은 이윤 배분을 포함한 중요한 의사결정이 누구에 의해, 그리고 누구를 위해 내려져야 하는가 하는 지배구조(governance) 문제이기도 하다. 기업을 국가와 같은 통치자와 피통치자 사이의 권력관계로 본 달(R. Dahl)은 '기업에서 일하는 모든 사람들이 집단적으로 소유하고 민주적으로 통치하는 기업 체계'를 자치기업(self-governing enterprise)이라 불렀다. 이 자치기업은 정의와 민주주의라는 가치를 신장시키는 데 공헌하고 시민들 간의 이익, 목표, 관점, 이데올로기 등의 대립을 일소해 주지는 못하지만, 이익 갈등을 줄여주고 모든 시민들이 국가 통치에서 정치적 평등과 민주적 제도들을 유지하는 데 동등한 이해관계를 갖도록 해줄 것이고, 공정성의 기준에 대한 좀 더 확고한 합의에 이를 수 있도록 해줄 것이다(Dahl 1985: 132). 이 자치기업에 가장 근접한 기업 형태가 바로 다중이해당사자 협동조합(multi-stakeholder cooperatives)과 같은 사회적경제 기업이다. 또 상당수의 사회적기업들도 기업 운영에 유급 직원, 자원활동가, 서비스 이용자, 지자체, 비영리 재단 등 다양한 이해당사자들이 참여한다. 이해당사자 지배구조는 비즈니스 조직으로서 사회적경제 조직이 엄격하게 이윤배분을 금지하기보다는 다양한 이해당사자들에게 소득에 대한 잔여청구권 행사가 가능하도록 길을 열었다. 다중이해당사자 지배구조는 다양한 목적을 추구하는 이해당사자들에게 잔여청구권을 배분함으로써, 사회적경제 조직이 수행하는 다양한 역할들의 우선 순위를 원래 목적에 부합하도록 조정하고, 각 이해당사자들이 자기의 이해를 과도하게 추구하는 것을 견제한다.

또한 이해당사자 지배구조는 위계(hierarchy)를 본질로 하는 영리기업과 대조적으로 다양한 이해당사자들이 참여하는 민주적 거버넌스(Nyssens, 2006; Stone & Ostrower, 2007)와[11] 내부통제, 그리고 조직 내·외부의 연대와 협력을 촉진하는 기업운영 방식과도 관련되어 있다. 대표적으로 협동조합 1인 1

표 원칙은 참여와 책임, 이를 기반으로 한 신뢰를 키우고 그 결과 조직 감시 비용 등을 줄여줄 수 있다. 협동조합에 적용되는 1인 1표 원칙은 정치적 민주주의 원칙이 사회적경제 기업이라는 경제활동 영역에 작용하는 중요한 통로이다(유철규, 2014). 이에 비해 개인들 간의 계약의 연쇄(nexus)로서 이윤 극대화를 목표로 하는 영리기업은 경제와 정치, 경제와 사회의 분리에 그 기반을 두고 있다. 이와 같은 이해당사자 기반 민주적 기업경영조직과 운영은 구성원들의 절차적 공정성에 대한 인식을 높여주고, 직무만족도를 높여 사회적경제 조직의 성과를 높이는 데도 기여할 수 있다. 물론 이러한 특성 역시 위계에 기반한 자본투자기업과 같은 신속한 의사결정을 지연시킬 수 있고, 또 성공적 비즈니스 모델을 만들고 실행하려는 기업가정신의 발휘 등을 제약하는 요인이 되기도 한다.

사회적비용을 부담하는 사회적경제 조직

사회적경제 조직이 부담하는 사회적 비용들

혼종성을 특성으로 하는 사회적경제 기업의 사회적 목적과 경제적 목적 추구 사이의 균형, 이윤배분 제약, 이해당사자 지배구조 외에 사회적경제 기업의 다양한 특성들을 잘 보여주는 것은 사회적경제 기업들이 "사회적비용을 부담"한다는 것이다. 사회적경제 조직들이 사회적비용을 부담한다는 것은 이들이 다른 일반 자본투자기업이 부담하지 않아도 되고 부담하지 않으려 하는 사전적 사회적 지출(social expenses)을 상당 부분 부담해야 하며 실제로 부담하고 있다는 것을 의미한다(Alter, 2007: 74).

협동조합이 더 질 좋은 제품과 서비스를 제공하기 위해서나 환경오염을 줄이기 위해서 더 비싼 친환경 포장재를 사용하는 것은 통상적인 기업들보다 더 높은 비용을 기꺼이 부담하려는 노력이다. 또한 다중이해당사자 협동조합은 다양한 이해당사자들 사이의 갈등을 조정하기 위한 비용 지출을 감수한다. 특히 소유권과 이에 기반한 잔여청구권(residual rights)의 다중이해당사자 배분과 기업의 민주적 운영에서 생기는 갈등과 이를 조정하는 비용은 사회적경제 조직의 특성으로서 이해당사자 지배구조라는 성격에서 필연적으로 발생한다. 이른바 지배구조비용(Hansman, 1996)은 신속한 의사결정을 내리지 못하는 기회비용으로 나타날 수도 있고, 협상 등의 거래비용을 초래하기도 하며, 따라서 사회적경제 조직 성장에 제약으로 작용할 수도 있지만, 이러한 비용을 부담하지 않고서는 이해당사자 지배구조를 가진 사회적경제 조직으로서 정체성을 유지할 수 없다.

또 취약계층에 대한 일자리 제공과 자립을 지원하는 사회적기업들은 ① 노동력의 추가적 투입(한 사람이 해야 할 일을 두 사람이 해야하는 경우), ② 생산라인과 무관한 시간적 지출, ③ 정상적인 생산활동에 필요한 여러 사회 프로그램 시행, ④ 노동숙련도 향상에 필요한 추가적 교육훈련에 대한 비용 지출이 필요하다.

지역사회의 필요를 충족하기 위한 다양한 사회서비스 제공이라는 사회적 목적 추구도 마찬가지이다. 예를 들면 지불능력이 없는 사각지대 계층들을 대상으로 질 좋고 저렴한 서비스를 제공하는 것은 높은 비용 구조를 유발한다. 그러나 이 사회적 필요 충족을 위한 사회적기업들의 집합적 행동은 그렇지 않았을 경우 더 큰 비용을 들여 해결해야 할 폐해를 방지할 수 있다.

우리의 현실에 비추어보면 사회적경제 기업을 포함 사회적경제 조직에서 활동하는 종사자들의 노동 과도화와 역량소진(burn out) 현상은 조직의 불충분한 보상이나 불안정한 사회보장체계의 복합적 결과이다.[12] 따라서 이 과정에서 발생하는 다양한 비용들, 즉 휴먼코스트를 기업조직 내에서 우선 해결하려고 노력해야 한다. 특히 여성의 경제활동 참여 확대와 이에 따른 돌봄 공백은 사회적경제 영역에서 더 심각할 수 있다. 또한 IT혁명과 같은 급격한 기술변화와 글로벌화가 초래한 고용 형태 변화는 근로빈곤·직업능력 마모 같은 심각한 문제들을 양산하고 있다. 사회적경제 기업에 대한 정부 인건비 지원과 이를 기반으로 한 사회보험제도를 통해 사회적비용의 내부화가 일부 이루어지고 있지만 이것만으로는 충분하지 않다. 영리기업에 비해 사회적경제 기업이 인간노동을 우선으로 하는 조직이라면 사회적경제 기업은 지출하지 않았더라면 이윤으로 남게 될 부분을 휴먼코스트에 대한 사전적 비용 지출로 사용할 수 있어야 한다.

사회적비용 부담이 사회적경제 작동에 미치는 효과

그렇다면 사회적경제 기업들이 휴먼코스트를 포함한 사회적비용을 부담한다는 것은 어떤 효과가 있으며 사회적경제의 실제 작동에는 어떤 의미를 가지는지 살펴보자.

무엇보다 사회적경제의 고유성은 자본의 이익 실현에 기여하기보다는 기업에 종사하는 사람들의 안전과 역량, 존엄과 자유 증진에 기여하는 인간중심적(human-centered) 성격으로 구현된다. 동시에 소수 개인의 역량에 의존하는 조직이 아니라 다수 구성원들의 협력과 협업, 그리고 이들 사이의 조정을 통해 모든 구성원들이 협력한 결과를 창출한다는 의미에서 사람 중심적(people-centered)이다. 사회적비용을 전가하지 않고 기꺼이 부담하려는 사회적경제 조직은 이윤극대화를 최우선 목적으로 하는 시장영역에서 사람(노동) 중심의 사회적경제, 자본(돈)에 대한 인간(노동)의 우선성(유철규, 2014: 162)으로 상징되는 사회적경제 조직의 정체성을 더욱 분명하게 해주는 장점이 있다. 그것은 사회(연대)경제 조직이 "노동이 생산의 핵심 전략 요소가 되는 재화와 서비스 생산에 특화되어" 있으며 "다양한 이해관계자에게 권리를 부여하는 소유구조를 가지고 있고 그에 따라 모든 이해관계자에게 발언권을 주는 좀 더 포용적이고 민주적인 거버넌스 구조를 가진다는 특성 때문이다(UNTFSSE, 2020). 이 노동의 우선성은 사회적 정의를 실현하는 방법이기도 하다. 즉 자본투자기업을 포함 사회적경제 조직들의 사회적비용 부담과 지출은(휴먼 코스트나 사회적 필요를 충족하는 상품이나 서비스 제공) 지불 능력에 근거해 선택적으로 이루어지는 것을 금지함으로써 사회적 정의를 실현하는 한 방편이 될 수 있다.

둘째, 캅(K. Kapp)에 따르면 사회적 비용은 한편으로는 사회적 필요와 이에 대한 실제 충족과 다른 한편으로는 규범적 측면의 '사회적 최소한', 환경 및 사회적 파괴의 '최대 허용 수준' 간 차이에서 발생한다(Kapp, 1965, 1974, 2011).13) 이러한 정의에 따르면 사회적경제 조직이 사회적비용을 부담한다는 것은 이러한 차이를 줄인다는 의미에서 사회적비용의 최소화에 기여할 수 있다. 이는 동시에 시장가격으로 표현되지 않는 사회적 사용가치가 사회적경제 조직을 통해 창출되고 있다는 것을 의미한다. 이 최소한의 기준은 기업 내부적으로는 구성원들 간 서로 다른 이해관계를 더 동질적으로 만듦으로써 의사결정비용을 줄여준다(Hansmann, 2017: 142). 사회적 차원에서도 사회적 필요가 무엇인지에 대한 사회적지식을 확산하고, 사회적 가치 평가 기준을 제공할 수 있다. 이 사회적 가치 평가는 사회적경제 기업의 제품과 서비스 질을 높이는 차원에서 중요할 뿐만 아니라 누구든지 최소한의 생활보장을 받을 권리로서 사회적 시민권(사회권)의 보장에도 중요한 의미를 가진다. 또한 캅의 사회적 비용 개념이 자연과 사회적 환경에 대해 지고 있는 부담과 채무 인식이라는 사회적 자유(social freedom)의 가치를 현실화(원용찬, 2019: 16)했다는 점에서 볼 때, 이 비용을 부담하는 사회적경제 조직은 자원 사용과 소비와 관련된 자유인들의 (책임있는) 행위 규범을 제공한다. 또 어떤 필요들이 우선적으로 충족되어야 하는가에 대한 사회적·정치적 선택과 이를 위한 숙고(deliberation) 과정에 필요한 정보 혹은 사회적 지식 생산을 촉진할 수 있다(Kapp 2011, 94-95). 이는 결국 시장교환과 함께 호혜와 재분배 원리가 함께 작동하는 실체적 경제에서 사회적경제(조직)의 역할을 더 잘 드러내 줄 수 있다.

[표 Ⅰ-1] 사회적경제 조직이 부담하는 사회적비용들과 그 효과

사회적경제 조직의 사회적비용	사회적 비용 부담의 효과
·갈등 조정 비용 등 지배구조 비용 ·재생 및 비재생 자원 사용에 따른 비용 ·취약계층 고용 유지 및 훈련 비용 등 생산과 정에서 추가로 발생하는 비용 ·지역 필요 해결을 위한 제품 및 서비스 제공 과정에서 발생하는 비용 ·사회적경제 조직 내 휴먼코스트 등	·사회적 비용 최소화를 통한 사회적 가치 창출 (기업 내 의사결정 비용 감소 등) ·사회적 필요, 사회적 가치평가에 대한 객관적 기준 제공, 최소한의 생활 보장을 받을 권리로 서 사회적 시민권(사회권)의 확보 ·자본에 대한 인간 노동 우선 원칙 확립, 지불 능력에 근거하지 않은 서비스 제공을 통한 사 회적 정의 실현 ·사회적경제 운영 원리의 기업 관행 내재화, 사회적경제 조직 정체성 제고 ·사회적비용을 감수하려는 비영리조직, 일반 자본투자기업에 대한 사회적경제 외연 확대, 생태계 강화, 시민성 확보 ·사회적 전가를 관행화하는 일반기업에 대해 비용 부담을 요구하는 사회적 통제의 준거점 역할, 관계성을 중심으로 한 기업 인식 제고

*출처: 송원근(2022: 162)

　　셋째, 지금까지 사회적경제 기업 특성으로 이윤 자체가 목적이 아닌 하나의 수단으로서 그것을 적극적으로 추구하지 않는다는 소극적 의미가 강조되었다면, 사회적비용을 부담하는 사회적경제 기업은 이윤 창출 과정에서 지출된 비용, 즉 지출되지 않았더라면 이윤이 되었을 비용을 좀 더 적극적 관점에서 바라볼 수 있게 한다. 결사체로서 연대와 협력에 기초한 사회적경제 조직들이 비즈니스 조직으로서 자기 정체성을 드러내는 것은 다양한 지역의 필요와 욕구들을 해결한다는 목표 관점에서 그리고 그 목표를 실현하는 과정에서 이러한 가치들이 실현될 수 있다는 관점에서 주로 논의되었다. 그러나 사회적비용을 부담하는 조직으로서 사회적경제 기업을 바라본다는 것은 기업 내에서 연대와 협력의 가치, 그리고 민주적 운영 방식을 구체적으로 실현하는 방법으로서, 그리고 그 방법들을 조직에 내재화하고 제도화한다는 의미가 있다. 이와 같은 기업 관행의 내재화는 이윤배분 제약과 이를 가능하게 하는 이해당사자 지배구조와 민주적 운영이라는 원리를 기초로 제품과 서비

스를 생산하고 여기에 필요한 자원을 할당하는 사회적경제 조직의 정체성을 분명하게 하는 것이다.

넷째, 폴라니가 말하는 실체적 경제의 구성요소로서 사회적경제 조직의 정체성 강화는 사회적경제 조직 뿐만 아니라 사회적 비용을 부담하려 하고 사회적 비용을 최소화하려는 비영리법인, 자본투자기업까지 사회적경제의 외연을 확대하고, 그럼으로써 사회적경제 생태계 강화뿐 아니라 시민성을 확보하는 데 준거점을 제공한다는 의미가 있다. 전 세계적으로도 경제적 이익과 사회적 가치를 동시에 추구하는 혼성(hybrid) 조직이 늘어나고 그 활동이 가시화되면서 이 혼성 조직에 대한 법제화 움직임이 활발하다. 특히 상법상 회사이면서 사회적 가치를 추구하는 기업들에게 법인격을 부여하는 노력이 크게 증가하고 있다.[14]

기업, 생산, 기업성과, 사회책임에 대한 관점의 전환

사회적 목적을 추구하는 혼성조직, 이윤배분의 제약, 다중이해당사자 지배구조와 함께 사회적비용을 부담하는 사회적경제 조직의 특성이 온전하게 발현되고 이를 통해 사회적경제 기업들이 내부구성원들 뿐만 아니라 시민들의 지지를 통해 시민성을 높이려면 몇 가지 사고 혹은 인식 전환이 필요하다.

영리기업에 대한 인식 전환

첫째는 자본주의 영리기업의 본질에 대한 근본적 인식 전환이다. 최초에 기업은 정부 혹은 군주가 특권을 부여하면서 생겨났고, 공동의 목표와 위험에 대한 상호 의무를 전제로 장기적인 헌신을 보장하기 위한 장치였다. 산업혁명으로 이러한 장치가 해체되기 시작했지만 폴라니는 내면조망(폴라니,

2022)이라는 개념을 통해 상호 간의 욕구를 이해하고 조절하는 공간이 필요하다고 생각했다. 이 공간이 바로 대표적 사회적경제 조직인 협동조합이 될 것이라고 보았다. 또 이탈리아 시민경제학의 전통에 따르면 기업은 일종의 콤무니타스(communitas)로서 무상 나눔이 가능할 정도로 친밀한 관계로 맺어진 사람들의 생활공동체이다. 이에 가장 잘 부합하는 사례로서 협동조합은 상호주의 원칙에 입각한 결사체로서 부당하고 비대칭적 관계에 기초한 무상성이나 관계성이 제거된 임무니타스(immunitas)가 아니라 콤무니타스로서 시민적이고 평등주의적이며 현대적인 관계성을 회복하는 데 더 중요한 목적이 있다.[15] 이와 같은 인식은 개인들의 좋은 삶을 추구하는 데도 중요하다. 사회적경제 기업은 시민들의 덕성을 키우고 공동선을 만들고 공동운명을 결정하는 시민들의 실천에 가장 가까운 공동체이기 때문이다. 사회적경제 방식으로 사업체를 세우고 운영하는 과정에서 사회적 상호작용이 일어나며 그 과정에서 개인들은 시민으로서 공동의 유대감과 소속감을 공유하면서 정서적 만족과 행복감을 맛볼 뿐만 아니라 좋은 시민으로 살아가는 데 필요한 기술을 본격적으로 익히고 체득할 수 있다. 따라서 좋은 삶이란 물질적인 풍요가 아니라 공동선에 기여하는 것이라고 주장한 정치철학자 샌델(M. Sandel)은 "이전의 모든 정의이론은 우리는 공동선에 기여할 때만 완전한 사람이 되며, 우리가 한 기여로부터 우리 동료 시민들의 존경을 얻는다고 가르친다"고 말한다(Sandel, 2020: 328). 이에 따르면 인간의 근본적인 욕구는 우리가 공동생활을 하는 사람들에게 필요한 존재가 되는 것이다. 이러한 관계성에 기반한 사회적경제 기업은 상이한 이해관계를 가진 개인들이 서로 합의하고 공통의 이익, 혹은 공동선을 추구하면서 사회적 유대를 강화한다. 이와 같은 유대는 다른 사회적경제 조직들과 연대나 협력에도 강력한 토대가 될 수 있을 것이다. 나아가 사회적비용을 기꺼이 부담하려는 사회적경제 조직들은 사회적비용 발생을 일상화하고 이를 사회에 전가하면서 이득은 사유화하는 영리 목적의 자본투자기업에 대한 사회적 통제 요구의 준거점으로서 역할도 할 수 있을 것이다.

관계성을 회복하고, 유대를 강화해 구성원들이 좋은 삶을 추구하도록 해주는 장치로서 기업을 재인식하는 것은 이윤 혹은 이윤극대화만으로 기업의 목적을 규정할 수 없다는 말이다. 기업의 이익은 목적을 정의하는 것이 아니라 기업에 규율을 강제하는 제약이다.[16] 실제로 이윤 극대화만을 추구하는 기업 모델은 그렇게 성공적이지 못했다.[17] 기업은 수익을 초월해 어떤 정해진 목적이나 미션을 가지고 일할 때 더 많은 가치를 만들어낼 수 있고 기업이 성공하려면 이러한 목적과 미션이 필요하다. 기업의 경쟁력은 기업을 둘러싼 이해당사자들이 공유하는 목적, 그리고 이를 토대로 한 사회적 가치 창출에 있다.[18]

'생산' 활동에 대한 사고의 전환

둘째, 기업이 수행하는 생산활동에 대한 사고와 인식 전환이다. 자본주의 하의 생산이 단순히 소비를 위한 수단이 아니라 "경제적 과정 그 자체의 목적지"(ends in the economic process itself)이자 "자기표현 및 창조적 성취의 영역으로 새롭게 정립하고 그 속에의 참여가 주는 가능성을 적극적으로 고려해야 한다"(Knight, 1923: 602).

생산활동에 대한 자유주의 경제학자인 나이트(F. Knight)의 통찰은 인간 노동의 존엄성에 대한 인식 변화로 이어져야 한다. 인간의 근본적인 욕구는 공동의 삶을 함께 하는 시민들로부터 인정을 받는 것이다. 이런 관점에서 볼 때 공동체에 대한 기여를 통해 구성원으로서 인정을 받고자 하는 욕구에 응하는 데 필요한 것은 바로 노동의 존엄(The dignity of work)에 대한 재인식이다. 일은 경제인 동시에 문화, 생계를 꾸려가는 방법이자 사회적 인정과 명망을 얻는 원천이다(Sandel, 2020: 327-329). 신기술 발전과 아웃소싱으로 인한 일자리 상실은 사회가 노동계급의 직업을 덜 중요한 것으로 인식하도록 만든다. 또 경제 활동이 물건을 만드는 것에서 돈을 관리하는 것으로 바뀌고 헤지 펀드 매니저와 월가의 은행가가 엄청난 보상을 받으면서 전통적 의미에서 존경받는 노동은 부서지기 쉽고 그 지위도 매우 불안정해졌다. 샌델은 1980년대 이후 급속히 진행된 경제의 금융화(financialization)야말로 아마도 일의 존엄성 추락에 큰 영향을 미쳤으며 노동자들의 사기 저하에도 큰 역할을 했을 것이라고 진단했다. 실제로 포퓰리즘(populism)의 형성과 득세를 강력하게 지지했던 국민들 혹은 대중들의 불만은 임금 하락이나 일자리 상실에 대한 것일 뿐만 아니라, 타의에 의한 것이든 자의에 의한 것이든 자신들에 대한 사회적 존중(social esteem)의 결여에 기인한 것이었다.

자기 창조과정으로서 생산, 노동의 사회적 인정과 존중은 기업이 만들어 내는 생산품이 사회에 진정으로 가치있는 기여를 하고 있는지, 시장을 통해 충족되길 기대하는 인간의 욕구가 과연 올바른 것인지를 되돌아보게 만든다. 동시에 기업의 생산활동이 집단적인(collective) 성격을 가진 것임을 상기시켜 준다. 마추카토(M. Mazzucato)는 어느 활동이 생산 범위에 있느냐 여부 이상으로 경제 활동이 사회의 관점에서 필요한 진정한 가치를 낳느냐 여부가 매우 중요함을 지적한다. 나아가 가치생산의 집단적 성격에 대한 무시가 '이득의 사유화와 비용의 사회화' 현상을 낳고 그것을 더 강화한다고 비판한다(Mazzucato, 2018).

기업의 이익과 성과에 대한 다른 관점

기업과 기업의 생산활동에 대한 재인식은 사회적경제 기업들이 창출하는 성과에 대해서도 새로운 관점을 요구한다. 특히 사회적경제 기업이 사회적 가치나 성과를 시장 성과와 균형 있게 추구하는 조직이라면 그 조직의 성과는 일반 영리기업과 달라야 한다.[19] 이는 두 가지로 세분되는데 하나는 기업의 사회적 가치 실현, 사회적 성과에 대한 평가와 관련되어 있고 다른 하나는 사회적 성과의 회계학적 표현의 적절성과 관련되어 있다.

첫째, 사회적기업의 '우수한' 성과는 사회적 성과를 기초로 한 경제적 성과에 기반해야 한다. 예를 들어 수익률이 높더라도 그 기업의 사회적 성과가 미흡하거나 사회적 재투자에 소극적 기업을 성과가 높은 사회적기업이라고 할 수 없을 것이다. 또한 고용 인원이 많다고 해도 취약계층 고용비율이 현저히 낮거나 구성원들에 대한 비용 부담에 인색하다면 성과가 높은 사회적기업이라 할 수 없다. 사회서비스 제공으로 어떤 사회적경제 기업의 사회적, 경제적 성과가 아무리 크다 하더라도 잉여 이익을 취약계층을 위한 사회서비스 제공이나 지역사회 재투자에 매우 소극적이라면 성과가 높은 사회적기업이라고 할 수 없다. 또한 기업운영에 있어서 사회적기업이 경제·사회·환경적 영역의 다양한 가치를 고려하지 않거나, 개인, 공동체, 미래 세대에 미칠 영향을 무시하는 행동을 하거나 의사결정을 한다면 이를 사회적경제 기업이라고 할 수 없을 것이다.

사회적기업의 성과, 혹은 사회적 가치는 회계학적 혹은 시장적 가치로 표현되지 않는 다양한 성과들이 존재한다. 이는 사회적 가치 자체가 추상적이기도 하고, 또 시장을 통해 객관적으로 측정할 수 없는 것들이고 따라서 구성원들의 합의와 토론에서 도출되는 내재적 가치이기 때문일 것이다.[20] 예를 들면 영리기업과 마찬가지로 사회적경제 기업의 성장과 혁신에 지대한 영향을 미치는 기업가 정신은 기업의 경제적 성장이 아닌 사회적 문제 해결, 지역사회 문제에 헌신하는 경향이 매우 강하다. 또한 이해관계자가 참여하는 민주적 의사결정구조는 신속한 의사결정을 저해할 수 있지만 사회적기업의 필수적인 요인이며 이는 참여적 상호성을 증가시키고, 기업구성원들이 자기 역량을 높이고 발전시키는 데 있어서 핵심적 요소이다.

따라서 사회적경제 조직의 사회적비용 부담이 이윤을 감소시켜 시장에서 생존을 어렵게 하는 것만은 아니다. 사회적비용 부담을 포함한 이윤배분 제한은 사회적경제 조직의 유지와 성장에 필요한 재투자와 경쟁력 확보의 근거를 제공한다. 무엇보다 다중이해당사자 지배구조는 사회적기업에게는 중요한 사회적자본의 원천이자, 동시에 사회적자본이 재생산되는 장치이다. 사회적기업은 재화와 서비스 공급하여 수입을 얻고, 사회적기업이 수행하는 공적 기여를 근거로 정부 보조금이나 기부를 받기도 한다. 그러나 사회적기업에 있어서 가장 중요한 자원은 바로 사회적자본이다. 공공지원이나 판매를 통한 수입이 없어도 사회적경제 조직은 유지 가능하지만, 일정 수준의 사회적자본이 없다면 사회적기업의 존립 자체가 문제될 수 있다(Evers, 2001). 사회적자본은 비영리성의 표방만으로는 충분하지 않은 사회적기업의 공익성에 대한 신뢰를 형성시킴으로써 불완전한 정보 상황에서 발생할 수 있는 거래비용을 감소시킨다. 또한 사회적자본은 서비스 이용자와 자원활동가가 조직에 같이 참여하여 생산적 기능을 수행하도록 하고, 기부와 보조금을 동원할 수 있게 하며, 유급활동가들이 자발적으로 많지 않은 보상을 받아들이게 함으로써 생산비용을 감소시킬 수 있다(Laville & Nyssens, 2001). 결국 사회적자본은 사회적기업의 정체성이자 경쟁력을 확보하는 원천인 것이다. 이런 의미에서 보면 사업 조직으로서 사회적경제 조직이 성장한다는 의미는 단순한 규모의 성장(scale-up)만이 아니라 노동에게 전가되는 비용 부담을 통해 종업원과 다양한 이해당사자들을 포함 인간의 삶과 지역공동체를 더 풍요롭게 만든다는 의미에서 '질적인' 성장을 포함하는 개념으로 이해할 필요가 있다.

기업회계 관행에 대한 문제 제기

사회적경제 조직이 사회적 목적 추구 활동을 통해서 사회적 가치를 창출한다는 특성은 사회적경제 조직에 대한 정부보조금 등의 회계처리 관행과 제도화와도 관련되어 있다. 경제 활동과 관련 당사자가 아닌 제3자에게 의도하지 않은 효과가 발생하는 것을 외부성(externality)이라 부른다. 발생 효과에 따라서 긍정적(양) 외부성과 부정적(음) 외부성으로, 발생 주체에 따라서 생산 외부성과 소비 외부성으로 구분된다. 취약계층을 고용하는 사회적경제 조직은 긍정적 생산 외부성을, 그리고 사회서비스 제공 사회적경제 조직은 긍정적인 소비 외부성을 실현한다. 이 긍정적 외부성은 사회적경제 조직들의 의사결정과정에서 잘 고려되지 않는다. 또한 이 외부성을 근거로 지원되는 정부보조금은 영업외 수익으로 계상된다.

[표 Ⅰ-2] 사회적경제 조직의 총수입과 총비용

총수입		총비용
매출액(영업활동수입)	영업외 수익	
·재화 및 서비스 공급을 통해 얻은 수입의 총액(손익계산서상의 매출액) ·제조업과 유통업은 원재료비와 상품매출원가 제외	·영업활동과 무관한 정부·지자체 지원금(일자리창출사업, 사업개발비, 시설운영비 등) ·회비, 가입비 ·모기관 지원금(법인지원금) ·기타 후원금,기부금 등	·매출원가 　(제조·공사원가 포함) ·판매와 관리비 ·영업외 비용 ·법인세 등

*출처: 2023년 사회적기업 인증업무 지침(고용노동부, 2022)
*일자리 창출사업 인건비 지원금은 매출액에는 미포함

그 결과 사회적경제 기업들은 기업활동을 통해 사회적비용을 부담함으로써 그것을 최소화하고 사회적 가치를 만드는 존재임에도 정부보조금 수혜자라는 인식으로부터 쉽게 벗어날 수 없게 된다. 따라서 이러한 긍정적 외부성들은 사회적 편익의 내부화라는 차원에서 기업 회계에 적극적으로 반영되어야 한다. 따라서 사회적기업의 사회적 회계를 반영한 성과함수에는 이윤과 (영업외 수익 혹은 이익으로 계상되지 않는) 사회적 가치를 포함해야 한다. 나아가 사회적 회계는 사회적편익 제공, 사회적 가치 창출을 목적으로 하는 비영리기업이나 자본투자기업에도 적용, 제도화되어야 한다. 이러한 제도 변화가 자본투자 영리기업까지 확대되어 갈 경우, 사회적경제 조직들의 특징과 실천은 이러한 제도화에 있어서 하나의 준거점을 제공하는 단초가 될 수 있을 것이다.

사회적경제 기업의 사회적 책임

대공황기에 본격적으로 제기되었고 1970년대 이론적 논의들이 활발하게 진행된 기업사회책임론(corporate Social Responsibility, CSR)은 1990년대 들어 기업의 사회적 책임 수행과 윤리경영이라는 이름으로 국제적으로 표준화되었다. 그러다가 2000년대 초반 엔론(Enron), 월드컴(Worldcom) 등 미국기업들의 잇따른 회계 부정 사건으로 그 중요성이 크게 부각된다. 이후 전략적 측면을 강조한 공유가치창출(Creating Shared Value, CSV)이라는 용어가 전 세계적으로 확산되었고[21] 최근에는 ESG경영 개념으로까지 확장되고 있다. 이 때 책임은 기업 운영에 있어서 투명성 확보, 윤리 경영, 민주적 운영과 관련된 지배구조, 환경적 기준 준수 등에 부과되는 책임(responsibility)이다.

기업의 사회적책임에 대한 논의들은 기업 역시 사회 속에서 생존, 진화하는 생태적 존재라는 사실에 대한 공감대를 기초로 하고 있다는 점에서, '사회 속의 기업', 혹은 사회적 필요를 충족하는 기업 활동에 대한 새로운 인식의 계기가 될 수 있다. 특히 최근 CSR이나 ESG경영 관련 논의는 기업의 사업활동에 대한 제재 및 패널티 부과 관련 법률 제정과 규제를 함축하고 있어 기업에 대한 사회적 통제의 길을 열어놓았다. 또 기업의 영리 추구와 사회적 책임이라는 목표를 어떻게 조화시킬 것인가? 그리고 기업이 창출하는 사회적 가치는 무엇이고, 기업들로 하여금 사회적 욕구를 충족시키는 제품과 시장 기회를 발견하는 것은 어떻게 측정될 수 있는가?라는 문제들을 제기하고 있다는 점에서 나름 긍정적 측면이 있다.

그러나 기업들의 자발적 의사에 맡겨진 사회책임활동은 아주 예외적인 경우를 제외하고는 경영활동 실패나 비윤리적 활동 등으로 나빠진 사회적 여론을 잠재우는 수단, 기업평판 향상, 이른바 '워싱'(washing) 수단에 불과하다. 따라서 CSR과 관련된 지출은 기업 비용으로 인식되고, 따라서 기업으로서는 어떤 방식을 통해서라도 이를 줄이려 할 것이다. 또 CSV라는 개념이 기업과 사회가 공유가치를 찾아 연대하는 활동이라는 능동적 표현으로 새롭게 정의하고 있음에도 그 본질은 신규사업 아이템 발굴 같은 '기업 전략' 활용 수단이다. ESG 경영도 안정적인 수익 창출을 목표로 환경, 사회, 지배구조의 비재무적 요소를 관리하는 기업의 장기 투자 리스크 관리 전략이다.

영리기업들과 달리 사회적경제 기업들이 비즈니스를 통해 사회적 목적을 추구하고 사회적 가치를 창출하면서 시민사회 등의 참여를 통해 시민성을 높이기 위해 요구되는 것은 사회적경제 조직의 설명책임(accountability)이다. 일반 영리기업들의 경우에는 이윤극대화라는 목표를 굳이 설명할 필요성을 느끼지 못할 뿐만 아니라 분산된 소유구조 하에서 주주들은 자신들의 이익 외에 다른 목적에 귀를 기울이려 하지도 않는다. 반면 사회적경제 기업들은 기업의 내부구성원들에게 대해서 뿐만 아니라 시민과 사회에 대해 우리 기업의 사회적 목적과 사명은 무엇이며, 이를 실현하는 기업의 내적 운영 방식을 어떠하며, 지역사회 발전이나 좋은 사회 형성에 대한 기여는 무엇인지를 설명할 수 있어야 한다. 특히 사회적경제 기업들의 성과를 객관적이고 명확하게 이야기하는 것은 쉽지 않다. 그러나 사회적경제 기업들의 활동이 (지역)사회로부터 인정받고, 재원과 자원을 확보하면서 시민들의 참여를 통해 함께 협력하기 위해서는 사회적 성과를 이야기할 수 있는 나름의 방법들이 필요하다. 사회적경제 조직의 사회적 가치 평가에 대한 다양한 방법들이 개발되고 적용됨으로써 설명책임을 구체화하려는 시도들이 확산되고 있는 것도 이러한 설명책임을 강화하기 위한 것으로 이해할 수 있다.

이러한 두 종류의 책임은 기업의 도덕적 체계 수립의 기반이자 결과물이 될 것이다. 제이콥스(J. Jacobs)는 기업과 같은 거래자들(traders)이 거래자로서 삶을 살아갈 때 지켜야 할 도덕적 규범이자, 거래자로서 성공할 수 있게 이끌어줄 실천적 지침으로서 상업적 증후군(Jacobs, 1992)을 제시했다. 이 직업군은 폭력을 피하고, 정직하게 무게를 달며, 낯선 자들과도 쉽게 협력하고, 효율을 추구해야 한다. 합의는 자발적으로 이루고, 계약은 존중해야 하며, 검약하고, 더 나은 변화를 위해 혁신을 추구해야 한다. 비즈니스를 통한 거래적 목적만이 아니라 사회적 목적을 추구하면서 정부를 포함한 다양한 조직들과 협력하고 연대해야 하는 사회적경제 기업은 수호자(guardian)로서 책무도 동시에 가진다. 즉 사회적경제 기업들은 하나의 단체 혹은 조직으로서 조직의 영토를 지키고 사회의 타락을 막는 수호자들의 직무와, 생산과 상업적 거래를 통해 부를 생산하고 늘리는 거래자들의 직무를 동시에 수행한다. 왜냐하면 서로 전혀 다른 성격의 두 직무가 하나의 조직 안에서 공존하기 때문이다. 그래서 단체로서 '수호자의 도덕수칙'을 적용하고, 비즈니스 기업으로서 '거래자의 도덕수칙'을 잘 적용하여 공생적 관계를 유지하면서 균형을 이룰 수 있다면, 두 개의 수칙이 무분별하게 섞여 도덕적으로 혼란스럽고 기업이 제대로 작동하지 않는 상황을 예방할 수 있을 것이다(박종현 외, 2019). 어려운 일이긴 하지만 이는 그 어느 때보다 비즈니스 조직으로서 압력이 거세지고 있는 현재의 사회적경제 기업들이 내부적으로 뿐만 아니라 외부적으로 정체성을 상실하지 않고 시민들로부터 지지를 통해 시민성을 확보, 확장해가는 길을 열어줄 것이다.

참고 문헌

고용노동부. 2022. 「2023년 사회적기업 인증업무 지침」. 고용노동부.

김의영·임기홍. 2015. "한국 사회적경제 조직 지형도". 『Oughtopia』, 30(1): 61-92.

김정원. 2017. "한국의 사회적경제 조직화 특성에 대한 분석". 『경제와 사회』, 114: 79-121.

김혜원. 2020. 토론문. 『성공적인 한국판 뉴딜을 위한 사회적경제의 역할과 입법과제』. 사회적경제위원회 입법추진단 주최 토론회.

박종현·송원근·이은선. 2019. 『사회적경제 표준교육안 개발 보고서』. 한국사회적기업진흥원.

송원근. 2022. "사회적비용을 부담하는 사회적경제 조직: 캅(William K. Kapp)의 사회적비용 관점에서". 『협동조합연구』, 40(4): 147-172.

신명호. 2014. "사회적경제의 이해". 김성기 외. 『사회적경제의 이해와 전망』. 아르케. 11-50면.

원용찬. 2019. "칼 폴라니의 사회적 자유와 채무인식: 새로운 도덕적 사회의 구상". 『사회사상과 문화』, 22(2): 1-47.

유철규. 2014. "자본주의, 사회적경제 그리고 협동조합". 『협동과 연대의 인문학』. 김창진 엮음. 가을의 아침.

최준규·조경훈·윤소은. 2018. 『기초자치단체 사회적경제 중간지원조직 현황 및 활성화 방안 연구』. 경기연구원.

칼 폴라니. 2022. 『전 세계적 자본주의인가, 지역적 계획경제인가 외』. 홍기빈 옮김. 책세상.

Alter, K. 2007. *Social enterprise typology*. Virtue ventures LLC.

Bruni, L. 2007. *La ferita dell' altro*. (『콤무니타스 이코노미』. 유철규 외 옮김. 북돋움. 2020.)

Carney, M. 2021. *Value(s): Building a Better World*. (『초가치』. 이경식 옮김. 월북. 2022.)

Collier, P. 2020. *The Future of Capitalism*. Harper. (『자본주의의 미래: 새로운 불안에 맞서다』. 김홍식 옮김. 까치. 2020.)

Dahl, R. A. 1985. *A Preface of Economic Democracy*. Quantum Books. (『경제 민주주의에 관하여』. 배관표 옮김. 후마니타스. 2011.)

Defourny, J. 2001. "Introduction: from Third Sector to Social Enterprise", in Defourny, J., and C. Borzaga (eds.), *The Emergence of Social Enterprise*. London:

Routledge.

Defourny, J. 2006. "확장된 유럽에서의 사회적기업: 개념과 현실". 『국제노동브리프』, 4(6): 4-21.

Defourny, J., I., Hulgård, and V. Pestoff (eds.). 2014. *Social Enterprise and the Third Sector: Changing European Landscapes in a Comparative Perspective.* Routledge.

DTI. 2002. *Social Enterprise : A strategy for success.* London: DTI

Evers, A. 2001. "The significance of social capital in the multiple goal and resource structure of social enterprises", in Borzaga, C. & Defourny, J. (eds.), *The Emergence of Social Enterprise.* Routledge.

Hansmann, H. 1996. *The Ownership of Enterprise.* The Belknap Press of Harvard University Press. (『기업소유권의 진화』, 박주희 옮김/한국협동조합연구소, 북돋움. 2017.)

Jacobs, J. 1992. *Systems of Survival: A dialogue on the Moral Foundation of Commerce and Politics.* New York: Random House.

Kapp, K. W. 1965. "Economic Development in a New Perspective: Existential Minima and Substantive Rationality". *Kyklos,* 17(1), 49-79.

Kapp, K. W. 1974. *Environmental Policies and Development Planning in Contemporary China and Other Essays.* Maison des Sciences de l'Homme and Mouton & Co.

Kapp, K. W. 2011. *The Foundations of Institutional Economics,* in Berger S. & Steppacher, R. (ed.). London and New York: Routledge

Knight, F. 1923. "The Ethics of Competition,". *Quarterly Journal of Economics,* Vol. xxxvii: 579-624.

Laville, J. L. & Nyssens, M. 2001. "The social enterprise: towards a theoretical socioeconomic approach", in Borzaga, C. & Defourny, J. (eds.).

Laville, J. L. 2009. "'근접서비스'를 발전시키는 사회적기업". 박대석·박상하 옮김. 『사회적기업 1: 이론과 실제편』. 시그마프레스. 117-139면

Laville, J. L. 2015. "Social and solidarity economy in historical perspective", in Utting, P.(ed.), *Social and Solidarity Economy: Beyond the fringe.* Zed Books.

Mazzucato, M. 2018. *The Value of Everything: Making and Taking in the Global Economy.* Public Affairs. (『가치의 모든 것』. 안진환 옮김. 민음사. 2020.)

Nyssens, M. 2006. *Social enterprise at the crossroads of market, public policies and civil society.* London: Routledge.

OECD. 1999. *Social Enterprise.* OECD. Paris.

Sandel, M. 2020. *The Tyranny of Merit.* (『공정하다는 착각』. 함규진 옮김, 와이즈베리.)

Schumpeter, J. A. 1909. "On the concept of Social Value". *The Quarterly Journal of Economics*, 23(2). February.

Standing, G. 2017. *The Corruption of Capitalism: Why Rentiers Thrive and Work Does Not Pay*. Biteback Publishing. (『불로소득 자본주의』, 김병순 옮김. 여문책. 2019.)

Stiglitz, J. 2009. "Moving Beyond Market Fundamentalism to a More Balanced Economy". *Annals of Public and Cooperative Economics*, 80(3): 345-360.

Stone, M. M. & Ostrower, F. 2007. "Actingin the public interest? Another look at research on non profit governance". *Nonprofit and Voluntary Sector Quarterly*, 36(3): 416-438.

UNTFSSE. 2020. "What Role For The Social and Solidarity Economy in the Post COVID-19 Crisis Recovery?". June.

Veblen, T. 1899/1994. *The Theory of the Leisure Class: An Economic Study of Institutions*. New York: Penguin.

---

1) 이 장은 송원근(2022)을 기초로 하여 수정 보완한 것임

2) 혼종성을 특성으로 하는 사회적경제를 구성하는 조직들은 사회적경제 기업, 중간지원조직, 사회적경제와 관련된 비영리조직, 재단, 공제회, 시민단체 등 다양하다.

3) EMES(European Research Network)는 1996년 이후 15개 EU회원국에서 "사회적기업"으로 부를 수 있는 조직을 파악할 수 있는 공통 기준을 실용적 측면에서 구축하는 노력을 해왔고, 이는 경제적 차원을 반영한 4개 지표와 사회적 차원을 반영한 5개 지표로 구성된다. 여기서 5가지 사회적 기준은 ①지역 사회 및 공공 이익이라는 명시적 목표 ②시민 집단 주도의 조직 ③자본 소유에 기반을 두지 않는 의사결정구조 ④다양한 이해당사자의 의사결정 참여 ⑤이윤의 제한적 배분이다(Defourny, 2001; 2006, Defourny, Hulgard & Pestoff, 2014).

4) OECD(1999; 2006)도 사회적기업의 경제적, 사회적 특성을 다음과 같이 제시한다. 재화나 서비스 생산에 직접적으로 관여한다. 시민에 의해 자발적으로 구성되고 관리되므로 자율성 수준이 높고 경제적 위험성 수준이 높다. 유급근로자 수를 최소화하며 특정한 가치나 목표를 공유한다. 자본 소유에 의존하지 않는 평등한 의사결정권을 바탕으로 본질적으로 참여적 성향(경제적 활동을 통한 민주성의 강화)이 강하다. 이윤분배가 제한되므로 이윤극대화를 추구하지 않으며 지역 사회나 특정 집단에게 이익을 주는 것이 목적으로 명시된다.

5) 영리기업의 CSR과 명백히 차이가 있는데 영리기업의 CSR은 기업 수익이 목적이며 기업

의 사회공헌활동은 "전략적 자선(Strategic philanthropy)"으로 수익을 위한 수단이다.

6) Laville(2009)은 프랑스의 사회적기업을 크게 두 그룹으로 구분했는데, 첫째는 경제적 활동을 통한 노동시장 진입을 목적으로 하는 조직들이다. 예를 들어 낮은 노동능력 때문에 노동시장에서 배제된 실직자들에게 유급 직장을 중개하거나 일자리를 창출하고자 노력하는 조직이다. 둘째는 소득수준이 낮거나 거주자가 교외에 산다는 이유로 특정 서비스를 받지 못하는 불합리함에 주목해 이를 개선하는 '근린서비스(services de proximité)'를 발전시키는 사회적 조직이다. 이 근린서비스 제공 사회적기업들은 자본투자기업들과는 다른 세 가지 차이점을 가진다. 즉 ①투자 대비 이윤에 대한 기대에 기초하지 않는다는 점, ②이용자는 단순 소비자가 아니라 서비스의 이해당사자들이라는 점 ③지불능력에 따라 고객을 선택하는 것은 사회정의라는 이름으로 금지되어 있다는 점(Laville, 2001: 101).

7) 베네핏코퍼레이션(Benefit Corporation: B-Corp), 유연목적회사(Flexible Purpose Corporation: FPC), 사회적 목적 회사(Social Purpose Corporation: SPC) 등이 대표적인 예이다.

8) 협동조합에서 배분 가능한 이윤을 '이윤'으로 부를 것인가 아니면 '잉여'라고 부를 것인가에 대해서는 논쟁이 있다. 특히 협동조합의 조합원 거래는 일반 영리기업 이윤추구 활동과 다르게 조합원이라는 개인(또는 단체)의 경제적 필요 충족이라는 구체적 목적을 가진다. 이 과정에서 생기는 잉여는 이윤 활동의 결과물이 아니라 자기 필요 충족 과정에서 효율적 관리 필요에 따라 발생한 것일 뿐이다. 반면 협동조합과 비조합원 간 거래는 일반 영리기업의 거래와 본질적으로 같다. 따라서 협동조합은 회계처리 시 성격이 다른 두 거래(조합원 거래와 비조합원거래)를 구분해 기장함으로써, 잉여를 성격별로 구분하고, 조합원에 대한 (이용, 출자)배당 가능이익, 환급대상이익 그리고 비분배적립금 대상 이익 등을 별도로 계산하는 것이 바람직하다. 이 논쟁은 영리법인으로서 일반협동조합 이익에 대한 예외 없는 법인세 과세의 타당성 여부와 관련되어 있다.

9) 사회적기업은 이익배당에 대해 일정한 통제를 가하는 것이 일반적이지만 이익배당 통제의 이유가 무엇인지 논란이 있고 그것도 국가에 따라 상이하다. 모든 수익배분을 제한하는 국가(포르투갈, 이태리)도 있으나 일정한 한도 내에서 이익배당을 인정하는 국가(벨기에, 프랑스, 영국)도 있다.

10) 「사회적기업육성법」 제9조 제1항 제9호 해산 및 청산에 관한 사항에 따르면, 「상법」에 따른 회사, 합자조합인 경우에는 배분가능한 잔여 재산이 있으면 잔여재산의 3분의 2이상을 다른 사회적기업 또는 공익적기금 등에 기부하도록 하는 내용을 정관이나 규약 등에 포함해야 한다.

11) 우리나라 「사회적기업육성법」도 "서비스 수혜자, 근로자 등 이해관계자가 참여하는 의사결정구조를 갖출 것"(제8조 1항 4호)을 사회적기업의 인증요건으로 명시하고 있다. 또 「2023년도 사회적기업인증업무지침」(고용노동부, 2022)에 따르면 주식회사는 외부 이해관계자를 상법 제382조에 따른 사외이사로 선임하여야 한다고 규정하고 있다. 한편 협동조합의 경우 조합원 수에 관계없이 이사회 외에 운영위원회를 주된 의사결정구조로 인정하며 사회적협동조합은 그 설립 및 운영목적의 공공성과 사회성을 고려하여 조합원

을 다양한 이해관계자로 구성해야만 법인 설립이 인가된다.

12) 경기도 시군 사회적경제 중간지원기관을 대상으로 급여수준·노동강도·복지수준·업무 수행에 충분한 자원 제공정도·업무방식 개선 필요성에 대한 인식을 조사한 결과 업무방식 개선과 급여와 노동, 복지 등의 차원에서의 복지수준에 대한 개선이 필요한 것으로 나타났다. 사회적경제 영역의 종사자들이 겪고 있는 문제로 가장 큰 것은 낮은 급여와 고용 불안정성이다(최준규 외, 2018).

13) 갑의 사회적비용의 정의, 발생원인, 해결책에 대한 좀 더 자세한 논의는 송원근(2022)을 참조하기 바람

14) 이미 오래전부터 몇몇 국가들은 비분할적립금 제도를 통해 조합원 이익과 공공 이익을 동시에 추구하는 혼성(hybrid) 협동조합의 정체성을 보장했으며 일부 국가에서는 비분할적립금에 유입되는 잉여금에 대한 비과세 혜택 부여 등 공익을 추구하는 협동조합 성장을 지원해오고 있다. 또한 영국 등에서는 상법상 회사에 기반하되 사회적 가치를 추구하는 기업에 대한 법인격을 신설, 혼성 조직의 활동을 지원하고 있다. 그러나 우리는 사회적 가치를 추구하는 상법상 회사에 대해 별도 법인격을 부여하지 않으며 일반협동조합을 세법상 완전한 영리조직으로 간주하고, 정관을 통해 공익 활동을 병행하려는 협동조합에 대해 혼성적 지위를 법적으로 부여하고 있지 않다(김혜원, 2020).

15) 그러나 콤무니타스는 인간 삶의 터전인 동시에 개인적 자유와 권리를 위협하는 양면성을 지닌다. 이러한 관점은 이탈리아 경제학자인 안토니오 제노베시(A. Genovesi)의 시민경제(Civil Economy) 전통에 입각한 것으로 시민경제는 시민의 덕목과 상호주의를 기본 원칙으로 하고 시장과 사회의 분리를 인정하지 않는다. 이에 대한 설명은 Bruni(2007/2020: 121)를 참조

16) Collier, 2020: 130

17) Stiglitz, 2009; Collier, 2020, 앞의 책

18) Carney, 2021: 554-561

19) 자본주의 하 영리기업의 성과인 이익의 경우, 이 이익은 관리의 효율성과 위험 감수에 대한 대가로 알려져 있다. 그러나 이는 거짓말이다. 이들의 이익 중에서 수입이 차지하는 비중이 점점 높아지고 있고, 이것은 규제제도의 발전, 역진적 성격의 보조금 증가, 불평등이 총 수요에 끼치는 영향 때문이다. 그 이익 증가분은 주로 임대 수입을 올리고 있거나 금융자산이 많은 사람들에게 돌아간다. 즉 관리 효율성과 위험을 무릅쓴 대가로 늘어난 이익은 전혀 없다는 말이다(Standing, 2017: 183).

20) 사회적 가치라는 개념은 경제학의 오래된 연구 주제 중의 하나로서(Schumpeter, 1909) 20세기 초·중반까지만 해도 효용가치론과 같은 시장경제의 가치론으로 파악될 수 없다는 비판이 활발했다. 이러한 한계를 극복하기 위한 노력이 적지는 않았으나 큰 성공을 거두지는 못했다. 이는 가치를 초월적 척도로 보고, 시장을 통해 객관적 측정이 가능하다는 효용가치론의 영향에서 벗어날 수 없었기 때문이다. 또 베블렌(T. Veblen)의 지적처럼 (사회적으로) 유용한 것들에 대한 과소평가 때문에 누구도 그것을 소유할 필요가 없다고 느끼기 때문이다(Veblen, 1899/1994: 23). 다른 한편으로 시장가격으로 측정된 가

치를 사회적 기여와 동일시했기 때문이기도 하다(Sandel, 2020:222). 특히 사회적 가치 평가에 관한 논의는 최근 기여적 정의 개념에 기초한 샌델(M. Sandel)의 능력주의에 대한 비판과 연결되어 있다. 샌델은 시장수요 충족이 사회에 대한 진정으로 가치있는 기여와 필연적으로 연결될 필요는 없고, 욕구 충족보다 더 중요한 것은 올바른(right) 욕구를 만들어 내는 것이라는 나이트(F. Knight)의 지적을 인용하면서 "돈을 잘버는 일은 그 사람의 능력과도 무관하고 그가 한 기여의 가치와도 무관하다"고 말한다(Sandel, 2020:252).

21) 포터(M. Porter)와 크레이머(M. Kramer)의 '전략적 사회공헌'을 말한다. 예를 들어 대기오염의 주 원인 중 하나인 가솔린 자동차가 혁신을 통해 오염물질 배출량을 10% 줄일 수 있다면 이는 경제성을 높이고 환경 개선에 기여함으로써 사회에 공헌할 수 있다는 것이다. 그 밖에도 건설업체가 저소득층 주거개선사업을 한다든지, 식품업체가 청년들의 식당 창업을 지원하는 것이 그 예이다.

5장

위험사회에 대처하는 사회적경제의 역할 탐색

박현수

서론

2014년 4월 16일 우리는 전에 없는 세월호 침몰사고를 당하면서 나라 전체가 몇 달 동안 정신적 충격에 빠졌던 적이 있었다. 1990년대 대형재난을 겪고 나서 정부가 재난관리 시스템을 잘 구축했다고 생각했던 시민들에게 믿을 수 없었던 참사였다. 1993년 3월 구포역 열차 전복 사고(78명 사망)를 시작으로 1993년 7월 아시아나항공 733기 추락(68명), 10월 서해훼리호 침몰(292명), 1994년 10월 성수대교 붕괴(32명)와 충주호 유람선 화재(29명), 1995년 4월 대구 지하철 공사장 가스폭발(101명), 6월 삼풍백화점 붕괴(502명), 1997년 8월 대한항공 801편 괌 국제공항 추락(228명) 등 대형 인적 재난을 당하면서 우리나라는 사고 공화국의 오명을 얻었고, 안전을 등한시하고 경제 성장만을 외친 지난 40년의 결과라는 자기반성이 있었다. 산업화 이후 예기치 않은 재난을 당할 때마다 국가체제는 제대로 작동하지 않았고, 시장경제 체제에서 이윤을 추구하는 기업은 위험과 재난을 오히려 증폭시키는 경향을 보였다. 시민은 항상 피해자인 경우가 많았고, 그나마 시민사회의 자원봉사 체제가 재난의 대응·복구 단계에서 주로 작동하지만, 물적·인적 자원과 전문성을 요구하는 위험과 재난관리에서 더 많은 역할을 기대하기에 한계가 있었다.

뒤늦게나마 정부는 재난을 관리하는 노력을 보였다. 2003년 2월 대구 지하철 화재를 계기로 「재난 및 안전 관리 기본법」을 제정하고, 조직을 강화하고, 사고 유형별로 재난관리 매뉴얼을 제작하여 재난을 예방, 대비, 대응, 복구할 수 있도록 했다. 하지만 2014년의 세월호 참사와 2022년 10월의 이태원 압사 사고를 통해 정부 차원에서 위험과 재난의 관리가 매우 허술함을 드러냈다. 최근에 기후변화로 극심해진 폭우, 폭설, 폭염, 가뭄, 홍수, 한파, 태풍 등으로 자연 재난으로 인한 피해의 정도는 더 심해지고 있다. 인적 재난의 규모는 더 증폭됐고, 자연 재난의 정도가 더 강력해지는 상황에서 과연 한국 사회가 위험과 대형재난에 대해서 제대로 대비해왔는지 질문하게 된다.

왜 이처럼 대형 참사가 한국에서 반복해서 일어나는지? 한국 사회가 근대화된 체계 안에서 위험을 예측하고 재난을 관리하는 데 어떤 면이 부족한지? 왜 정부는 낮은 발생 확률이면서 고위험(low probability, high risk)의 재난을 대비하는데 무기력하고, 재난 발생 시 제대로 대응을 못 하는지? 왜 기업체에서 화재 등 대형 사고와 산재 사고는 반복해서 발생하고 있는지? 재난관리의 실패가 시장의 실패, 정부의 실패라 본다면, 시민사회와 지역사회 공동체는 재난을 관리하기 위해 어떤 역량을 갖춰야 하는지?

그동안 우리는 산업화의 필연적 결과인 위험사회에 살면서 재난관리를 시장과 정부의 역할로만 인식한 측면이 없는지 검토할 필요가 있다. 이윤추구를 우선시하는 기업과 오직 자본의 대리인 역할을 하는 정부가 있는 한 이 두 영역에서 실패가 거듭될 수밖에 없을 것이다. 인적 재난 뿐만 아니라 자연 재난도 사회적으로 구성된다는 점을 고려할 때, 다른 관점에서 재난관리를 생각해 볼 필요가 있다. 사회 영역에서 지역공동체와 시민사회, 그리고 경제영역에서 사회적경제가 이런 실패가 반복해서 발생하지 않도록 호혜, 연대, 협동의 가치를 기본으로, 재난을 관리하는 사회의 구성원리를 대안으로 제시해야 하는 과제가 있을 것이다. 재난관리를 국가와 시장에만 맡겨놓을 것이 아니라 시민사회, 지역공동체, 사회적경제가 적극적으로 그 역할을 모색할 필요가 있다. 위험사회에서 재난의 발생을 미리 방지하고, 필연적으로 발생한 재난에 대해 사회의 회복력을 강화해 나가는데 시민이 주도해야 하는 역할이 무엇인지 살펴볼 필요가 있다. 이런 관점에서 본 글은 사회적경제에 초점을 두고, 위험사회와 사회적경제의 관계를 설명하고 위험사회에 대비하는데 사회적경제의 역할이 무엇인지를 탐색해보려고 한다.

위험사회에서 재난관리

위험사회의 성격

1986년 체르노빌 핵발전소 폭발사건을 계기로 현대사회를 위험사회로 바라보는 시각이 정립됐다. 여기서 위험사회의 위험이란 과학기술 시스템으로 인한 물리적 손상, 인적 피해가 일어날 확률을 의미한다. 울리히 벡은 산업화가 어느 정도 완성된 단계에서 과학기술 시스템에 기반을 둔 현대사회는 위험을 수반할 수밖에 없다고 분석한다(Beck, 1986). 시민들은 근대 이전에는 없었던 현대사회의 위험을 새롭게 인식하고, 근대화의 도전으로 받아들이고 있다. 성숙한 산업사회는 부의 불평등한 분배를 초래하고 있는데, 19세기 이후 지금까지 부의 평등한 분배를 둘러싸고 발생하는 사회경제적 갈등을 해결하려 노력했음에도 불구하고, 현재 더 심각한 양극화 현상이 나타나고 있다. 호혜와 연대의 지역공동체에 기반했던 협동조합운동은 사회민주주의의 토대였고, 의료 서비스, 연금, 교육, 실업 보험 등의 프로그램을 통해 호혜적 이익의 규모를 확장해갔다(Collier, 2020). 그러나 20세기 후반 개인을 강조하는 공리주의, 롤스주의, 자유 지상주의는 호혜와 연대의 지역공동체 윤리를 대체해왔다(Collier, 2020). 그리고 능력주의를 우선하는 가운데 성공한 사람들은 화려한 대도시에 자리 잡고 국가를 경영하면서 국가의 효용증대에만 집중하는 경향을 보였다(Collier, 2020). 오직 능력에 기초하여 경쟁의 자유만을 추구할 때 더 좋은 열매를 맺을 것이라는 관념을 고집하는 가운데 경제적 불평등이 더 심화하고 있다.

한편 1986년 4월 26일 구소련에서 발생한 체르노빌 핵발전소 폭발사고는 국지적 사건에 머무르지 않고 서부유럽까지 방사능이 퍼지면서 위험이 국제화하는 상태로 진화했다. 즉, 인간은 부의 분배 문제와 위험의 분배 문제를 동시에 해결해야 하는 시대에 접어들었다(Beck, 1986). 그런데 위험의 분배는 부의 분배와는 다른 성격을 띠고 있다. 울리히 벡은 지구적 차원의 위험에 세 가지 특성이 있다고 본다(Beck, 2006). 첫째, 탈지역화(de-localization)하는 현상이다. 부의 분배는 불평등이 문제로서 한 계급 또는 한 국가에 부가 집중하는 경향이 있지만, 과학기술 시스템의 실패로 인한 위험은 한 계급과 한 국가에 국한되지 않아 지구적으로 모두가 그 영향을 받을 수밖에 없다고 성격을 규정한다(Beck, 1986). 방사능 오염, 전염병, 해양오염, 미세플라스틱 쓰레기, 지구온난화로 인한 기후변화 등이 그 대표적인 현상으로서 부의 소유와 상관없이 모두가 피해자의 위치에 있을 수 있다. 둘째, 위험의 결과는 계산할 수 없다(incalculableness). 위험의 잠재적 요소들을 과학자와 전문가의 측정에 의해서만 파악할 수 있지만, 위험이 파국으로 현실화할 때 그 위해(hazard)를 가늠하기 힘들 수도 있다. 셋째, 위험은 회복 가능성이 없다(non-compensatibility). 그 영향이 우리에게 가시화될 때는 이미 회복하기에 늦은 상태에 이를 수도 있다. 대표적으로 체르노빌 핵발전소의 폭발사고에서 방사능에 피폭된 사람들이 있고, 기후변화로 인해 대형 산불로 한 번 멸종된 동식물은 다시 지구상에 존재할 수 없다.

인적 재난에 대한 이해

위험이 물리적·인적 피해의 가능성이라 한다면 재난은 과학기술 시스템의 실패로 발생한 사고로 인하여 인적·물리적으로 막대한 피해가 발생한 상태라 할 수 있다. 과거에 재난은 지진, 홍수, 가뭄, 기근, 태풍, 쓰나미 등 주로 자연 재난을 의미했지만, 현대의 재난은 과학기술의 발전으로 복잡해지고 대형화된 기술 시스템의 실패로 발생하는 인적 재난을 동시에 포함한다. 1970년대 초반까지 기술 실패로 인한 원인 규명과 대책 수립은 주로 과학기술의 영역에 한정되어 있었다. 그러나 위험사회 속에서 반복해서 일어나는 인적 재난으로 인한 피해의 규모와 범위가 너무도 광범위해서 그 성격을 규명하고 대처하려는 노력을 더 다각적인 관점에서 바라볼 필요성이 있었다. 이전과 다르게 위험은 사회적으로 선택된다는 관점에서 1970년대 중반 이후 '의도하지 않은 재난'으로서 인적 재난은 사회적으로 구성된다는 점을 인식하고 체계적으로 이해하려고 했다(Perrow, 2006). 인적 재난, 즉 기술의 실패는 조직 의사결정의 실패로, 이에 관한 연구는 주로 조직사회학 분야에서 이뤄졌다. 잠재적 위험을 사전에 감지하고 재난에 대비·대응할 수 있는 조직의 의사결정 과정을 돕기 위한 연구와 정책개발이 1976년부터 있었고, 1979년 쓰리마일 핵발전소 방사능 누출사고 이후 본격적으로 있었다(Turner, 1976; Perrow, 1984; Shrivastava, 1987; Weick, 1987, 1990; Reason, 1990; La Porte & Consolini, 1991; Weick & Robert, 1993; Sagan, 1993; Vaughan, 1996). 인적 재난은 크게 기술 시스템과 문화의 관점에서 볼 수 있다.

우선 기술 시스템의 관점에서 복잡하고 상호 긴밀하게 연결된 부속품들로 이뤄진 과학기술 시스템은 인간의 인지 영역을 벗어나 있어서 필연적으로 사고의 발생 가능성을 내포하고 있다는 시각이다(Perrow, 1986). 하부 시스템에서 발생하는 실패가 개별적이면 국지적 사건으로 한정될 수 있지만, 문제는 그 실패들이 긴밀하게 연결되어 어떤 방향으로 상호작용을 일으킬지 시스템 운영자는 알 수 없다는 점이다(Perrow, 1986). 핵발전소, (석유)화학

공장, 항공기와 항공관제 시스템, 해상운송사고, 댐, 지하 핵실험과 지진, 우주탐사, 핵무기, DNA 재조합, 금융시스템 등은 인간이 만든 시스템으로 필연적 실패 가능성을 담고 있다.

문화의 관점에서 과학기술 시스템은 운영에 필요한 조직 문화가 어떤 상태인가에 따라 실패로 연결될 수 있다. 인간은 과학기술 시스템을 만들고 조직 구성원들이 성립 초기의 위험에 대한 초기 지식을 바탕으로 신념과 규범을 성립시키고 그 시스템을 운영한다. 그런 가운데 이상 징후가 발생하더라도 초기 신념에 고정되어있는 운영자는 잘못된 신념 체계 속에서 그 징후를 인지하지 못하고, 인큐베이션(incubation) 기간을 지나 문제가 누적되면서 시스템은 결국 파국에 이를 수 있다(Turner & Pidgeon, 1997). 1986년 폭발한 챌린저 우주왕복선의 사례에서도 우주선 추진체의 O-ring의 설계결함을 초기부터 알고 있었다. 하지만 기술적 일탈을 정상적인 것으로 받아들이는 조직문화와 구조적 기밀주의로 인해 '일탈의 정상화(the normalization of deviance)'라는 문화가 만들어졌고, 결국 사고로 이어졌다(Vaughan, 1996). 사실 '사회적으로 조직화되고 체계적으로 생산되어' 재난 촉발(trigger)의 원인이 될 수 있는 인간 행동의 실수, 오류, 위법행위는 조직 생활의 일상에 견고하게 자리 잡고 있을 때가 많다(Vaughan, 1998; 2004). 이러한 행동들은 또한 환경적 요인들, 즉 '자원희소성과 경쟁, 엘리트들 간의 타협, 불확실한 기술, 점증주의, 정보의 형태, 일상화, 조직 내부 또는 조직 간의 구조, 복잡한 문화' 등의 영향을 받아 오류의 가능성을 더 높일 수 있다(Vaughan, 1996).

그러면 인간 행동의 오류를 줄이는 조직문화의 신뢰성을 어떻게 높일 수 있는지? 과학기술 시스템의 실패로 비롯되는 재난은 낮은 발생 가능성과 큰 위험성(Low probability, high risk)의 특성이 있어서 신속하고 정확한 의사결정과 관련되어 있다. 복잡한 과학기술 시스템을 운영하려면, 그 운영조직은 더욱 정교한 운영 기술을 갖춰야 하는데 안전성과 고신뢰성을 달성하기 위해 스스로 조직화(self-organizing)하는 조직이어야 한다(Rochlin, 1993). Berkeley 그룹과 Karl Weick은 이와 같은 고신뢰성 조직의 속성으로 1) 높은 품질의 조직 설계와 관리, 2) 안전과 신뢰성은 조직의 최우선 목표, 3) 시스템 실패를 보완하는 안전장치의 가외성, 4) 분권화된 의사결정과정, 5) 조직구성원 간 강력한 신뢰 문화, 6) 조직구성원의 지속적인 훈련, 7) 시행착오를 통한 정교한 학습 등이 있다고 분석한다(Sagan, 1993). 이처럼 고신뢰성을 가지고 기술시스템을 운영하는 조직으로 항공모함, 항공관제시스템, 핵발전소, 전력시스템 운영센터, 발전소 등이 있다.

한국의 인적 재난 이해

1960년대 이후 1990년대 후반까지 고도성장기를 거친 한국에서 위험과 재난은 산업화의 후유증으로 나타났고, 이에 관한 연구도 뒤늦게 시작했다. 한국의 근대화는 주로 과학기술의 발전과 물질적 풍요에 초점을 둔 경제성장을 의미했고, 서구가 시행착오를 겪으면서 사회의 안전성을 동시해 추구해 왔다는 점을 제대로 이해하지 못한 채 진행됐다. 한국에서 고도성장 동안 과학기술 시스템의 실패로 인한 사고가 자주 발생했지만, 경제성장을 우선시하는 사회 분위기로 인하여 안전에 관한 관심은 뒷순위였다. 1970년 3월 와우 아파트 붕괴(33명 사망), 1970년 10월 아산시 모산역 건널목 수학여행버스 사고(46명), 1970년 12월 남영호 침몰사고(326명), 1971년 12월 대연각호텔 화재(191명), 1974년 11월 청량리 대왕코너 화재(88명), 1977년 11월 이리역 폭발 사고(59명), 1983년 9월 구소련 영공에서 대한항공 격추(269명), 1989년 7월 트리폴리 공항 대한항공 추락사고(125명) 등은 수많은 사고 중 대표적인 참사들이다. 건물 붕괴, 화재, 버스와 기차의 교통사고, 해양사고, 항공사고 등이 반복됐음을 알 수 있다. 1970년대 대형사고는 주로 안전의식의 부족과 법적 제도가 미비한 가운데 발생하였다면, 1980년대부터 항공기 등 복잡한 기술 시스템의 실패로 인한 대형 참사가 반복해서 나타났다. 특히 1993년부터 1995년까지 경제성장을 상징했던 구조물들이 붕괴·폭발하는 참사들이 연이어 발생하면서, 단순히 기술적, 법적 해결의 범위를 넘어서서 성장의 이면에

누적되어 있었던 사회의 총체적 문제점을 체계적으로 이해할 필요성이 있었다. 이런 맥락에서 한국에서 위험사회와 인적 재난에 대한 이해를 높이기 위해 1990년대 후반부터 뒤늦게 시작하여 체계화하는 시도가 있었고(이재은, 1998, 2000; 한상진, 1998), 1997년에 울리히 벡의 1986년 저서인 「위험사회」가 번역되어 나오기도 했다.

한국에서 발생하는 인적 재난은 후진적 재난관리 체계가 온존하는 가운데 더욱 복잡해진 사회·기술 시스템을 통제할 수 있는 역량이 모자란 상태에서 발생한다고 볼 수 있다. 세월호 참사에서 볼 수 있듯이 과거 고도성장 시기의 원인으로 지목했던 안전의식의 부족, 법적·제도적 결함, 기술적 안전성 확보의 부족, 관료의 부정부패로 인한 부실하고 형식적인 관리 등이 동일하게 지적된다. 선박검사 등 선박의 안전을 담당하는 한국선급, 한국해운조합, 선박안전기술공단 등은 모두 해양수산부의 퇴직관료가 재취업을 하는 감독기관이고, 따라서 상위 감독기관인 해양수산부는 느슨하게 이 기관들을 관리한다. 감독기관의 퇴직 관료들은 엄격성이 부족한 법과 제도를 생산하고 감독도 형식적으로 한다. 이같이 행정관료와 단일한 감독기관이 밀착하는 국가조합주의 방식은 필연적으로 감독규율을 느슨하게 만드는 구조를 만들었다(유종성, 2023).

이런 상황에서 과학기술 시스템의 복잡성 증가가 상황을 더 심각하게 만든다. 한국의 감독기관들은 대형 선박의 운항을 비롯하여 항공기, 대형 선박, 핵발전소, 전력 계통 등 더 복잡해진 기술 시스템을 운영하고 있다. 여기에 더하여 안전성을 확보하기 위해 고안된 장치들은 오히려 기술 시스템을 더 복잡하게 만들어 안전성을 저해할 수 있다(Reason, 1997). 예를 들어 선박의 안전한 운항을 위하여 개발된 해상교통관제시스템(Vessel Traffic Service System)과 자동화된 선박식별장치(Automatic Identification System)는 인간의 인지 범위를 확장하고 더 좋은 의사결정을 도울 수 있게 됐지만, 동시에 동일한 항로에 예전보다 더 많은 선박이 다닐 수 있도록 허용함으로써 복잡성을 증가시켰다. 결국 기술 시스템 운용의 현장에서 엄격하고 철저한 관리를

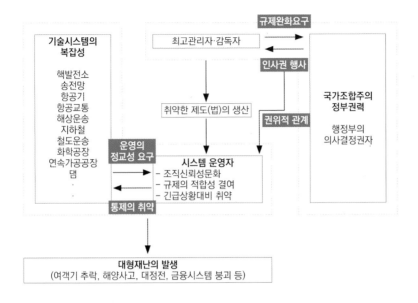

[그림 Ⅰ-4] 한국의 사회 시스템과 재난 발생의 관계도(박현수·김용수, 2017)

해야 하는 시스템 운영자들은 헐거운 규칙 속에서 복잡한 시스템을 다뤄야 하고, 결국 기술 시스템의 실패를 가져올 수 있다. [그림 Ⅰ-4]은 한국의 국가조합주의 감독구조가 어떻게 복잡한 기술 시스템의 실패로 연결되는지를 보여주고 있다. 그리고 기술 시스템의 실패로 발생한 인적 재난은 기후변화와 함께 그 범위가 넓어지고 심각해지고 있다.

기후변화와 재난

위험사회의 성격 규정은 울리히 벡이 체르노빌 핵발전소 폭발사고가 가져온 환경재앙을 분석하면서 이뤄졌는데, 21세기에 들어오면서 그 위험의 범위는 더욱 광범해지고 현대사회의 근간을 흔들고 있다. 인간의 (경제) 활동에서 연유한 기후변화에서 볼 수 있듯이 과학기술 시스템의 실패로 인한 재난과 더불어 자연 재난을 인적 재난의 범위로 끌어들이고 있다. 인간의 경제활동으로 배출된 온실가스(이산화탄소, 메탄, 산화질소, 불소가스 등)의 효과로 대기의 온도가 올라가면서 다양한 형태로 이상 기후가 나타나고 있다. 그동안 자연 재난으로만 여겨졌던 폭우, 폭설, 폭염, 가뭄, 홍수, 한파, 산불, 태풍, 전염병 등이 그 정도가 더 극심해지면서 단순히 자연 재난이 아니라 인간의 활동에 기인한 측면이 있어서 인적 재난으로 봐야 할 시점이다. 여기에 더하여 해수면 상승, 해양 산성화, 사막화, 생물종 다양성 감소 등이 새로운 현상도 나타났다. 기후변화에 관한 정부 간 협의체(Intergovernmental Panel on Climate Change, IPCC)의 6차 보고서에 따르면 기후변화에 대해 "인간이 대기, 해양, 그리고 토양을 따뜻하게 만들고 있다는 점은 분명하다(모호하지 않다). 대기, 해양, 한랭지역, 생물권에서 폭넓고 빠른 변화가 발생하고 있다.(It is unequivocal that human influence has warmed the atmosphere, ocean and land. Widespread and rapid changes in the atmosphere, ocean, cryosphere and biosphere.)"고 언급하고 있다(IPCC, 2021). 예전의 자연 재난 발생기준에 따라 도시설계, 관개수로 관리, 산림관리 등이 이뤄졌다면, 이제는 산불, 가뭄, 100년에 한 번 있을 홍수 등이 빈번하게 발생하고 있어서, 기존의 도시 기반 시설을 관리하는 체제를 재검토하여 기후변화에 대응하고 회복력을 키워야 하는 상황이다.

한편, 재난이 발생하면 재난방지, 복구 등에서 사업의 기회를 포착하여 이익을 보는 자본과 그 기업체가 생기면서 재난자본주의가 새로운 영역으로 자리잡고 있다(클라인, 2007; 2014). 재난자본주의는 자본가의 이익을 강화하기 위해 국가 또는 국제적 수준에서 정부 조직을 재난의 도구로 사용하는 경제체제로 정의할 수 있다(Schuller & Maldonado, 2016; Sandoval et al., 2022에서 재인용). 재난은 경제적 이윤, 민영화, 탈규제를 특징으로 하는 신자유주의의 흐름을 강화하는 도구가 되고, 민간기업들에게 '기회의 창'이 된다(Sandoval et al., 2022). 자연재해가 발생해도 편안한 생활을 보장한다는 선전

문구와 함께 비상등, 천연가스를 이용하는 양수기, 물이 새지 않는 방, 고급스러운 개인별 재난 방어 시설, 산불과 홍수로 인한 재난 피해에 대한 보험상품 등을 판매하는 사업이 새로 등장하거나 강화되고 있다(클라인, 2014). 재난이 발생한 지역에 투입된 공적자금은 기후변화에 대응하는 사회의 근본적 구조를 재구성하고, 자원을 과잉 사용하는 생활방식을 변화시키는 데 투입돼야 하겠지만 공적자금은 자본가에게 새로운 수익 창출의 기회로 전락한다(클라인, 2014). 공적자금을 지원하는 정부는 민간기업과 결합하므로 군산복합체처럼 재난자본주의도 복합체의 경향을 보인다(클라인, 2007). 결국 재난자본주의 복합체(Disaster capitalism complex)는 기후변화로 인해 발생하는 재난을 방지하고 공동으로 대응하는 사회체계의 창출을 제거하여 재난관리를 개인별 상품구매 수단으로 변질시킨다. 한국에서 수돗물 오염에 대한 불안감으로 인해 가정마다 정수기를 설치하는 사례에서 볼 수 있듯이 공공재의 관리가 사적 영역으로 옮겨졌고, 지금은 당연하게 받아들인다. 그리고 정수기를 설치할 수 있는 집단과 그렇지 못한 집단으로 구분되는 사회적 차별현상이 나타난다. 이처럼 근대화의 산물인 경제적 불평등에 더하여 기후변화에 편승한 재난자본주의는 새로운 불평등 구조를 만들 수도 있다.

그동안 자연 재난과 인적 재난을 관리하고 재난 발생 시 피해를 최소화하는 일은 정부의 역할로 간주했고, 이윤을 추구하는 기업에는 법과 제도에 따라 인적 재난이 발생하지 않도록 기술 시스템을 관리할 의무가 있었다. 이런 가운데 재난에 피해를 받는 일반 시민은 피동적인 수요자로 머물러 있었다. 하지만 정부는 재난관리를 하는데 반복적으로 실패하는 모습을 보여주었고, 기업체는 이윤과 안전비용 사이에서 갈등하다가 기술 시스템의 실패를 초래하고 있다. 더욱이 재난을 새로운 이윤 창출의 기회로 간주하는 기업체도 나타나고 있다. 대한민국의 상황에서 정부와 기업의 실패로 발생하는 재난의 원인을 보면 부패와 제도적 결함으로 인한 구조적 문제, 조직 안에서 잘못된 의사결정, 기술 시스템을 통제하는 고신뢰성 조직문화의 부재 등이 있다. 재난이 사회적 구성물 또는 선택으로 본다면, 기술 시스템의 실패로 인한 재난과 기후변화로 더욱 극심해진 자연 재난을 방지하고 관리할 수 있는 사회 시스템을 구축해야 하는 과제가 있다. 이것은 거대한 기술 시스템을 새로 만들기보다 사회의 기본체계가 합리적으로 작동하도록 환경을 조성하는 데 있을 것이다. 그러한 환경조성은 지역으로부터 합리적 시민사회의 구축하고, 이윤보다 호혜와 연대의 경제체계를 구성하는 데서 가능할 수 있다.

재난에 대응하는 사회적경제

위험사회에서 재난관리를 조직, 사회, 지구적 단위에서 생각해볼 수 있다. 첫째, 기술 시스템으로 인한 재난 발생을 공적·사적 조직의 단위에서 방지하려면 앞서 언급했던 고신뢰성 조직을 만들어야 한다. 둘째, 사회적 단위에서 재난을 사전에 예방·대비하고 사후에 대응·복구하는데 이전의 오류와 실수를 반복하지 않기 위해서 먼저 사회적, 문화적 합리성(social and cultural rationality)을 강화하려는 노력이 필요할 것이다. 인간은 필연적으로 제한된 합리성에 따라 의사결정을 내린다는 점을 받아들인다면, 사회의 다양한 구성원들이 서로 다른 능력을 결합할 때 위험을 더욱 최소화하고 안정적으로 기술 시스템을 운영하는 것이 가능하다(Perrow, 1984). 사회적 합리성은 서로 다른 능력을 갖춘 개인들이 상호 의존하고, 서로 다름이 오히려 한 개인으로는 알 수 없는 새로운 관점을 발견하여 해결 방법을 찾아내는 통로가 될 수 있다(Perrow, 1984). 셋째, 지구적 차원에서 위험을 초래하는 자본은 시장을 불안정하게 만들어서 잠들어 있던 소비자의 의식을 일깨우게 된다(Beck, 2006). 소비자가 주도하는 실천 행동은 사회적 정당성을 확보하고, 다른 차원의 선택지를 모색하는 움직임을 보여주면서 새로운 자원들이 눈에 보이기 시작한다(Beck, 2006). 곧 국가의 역할과 함께 시민운동의 역량을 강화하는 계기가 될 수 있다(Beck, 2006).

이런 관점에서 볼 때 복잡한 기술 시스템의 반복적 실패를 최소화하고 기후변화로 인한 자연 재난을 관리하기 위해서 두 가지 방향을 생각해 볼 수 있다. 첫째, 다양한 분야에서 개인의 능력을 발휘하는, 합리적인 시민과 그들에 의해 구성된 시민사회가 있어야 한다. 그 시민사회는 정부와 시장을 견제하여, 기술의 실패를 반복하지 않는 제도와 사회 시스템을 구축하는 역할을 담당할 것이다. 시민사회의 견제와 감시를 받는 정부와 기업은 거대한 기술 시스템을 안정적으로 운영하는 조직문화 형성과 생산압력보다 위험을 최소화하는 조직의 의사결정 체계 구축에 힘을 쏟을 것이다. 둘째, 기술 시스템의 위험에 대응하는 대안적 경제체계를 만들어 가는 작업이 동시에 필요하다. 칼 폴라니가 언급한 경제적 자유주의 운동의 반대운동으로서 사회를 보호하는 운동은 위험사회에서 재난을 방지하는 원리가 될 수 있다. 시장경제는 이윤 획득이 가능하다면 그 작동을 멈추지 않고 끊임없이 확산하는 경향이 있어서, 그 법칙대로 진화하도록 내버려 두면 거대하고 영구적인 악을 창출할 것이라 오언은 예상했다(Polanyi, 1944). 이런 자본주의 시장경제의 거침없는 행보가 지금의 위험사회를 만들고, 기후변화를 초래했다고 볼 수 있다. 안전의 관점에서 인간, 자연, 생산조직을 보존하는 사회 보호의 원리로서 사회적경제의 실천이 있어야 한다(Polanyi, 1944).

재난에 대응하는 지역공동체

위험사회에서 재난을 관리하려면 건강한 지역공동체가 살아있어야 한다. 이와 같은 지역공동체는 합리성과 책임성을 바탕으로 하는 시민들로 구성된 시민사회라 할 수 있다. 그 지역공동체가 재난을 관리하는데 두 가지 역할을 할 것이다. 하나는 재난을 방지하고 정부와 기업의 실패를 감시하는, 합리적이고 책임감 있는 시민을 양성할 것이다. 또한 기술 시스템을 비롯해 다양한 영역 안에서 재난관리의 핵심적 역할을 하는 조직구성원은 어떤 인간이어야 하는지 정의할 때 합리성, 책임성 등을 기본 소양 갖춘 성숙한 시민이어야 한다. 다른 하나는 지역공동체 안에서 인적 재난과 자연 재난을 예방하는 노력을 함과 동시에 재난이 발생하여 피해가 발생하면 빠르게 회복할 수 있는 역량을 발휘할 것이다.

합리성과 책임성을 바탕으로 하는 시민의식은 지역공동체에서 형성된다고 볼 수 있다. 경제성장의 담론이 강력하게 작동하는 한국 사회에서 필요한 사람은 GDP를 높이기 위해 첨단 과학기술 지식을 습득한, 숙련된 노동자를 말한다. 이런 담론은 진정으로 '생명·자유·행복 추구'를 통해 풍요로운 삶을 추구하는 시민과 그들이 사는 지역공동체를 무시하는 경향이 있다. 지역공동체는 일정 지역 또는 이웃에 다양한 사람들로 구성된 더불어 살아가는 사회로서 그 지역사회가 공동체성을 띠고 있으면 지역주민은 주민자치의 경험, 생활서비스, 효율적 에너지 이용, 재능 공유를 통한 자아실현 등 생활의 즐거움과 풍요로움을 느낄 수 있다(신중진 외, 2016). 우리는 학교 교육을 통하여 합리적이고 책임감 있는 시민으로 성장하지만, 그 밑바탕에는 지역사회의 잘 짜여진 사회질서를 통해 인간의 존엄성을 세우는 과정이 있다(김찬호, 2014). 즉, 자신의 이익만을 고려하지 않고, 복잡한 세계에서 상호존중, 상호의존하는 사회에 대한 학습은 일차적으로 지역공동체 안에서 이뤄질 것이다. 지역공동체 경험의 연장선상에서 체계적으로 자신을 성찰하고, 비판적·비평적일 수 있으며, 타인의 서사에 공감하는 능력을 키우는 학교 교육은 성숙한 시민을 키울 것이다(누스바움, 2010).

성숙한 시민으로 구성된 시민사회는 이윤만을 추구하는 시장과 그 대리인인 정부의 결합으로 초래한 재난을 감시하는 사회적 분위기를 형성할 것이다. '쓰리 마일 섬 경계(Three Mile Island Alert, TMIA)'라는 시민단체의 활동은 한 사례라 볼 수 있다. 1979년 3월 노심이 녹으면서 방사선 누출 직전까지 갔었던 쓰리 마일 섬 핵발전소 사고는 인근의 펜실베이니아 해리스버그시 시민들에게 큰 충격이었다. 1977년에 설립된 TMIA 시민단체는 사고 이후 쓰리 마일 섬 핵발전소의 안정적 운용을 감시하고, 인근 주민들의 건강에 주는 방사선의 악영향을 모니터하며, 핵발전소에 대한 정보를 제공한다.

또 다른 사례로 2020년 당진시 기독교청년회(당진 YMCA)가 주도적으로 전개한 산업폐기물 매립장 건설 공론화 및 감시 시민운동이 있다. 당진시 시민사회는 산업폐기물 매립장이 지역사회에 주는 악영향을 고려하여 지역사회에 공론화 과정을 거쳐 시민들에게 정확한 정보를 제공하고 피해를 최소화하는 방안을 시청과 함께 협의하였다. 당진시 시민사회 단체들은 산업폐기물 처리업체가 돈으로 지역주민을 매수하려는 행위를 근절시켰고, 지방정부를 설득하여 민간 환경감시기구를 만들었다. 상설 감시기구는 산업폐기물 매립으로 인한 지역사회 악영향을 최소화하기 위한 감시활동, 관련 정보 제공, 교육 등의 활동을 하는 중이다. 이처럼 재난의 발생 이전 또는 이후에 시민사회는 적극적으로 나서서 정부와 기업을 감시해야 하고, 재난을 막거나 그 피해를 최소화해야 한다.

합리성과 책임성의 시민적 덕목은 기술 시스템의 운영자에게 중요한 요소이다. 시민적 소양이 부족한 상태에서 시장 질서에 편입된 사람은 자본의 이윤만을 추구하는 이기적인 경제인으로 사회적 책임감이 부족한 모습을 보인다. 이런 경제인이 전문가로서 복잡한 기술 시스템을 운영하는 조직의 의사결정에 참여한다면 공적 책임감이 부족한 상태에서 재난관리는 허점을 보일 수 있다. 책임감이 부족한 사회인은 전문성을 키우는 데 한계를 보이기도 한다. 한국에서 2011년 9월에 있었던 순환 단전 사건은 책임성이 부족했고, 전문성이 떨어졌던 의사결정의 과정을 담고 있다. 당시 순환 단전으로 사회적 피해가 매우 컸는데, 전력거래소에서 전력을 차단하는 의사결정 참여자들은 전문성이 부족했고, 끊임없이 책임을 회피하는 모습을 보이기도 했다 (전력거래소, 2012). 순환 단전이라는 긴박한 상황에서 판단의 근거가 되는 데이터도 일치하지 않았고, 상황의 시급성에 대응하는 적절한 의사결정을 하지 못했으며, 사고 후 원인분석도 제대로 하지 못했다(박현수, 2017). 2014년 세월호 침몰 참사에서도 동일한 행태를 보여줬다. 배가 침몰하는 상황을 방지하고, 침몰하는 배에서 승객들을 구조하는 결정 과정에서 전문성이 모자랐고 책임을 회피하는 행동을 보여줬다. 이처럼 핵심적인 의사결정의 자리에서 그 결정자가 전문성과 책임성이 부족했던 점을 살펴보면 한국 사회가 합리적이고 책임감 있는 시민을 육성시키는데 취약한 구조라 볼 수 있다.

재난을 당한 지역에서 살아있는 공동체의 활동은 지역사회를 원상복구하고 다음에 오는 재난을 막는 역할을 한다. 또한 이윤창출의 기회로 삼는 재난 자본주의를 막아낼 수 있다. 캔자스의 농촌마을인 그린스버그는 2007년 초대형 토네이도로 인하여 마을의 95퍼센트가 초토화됐다. 마을의 주민들은 회의를 열어 이처럼 토네이도가 강력해진 이유가 기후변화라는 인식을 공유하고 '친환경마을'을 만들기로 결의한다. 그들은 재건과정에서 학교와 병원을 친환경 건축물 인증제도(Leadership in Energy and Environmental Design, LEED)의 기준을 충족시키도록 건설했고, 에너지 절감을 위한 조명, 최첨단 친환경 건축물, 쓰레기 용량 최소화와 자원 재활용, 풍력발전 등의 친환경 기법을 도입했다(클라인, 2014). 마을 전체가 친환경 실험을 하는 '살아있는 실험실(living lab)'의 역할을 하면서, "농촌 생활 방식에 깊은 연원을 둔 보전 책임의식과 세대 간 책임성이라는 가치의 소중함을 깨우치고" 그것을 실현한 것이다(클라인, 2014: 570).

이처럼 살아있는 건전한 지역공동체는 재난을 감시하는 감시자이면서, 성숙한 시민을 양성하는 토양이 되고, 폐허가 된 지역을 재건하는 놀라운 회복력의 원천이 된다. 재난관리에서 지역공동체가 중심이 될 때, 위기를 이용해 특정한 이익을 챙기기는 자본을 물리치고 위기를 전환점으로 삼아 근본적인 문제를 해결하는 방식이 우선할 수 있다.

재난 대응과 사회적경제

위험을 감지하고 재난을 막기 위해 사회적경제는 어떤 역할을 할 수 있는가? 1980년대부터 시작한 신자유주의 강력한 흐름은 부의 양극화를 더 심화시켰고, 이를 극복하려는 노력 속에서 사회적경제가 다시 주목받고 있다. 호혜와 연대의 공동체주의를 회복하는 데 초점을 두는 사회적경제는 협동조합,

공제조합, 결사체 등의 조직으로 구성된다(드푸르니, 2017). 사회적경제는 그 조직구성과 지향하는 원리를 볼 때 이윤을 추구하고 자유주의 교리를 바탕으로 하는 시장경제의 대안 운동으로 제시됐다고 해석할 수 있다. 따라서 사회적경제는 부의 불평등을 극복하는 대안경제로 재조명받는다. 하지만, 위험사회에 대응하는 관점과 실천은 약하다고 볼 수 있다.

그러나 칼 폴라니의 사상 안에 사회를 보호하려는 사회적경제의 논리가 있다. 시장이 계속해서 팽창하는 운동이 인간과 자연에 악영향을 주었다면, 그 반대운동으로 사회를 보호하는 운동이 있다고 본다(폴라니, 1944). 시장경제에 위험이 있고 그 위험에서 벗어나기 위한 사회의 보호 운동이 반작용으로 있어야 한다고 봤다.

> "시장경제 때문에 노동자의 건강이 착취당하고, 가족의 삶이 파괴되며, 주거지역이 폐허가 되고, 삼림이 벌거숭이가 되며, 강이 오염되고, 직업 기술의 수준이 형편없이 떨어지며, 민속 전통이 무너지고, 주거양식이나 예술 등과 같이 사적 영역이든 공적 영역이든 이윤에 영향을 주지 못하는 수많은 사회적 삶의 형식이 전반적으로 저질화되는 소용돌이 속에서, 사업에 종사하는 계급 그 속에 내포된 위험을 감지해내지 못했다." (폴라니, 1944: 381)

위 문구에서 볼 수 있듯이 폴라니는 시장경제는 그 안에 이미 존재하는 모순과 그 폐해로 인하여 인간과 사회에 악영향을 끼친다고 봤는데 자연에도 나쁜 결과를 초래하고 있다고 본다. 폴라니의 시장경제에 대한 해석 안에 현재의 기술 시스템으로 인한 위험과 재난까지를 구체적으로 예상한 것은 아니지만 시장경제의 악마와 같은 성격을 분명히 말하고 있다. 그의 논리를 좀 더 확장해서 보면 시장경제의 해악 안에 위험사회와 기술 시스템의 실패로 인한 재난, 기후변화로 인한 자연 재난까지 포괄해서 볼 수 있다.

폴라니는 경제적 빈곤의 문제는 다양한 여러 사태 중에서 단지 하나의 경제적 측면에 불과하다고 보면서 인간과 자연 간에 다양한 관계가 시장경제로 인해 황폐화하고 있다고 본다(폴라니, 1944). 그는 시장경제를 통해 금전적 해결이 어느 정도 있을지 모르지만 "개인의 행복과 전체의 행복에 대해 대단히 해로운 원리가 작동하여 인간이 살아가는 사회적 환경, 그의 이웃 동네, 또 공동체 내에서 그(노동자)가 차지하는 위치, 그의 직업적 기술 등을 무차별하게 때려 부수고 있는 것이다. 한마디로 진정한 문제는 예전에 그의 경제적 존재가 묻어 들어 있었던 자연과 인간과의 여러 관계들이 완전히 황폐화되고 있다는 것이다(폴라니, 1944: 369)."라고 말하면서 시장경제가 인간과 자연의 다양한 관계들이 파괴되고 있음을 언급한다. 위험사회의 인적 재난과 기후변화로 인한 자연 재난은 이러한 관계들이 파괴되는 현상이라 할 수 있다.

위험사회의 재난을 관리하는 실마리는 상호호혜와 연대를 통해 공동체 사회를 보호하는 운동인 사회적경제에서 찾을 수 있을 것이다. 과학기술 시스템을 운영하는 조직은 대형사고에 대비하여 고신뢰성 문화를 지향하고, 재난을 사전에 통제해야 한다. 이런 측면에서 현대사회 조직의 시스템 운영자는 정확한 상황판단 속에서 제대로 된 의사결정을 할 수 있도록 해야 한다. 그러나 거대한 기술 시스템을 통제가 필연적으로 어렵다면 그런 시스템의 건설을 처음부터 회피해야 한다(Perrow, 1984). 재난이 사회적 구성물이라는 관점에서 사회적경제는 재난이 사회적으로 구성할 수 없도록 사회·경제 체계를 만드는 작업을 해야 할 것이다. 사회와 경제의 구성원리를 상호호혜와 연대에 기초하면서 인간과 자연 간 관계를 보호하기 위한 대안적 실천을 하는 것이다. 이런 가운데 자본의 이익 추구와 맞물린 기술혁신, 체제대결에서 비롯된 기술혁신의 결과물로서 탄생한 복잡한 거대 시스템 대신에 인간이 인지능력 범위에서 운영할 수 있는 기술 시스템을 지향해야 할 것이다. 사회적경제는 고위험 재난의 발생을 억제하고 사회를 보호하는 관점에서 상대적으로 적정기술 수준에서 조직화를 고민하고, 기존의 대형재난과 거리가 있는 사업모델을 구상하고 채택해 나가야 할 것이다.

기후변화로 인한 자연 재난을 막기 위해서 탄소배출을 줄이고 재생가능에너지를 사용해야 하는 에너지 전환의 사례이자 사업모델로 독일의 에너지 협동조합(태양광, 풍력, 바이오 에너지 등)을 들 수 있다. 독일에는 1930년대 약 6,000여 개 에너지 협동조합이 있었지만, 자본 집약적 대형 발전소의 도입으로 중앙집중화하면서 1990년대에 40개로 축소됐다. 그러나 기후변화에 대응하고자 1998년 재생가능에너지 자원법을 제정한 이후 에너지 협동조합이 2006년 84개에서 2016년에 1,077개로 급속하게 증가했다(Punt et al., 2021). 제도적 환경조성이 에너지 협동조합을 설립할 수 있게 한 측면도 있지만, 독일 시민과 농부들의 높은 환경의식이 에너지 전환을 가능하게 했고(Punt et al., 2021), 더불어서 핵발전소의 위험에서 벗어나는 계기도 됐다. 지구적 기후변화에 대응하면서 자신의 지역공동체를 보호하려는 지역사회 시민들의 사회의식과 생태적 사고는 사회적 응집력을 만들어 에너지 협동조합이라는 실천으로 이어졌다(Ahlemeyer et al, 2022).

기후변화로 인해 강력해진 폭우, 폭염, 홍수, 산불, 한파 등은 누구에게도 일어날 수 있는 자연 재난이 되고 있다. 앞으로 이런 재난 상황이 더 빈번하게 일어날 수 있으므로 이에 대한 대비·대응이 일상생활의 일부분이 되어야 할 것이다. 한국의 원주시 우산동 주민들은 리빙랩 프로그램의 일환으로 2022년 12월에 마을의 침수 상황을 설정하여 교육과 모의 훈련을 하였고, 동네 안전 지도(홍수위험지역, 도시침수지역, 안전대피 지역 등)를 작성하는 데 참여했다(김민자 외, 2022). 재난 상황이 왔을 때 누구든지 간에 평소 사전 지식이 없다면 행동 요령이 없이 우왕좌왕할 수 있지만, 잘 준비된 지역사회는 피해를 최소화하고 회복력을 발휘할 것이다. 주민들은 모의 훈련을 통하여 사전 지식과 행동 요령을 습득하고, 프로그램의 주체자는 모의 과정에서 부족한 점을 발견하여 실제 상황에서 더 신속하게 행동할 계획을 수립할 수 있다. 사회적경제 조직은 원주시 우산동의 모의 훈련 사례처럼 기후변화에 대비한 훈련 프로그램을 기획하는 사업을 고려해볼 수 있다. 미세먼지를 줄이기 위한 노력, 미세플라스틱에 대한 대응, 쓰레기 문제해결, 자원순환, 에너지 효율화, 자전거 타기, 지역 단위 재생에너지의 적극적 사용 등 작은 부분에서부터 행동양식의 변화를 줄 수 있는 틈새 사업을 기획할 필요가 있다. 그 사업이 호혜와 연대를 통해서 자리잡을 수 있도록 지역공동체가 지원해야 할 것이다.

요약 및 결론

울리히 벡은 인간은 위험사회에 살고 있다고 규정하고, 기술 시스템의 실패로 발생하는 사고는 해당 지역에 국한되지 않고 지구적 재난으로 모든 사람에게 영향을 줄 수 있다고 분석한다. 위험사회의 복잡한 기술 시스템과 거대한 구조물은 발명 당시부터 그 구조물로 인한 사고와 인적 재난도 같이 발명했다고 볼 수 있다. 지금은 기후변화로 인해 극심해진 자연 재난도 인간 활동의 구성물이어서 인적 재난으로 인식하고 대비·대응을 해야 한다. 이런 상황에서 이윤을 추구하는 시장경제와 정부에 재난관리를 맡겨놓은 결과 반복적인 대형 사고를 우리는 경험하고 있다.

복잡한 기술 시스템으로 인한 사고와 재난을 막으려면, 고신뢰성 조직이론이 분석한 것처럼 조직의 설계, 목표, 안전장치, 의사결정, 신뢰 문화, 훈련, 학습이 가능한 조직문화를 만들어야 한다. 결국 그 시스템 운영자 역량이 중요하다고 볼 수 있다. 경제성장만을 강조한 한국에서 안전관리는 구조적으로 취약하여 복잡한 사회·기술 시스템을 운영하는 역량이 부족하다는 점이 빈번하게 보인다. 이런 취약 구조에서 반복적으로 세월호 침몰, 이태원 압사사고 등이 발생하고 있다. 또한 기후변화로 극심한 기상 조건에 의한 자연 재난이 빈번해지고 있다.

한국에서 인적 재난과 자연 재난을 대비하고 대응하기 위해서 첫째, 고신뢰성 조직을 만들고, 둘째, 사회적 합리성을 높여야 하고, 셋째, 지구적 차원의 위험을 초래하는 자본을 규제하기 위해 시민사회의 역량을 강화해야 한다. 이런 목표를 달성하기 위해 먼저 합리성과 책임성을 갖춘 시민으로 구성된 시민사회를 만들어야 한다. 복잡한 기술 시스템의 운영자가 합리적이고 책임감 있게 의사결정을 할 수 있도록 시민사회는 감시하는 역할을 해야 한다. 지역공동체의 시민사회는 재난에 대응하고 회복할 수 있는 역량을 갖추고, 장기적인 관점에서 지역공동체는 기후변화에 대응하는 생활방식을 만들어야 한다. 마지막으로 사회적경제는 자본의 이윤에만 초점을 둔 기술 시스템 작동의 위험에서 사회를 보호하는 대안적 경제체계를 구성해야 할 것이다. 재난이 사회적으로 선택되고 구성됐다는 관점에서 상호호혜, 연대, 협동을 바탕으로 하는 사회와 경제를 구성하여 이윤을 바탕으로 하는 사회적 구성을 대체하여 나가는 작업이 필요하다. 재난자본주의가 기후변화로 발생하는 재난을 새로운 사업 기회로 보고 있는 현장에서 사회적경제 조직은 에너지 협동조합, 자연 재난에 대응하는 시민 프로그램 등을 기획해야 할 것이다.

참고문헌

김민자·김형미·천혜란·강시업·허진영. 2022. 「2022 시민연구 활성화 사업 소소한 동네연구 강원: 우리동네 안전지도 - 우리동네 안전은 우리 스스로!」. 춘천사회혁신센터.

김찬호. 2014. 『모멸감: 굴욕과 존엄의 감정사회학』. 서울: 문학과지성사.

나오미 클라인. 2007. 『자본주의는 어떻게 재난을 먹고 괴물이 되는가』. 김소희 옮김(2021). 서울: 모비딕북스.

나오미 클라인. 2014. 『이것이 모든 것을 바꾼다: 자본주의 대 기후』. 이순희 옮김. 파주시: 열린책들.

마사 누스바움. 2010. 『학교는 시장이 아니다』. 파주시: 궁리.

박현수. 2017. "의사결정 시스템의 취약성과 고신뢰성조직의 모색: 2011년 9·15 순환단전 사례연구". 『Crisisonomy』, 12(11): 1-26.

박현수·김용수. 2016. 『사회환경 복잡성 증가와 안전체계구축 과제 연구』. 지식협동조합 좋은나라.

신중진 외. 2016. 『한국의 도시 지역공동체는 어떻게 형성되는가: 현실·운동·과제』. 서울: 서울대학교출판문화원.

울리히 벡. 1997. 『위험사회: 새로운 근대(성)를 향하여』. 홍성태 옮김. 서울: 새물결.

유종성. "세월호 원인은 박정희식 국가조합주의 유산". 2023.4.17. 프레시안. https://www.pressian.com/pages/articles/2023041619031110666. 2023. 4. 17 열람.

이재은. 1998. "위기관리 정책에 관한 연구: 개념, 영역, 정책결정을 중심으로". 『한국행정논집』, 10(1): 113-130.

이재은. 2000. "위기관리정책 효과성 제고와 집행구조 접근법". 『한국정책학회보』, 9(1): 51-77.

자끄 드푸르니. 2017. 『사회적경제』 자끄 드루르니·마르뜨 니센 외 지음. (『사회연대경제: 1 토대』. 김신양·엄형식 옮김. 서울: 착한책가게.)

전력거래소. 2012. 「9.15 순환단전 백서: 365-1=0」.

칼 폴라니. 1944. 『거대한 전환: 우리 시대의 정치·경제적 기원』. 홍기빈 옮김. 서울: 도서출판 길.

콜 폴리어. 2020. 『자본주의의 미래』. 김홍식 옮김. 서울: 까치.

한상진. 1998. "왜 위험사회인가?: 한국사회의 자기반성". 『사상』, 38: 11-25.

홍성태. 2007. 『대한민국, 위험사회』. 서울: 당대.

Ahlemeyer, K., KM. Griese, T. Wawer and B. Siebenhüner. 2022. Success factors of citizen energy cooperatives in north western Germany: a conceptual and empirical review. Energy, Sustainability and Society, 12(29).

Beck, Ulich. 1986. Translated by Mark Litter in English. *Risk Society: Toward a New Modernity*. California: SAGE.

Beck, Ulich. 2006. Living in the world risk society. *Economy and Society*, 35(3): 329-345.

Collier, Paul. 2020. *The Future of Capitalism: Facing the New Anxieties*. NY: Harper.

IPCC. 2021. Summary for Policymakers. In *Climate Change 2021: The Physical Science Basis. Contribution of Working Group I to the Sixth Assessment Report of the Intergovernmental Panel on Climate Change* [Masson-Delmotte, V., P. Zhai, A. Pirani, S. L. Connors, C. Pean, S. Berger, N. Caud, Y. Chen, L. Goldfarb, M. I. Gomis, M. Huang, K. Leitzell, E. Lonnoy, J.B.R. Matthews, T. K. Maycock, T. Waterfield, O. Yelekci, R. Yu and B. Zhou (eds.)]. Cambridge University Press. In Press.

LaPorte, T. R., and Paula M. C. 1991. Working in Practice But Not in theory: theoretical Challenges of "High-Reliability Organizations." *Journal of Administrative Research and Theory*, 1: 19-47.

Perrow, C. 1986. *Normal Accidents: Living with High-Risk Technologies*. Princeton. New Jersey: Princeton University Press.

Perrow, C. 2006. Disaster Ever More: Reducing U.S. Vulnerabilities. *In Handbook of Disaster Research*, H. Rodriguez. E. I. Quarantelli and R. R. Dynes. New York: Springer.

Rao, H., and H. R. Greve. 2018. Disasters and Community Resilience: Spanish Flu and the Formation of Retail Cooperatives. *Academy of Management Journal*, 61(1): 5-25.

Polanyi, Karl. 1944. The Great Transformation: The Political and Economic Origins of Our Time. Boston, MA: Beacon Press.

Reason, J. 1990. *Human Error*. New York: Cambridge University Press.

Reason, J. 1997. *Managing the Risks of Organizational Accidents*. VT: Ashgate.

Rochlin, Gene I. 1993. Defining "High Reliability" Organizations in Practice: A Taxonomic Prologue. In Karlene H. Roberts (ed.), *New Challenges to*

Understanding Organizations. NY: Macmillan Publishing Company, pp. 11-32.

Sagan, S. D. 1993. T*he Limits of Safety: Organizations, Accidents, and Nuclear Weapons*. Princeton, NJ: Princeton University Press.

Sandoval, V. et al. 2022. *The role of public and private sectors in disaster capitalism: An international overview*. GAR 2022 Contributing Paper. United National Office for Disaster Risk Reduction.

Schuller, M., and J. K. Maldonado. 2016. Disaster capitalism. Annals of *Anthropological Practice*, 40(1): 61-72. https://doi.org/10.1111/napa.12088.

Shrivastava, P. 1987. *Bhopal: Anatomy of a Crisis*. Cambridge, Massachusetts: Ballinger Publishing Company.

Turner, B. A., and N. F. Pidgeon. 1997. *Man-Made Disaster (2nd ed.)*. Boston: Butterworth-Heinemann.

Turner, B. A. 1976. The Organizational and Interorganizational Development Disaster. *Administrative Science Quarterly*, 21(3): 378-397.

Uhnoo, S., and S. Persson. 2022. The flip side of the coin: Perils of public-private disaster cooperation. *Journal of Contingencies and Crisis Management*, 30: 440-450.

Vaughan, D. 1996. *The Challenge Launch Decision: Risky Technology, Culture, and Deviance at NASA*. Chicago: The University of Chicago Press.

Vaughan, D. 1998. Rational Choice, Situated Action, and the Social Control of Organizations. *Law & Society Review*, 32(1): 23-61.

Vaughan, D. 2004. The Dark Side of Organizations: Mistake, Misconduct, and Disaster. *Annual Review of Sociology*, 25: 271-305.

Weick, K. E., and K. H. Robert. 1993. Collective Mind in Organizations: Heedful Interrelating on Flight Deck. *Administrative Science Quarterly*, 38(3): 357-381.

Weick, K. E. 1987. Organizational Culture as a Source of High Reliability. *California Management Review*, 29(2): 112-127.

Weick, K. E. 1990. The Vulnerable System: An Analysis of the Tenerife Air Disaster. *Journal of Management*, 16(3): 571-593.

제2부

사회적경제의 실천에
깊이를 더하다

사회적경제의 실천에 깊이를 더하다

김형미

　"우리 종은 호모 오이코노미쿠스(Homo oeconomicus, 경제적 인간)가 아니
다. 우리 인류는 더 복잡하고 흥미로운 무언가이다.…그리고 평범한 이타주
의적 본능 너머에는 더 미묘한 어떤 것이 있다. 그것은 본래 덧없는 것이지만
잘만 활용한다면 큰 변화를 일으킬 수 있는 것이다. 바로 명예심이다. 그것은
타고난 공감 능력과 협동의 본능에서 태어나는 감정이다. 그리고 우리 종족
을 구원할 수도 있는 이타성의 마지막 무기이기도 하다."[1)

　통섭의 과학자로 유명한 사회 생물학자 에드워드 윌슨의 『지구의 정복자』
를 읽다가 이타적 처벌을 집행하는 인간의 본능을 설명한 이 문장에서 마음
이 아련한 적이 있다. 공익활동가, 조합원 활동가, 사회적경제인들이 갖은 악
조건과 취약함 속에서도 활동을 지속하는 심적 특성이 이런 명예심이 아닐
까 싶었던 것 같다.
　아마도 윌슨의 이 책에서 가장 많이 회자 되는 명언은, "유전적인 사회성
진화에는 냉엄한 법칙이 하나 있다. 이기적 개인이 이타적 개인을 이기는 반

면, 이타주의자들의 집단은 이기주의자들의 집단을 이긴다는 것이다. 이 승리는 결코 완결될 수 없다. 즉 선택압 사이의 균형은 어느 한쪽 극단으로 옮겨 가지 않기 때문이다. 개체 선택만이 지배한다면, 사회는 해체될 것이다. 집단 선택만이 지배한다면, 인류 집단은 개미 군체와 비슷해질 것이다"(에드워드 윌슨, 2013, 제24장)는 말일 것이다.

이 명언도 내게는 큰 위로가 되는 글이었다. 착한 사람이 왜 일찍 죽고 악당은 더 오래 사는가! 이런 심정이 자주 심장을 두들겼던 순간은 내게만 한정된 일은 아니리라. 현실의 삶에서는 이타적인 인간이 이기적 인간을 이기지 못하는 순간이 너무나 많아서, 이타적 목적에서 협동하고 경제활동을 하는 사회적경제가 우리나라에서 당당하게 인정받는 주류가 되는 일은 없을 것처럼 느껴진다. 하지만 윌슨은 이타주의자들의 집단은 이기주의자들의 집단을 이긴다고 단언한다. 2부에 실린 이미지 작가의 글을 읽게 되면 독자들도 윌슨의 이 명언의 힘을 실감하리라.

한국 사회적경제의 오늘을 성찰하고 2030년 사회적경제의 전망을 탐색하는 이 책의 2부는 사회적경제 실천 현장을 기록하고 미래로 연결하고 싶은 해석을 담는 글로 구성했다. 아직 우리나라의 사회적경제 전체의 면모를 파악할 수 있는 통계나 연차별 백서가 없는 상태에서 이 책을 기획한 학습모임 BTSE(Better, Together, Social Economy)는 민주주의, 사회적 금융, 노동공제, 자활, 지역 돌봄, 지역자산화와 커머닝, 사회적경제의 학습에 주목하였다. 이 과정은 전체상을 조감하고 그 체계를 파악한 다음에 전체 특성을 보여주는 개별 사례를 선별하여 내용을 구성하는 연역적인, 또는 하향(topdown) 방식이 아니라, 학습모임에 참가한 이들이 자신의 자리에서 겪고 관찰하며 경청하면서 공부했던 실천들을 잇는 방식이었다.

조금 더 소개하면, 2021년 10월에 한국사회가치연대기금에서 열린 BTSE 학습모임은, 한국의 사회적경제에 대한 위기의식, 정책 풍요 속 사회적경제인들의 경험의 시간과 다양성의 빈곤, 점점 정형화되는 사회적경제 지식의 시들한 생명력, 정권에 좌우되는 지원체계에 지치고 고갈된 동료와 자신에 대한 고백과 성찰에서 출발했다. 이런 상태를 극복하는 힘은 어디서 나올까. 꾸준한 학습이다! 는 마음으로 매달 사회적경제의 실천과 관심 가는 연구에 대해 듣고 토론하면서 고구마 줄기 캐듯이 다음 주제를 정하였다. 2부를 구성하는 실천들은 이 공부 과정에서 다루어졌던 내용들이다. 왜 이 실천들에 관심을 집중했는지, 그때는 마음이 가는 대로였는데, 지나고 보니 '연대하는 자조'를 실천하는 현장의 실천을 증언하면서 미래에의 씨앗을 품고 있는 점에서 사회적경제의 원형 같은 맛을 느꼈기 때문이지 아닐까 싶다.

2부를 구성하는 일곱 장 중에 불안정 노동자와 자활사업 참여자들의 실천, 그리고 지역차원의 먹거리돌봄 실천을 소개한 글이 3개 장이라, 독자들은 사회적경제에서 자주 논하는 익숙한 주제라며 식상하다는 인상을 지닐 수도 있다. 빈곤, 공정하지도 않고 보호되지 않는 노동, 돌봄의 격차와 부재는 오래된 과제이고, 많은 이들이 해결을 위해 노력하고 있지만 어려운 현실을 벗어나지 못한 상태다. 하지만, "올바른 하루 일에 대한 올바른 하루치 보수"[2]를 지불하는 사회를 만드는 이 오래된 과제는 지속가능한 지구로의 전환과도 불가분의 관계가 있다. 폴 호컨의 말을 빌리면, "일정 수준의 빈곤을 공유하는 40억 이상의 사람은 더 영양가 있는 식품, 깨끗한 물, 회복력 있고 수익성 있는 농업, 복원된 어장, 이용 가능한 이동성, 품위 있는 주거, 재생전기, 안전한 무상 교육, 공중 보건 등 사회 정의와 기후 정의가 동일할 때 기후변화에 대한 대응에 참여하고 행동할 것"[3] 이며, 노동자들에게 존엄성을 부여하는 기후정의 행동이어야 시민과 시민이 연결된다.

부당하게 빈곤한 처지, 부당하게 인간의 존엄성이 무시되는 상태를 강요받는 상태가 '해결되기'를 바라지 않고 스스로 해결하고자 단결하는 행동에 더 관심이 집중되는 것은 사회적경제인들에게는 본능과도 같다고 여긴다.

또 우연히도 2부에서 소개하는 실천들의 조직 형태는 협동조합이거나 협동조합의 이념과 원리를 채용하고 있다. 이 '공통의 우연'을 잘 설명하는 표현이 있다. 20세기 초 인도의 협동조합 저술가인 칼버트에 따르면 "(역사 상의) 경험에서 볼 때 자발적인 조직은 가난한 사람들에게 가장 적합한 유일한 시스템"이며, "협동조합은 스스로의 경제적 이익을 증진하기 위해서 참여자들이 평등을 기반으로 인간(human beings)으로서 자발적으로 함께 단결한 조직"이라는 특성이 있다.[4]

사회적경제는 정부의 제도적 정의를 훨씬 넘어서, 시장 부문과 공공, 시민사회(지역사회) 부문과의 협력을 통해 생성되는 복합적인 형태의 경제활동으로, 사회경제적 조절 메커니즘[5]에 해당된다. 하여, 그 활동의 조직 형태는 임의단체에서 영리 법인에 이르기까지 다양하다. 그럼에도 협동조합 법인을 채용한 사례를 보면, 위기 시 회복탄력성, 또는 회복력(resilience)이 강한 특성을 보여주는 경우가 적지 않다. 2부에 실리는 노동공제와 자활기업의 실천에서 우리는 그 점을 더욱 실감할 수 있을 것이다.

이제 2부에 실린 각 글을 간결하게 장별로 소개하자.

6장은 IT 플랫폼을 통한 민주주의의 활성화를 다룬 권오현의 글이다. 권오현은 개발자 기량을 보유한 사회적협동조합 빠띠의 이사장으로서, 흘깃 보면 협동조합적 소유와 거리가 멀 것 같은 IT 플랫폼을 협동조합으로 소유하여 더 참여하고 다양해지는 민주주의 공간을 확장하고자 한다. 국내에서도 청와대 국민청원, '광화문1번가', 국회 입법청원, 서울시의 '민주주의서울'을 비롯한 지자체에서 다양한 시민참여플랫폼이 도입되었으며, 발달한 온라인 미디어 환경을 적극 활용하는 시민들의 연대와 협력이 강화되면서 자발적인 운동에서부터 실질적인 제도화에 이르는 직접 참여에 대한 소망이 이어지고 있다. 권오현은 사회적경제와 시민사회가 디지털 플랫폼에서 정보가 2차, 3차로 가공되면서 엉뚱한 해석이 가미되어도 제대로 개입하지 못한 현실을 언급하며 민주주의와 함께 가는 기술을 위한 6가지 원칙을 제안한다.

7장은 '사회적 금융=사람중심 금융' 관점에서 장지연이 집필했다. 필자는 문재인 정부가 2018년에 '사회적 금융 활성화 정책'을 발표하여, 2019년 초에 한국사회가치연대기금이 설립된 시기부터 사회적 금융의 모집과 사업을 기획, 실행하고 있다. 사회적 금융의 현재와 과제, 전망을 이야기할 수 있는 경험을 바탕으로 자조금융과 사회연대금융의 정책과 생태계의 궤적을 간결하게 정리하고 주목할만한 현장 사례를 소개하고 있다. 문재인 정부의 정책 덕분에 사회적 금융은 단기간에 확장되었지만 딱 거기까지인 현재, 사람중심금융으로서 사회적 금융이 풍성해지기 위한 노력을 현장 전문가의 솔직한 눈높이에서 제안한다.

사람중심금융은 실제 어떻게 작동하는가. 그 생생한 사례를 8장에서 이미지 방송작가의 글로 담는다. 1부에서 김형탁은 노동운동과 사회적경제의 연대를 통한 정의로운 전환을 주창하였다. 8장은 그 주창이 실천되는 현장을 증거하고 있다. 전국화학섬유식품산업노동조합의 봉제인공제회, 부울경지역 대리기사들의 카부기공제회, 노동공제연합 풀빵의 사례는 코로나 팬데믹으로 불안정 노동자들의 삶이 더욱 고립화한 시기에 자조와 연대, 부문을 넘는 협업으로 엮어진 사람중심금융의 현장이다. 향후 5년 안에 풀빵이 불안정 노동자들의 3%, 또는 5%를 노동공제로 조직할 수 있다면 이 힘을 바탕으로 다양한 노동방식이 차별받지 않는 사회보장정책을 마련하는데 크게 기여할 수 있을 것이다.

노동공제에 영감을 제공한 사회적경제의 원형이 있었다. 자활운동에서 조직된 전국주민협동연합회·사회적협동조합 우리함께. 2009년 한국지역자활센터협회에서 공제협동조합 결성을 추진한 이래 2010년 공식 창립한 전국주민협동연합회는 조합원 모두가 공동으로 소유하고 민주적으로 운영하는 커먼즈처럼 성장하여 2021년 기준으로 50억 원의 자체 기금을 운용하고 31억 원의 공동체 기금을 운영하고 있었다.

9장 송선영의 글은, 이러한 자활 부문의 저력을 증거하는 글이다. 자활 부문은 그 궤적을 밟아가면 생산공동체 운동에서 시작하여, 외환위기 시 실업문제 해결을 위한 사회적일자리 창출 민관 협력, 「국민기초생활보장법」에 의거한 자활지원체계까지 상당히 넓은 스펙트럼을 지닌 분야이다. 어디에 초점을 맞추느냐에 따라 관점도, 강조점도 달라지는 부문이 자활이다. 그 명칭도, 자활공동체, 자활센터, 자활운동, 자활기업으로 달라진다. 송선영은 "사회적 배제를 경험한 집단이 일하는, 사람이 주인되는 협동노동의 공동체의 실현"이라는 관점에서 초기 자활기업 3곳의 성장과 진화의 과정을 정밀하게 분석하고 묘사한다. 글 마지막에서 송선영이 사회적경제의 전망으로 제시하는 사람중심 성장, 민주적인 지배구조, 지역사회의 필요와 열망의 조직화, 이 세 가지 원칙이 사회적경제인들이 쓰고 싶은 시나리오를 대표하는 모범답안 같다면 과장일까? 또 어떤 원칙을 우리는 자활운동의 경험에서 도출할 수 있을까? 독자들의 토론을 기대하고 싶다.

10장은 한살림제주생협이 펼치는 지역사회 돌봄과 안심공동체에 대한 우리의 시야를 열어주는 글로 윤형근이 집필했다. 윤형근은 한살림 운동가로서, 전국조직의 실무책임자로서, 또 『선구자들: 협동조합의 오래된 미래』(그물코, 2013년)의 저자로서 소구력 있는 필체를 이 글에서도 발휘하고 있다. 한국의 생협은 사회적경제에서 많은 소비자들을 조직하고 책임 있는 사회적 소비시장을 형성한다. 경제가 생산과 소비의 순환으로 작동하는 만큼, (잠재)소비자·사용자(users)의 필요와 삶의 질을 향상하는 사회적경제의 상품과 서비스가 탄생할 때 이를 지지하는 소비자 그룹은 큰 역할을 한다. 한편, 한국 생협은 독자적인 실천이념과 사업모델이 확립되어 있어 사회적경제의 새로운 조직과의 접점이나 교집합이 일어나기 어려운 지점이 있다. 그런데, 윤형근이 소개하는 한살림제주생협의 실천은 생명살림·먹거리살림이란 한살림 고유의 이념을, '지역살림'으로 확장하여 생산자, 청소년교육단체, 복지기관, 이주민센터, 행정을 모두 연계하여 제주도의 먹거리돌봄체계를 만드는 리빙랩으로 연계하고 있다는 점에서 매우 흥미롭다. 이 수준에 이르게 되면 사회적경제 안팎을 따지는 게 무의미해 보인다. 오로지, 먹거리를 시작으로 지역 돌봄체계를 주민과 행정이 협업으로 실천하여 모두가 안심공동체를 제주에서 만드는 참여자들이고 당사자들일 뿐. 우리 안에 평화가 있기를(Peace among Us!), 즉 우리 안에 돌봄이 있기를! (Care among Us!)의 세계다.

11장은 전은호의 글로 이어진다. 고립의 시대에 안심공동체를 일구는 것도 커머닝일 터지만, 11장에서는 주민들이 안심하고 커머닝을 행하는 공간을 지역사회에서 자산화함으로써 지역공동체의 부 만들기에 기여하는 지역재생의 방도를 제시하고 있다. 자산 인플레이션이 강세이고 금융이 불안한 2020년대 중반, 전국의 도시재생 사업의 결과가 어떻게 나타날지 우려하는 마음이 크다. 전은호의 글은 뼈아픈 지적과 함께 목포도시재생사업에서 만들어 온 복제 가능한 성공의 경험을 커머닝의 관점에서 정리하고 신념이 담긴 조언으로 마무리한다. 폴 호컨의 『한 세대 안에 기후위기 끝내기』 6장은 도시에서 기후위기를 해결하는 방안에 대한 영감과 방법을 소개하고 있는데, 그 방향은 "재생력 있는 도시(regenerative city)"를 만드는 것이다. 이 점에서 우리나라의 도시재생사업은 '재생'의 무궁무진한 가능성의 싹을 자른 채 잔여적인 측면에서만 정책을 축소 기획한 결과가 양산되고 있는 것은 아닌지 갑론을박 많은 토론이 부상하여 자양분이 되면 좋겠다고 소망해 본다.

2부 마지막 글인 12장은 디지털 전환 시대에 사회적경제인과 조직이 지향하는 학습을 탐색하는 김형미의 글을 담는다. 김형미는 IT 전문가도, 교육학 전문가도 아니다. 대학교원의 경력을 지녔지만, 협동조합이 주 연구 분야일 뿐, 이 주제를 다룰 만한 조예가 있다고 감히 말할 수 없다. 그러니, 학습에 관한 글을 쓰는 게 맞을까 싶은 고민이 컸다. 하지만, 협동조합기업의 특성은 조합원 교육과 민주적 통제, 그리고 공동 자본의 사회적 계승에 있다는 점에서 교육, 달리 말해서 구성원들의 학습은 늘 관심사였다.

어쩌면 전문가가 아니라, 사용자의 처지라는 점은 약한 구석이고 뒤집어 말하면, 그만큼 절실한 처지이기도 하다. 하여, 사회적경제가 사람중심 경제라면 어떤 복잡한 시대라도, 어떤 혼란기라도, 취약한 처지에 있건 스스로 책임지고 누리는 자유와 동료와 함께 세상을 헤쳐갈 역량을 배우고 학습하는 측면에서 사회적경제는 장점을 발휘할 것이라는 가설, 또는 믿음에서, 구체적으로 그것은 무엇이며 어떻게 작동할까, 그리고 더 주목해서 개척해야 할 분야는 어디일까를 고민하였다.

이제 2부를 안내하는 역할을 마치고자 한다. 미래는 '오래된 미래'일 수밖에 없다. 다시 윌슨의 글을 인용하면, "의식을 지닌 인간의 뇌가 지닌 위대한 재능은 시나리오를 짜는 능력, 그리고 시나리오를 짜려는 거부할 수 없는 타

고난 충동."(에드워드 윌슨, 2013, 제21장)이어서 그렇다.

선배 세대의 사회적경제인들이 일구어 온 실천과 사업 방식이 오늘을 살아가는 우리에게 영감을 준 것처럼 미래 세대들은 2부에서 증언하는 실천과 주장을 보면서 새로운 영감과 독창적인 실천을 만들어갈 것이고, 약한 자들이 권능을 행사하며 스스로 결정할 자유를 연대하면서 만들어 간다는 사회적경제의 비전이 생생하게 살아 전달될 것으로 기대한다.

세계 정세는 두렵고 예측하기 어려운 상황이고 과제는 점점 심각해지는 듯하다. 이런 시대에는 무언가 올바른 행동을 해야 할 것 같고, 동조 집단에 잘못된 생각을 표명하면 아니될 것 같고, 올바른 말만 해야 할 것 같은 폐색감과 압박감을 느끼기 쉽다. 만약, 사회적경제가 전반적으로 그러한 분위기에 휩싸여 있다면 점점 사람이 떠날 것이다. 정직하게, 약한 처지를 드러내 놓고, 잘 모르는 것은 모른다고 말을 나눌 수 있는 문화가 사라진다면, 또 아무것도 안 하고 그저 있기만 해도 안정이 되는 존재함(being)과, 작은 행동이라도 일으키는 것을 즐기는 행함(doing) 사이의 경계가 희미한 자유 공간이 허용되지 않는다면, 사람들은 숨어버리고 나오지 않는다.

우리는 이걸 원치 않는다.

하여, 이 책 필자들의 많은 문장은 "~~해야 한다."고 쓰여졌지만, 실제로는 "~~하기를 즐기자."는 뉘앙스로 읽어주기를 독자들에게 바라고 싶다.

1) 에드워드 윌슨. 2013. 『지구의 정복자』 (e-book). 이한음 옮김. 최재천 감수·해설. 사이언 스 북스. 제24장.

2) 엘렌 러펠 셸. 2019. 『일자리의 미래』. 김후 옮김. 예문 아카이브. 제11장(핀란드의 방식) 에서 인용하였다. 이 책의 필자가 핀란드의 경제학자를 만났을 때 그들은 "사회 자체가 모든 시민의 욕구와 능력과 재능에 맞는 기회를 지원하지 않는다면 그 어떤 나라도 번 영을 기대할 수 없다."고 단언했다고 소개하며 강조한 말이다.

3) 폴 호컨. 2022. 『한 세대 안에 기후위기 끝내기』 (e-book). 박우정 옮김. 글항아리. 9~10장.

4) Calvert, H. 1926. *The Law and Principles of Co-operation*. 3rd Edition. India. p.13.

5) 이에 대해서는 장원봉의 관점을 소개한 김정섭. 2022. "농촌에 펼쳐진 사회적경제 실천의 지형과 전망". 『마을』, 10호:11-23 (마을학회 일소공도)에서 약간 수정하여 인용하였다.

6장

초연결시대 민주주의 공론장의 재탄생
가장 가깝고도 가장 큰 참여의 조직과 문화

권오현

> "트위터를 민주적 소유구조로 바꾸면 기업 가치가 올라간다. 트위터의 협동조합 전환 방안 연구를 제안한다. 이유는 세 가지다. 첫째, 이용자가 공동소유자가 되면 (회사에 대한) 주인 의식이 어떤 형태의 투자자 소유 기업일 때보다 높아진다. 당연히 트위터를 더 많이 이용하게 된다. 둘째, 이용자가 곧 트위터의 주인이니, 트위터가 자신의 정보를 공유하더라도 신뢰하게 된다. 그로 인해 기업의 투명성이 높아진다. 셋째, 주주 구성의 다양성을 확보해 협동조합 사업의 회복력을 높일 수 있다." - 짐 맥리치 #트위터를_인수하자[1]

2023년을 살아가는 우리는 아직 협동조합이 영향력 있는 미디어 혹은 IT 서비스를 운영한다는 상상을 하기 어렵다. 하지만 2017년 플랫폼 협동조합 관계자들은 트위터를 협동조합으로 만들자는 운동을 벌였다. 그들은 인터넷 미디어 서비스가 가지는 영향력과 가능성을 사회에 긍정적으로 작동하게 만드는 책임을 트위터라는 조직 내에 내재화하면서, 사용자들의 활동을 기반으로 하는 플랫폼 서비스의 특징상 사용자와 운영자 간의 발생하는 이익에 대한 불균형과 근본적인 모순을 해소하며, 나아가 기술 혁신을 통해 생산되는 가치를 사회 공동체와 나누는데 협동조합 방식이 잠재력을 가지고 있다는 주장을 펼쳤다.

인터넷과 클라우드를 통해 가능해진 초연결시대와 빅데이터를 활용한다면 인류가 개인의 권리를 증진하고, 협업하는 방식을 혁신함으로써, 자유로운 개인들이 대규모의 집단 협업을 통해 인류의 난제를 민주적이고 혁신적으로 해소하리라는 기대는 인터넷 초창기의 중요한 희망이자 도전이었다. 민주주의가 인간이 누려야 마땅한 자유와 기본 권리를 확대하면서 발전해 온 것처럼, 인터넷 기술을 활용한, 사람과 정보의 획기적인 연결과 축적은 사회 구성원들로 하여금 스스로의 권리와 자유를 확대하는 직접적이고 집단적인 행동을 할 기회를 제공함으로써 민주주의를 더욱 더 근본적으로 혁신할 수 있어 보였다. 인터넷을 통한 대규모의 참여와 협력이라는 민주주의의 혁신은 기술 발전을 통한 풍요와 함께, 국제, 사회, 경제, 기후 위기의 해소에 근본적으로 변화를 가져다 줄 것으로 기대했다.

한국에서도 기성 언론사에 대한 비판, 정치 운동이나 정당 운영에의 인터넷 활용 등을 도모하는 이들이 웹사이트를 만들기 시작하였고, 이후 2000년대 중반 웹2.0으로 불리는 사용자 컨텐츠를 광범위하게 축적하는 크라우드 소싱 플랫폼의 출현과 개인 미디어 공간을 중심으로 쌍방향 소통을 강화하는 소셜 미디어 플랫폼이 확장되면서 인터넷을 통한 민주주의 혁신의 기대감이 높아졌다. 오마이뉴스를 비롯한 시민 기자를 위한 미디어와, 필자도 참여한 미디어다음의 아고라, 블로거뉴스(다음뷰), 티스토리 등의 미디어 플랫폼은 인터넷 청원, 시민 논객, 시민 기자란 신조어를 만들며 인터넷을 통한 집단 지성이 발휘되는 혁신적인 민주주의의 가능성을 실현해 나갔다.[2]

디지털 기술을 통한 민주주의 혁신의 실천

　인터넷 기술은 시간과 공간의 제약 없이 연결과 축적을 가능하게 한다. 인터넷 기술은 인간들이 비동기, 실시간, 비대면 접촉이 가능하도록, 상상을 초월하는 규모의 정보를 축적하고, 검색하고, 이를 한번에 분석할 수 있게 하였다. 이 가능성은 이미 우리의 일상 속에 자리잡았다. 바로 옆집에서든, 지구 반대편에서든 우리는 물건을 구입하거나, 컨텐츠를 소비하는데 아무런 차이를 느끼지 않는다. 지금 우리는 멀리 떨어진 곳에서 벌어지는 일을 실시간으로 시청하거나, 혹은 예전엔 TV 앞에서 정해진 시간에만 볼 수 있던 컨텐츠를 원하는 시간에 처음부터 끝까지 소비하기도 한다. 인류에게 느닷없이 닥친 코로나19 위기를 견디고 극복하는 데에도 인터넷이 있기에 가능한 비대면 기술이 크게 기여했다.

　인터넷 기술을 통한 참여와 협력의 확대가 우리 사회의 민주주의를 근본적이고 실질적으로 그리고 지속적으로 혁신하도록, 사회적협동조합 빠띠(https://parti.coop)는 기술, 시민, 공동체의 힘을 확대하고, 서로 신뢰하고 협력하는 사회의 기반으로서의 "더 많고, 더 나은, 일상의 민주주의"를 실현하려고 노력 중이다. 시민의 권리와 역량을 확장하고, 이해와 공감, 신뢰와 협력의 사회적 경험과 자산을 축적하며 자율과 분권, 자치와 협치를 실현하는 공공재 플랫폼과 거버넌스를 구축함으로써 일상의 민주주의를 실현하는 것이 목표다. 이는 시민의 힘이 모이는 디지털 시민 공간을 구축하고, 각자 또 함께 사회 문제를 해결하는 시민 주도, 협력, 공동 생산을 뒷받침하는 디지털 민주주의 인프라와 실천을 만드는 일이다.

　구체적으로는 시민의 공익 활동을 디지털화하는 미디어 플랫폼인 디지털 시민 광장을 재구축하는 일, '민주주의서울'과 '광화문1번가'처럼, 기관이 제공하는 시민 협력 플랫폼과 '들썩들썩떠들썩' 같은 시민이 주도하는 공론장을 통한 다양한 사회적 대화와 협력을 실행하는 일, 자료의 축적과 공유, 토론

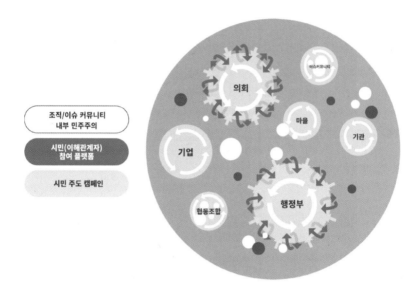

[그림 Ⅱ-1] 민주주의를 실현할 때에는, 각각에 적합한 소통과 협력 모델이
필요하다.

과 의사결정에 활용하는 플랫폼을 통해 다양한 조직과 관계가 민주적으로
작동하게 하는 디지털 솔루션을 개발하고 운영하는 일에 이른다. 이는 사회
곳곳에 적합한 민주주의 실천을 찾아내어 실현하고, 그 각각을 연결할 때에
야 비로소 사회 전체가 민주적으로 작동한다고 빠띠의 활동가들은 믿기 때
문이다.

먼저 시민이 주도하는 디지털 액티비즘과 디지털 공론장을 재구축 혹은
구현하기 위해 빠띠는 미디어, 공론장, 거버넌스를 연결한 캠페인즈와 믹스
(https://campaigns.do)를 운영하고 있다.[3] 인터넷이 민주주의 혁신에 크게
기여하리라는 기대가 무색하게, 한국 사회에는 아직 인터넷을 통해 시민이
목소리를 내고 함께 토론하며 사회적 대안을 만들어 내는 대표적인 공간이
충분하지 않다. 그럼에도 디지털 미디어에 익숙한 시민들은 익숙한 미디어
도구를 활용해 자신들이 중요하게 여기는 이슈를 공유하고, 동료 시민들을

[그림 Ⅱ-2] 시민들이 함께 한 캠페인, 투표, 토론이 모인 캠페인즈

투표나 청원에 초대하며, 데이터나 정보를 공동 생산하는 모임을 만드는 등 직접적으로 행동한다. 시민의 디지털 직접 행동을 의미하는 디지털 액티비즘은 사회의 여러 문제를 시민의 힘으로 해결하는 중요한 수단이자 새로운 시민 활동의 중심 유형이 되었다.

시민 누구나 디지털 캠페이너가 되는 시대에 빠뜨리는 시민의 디지털 공익 활동 생태계를 위한 '디지털 시민 광장' 캠페인즈와 믹스 플랫폼을 통해, 시민들이 쉽고 빠르게 서명, 청원, 목소리 모으기 등의 캠페인을 개설함으로써 시민들이 목소리를 내고 공론을 형성하도록 돕거나, 동료 시민들과 함께 투표와 토론을 하며 사회 문제 해결을 위한 의견을 모으거나, 때론 동료 시민이나 지지자들과 함께 유연한 거버넌스를 운영하는 등의 활동이 시민들이 익숙하게 물건을 사고 영상을 보듯이 쉽고 재미있도록 만들고자 한다. 이슈 발견, 직접 행동, 지지자 모집, 공동 행동과 촉구, 공론장에서의 토론 등의 시민 민주주의 실천들이 쉽고 재미있게 일어나도록 함으로써 디지털 시대에 적합한 시민 공익 활동 생태계가 성장하도록 기여하는 디지털 민주주의 플랫폼으로 만드는데 집중하고 있다.

촛불혁명 이후의 사회가 이전과 확연히 달라진 점 중의 하나는 민주적 절차와 시민 참여의 확대에 대한 시민들의 커진 기대다. 이를 적극적으로 수용한 정부와 기관, 기업은 시민 참여와 협력을 스스로에 접목하기 시작했고, 이는 앞으로도 우리 사회의 중요한 변곡점이자 성장점으로 남을 것이다.

특히 우리 사회가 현재 맞닥뜨리는 기후, 글로벌, 경제, 사회, 정치 위기는 시민들의 참여를 비롯해, 참여를 통한 시민의 공감과 협력 없이는 해결할수 없다. 사회적 대화와 협력을 통한 참여와 숙의 민주주의의 실천은 필수적이다. 이태원 참사, 정치 개혁, 공적연금과 고령화, 장애인 이동권 문제 등을비롯하여 기후위기의 극복, 경제위기의 극복, 교육 현장에서의 인권, 노동권등등 빠띠는 다양한 사회적 대화의 장이 이어지도록 공론장과 워킹그룹 사업을 이어가고 있다. 공론장은 시민의 지혜와 경험을 모으는 동시에 시민들이 사회와 동료 시민들에 대한 이해와 공감을 키우는 시민 숙의 공간이고, 워킹그룹(리빙랩 혹은 정책랩)은 시민 스스로 답을 찾아가면서 정부를 비롯한 기관과 협력하는 시민 참여 공간이다.

빠띠는 시민이 제안하면, 시민과 서울시가 함께 토론하고, 서울시가 답변하는 프로세스를 갖춘 서울의 공론장을 컨셉으로 한 '민주주의 서울'을 서울시와 함께 만들었다. 하루 1천6백만 명 이상의 시민이 오가는 도시인 서울이시민들과 협력하는 혁신적인 민주주의 거버넌스를 구성할 수 있을까란 질문을 중심으로 시민의 참여로부터 협력, 자치에 이르는 전 과정을 아우르는 모델과 운영 체계, 로드맵을 만들었다. 그 외에 '광화문1번가 열린소통포럼'을통해 정부와 시민이 함께 정책을 논의하는 장을 운영했다. 빠띠 스스로도 '들썩들썩떠들썩'이란 시민 주도 공론장을 열고 시기별로 꼭 필요한 목소리가발화되고 사회적 대화가 일어나도록 운영하고 있다.

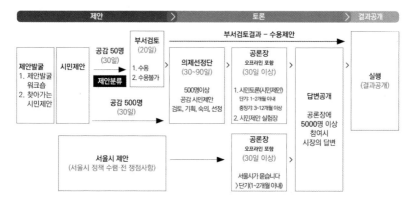

제안 > 토론 > 결과공개

제안발굴
1. 제안발굴 워크숍
2. 찾아가는 시민제안

시민제안

공감 50명 (30일)
제안분류
공감 500명 (30일)

부서검토 (20일)
1. 수용
2. 수용불가

부서검토결과 – 수용제안

의제선정단 (30~90일)
500명이상 공감 시민제안 검토, 기획, 숙의, 선정

공론장
오프라인 포함 (30일 이상)
1. 시민토론(시민제안)
단기 1~2개월 이내
중장기 3~12개월 이상
2. 시민제안 실험장

답변공개
공론장에 5000명 이상 참여시 시장의 답변

실행 (결과공개)

서울시 제안
(서울시 정책 수렴·전 쟁점사항)

공론장
오프라인 포함 (30일 이상)
서울시가 묻습니다
▶단기(1~2개월 이내)

[그림 Ⅱ-3] '민주주의 서울'은 시민과 정부의 제안을 공론화하고 실천에 이르는 과정을 설계하고 운영하는 체계를 구축했다.

워킹그룹을 통해서는 시민 주도로 문제를 해결하며 나아가 정부와 기관과 시민이 공동으로 해결책을 생산하도록 돕는 장을 만든다. 대표적으로는 청년 성평등 문화추진단 프로젝트 '버터나이프크루'[4]와 '그럼에도 우리는'을 통해 청년들이 스스로 성평등 문화 개선을 실천하는 장을 만들었으며, 코로나19가 막 시작될 무렵에는 시민이 활용할 수 있는 공공데이터를 정부가 개방하도록 요청하고, 이 데이터로 앱을 만들거나 분석에 활용하도록 장을 만드는 '코로나19 공공데이터 공동대응'을 구성하여 활동했다. 정부가 보유한 코로나19 관련 데이터를 개방해달라는 요청으로 시작한 코로나19 공공데이터 공동대응은, 마침 마스크 대란이 닥치면서 정부가 곧바로 공적 마스크 재고 데이터를 개방하기로 수용하면서 공적 마스크 앱 개발에도 주도적으로 참여하며, 이후 '코드포코리아'라는 사회 문제를 기술로 도전하는 시민개발자(시빅해커) 그룹으로 발전한다.[5]

2/23	2/24	2/25	2/26	2/27	2/28	2/29
감염병 심각경보	공동대응 제안1차	제안서 작성	제안서 작성 전달	공동대응 제안 2차	공공데이터 제안서 전달	
3/1(일)	3/2(월)	3/3(화)	3/4(수)	3/5(목)	3/6(금)	3/7(토)
제안서 전달	제안서 전달	광화문 1번가 게시	API 개방 계획 확인	공적마스크 정책 발표	API와 앱 동시 개발 시작	API 피드백 개발가이드 서비스 개발
3/8	3/9	3/10	3/11	3/12	3/13	3/14
개발 완료 발포 대기	보완개발 배포 대기	API 및 앱 개발 공표	앱 동시출시	API 서비스 개선	API 서비스 개선	API 서비스 개선

[그림 II-4] 코로나19 공공데이터: 공동대응과 정부는 불과 일주일만에 공적 마스크 앱을 만들었다.

　시민 공론장과 워킹그룹은 구성원들이 사회의 문제에 해결에 참여하면서 동시에 사회를 이해하고 신뢰하며 사회의 일원으로 성장하는 공적 공간이기도 하고 또한 불신과 갈등, 혐오와 차별이 강화되는 문제를 시민 스스로 극복하기 위한 협력의 공간이다. 정보의 공유와 토론을 통한 숙의의 실현, 다양한 이해관계자와 구성원의 참여, 그리고 실질적인 협력과 공동 성공의 경험은 앞으로 우리 사회가 축적해야 할 민주주의의 원칙이자 근간이 될 것이다.

　마지막으로 빠띠는 민주주의 실천에 필요한 디지털 솔루션을 만들고 있다. 기술이 민주주의를 혁신하리라는 전망은 누군가의 손에서 설계와 개발, 시행 착오와 성공의 경험을 통해 실제로 구현되어야 실현된다. 또한 민주주의 혁신은 정치 세력의 교체, 공론장과 공동 창조(co-creation)의 확대 뿐만 아니라, 사회 구성원 각자가 일상에서 만나는 조직, 지역, 관계에서도 일어나야 한다. 정보를 지속적으로 축적하고, 구성원과 투명하게 공유하며, 이해관계자와 제안과 토론, 의사결정을 쉽고 원활하게 하도록 돕는 디지털 민주주의 솔루션의 발전이 필요하다.

　빠띠는 믹스온(https://mixon.io), 카누(https://parti.xyz), 타운홀(https://townhall.kr) 등의 디지털 민주주의 솔루션을 직접 만들고 보급하고 있다. 각각 거버넌스와 공론장, 협력하는 조직과 협력 프로젝트의 운영, 직접적인 참여가 가능한 이벤트와 투표를 위한 솔루션으로, 스스로 조직을 보다 민주적으로 운영하려는 곳들이 필요로 하는 핵심 기능을 쉽고 간편하게 이용할 수 있도록 만들었다. 흥미롭게도 타운홀은 대기업의 기업문화담당자들이 구성원과 소통 방식을 개선하는데 활용되고 있으며 인천시의 주민참여예산 최종투표에도 활용되었다. 카누는 3교대 상황에서 구성원들이 서로 만나기 힘든 환경에서 일하는 조직들이 온라인 협업 도구로 활용한다. 서울시의 공론장인 '민주주의 서울'의 경험을 기반으로 만든 믹스온은 현재 서울 은평구6)를 비롯한 지자체들과 풀뿌리들이 주민참여플랫폼으로 활용하며, 더 나아가 챗GPT를 비롯한 초거대 인공지능이 활성화되는 시대를 대비하여 조직이 스스로의 활동을 직접 정확하게 설명하는 자료를 축적하는 핵심 보유 미디어(owned media)를 쉽게 구축할 수 있도록 비영리와 사회적경제 기관을 대상으로 홈페이지 구축 지원 사업을 펼치고 있다.

다양한 디지털 민주주의 솔루션은 다양한 기관과 조직이 디지털 시대에 시민으로서 목소리를 제대로 내는 도구인 동시에, 더 알고 싶고 이야기하고 싶고 참여하고 싶은 시민의 바램에 기관과 조직이 응답하는데 활용할 수 있는 도구이다. 이는 구성원과 함께 하는 조직 내 민주주의를 비롯하여 주민들과 함께 하는 풀뿌리 민주주의를 꿈꾸는 이들의 꿈이 실현되는데 필요한 디지털 인프라로 활용될 것이며, 빠띠는 우리 사회 곳곳이 민주적으로 소통하고 협력하도록 디지털 기술이 기여함으로써, 일상의 민주주의를 실현할 수 있다고 믿는다.

지금까지 여러 디지털 민주주의의 실천들을 설명했다. 이외에도 디지털 민주주의 혁신이 필요한 영역을 포함해 정리하면 다음과 같다.

디지털 기술을 활용해 만드는 더 많고, 더 나은, 일상의 민주주의

1. 사회가 공통으로 신뢰하는 정보가 투명하게 공개되고 → 정보공개와 공익데이터

2. 누구나 각자 중요하게 여기는 사회 이슈를 가지고 각자의 여건만큼 활동하며 → 이슈 커뮤니티와 시민 실험실

3. 중요한 시기에 중요한 이슈에 모두가 함께 참여하도록 독려하고 → 디지털 캠페인과 액티비즘

4. 참여한 시민들이 서로 신뢰하는 방식을 활용해 공론을 만들고 → 매스미디어, 공론장, 소통과 신뢰의 기술과 데이터, 혐오와 차별을 방지하는 사회적 약속과 기술

5. 공론이 기관의 정책 수립, 법 개정, 예산 조정에 영향을 끼치는 사회 → 시민참여 플랫폼(공론장)

디지털 민주주의 플랫폼을 만드는 사회적 협동조합

대중과 사회가 혁신을 받아들이려면 검증의 과정을 거친다. 또한 기술은 기술을 활용하는 사람의 가치관에 따라 다른 결과와 영향을 끼친다. 그렇다면 디지털 민주주의는 누가 어디에서 만들고 검증하고 발전시키는 것이 적합할까?

빠띠는 사회적경제와 시민사회가 공동체를 위한, 공동체에 의한, 공동체의 민주주의를 실현하기 위해서는 사회적경제와 시민사회가 최적의 환경이라고 판단했다. 스스로도 비영리 사회적 협동조합이자 플랫폼 협동조합이란 정체성을 택했다. 하지만 한국에 있는 대부분의 협동조합에게도 민주주의는 어렵고, 디지털 기술은 낯설다. 또한 안타깝게도 사회적경제 생태계에는 기술 기업이 성장하기 위한 성장 경로도 없고, 대규모 자본을 동원할 방법도

요원하다는 한계가 존재한다.

서두에 언급한 '트위터를 협동조합으로 만들자'는 제안이 낯설다면, 디지털 기술은 주식회사로 대표되는 기업만이 생산하고 보유할 수 있다는 인식이 있기 때문이다. 그러나 플랫폼을 만들고 운영하는 기업의 말끔한 서비스의 뒤편에는 활동과 경험을 통해 직접 만든 컨텐츠와 데이터를 제공하고, 서비스의 질을 높이는데 사용되는 행위 데이터를 제공하고, 심지어 물건을 생산하고 집으로 옮기는 노동 등 사람들의 기여가 존재한다. 한국의 인터넷 서비스는 초기에는 포탈이라 불리며 사람들이 정보를 찾아가는 통로의 역할을 했으나, 이후엔 사람들이 생산하는 더 나은 컨텐츠를 확보하는 경쟁을 벌였다. 플랫폼은 UCC(User Generated Contents)를 확보하는 경쟁에 돌입했고, 이후 컨텐츠 포맷이 긴 글에서 짧은 글로, 글에서 영상으로 변화하는 과정만 달라졌을 뿐 수많은 컨텐츠들은 여전히 사용자들이 생산한다. 사용자들에게 컨텐츠를 추천하는 알고리즘을 만드는데도 다른 사용자들의 방대한 행위 데이터(User Behavior Data)를 활용한다. 플랫폼에는 기술과 자본 만큼이나 사람의 역할이 핵심이다.

디지털 공론장을 비롯한 민주주의 영역에서는 기술로만 풀 수 없는 또 다른 쟁점들이 있다. 민주적 절차는 각 사회나 조직마다 다르게 적용할 수 있기에 절차를 만들어 가는 과정이 중요하다. 투명한 정보 공개와 합의된 절차를 거쳐서 논의와 의사결정을 하는 과정, 그 과정에서 도출된 합의와 양보는 집단을 구성한 사람의 역할이다. 예를 들어 혐오 표현을 인공지능으로 제재하겠다는 인터넷 서비스의 방침이 사회적으로 수용될 수 있으려면, 어떤 표현까지를 우리는 표현의 자유로 보는지와 어느 표현은 용납할 수 없는지를 사회적으로 논의한 역사적 축적이 필요하다. '가짜뉴스'라는 표현으로 오도되는 허위조작정보를 인공지능으로 방지하겠다는 기술도 그 이면에 사회적 합의를 거친 정확한 정보의 축적과 가치 판단과 사실 판단의 차이에 대한 인간의 경험과 판단이 필요하다. 무엇이 바람직한지에 대한 판단은 기계도 개인도 아니고, 집단이 함께 만들어야 집단이 받아들인다.

'루나 사태'를 통해 암호화폐 위주의 발전을 거듭해왔음을 드러낸 블록체인도 권한을 분산하는 디지털 민주주의의 혁신으로 스스로를 설명하지만, 기술이 아닌 사회적인 관점에서 들여다 본다면 다수의 분산화되고 자동화된 의사결정이 1인 1표가 아니라는 점, 디지털 생산물에 소유자를 명시하는 기술이 초기산업혁명을 촉발시킨 인클로저 운동을 연상시킨다는 점 등 도입을 하기 전에 검토해야 할 사항들이 적지 않음을 발견할 수 있다. 챗GPT로 대중에게 성큼 다가온 거대 인공지능 역시 기술 자체의 발전보다는 막대한 서버를 도입할 수 있는 자본력에 사용자들이 기여한 데이터의 방대한 축적, 즉 빅데이터가 결합해 낳은 혁신이다. 인간의 노동과 기여가 낳은 혁신임에도, 기여에 참여한 인간들은 최종 기술에서 더욱 소외된 채 거대인공지능의 결과를 조금씩 개선하는데 필요한 스몰 데이터를 제공하는 데이터 수집상으로서 노동이 변화해갈지도 모른다. 새롭게 등장하는 기술 혁신은 노동의 바람직한 변화에 대한 사회적경제와 시민사회의 깊은 이해와 함께 깊은 검토와 보다 공동체의 가치를 담은 대안이 필요한 상황이다.

정보 기술과 관련해서는 사회적경제와 시민사회는 더 심각한 위기를 직면하고 있다. 디지털 사회에서는 정확한 정보에 앞서 노출되는 정보가 더 큰 영향력을 갖는데, 지난 인터넷 시기를 겪어오는 동안 사회적경제와 시민사회의 여러 단체들은 꾸준하고 치열하게 스스로의 활동의 결과를 설명하는 정보를 축적해 오지 못했다. 그 상황에서 2차, 3차 해석이 가미된 정보들에도 충분히 개입하지 못했다. 대중이 사용하는 나무위키에서 시민사회단체란 항목을 열어보면 지식의 시대에 스스로를 설명하고 정의하는데 실패한 결과를 확인할 수 있다. 그리고 이 데이터는 가치판단없이 진실 혹은 사실로 여겨지는 빅데이터 속 작은 데이터 하나로 활용될 상황에 놓여 있다.

그렇기에 사회적 관점을 가진 사회적경제와 시민사회가 기술 혁신에 참여하고 기여해야 한다. 포용과 협동, 공공재와 공공성의 가치를 기술 혁신과 함께 실현하기 위해서도 그러하고, 공동체에 대한 가치관 없이 쏟아져나오는 기술에 대응하기 위해서도 그러하다. 거대 플랫폼과 거대 인공지능의 뒤편에 놓인 인간의 노동과 역할에 집중하고, 기술 발전 뒤에 숨겨진 소수의 판단에 다양한 사회적 합의가 반영되도록 목소리를 내고, 스스로 역시도 기술에 대한 깊은 이해와 함께 공동체를 위한 기술 발전을 주도해야 한다. 기술혁신에 필요한 충분한 자본을 확보하고, 플랫폼을 운영하는 협동조합을 육성하고 성장하고 공동체로 다시 엑시트하는 성장 경로 또한 필요하다.

빠띠가 디지털 민주주의 플랫폼을 만드는 사회적 협동조합을 만들듯이, 앞으로 더 많은 사회적경제 서비스를 디지털화하고, 시민들이 즐겨 사용하는 서비스들을 사회적 가치를 추구하도록 전환하는 노력이 필요하다. 당장에는 거대인공지능을 보유한 기업은 자신들이 제공하는 인공지능 서비스가 더 정확하면서도 차별화된 답을 내어놓도록 크고 작은 데이터를 독점적으로 보유하려 할텐데, 이에 앞서서 공동체의 구성원이라면 누구나 접근할 수 있고 사용할 수 있는 열린 기술과 열린 데이터를 확장하도록 시민 스스로 그리고 정부가 역할하도록 만드는 과제가 놓여있다. 혹은 기업이나 정부가 만들 수 없는 데이터를 생산하거나, 보다 윤리적이고 지속가능한 방식으로 데이터를 생산하고 관리하는 협동조합도 가능할 것이다.

실질적으로 실천하기 전의 디지털 민주주의 역시 자율과 협력에 기반한 협동조합이 직접 만들고 실험할 수 있다. 바람직한 민주주의를 공동체로서의 가치를 실현하고, 공동체를 운영하는 원리로서 바라본다면 그렇다. 사회적경제가 민주주의 실험실로서 역할하며 사회 구성원들이 모두를 위한 민주주의 혁신을 수용하도록 기여한다면 어떨까. "협동조합은 민주적이기 때문에 사업으로서는 부적합하다"라는 인식을 깨고, "이러이러한 조건에서는 협동조합에서 실천한 민주적 방식이 더 지속가능한 사업에 유용함"을 증명하는 등 사회적경제와 시민사회가 모두를 위한 모두의 사회가 되는데 필요한 여러 혁신의 발생지가 되지 않을까.

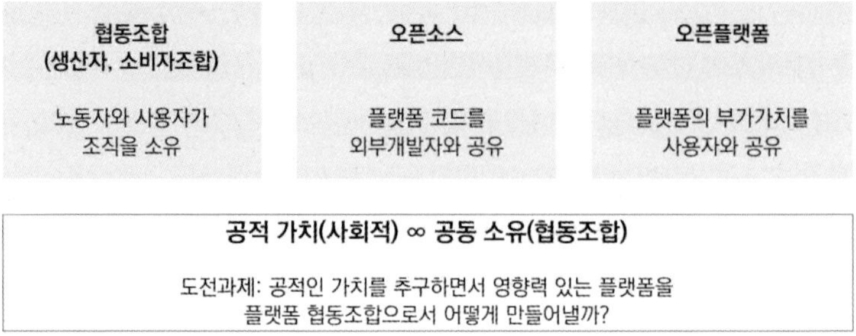

협동조합 (생산자, 소비자조합)	오픈소스	오픈플랫폼
노동자와 사용자가 조직을 소유	플랫폼 코드를 외부개발자와 공유	플랫폼의 부가가치를 사용자와 공유

공적 가치(사회적) ∞ 공동 소유(협동조합)

도전과제: 공적인 가치를 추구하면서 영향력 있는 플랫폼을
플랫폼 협동조합으로서 어떻게 만들어낼까?

[그림 II-5] 사회적 협동조합으로서의 빠띠의 정체성

요약하자면 기술은 더욱 더 민주화되어야 하고, 디지털 서비스 역시 공공성이 강화되어야 한다. 이를 위해 우리가 돌아보아야 할 원칙은 다음과 같고, 이 원칙들은 사회적경제와 시민사회의 가치에서 실행하기에 적합하다.

민주주의와 함께 기술이 발전하기 위한 6가지 원칙

1. 누구나 쉽게 접근하고 사용할 수 있는 기술 개발
2. 정부 및 기업 데이터를 모두가 활용할 수 있도록 개방하고 공유
3. 특별한 소수가 아닌 평범한 다수를 위한 플랫폼 서비스 제작
4. 플랫폼에 가치를 더하는 사람들을 플랫폼 운영 및 소유에 참여 유도
5. 사회에 막대한 영향을 끼치는 기술의 작동 원리를 투명하게 공개하고 주요 정책을 시민과 함께 결정
6. 코딩 등의 교육을 넘어 시민 누구나 기술을 이해하고 비판할 수 있는 역량을 갖추도록 교육

결론

우리는 기후, 글로벌, 경제, 사회 위기를 실감하고 있다. 이런 상황에서

희망을 찾아 나서기 위해서는 공동체로서의 정체성을 다시 세우고, 우리가 함께 이 문제를 해결한다는 신뢰가 절실하다. 하지만 애석하게도 우리 사회는 개인들이 각자도생과 경쟁에 내몰리고, 경쟁이 심해질수록 혐오와 갈등의 골이 깊어지며, 정치인들은 이 상황을 악용하며 국민들을 갈라치며 갈등을 심화하고 있다. 한국 사회가 당면한 위기 해결의 출발점에 서기 위해서는, 갈등을 극복하고 공동체성을 회복해야 하고, 이에는 사회적경제와 시민사회의 역할이 절실하다. 이러한 공동체라는 인식의 기반 위에서야 자율과 포용, 연대와 협력에 기반한 우리다운 민주주의를 실현할 수 있을 것이고, 디지털 기술 역시 사회의 민주적 기반과 공동체의 가치 위에서만 모두를 위해서 활용할 수 있을 것이다.

　디지털 기술이 모든 혁신을 삼켜버리는 시기에, 역설적으로 민주주의와 공동체의 가치의 확립과 이 민주주의와 공동체의 가치를 실현하는 기술이 절실하다. 사회적경제가 모두를 포용하는 가치에 기반해 사회 발전의 방향을 제시하고, 자율, 포용, 신뢰, 협력의 모델을 제시하며, 디지털 기술이 나아갈 바도 선제적으로 제시하는 역량과 기반을 확보하기를 기대한다. 시간이 많이 남지 않았다.

1) 김현대, "트위터를 협동조합으로!", 2017.12.4. 『한거레21』, 1190호, https://h21.hani.co.kr/arti/cover/cover_general/44554.html

2) 한국의 시민 참여 미디어 플랫폼은 2000년대 후반 광우병 시위 및 경제 위기 관련 논쟁이 심화되는 과정에서 강화되는 인터넷 규제, 여러 영향 공작(influence operations)에 노출되면서 자율과 성장의 모멘텀을 잃고 위축의 시기로 들어선다. 이후 스마트폰의 보급과 함께 소셜 미디어가 확산되고, 메신저와 동영상 서비스의 영향력이 확대되면서, 기업이 정치사회적 리스크를 감수하면서까지 미디어 플랫폼에 투자할 만한 가치는 점점 줄어든다. '다음 아고라'는 청와대 국민청원이 도입된 후에 서비스를 중단하였고, 청와대 국민청원은 정권이 바뀌면서 국민제안으로 바뀐다.

3) 2022년 한해, 166건의 캠페인을 통해 148,026건의 서명, 37,507건의 댓글 등 총 185,533건의 참여가 일어났다. 정의기억연대의 일본군 피해자 명예훼손 저지 서명 캠페인은 7,221명의 시민이 참여하고, 이어진 위안부피해자법 개정 촉구 캠페인은 시민 2,540명의 참여와 함께 국회의원 39명이 답변했다. 카라의 '번식장 폐쇄 캠페인 41,385명, 페미니스트 주권자 행동 캠페인 29,512명, 버터나이프크루 정상화 캠페인 14,936명, 민언련의 TBS 조례 폐지안 철회 캠페인 6,536명, 참여연대의 대통령실 이전 감사 촉구 캠페인 5,587명 등, 이슈별로 다양한 캠페인에 시민들이 상당수 참여했다.

4) '버터나이프크루'는 여성가족부가 2019년부터 '청년 성평등 문화추진단'이란 이름으로 추진해온 시민 주도형 프로젝트 지원 사업으로 매년 100여명 이상의 청년들이 성평등의 중요성을 알리고, 이에 맞는 정책을 제안하며, 실생활에서 자발적으로 20개의 팀과 프로젝트를 만들어 활동하는 것을 지원하는 사업이었다. 2022년 출범식 직후, 여가부의 사업 중단 요청으로 중단되었고, 이후 빠띠는 2022년 지원팀과 함께 '그럼에도 우리는'이란 이름으로 자체적으로 사업을 이어간다.

5) 코로나19공공데이터 공동대응이 공적 마스크 앱을 제안하고 개발하고 이후 코드포코리아로 발전하는 과정은 공적마스크에 관한 백서 「모두가 함께 한 공적마스크 이야기」에서 확인할 수 있다. https://mask.codefor.kr

6) 은평구의 주민참여플랫폼인 참여의큰숲은 제안, 토론, 투표, 실행 등의 기본 시민참여플랫폼 구조에 더하여, 주민자치회를 그룹의 형태로 온라인에서 함께 운영한다. 웹주소는 다음과 같다. https://epforest.kr/

7장

사람중심 금융을 향해
자조금융과 사회연대금융의 실천과 전망

장지연

한때 일하던 곳에서 무리하게 추진하던 일로 곤경에 처했을 때 선뜻 돕겠다고 나선 이가 있었다. 그가 한 번은 이런 말을 했다. "왜 여기서는 항상 모든 일이 끝날 때가 되어야 그 일을 어떻게 해야 했는지 알게 되는 걸까요." 당시 우리의 의욕이 역량을 넘어 이글거렸기 때문이기도 하지만, 좀 더 차분한 설명은 일이라는 게 관련된 사람과 조직들이 어떻게 움직이느냐에 따라 무수하게 다른 방향으로 흘러가기 마련이어서 실제 시작이 되어야만 알 수 있는 경우가 있는데, 당시 그곳의 일들이 유독 그런 면이 많았다는 게 이유가 되지 않을까.

그 시절 여러 물줄기가 모여들어 소용돌이치는 가운데 우리는 장기적 관점으로 서로를 바라보지 못했고, 매번 일이 끝날 때쯤에야 그 일의 맥락이 제대로 보이기 시작하는 것을 낭패로만 여겼다. 하지만 앞뒤가 바뀐 듯 보이는 일들이 사실은 이례적인 게 아니라 빈번히 만나는 현실이라면, 게다가 사회적경제는 기존 관행에서 벗어나 뭔가를 새로운 방식으로 만들어 가야 하는 거라면, 이런 상황에 좀 더 의연해질 필요가 있다.

개별적 낭패감을 집단적 학습의 기회로 만들려면, 일이 끝나는 단계에서 알게 된 것, 혹은 알게 되었다고 여겨지는 것을 정리해 두어야 한다. 이 글에서는 사회적 금융 활성화 정책이 시행되는 동안, 이와 밀접하게 연관되어 탄생한 민간 비영리기관에서 관찰하고 경험한 것을 회고하고, 앞으로 과제를 이야기해 보려 한다.

사회적 금융 활성화 정책 회고

2021년 국내 사회적경제 금융 공급액은 약 6,500억 원으로 추정되는데, 이는 2017년 약 900억 원에서 시작해 최근 4년간 연평균 64%씩 성장한 수치이다. 이런 변화는 정부가 2018년부터 시행한 "사회적 금융 활성화 정책"(이하 활성화 정책)으로 인한 것이다.

정부의 자체 평가

2018년 초 사회적 금융 활성화 정책 발표 당시 정부는 한국의 사회적 금융이 "정부·공공 재원을 중심으로 기존 중소기업·서민 정책금융 지원체계 내에서 수행 중"이라고 진단하며, ① 사회적 금융 시장조성과 ② 사회적 금융 공급 확대를 동시에 추진하겠다고 밝혔다.[1] 4년 뒤 2021년 말, 금융위원회는 보고서를 통해 그간의 추진 내역을 평가하며, 활성화 정책 시행으로 사회적 금융 공급액이 증가하였으나 공공부문 위주로 이루어져 민간 참여를 활성화할 필요가 있다고 진단했다.[2]

활성화 정책은 자금공급 확대 측면에서 효과를 거두었으나, 중개기관 육성이나 사회적 투자자 개발 등 생태계 조성 측면에서는 성과가 미미하여 '18

년 계획수립 당시 정부가 진단한 상태에서 질적으로 크게 달라지지 않았다. 그러나 사회적 금융 자금공급이 가시적으로 늘어나면서 많은 사회적경제 조직들이 금융지원의 효과를 경험하게 되었고, 기존 사회적경제 지원정책의 변화 필요성을 절감하기 시작했다.

자금공급은 어떻게 확대될 수 있었나?

사회적경제 조직에 대한 자금공급이 단기간에 확대될 수 있었던 것은, 사회적기업과 협동조합이 각각 2012년과 2014년에 「중소기업기본법」 개정으로 중소기업자 지위를 획득했기 때문이다. 정부는 이를 토대로 별도의 법 제정 없이도 기존의 정책금융 인프라를 사회적경제 조직 대상으로 빠르게 가동할 수 있었다. ▶중소기업·소상공인 정책금융 접근성 제고, ▶공공기관 보증 확대로 시중은행 대출 활성화, ▶모태펀드 출자로 임팩트 펀드 결성 촉진, ▶사회적 금융 협의회를 통한 관계기관 조율 등이 실제 자금공급을 증가시킨 주요 수단이다.

[표 II-1] 사회적 금융 활성화 정책 자금공급 확대 수단

1. 중기·소상공인 지원기관 예산 할당제 시행으로 접근성 향상
   - 중소벤처기업진흥공단, 소상공인시장진흥공단 대출사업 예산의 일부를 사회적경제 기업에 할당하도록 하고, 사회적 금융 협의회에서 실적 모니터링 ('18년 417억 → '21년 1,063억원)
   - 사회적기업과 협동조합은 각각 '12년과 '14년에 중소기업기본법 개정을 통해 중소기업자 지위를 획득하여 이 지원을 받을 수 있었으나, 이전에는 이용이 활발하지 않았음
   - 공공기관이 스스로 목표를 정하게 하고 이행 실적을 모니터링함으로써, 기존 정책에 대한 접근성을 높여 추가적인 예산 투입 없이 사회적경제 조직에 대한 자금 공급 확대

2. 사회적경제 조직에 대한 공공기관 보증 확대로 시중은행 대출 증가
   - (정부 보증) 신용보증기금 등 보증을 제공하는 공공기관의 사회적경제 특례보증 확대로 시중 은행의 사회적경제 기업 대출 증가 (은행권 대출잔액 '18년 5,374억 → '21년 1조 2,612억원)
   - (은행연합회 사회적 금융 활성화 모범규준 제정) '18년 12월, 은행연합회는 '사회적 금융 활성화 모범 규준'을 제정해 회원사에 제시3)
   - (신용정보원 내 사회적경제 기업 DB 구축) '19년 9월, 민간 금융기관 등이 사회적경제 기업 현황 및 금융지원 내역 등 정보를 공유/활용하도록 신용정보원 내 사회적경제 기업 DB 구축

3. 정부 모태펀드를 통한 소셜 임팩트펀드 결성 촉진
   - 정부가 출자하는 '모태펀드'를 통해 벤처기업 투자 펀드 결성을 촉진하던 정책을 활용해, 소셜 벤처에 투자하는 '소셜 임팩트 펀드' 결성 지원 ('21년 누적 결성액 3,114억)

   > **[중소벤처기업부, 벤처기업의 한 유형으로 소셜벤처 포괄, 임팩트 펀드 결성 지원]**
   > · 2018.5월, 중소벤처기업부, 「소셜벤처 활성화 방안」 발표
   >   - 소셜벤처의 창업, 기술개발, 투자, 보증 등을 지원
   > · 2018.5월~, 모태펀드 공급을 통한 소셜 임팩트 펀드 결성 지원
   >   - 벤처투자 촉진 위해 정부가 출자하는 모태펀드 일부를 '소셜임팩트 펀드' 결성에 할당
   > · 2019.1월, '소셜벤처 판별 기준 마련, 소셜임팩트펀드 운용 및 임팩트보증에 활용
   >   - 사회성과 혁신성장성 2가지 측면 평가 기준 마련
   > · 2021.7월, 「벤처기업육성법」을 개정해 벤처기업의 범주에 소셜벤처 포함
   >   - 소셜벤처를 사회적 가치와 경제적 가치를 통합적으로 추구하는 기업으로 정의

4. 서민금융기관 비영리 조직 통한 사회적경제 기업 대출예산 증액
   - 신용도가 낮은 서민을 대상으로 정책자금을 대출하는 서민금융진흥원의 '사회적경제 기업 대출 사업' 예산 확대 ('16년 9.5억 → '21년 80억)
   - 서민금융진흥원은 개인대출 중심으로 운영되는데, '자활지원' 목적으로 민간 비영리 조직을 통해 취약계층 고용 및 사회서비스를 제공하는 기업에게 자금을 대출하는 사업 일부 시행
   - 이 사업 예산을 확대하여 자금을 공급하였고, 특히 비수도권 지역에 소재한 중개기관을 신규 발굴해 비수도권 자금공급 요구에 대응

5. 관계기관이 참여하는 '사회적 금융 협의회' 가동, 실행력 제고
   - 대출, 보증, 투자 관련 정책금융기관과 관련 부처, 은행연합회 등 주요 민간 금융기관이 참여하는 '사회적 금융 협의회'를 구성해 연도별 계획수립/조율, 인프라/제도개선 확산, 애로사항 해소 등으로 정책 실행력 제고

   > **[금융위원회 주관 '사회적 금융 협의회' 구성/운영]**
   > · '18년 초 「사회적 금융 활성화 정책」 이행 상황을 점검하고 제도개선 등을 협의하기 위해 구성, '21년말까지 운영 ☞ 지속적인 모니터링/보완으로 정책 실행력 제고
   > · (정부 부처) 금융위원회, 기획재정부, 중소벤처기업부
   > · (주요 금융기관) 금융감독원, 은행연합회, 신용정보원
   > · (공공 기관) 서민금융진흥원, 신용보증기금, 중소벤처기업진흥공단, 소상공인시장진흥공단, 지역신용보증재단, 기술보증기금, 한국벤처투자, 한국사회적기업진흥원
   > · (기타 금융기관) 신협 중앙회, 농협 중앙회, 새마을금고 중앙회, 한국성장금융

활성화 정책은 사회적경제 특성을 고려한 지원 인프라를 새롭게 구축하기보다 기존 인프라를 활용하는 방식으로 전개되었다. 그 과정에서 임팩트 투자를 지분투자로 협소하게 해석해 벤처투자조합에 거의 전적으로 의존하게 되면서, 기존 영리기업과 뚜렷이 구별되는 특징을 드러내는 조직들부터 차례차례 자금공급의 사각지대로 밀려나게 되었다. 민주적 거버넌스를 지향하며 1인 1표 방식의 의결구조를 채택한 협동조합 등 결사체 조직, 배분가능한 이익의 2/3 이상을 사회적으로 재투자해야 하는 인증 사회적기업이 그들이다.

생태계 조성 정책은 무엇을 남겼나?

정부는 영국, 미국 등 사회투자 관련 정책을 먼저 실행한 나라의 사례를 참고해, ①사회가치기금 조성, ②중개기관 육성, ③민간투자자·금융기관 참여 확대를 추진함으로써 시장조성을 지원하겠다고 밝혔다. 그러나 이 계획은 첫 스텝인 사회가치기금 조성 단계에서 멈춰 섰는데, 이유는 활성화 방안에 명시되어 있듯 정부 재정출연의 근거가 되는 「사회적경제 기본법」(이하 기본법)이 마련되지 않았기 때문이다.

2019년 출범한 한국사회가치연대기금은 당초 계획의 1/10 수준이지만 281억 원의 민간 출연금으로 ▶사회적 금융을 주업으로 하는 중개기관에 선별적으로 자금을 공급하고 ▶사회적경제 영역의 숙원사업 실현에 집중하며 사회적 금융의 효과성을 입증하려 했다. 법령에 근거한 조직은 아니지만 정책적으로 부여된 역할에 걸맞게 이사회 구성 원리에 이해관계자 포괄 원칙을 적용하고, 정관상 임원의 임기를 1회 연임으로 제한하였으며, 공공기관 수준의 경영공시를 이행하는 등 공공성 있는 조직 정체성을 유지하기 위해 노력했으나 제도기반 없이 신생 조직이 기금을 조성하는 과정은 순탄치 않았다. 이런 지지부진함은 "민관 협력 방식의 도매기금 모델"에 대한 의구심으로 번지면서 당사자 조직들이 좀 더 자주적으로 만들어 가는 사회적 금융

기관에 대한 열망으로 2021년 '사회연대신협'이 추진되기도 하였다.

이런 가운데서도 사회적 금융 기관들은 활발히 사업을 펼쳐 나갔는데, 비영리 대출펀드 운영기관, 액셀러레이터, VC, 자산운용사, P2P/크라우드펀딩 플랫폼, SIB 운영기관, 신협 등 이들의 활동 방식과 형태는 다양하다. 사회적 금융 중개기관은 갑자기 등장한 것이 아니라, 사회적경제 지원기관, 임팩트 비즈니스 컨설팅 기관 등이 활성화 정책 시행 기간에 관련 활동 비중을 높이고 때마침 문턱이 낮아진 금융 라이선스를 취득하면서 두드러지게 된 것이다. 이들은 사회적 금융 생태계에 인재를 유입시키고 다양한 사례를 만들어 내면서 사회적경제 전반에 역동성을 불어 넣었다.

현재 중개기관들은 새로운 앵커 투자자와 현장을 찾아 각자 자리에서 조용하지만 치열하게 길을 모색하고 있다. ESG 연계, 소상공인 지원, 사회서비스 투자, 노동 공제, 풀뿌리 지역기금 등 이들이 찾아내는 하나하나의 길은 앞으로 사회적경제가 보다 보편적인 차원으로 나아가려 할 때 구체적인 생각의 실마리가 되어 줄 것이다.

남은 과제

기본법이 제정되지 않은 채 지난 정부 활성화 정책이 종료되었기 때문에 향후 정책의 연속성은 불확실한 상태이다. 당장은 그간 효과가 확인된 사업들을 지속시킬 방안이 필요한데, 이는 소셜임팩트펀드 사례처럼 관계 법령 개정을 통해 추진할 수 있다. 중기부는 2021년 7월 「벤처기업육성법」을 개정해 벤처기업 범주에 소셜벤처를 포함시키고, 이를 위한 기술보증 및 투자지원 근거를 마련했다.

「사회적기업육성법」과 「신용보증기금법」 개정으로 사회적기업 특례보증에 관한 법적 근거를 마련하고, 「중소기업진흥법」에 '사회적경제 기업에 대한 지원' 조항을 신설해 중소기업 정책금융 체계 안에서 좀 더 밀착된 지원을 받을 수 있도록 하는 방안이 있다. 「서민금융법」 개정으로 서민금융진흥원의 사회적경제 기업 융자지원 사업이 안정적으로 유지되게 하는 것도 필요하다.

[표 II-2] 자금공급 수단별 관련근거 마련 방안

구분	관련 근거 마련 (안)
정부보증 통한 금융기관 접근성 제고	「사회적기업육성법」과 「신용보증기금법」 개정으로 사회적기업 특례보증에 관한 법적 근거 마련
사업예산 할당으로 중소기업 정책자금 접근성 제고	「중소기업진흥법」에 '사회적기업에 대한 지원', 또는 '사회적경제 기업에 대한 지원' 조항 신설
서민금융 연계, 사각지대 대응	「서민금융법」 개정으로 휴면예금을 활용한 사회적기업에 대한 지원근거 마련

「사회적경제 기본법」이 없어 추진하지 못한 일들은 「사회적기업 육성법」 개정으로 제한적인 범위에서나마 도모해 나갈 수 있다. 한국사회적기업중앙협의회의 법정 단체화가 추진된다면 협의회의 사업내용에 공제사업을 포함시키고, 사회적기업 공제사업에 연대금융을 향한 열망을 일부 담아 볼 수 있을 것이다.[4] 참고로 중소기업중앙회의 '노란우산공제'는 정부 재정지원은 없지만 「중소기업 협동조합법」에 근거를 두고 법정 공제로 운영되고 있다.

현장의 변화

2021년 말 정기국회에서 사회적경제 기본법 제정이 또다시 표류하면서, 도매기금을 조성해 사회적 금융 생태계를 활성화한다는 계획은 더 이상 유효하지 않게 되었다. 크고 흐릿한 말들이 사라지고 안개가 걷히니, 작지만 확실한 신호들이 잡히기 시작했다.

민간이 주도하는 지역기금의 등장 - 재단법인 대구사회가치금융

2022년 5월, '가치가 담보, 관계가 신용'을 기치로 재단법인 대구사회가치금융이 설립되었다. 대구사회가치금융은 지역의 사회적경제 조직들이 출연한 1억 5천만 원을 근간으로, 회원기관이 참여하는 공제사업을 통해 월납 형식으로 기금을 축적해 가는 구조를 갖추고 출발하였다.

또한, 대구의 사회적경제 주체들은 지난 몇 년간 지역 공공기관들의 참여로 소셜크라우드펀딩 융자, 코로나19 소상공인 대출 등에 7.9억원의 자금을 마련해 집행했는데, 이 자금이 상환되는 대로 대구사회가치금융에 단계적으로 편입시켜 활용한다는 계획이다. 현재 한국사회가치연대기금 매칭재원을 포함해 잠재적 가용재원 규모는 10억원을 넘어섰다. 대구사회가치금융의 사업 내용은 회원기관 대출, 종사자 대상 무이자 대출, 소상공인 & 사회적경제 기업 소액대출 등이다.

재단법인 대구사회가치금융의 출범은 갑작스러운 듯 보이지만, 지역 안의 작은 성공이 꾸준히 축적되어 나타난 현상이다. 대구사회적기업지원센터를 운영하는 (사)커뮤니티와경제는 대구사회적기업협의회와 함께 2015년부터 매년 지역 기업과 방송사, 공공기관 등의 참여로 펀딩기금을 조성해 무이자 대출 방식으로 지원하는 사업을 해 왔다.[5] (사)대구동구사회적기업협의회는 재단법인 밴드와 함께 2017년부터 지역기금 운영을 위한 준비작업을 거쳐 2019년 '대구동구우애기금'이라는 지역 자조기금을 출범시켰다.

이는 장기적 전망을 갖고 스스로 필요한 것을 만들어 내겠다는 열망으로 지역 내 사회적경제 주체들이 일관되게 협력한 결과이다.

[그림 II-6] 대구사회적기업지원센터를 운영하는 (사)커뮤니티와 경제는 2015년부터 2021년까지 대구사회적기업협의회와 함께 매년 소셜크라우드펀딩대회를 개최하였다. 지역 공공기관 및 후원기업 참여로 펀딩기금을 조성해 시민투자자와 전문가의 의견으로 선정된 3~4개 프로젝트에 2~3천만원의 자금을 무이자 대출하는 사업이다. 커뮤니티와 경제 제공.

[그림 II-7] 대구동구사회적경제협의회는 재단법인 밴드와 협력해 2019년 12월 '동구우애기금'을 출범시켰다. 출범 직후 코로나19가 확산되면서 대구는 긴급 재난지역으로 선포되었고, 동구우애기금은 제도권 금융에 접근하기 어려운 기업들에게 소중한 버팀목이 되었다. 재단법인 밴드 제공.

서민금융생활지원사업을 계기로 역량과 신뢰를 쌓아 출범한 '제주고팡'

(사)제주사회적경제네트워크(이하 제주사경넷)는 2022년 6월 제주사회연대기금 '제주고팡'을 출범시켰다. 제주고팡은 사회적경제 조직의 경영안정성 제고를 위해 지역 내 30여 개 사회적경제 조직이 1억 3천만 원을 십시일반 모아 조성한 기금이다. 제주고팡은 회원사를 대상으로 사업을 시작하되 점차 지역 내 비영리단체와 공공기관의 참여를 유도하여 연대를 확장한다는 계획이다.

제주사경넷의 첫 번째 사회적 금융 사업은 2018년에 시작한 서민금융진흥원의 '서민금융생활지원사업'이었다. 제주사경센터 운영기관이기도 한 제주사경넷은 외부 재원을 활용한 사회적 금융 사업을 수행하는 과정에서 내부 직원 역량 강화, 전문기관 협업을 통한 업무 프로세스 구축 등 질적 성장을 이루었고, 그 과정에서 자금 운용에 대한 신뢰가 형성되어 제주사회연대기금 '제주고팡'까지 이어지게 되었다.

자조기금 조성 논의가 촉발된 것은 코로나19 기간이었다. 재난 상황임에도 서민금융진흥원 사업의 제약이 상당하여 제주사경넷은 현장의 필요에 반응할 수 있는 유연한 자금의 필요성을 절감하게 되었다. 2019~2022년 융자사업 운영 결과 도 내 기업의 책임있는 상환 실적이 확인된 것도 자조기금 출범에 도움이 되었다.

[표 II-3] 제주사경넷 서민금융생활지원사업 실행을 위한 역량개발 과정

단계	내용
STEP 01. 설득	· 서민금융진흥원 대출지원 사업신청을 위한 이사회 설득 (2개월) · 사업 실행능력 검증을 위해 (재)한국사회투자 집중교육(컨설팅) 수진 · 사업수행 전 재무평가, 심사지표, 업무수행 세칙 등의 제반사항을 갖추고 이사회에 사업실행 승인 득 (5개월)
STEP 02. 실증	· 비플러스와 협업을 통해 융자실무 컨설팅 · 신용평가기관과 약 1년 반 융자실사 동행 · 3년 간 47개 도내 사회적경제 기업을 심사하여 역량 축적

단계	내용
	· 문제가 발생하는 숫자만큼 다시 성장
STEP 03. 진보	· 서민금융진흥원 사업 5년차, 네트워크 내부에서 자조기금 조성 필요성 관련 논의 개시 · 사회적 금융TF를 포함한 자조금융TF 조직 · 사회적 금융 업무 수행 내부 매뉴얼 제작 (실무자 확장)

*출처: 문성식, "자조기금 운영사례: 제주 외부재원 조달을 통한 자조기금 조성전략", 2022년 대구 「사회적 금융포럼 자료집」. 2022. 10. 25

자원의 혼합으로 임팩트를 높여가는 강원사회적경제연대기금

(사)강원사회적경제연대는 2022년 5월 강원도사회적경제지원센터, 재단법인 밴드와 업무협약을 체결하고 공제방식의 자조기금 조성을 추진하여 3개월만에 1억원을 조성하였다. 강원도는 여기에 1억원의 보조금을 지원하였고, 공제운영 실무위탁기관인 재단법인 밴드가 1억원을 추가 매칭해 3억원 규모의 강원사회적경제연대기금을 조성하고, 도내 사회적경제 기업을 위한 대출 사업을 시작했다.

이듬해인 2023년 4월, 강원랜드 사회공헌재단이 대출사업에 필요한 자금 3억원과 이자지원사업 기금 3천만원을 (사)강원사회적경제연대에 위탁하기로 하면서 기금 규모는 2배 이상으로 늘어나게 되었다. 강원사회적경제연대는 공제회원 확대를 통해 빠른 시일 내에 기금 규모를 10억원 이상으로 키우고 지역 내 사회적 금융 전문기관 설립을 추진한다는 계획이다.

[그림 Ⅱ-8] 강원사회적경제연대기금 조성 및 성장 추이

그동안 지역 기반 사회적경제 기금은 대개 민간 지원기관들이 지자체 기금을 주요 재원으로 하여 기업 CSR 자금이나 자조 기금을 일부 매칭해 운영하는 방식으로 만들어져 왔다. 그러나 대구, 제주, 강원은 관련한 지자체 기금이 설치되지 않았고, 전망도 불투명한 곳이다. 그런 곳에서 민간 주체들은 지역 금융의 비전을 함께 나누며 오랜 시간 학습과 탐색, 실험과 토론의 과정을 거쳐, 사회적경제 인프라의 위축이 예상되는 시기에 과감히 첫발을 뗀 것이다.

자조 기금을 기반으로 하는 사회적경제 기금은 다양한 자원을 혼합해 운용한다는 점에서 지자체 기금을 중심으로 하는 지역 기금과 유사하지만, 사업의 내용을 민간이 주도할 수 있어서 효과성이 높고, 스스로 역량을 축적해 가며 속도나 규모를 조절할 수 있다는 면에서 초기 규모는 상대적으로 작아도 지속가능성이 높고 대안 금융으로서 가치를 가진다.

민간이 주도하는 사회적 금융은 공공의 자원을 두고 서로가 분절적으로 경합하는 방식을 넘어 어려움 앞에서 연대하고 성장의 기회를 함께 만들어내는 방향으로 나아가고 있다.

[그림 Ⅱ-9] 강원, 경남, 광주, 대구, 전북, 제주 등 지역에서 사회적 금융 사업을 추진하는 조직들은 2022년 7월 사회적경제박람회가 열리는 경주에서 만나 각자의 활동 현황과 계획을 공유하고, 조금씩 다른 경험으로부터 서로가 배우며 지역 기반 사회적 금융 생태계의 꿈을 나누었다. 사회적 금융 지역 거점기관 간담회. 2022. 7. 8, 경주.

[그림 II-10] 2022년 11월, iN라이프케어 이종협동조합연합회, 노동공제연합 풀빵, 공익활동가 사회적협동조합 동행 등 13개 단체가 참여한 '사회연대공제를 위한 협동조합기본법 개정 추진단'이 발족했다. 추진단은 협동조합 공제를 조합원까지 확대할 것을 촉구하고 있다. 협동조합기본법 개정 추진단 제공.

어떤 노력이 필요할까

사회적 금융이 탄탄하게 성장한 미래를 상상해 보면, 이제까지 적은 내용들은 모두 전사(前史)에 불과할지 모른다. 우리의 미래가 그런 모습으로 그려지기를 희망하며, 자조금융과 사회연대금융의 흐름을 강화하고 크게 만들려면 무엇이 필요할지 짚어보자.

지역의 역량 강화 - 전문인력 양성, 지원인프라 활용

십여 년 전만 해도 사회적경제가 지역을 기반으로 지원과 협력 체계를 갖추어야 한다는 주장은 아름답지만 구체성이 부족한 말이었다. 그러나 이제는 이 말에 동의하지 않는 사람을 찾기 어려울 정도로 사회적경제는 지역사회를 기반으로 성장하고 있다. 반면 사회적 금융은 아직 지역을 기반으로 전개되는 틀을 갖추지 못했다.

최근 지역의 사회적경제 지원조직과 협의체 조직 안에 사회적 금융을 다루는 인력들이 생겨나고 있다. 이들의 역량 강화를 도울 체계적인 프로그램을 마련하고, 사회적경제 지원 인프라에 접목할 다양한 금융지원 모듈 개발이 필요하다.

참고로, 창조경제혁신센터는 중소벤처기업부가 관여하는 지역별 인프라인데, 중기부의 액셀러레이터(창업기획자) 등록 요건 중 하나인 상근 전문인력 기준에 창조경제혁신센터의 창업기획업무 3년 이상 경력자가 포함되어 있다. 이런 센터들은 기존 인력을 활용해 지역펀드를 결성·운용할 수 있는 길이 열려 있다.

궁극적으로는 사회적경제에 적합한 자금을 더 많이 개발하는 게 중요하지만, 그러기 위해서라도 제주나 강원처럼 사회적경제 지원조직 운영기관에서 서민금융진흥원 등이 공급하는 자금을 수탁해 운영해 보며 역량을 키워가는 과정이 필요하다.

앵커 투자자 개발 – 공공기관 역할 재설정, 지자체 기금 운영 개선

사회적경제 지원 공공기관: 사회적 금융 활성화 역할 부여

운용할 자금이 없으면 중개기관이 생겨나기 어렵고, 전문성 있는 운용조직이 없으면 기금이 조성되기 어려운 악순환 상태가 지속된다. 이런 바람직하지 않은 균형 상태를 깨트리기 위해서는, 앵커 투자자의 의도적인 개입이 필요하다. "사회적 금융 생태계 조성"을 목적으로 앵커 투자자 역할을 할 수 있는 기관이 늘어나야 한다.

도매기금 조성으로 이 문제를 일거에 해결하려던 계획이 틀어졌기 때문에, 이제는 사회적경제를 지원하는 여러 공공기관이 역할을 나누어 수행하는 대안을 모색해야 한다. 한국사회적기업진흥원, 한국자활복지개발원 등 사회적경제 지원업무를 미션으로 하는 공공기관의 사업방식을 재검토하고, 이들이 사회적 금융 생태계 조성을 자신의 역할로 받아들일 수 있는 여건을 만들어야 한다. 2023년 출범한 경기도사회적경제원은 지자체 기금의 일부를 출연받아 중개기관을 통해 도내 기업에 자금을 공급한다는 계획이다.

지자체 사회적경제 기금: 운영 목적 및 성과체계 정립

지자체 사회적경제 기금은 2012년 무렵 사회적경제 조직이 어디에서도 자금을 구하기 어려울 때 생겨나 중요한 투자처 역할을 했다. 그러나 사회적 금융 활성화 정책으로 시중은행들이 정부 보증에 기반해 자금공급을 늘리고, 중소기업 등 각종 정책금융기관에 대한 접근성이 낮아지면서 상대적으로 규모가 작은 지자체 기금은 운영 모델 정립에 어려움을 겪고 있다.

사회적경제 기업을 위한 특별한 자금공급이 필요한 이유는 사회적 가치를 명시적으로 추구하는 금융이 시장에 부족하기 때문이다. 지자체 기금은 ① 사회적경제 주체들의 금융 관련 역량을 강화하고, ② 제도권 금융 시스템을 변화시켜 사회적경제 조직과 사회적 가치를 추구하는 사업이 필요한 자금을 적기에 구할 수 있는 체계를 만드는 역할을 할 수 있다. 지속가능한 자금공급 체계를 구축하기 위해서는 장기적 관점에서 위의 2가지 접근을 균형 있게 활용하는 것이 필요하다.

지자체 사회적경제 기금은 "지역 기반 사회적 금융 생태계 조성" 목적으로 운영하지 않으면 점점 중소기업육성기금과 차별성을 갖기 어려워질 것이다. 실제 서울시사회투자기금은 2023년 3월 관련 조례가 폐지되고 서울시중소기업육성기금에 통합되었다.

사회적 금융 생태계 조성을 목적으로 기금을 운용하려면, 이에 적합한 성과 지표를 도출하고 관리 체계를 정립해야 한다. 기금 운용을 통해 창출되는 가치를 ① 사회적 금융 생태계 조성, ② 사회적경제 기업 성장, ③ 지역사회의 변화 등 3개 층위로 구분해 관리하는 방안을 생각해 볼 수 있다.

[표 II-4] 지자체 사회적경제기금 성과지표 (안)

> · (생태계 조성 지표) 제도권 금융 접근성 제고, 사각지대 자금 공급, 다양한 사회 투자자 개발, 풀뿌리 중개기관·자조기금 육성 등
> · (기업 성장 지표) 고용 성과, 매출 증가, 조합원 참여 증대 등
> · (지역사회 변화 지표) 일자리 창출, 사회서비스 공급, 지역 자산화 등

공익법인 사회투자 활성화 - 공익목적 투자제도 도입

현재 사회적 금융 중개기관들이 가장 필요로 하는 것은 공익적 목적을 잘 이해하면서 성과와 위험을 함께 나눌 사회적 투자자이다. 국내에서 사회투자에 적극적인 공익법인은 몇 되지 않는데, 이들은 그런 역할에 대한 사회적 요구가 설립 배경이 된 곳들이어서, 다른 공익법인으로 사회투자 관행이 확산되는 일은 드물다. 공익법인의 사회투자를 가로막는 분명한 제도적 요인이 있는 것은 아니지만, 기존 운영 관행에서 크게 벗어나 있기 때문에 참여가 쉽지 않다.

영미권에서 사회투자는 민간 재단이 주도하였고, 시기별로 적절한 제도적 기반을 마련하며 성장해 왔다. 임팩트투자라는 용어는 2007년 미국 록펠러재단이 사용하기 시작했지만, 공익법인의 사회투자 전통은 그 이전으로 거슬러 올라간다. 미국에서는 1969년 세법 개정을 통해 민간 재단이 투자방식으로 목적사업을 수행하는데 필요한 사항을 규율하는 프로그램연계투자(PRI, Program Related Investment) 제도를 도입하였다. 이후 2015년 미 국세청 IRS는 목적사업이 아닌 보유자산 운용 차원에서도 사회적 가치를 고려한 투자, 즉 미션연계투자(MRI, Mission Related Investment)를 시행할 수 있도록 지침을 발표했다. 미국의 민간 재단들은 낙후 지역에서 활동하는 CDFI 등 중개기관을 통해 사회투자를 집행한다.

공익법인 사회투자 관련 주요 쟁점은, ① 사회투자 방식으로 목적사업을 수행할 수 있는가, ② 기본재산을 사회투자에 사용할 수 있는가이다. 현재 이 사항들은 법률적으로 주무관청의 재량적 허용 범위 안에 있어, 정부에서 적

절한 가이드를 제시한다면 법 개정이 없이도 활성화 정책을 시행할 수 있다.

그러나 제도개선을 통해 ▶ 사회투자 집행액을 「상속세 및 증여세법」에 따른 의무지출 대상으로 인정하거나 ▶ 사회투자 목적의 재원을 「기부금품의 모집 및 사용에 관한 법률」에 따른 제약에서 벗어나 조성할 수 있게 허용한다면, 보다 확실한 변화를 기대할 수 있다. 이를 위해 '(가칭)공익목적 투자제도'를 도입하는 방안을 검토할 수 있다.

공익목적 투자제도의 도입

공익목적 투자제도는 공익법인이 수익의 창출이나 자산가치 상승을 주된 목적으로 하지 않고 정관에 기재된 고유목적사업을 위해 사회투자를 시행하려 할 때, 이를 '공익목적투자'로 간주하여 행정적 편의를 제공하자는 것이다.

공익목적투자의 경우 의무지출 대상으로 인정하고, 지분 보유 한도를 적용하지 않으며, 기부금품법 적용 대상에서 제외하는 방안을 검토할 수 있다. 이 경우, 공익목적투자는 수익 창출을 목적으로 하는 투자가 아니기 때문에 기본재산이 아닌 보통재산으로 시행해야 하며, 일정 금액 이상을 공익목적 투자에 사용하려면 경영공시를 통해 그 내역을 쉽게 확인할 수 있도록 별도의 기금회계를 도입하는 것이 바람직하다.

맺음말

이상으로 사회적 금융 활성화 정책으로 생겨난 기관에서 일하며 관찰한 것들과, 정책이 종료된 이후 새로운 활동 방향을 모색하며 한국사회가치연대기금 재단 구성원들과 논의한 내용을 정리해 보았다. 이제 다시 처음 이야기로 돌아가 보자. "끝날 때가 되어야 그 일을 어떻게 해야 했는지 알게 되는" 상황이 반복되는 가운데 지치지 않으려면 무얼 해야 할까.

낯선 일을 시작할 때 아무리 급해도 그 분야에 관해 조언을 구할 수 있는 두세 사람은 마련해 두어야 한다는 것, 막상 일이 시작되면 처음 계획에 얽매이지 말고 실제 벌어지는 일에 눈을 뜨고 이해관계가 뒤엉킨 현실을 인정하면서 유연하게 흘러가야 한다는 것(벤처기업에서 말하는 피보팅을 해야 한다는 것), 그리고 그 일을 함께 겪고 있는 사람들이 다른 자리에서 다시 기회를 맞았을 때 결국은 해낼 수 있도록 정보와 생각을 나누며 장기적 안목으로 서로를 고양시켜 가야 한다는 것 등이 있겠다.

2014년 서울에서 열린 GSEF에는 스페인 바스크주 장관이 참석해 기조 발표를 했다. 발표 중 본인들이 가지고 있는 사회적경제 활성화와 관련한 원칙을 이야기했는데, 내용이 인상적이어서 가끔 꺼내 본다. 함께 보면 좋을 것 같아 소개한다.

〈윤리적이고 민주적이며 지속가능한 인간개발의 원칙〉

· 우리 스스로를 믿는다. (Bet on ourselves)
· 가진 수단을 이용해 문제에 접근한다. (Addressing the situation with existing means)
· 작은 것이 아름답다. (Small is beautiful)

- GSEF 2014 개막식, 스페인 바스크 장관의 기조발표,
"사회적경제 활성화 어떻게 할 것인가"에서

참고 문헌

관계부처 합동. 「사회적 금융 활성화 방안」. 2018.2.8

금융위원회. 「ESG 경영·투자 확산에 연계한 사회적 금융 활성화 방안」. 2021.12.8

대구사회적경제지원센터·재단법인대구사회가치금융. 『2022년 대구 사회적 금융포럼 자료집』. 2022.10.25

한국사회가치연대기금. 『지역혁신을 위한 사회적 금융의 역할』. 제4회 대한민국 사회적경제 박람회 - 사회적 금융 토론회 자료집. 2022.7.8.

한국사회가치연대기금. 『사회적 금융 지역 거점기관 간담회 자료집』. 2022.7.8.

한국사회가치연대기금. 「공익법인 사회투자 활성화 방안」. 보건복지부 연구용역. 2022.12.

한국사회가치연대기금. 「지역 기반 사회적금융 생태계 조성을 위한 지자체 기금 운영 방안」. 경기연구원 위탁 연구. 2023. 1.

---

1) 관계부처 합동. 「사회적 금융 활성화 방안」. 2018.2.8.

2) 금융위원회. 「ESG 경영·투자 확산에 연계한 사회적 금융 활성화 방안」. 2021.12.8.

3) 은행이 사회적경제 기업에 대출이나 투자할 때 정성적인 평가를 하거나 미래가치를 고려하도록 허용하고 대출이나 투자가 부실이 나더라도 관련 법령과 절차를 준수했다면 면책한다는 내용

4) 진재성. "한기협, 윤석열 정부 민간주도 기조에 맞춰 사회적기업 육성법 개정해야". 2022.11.21. 이로운넷.

5) 특히 2018년부터 대구에 이전한 혁신도시 공공기관과 공기업 포함 14개소의 실무자들이 지역사회문제를 선도적으로 발굴하고 해결하기 위해 "달구벌커먼그라운드" 워킹그룹을 만들었고, 여기에 소셜크라우드펀딩 과제가 채택되어 그 규모가 확대되었다.

8장

노동공제와 불안정 노동자, 그래도 희망은 있다.

이미지

2023년 비정규직과 플랫폼 등 불안정 노동자의 삶은 어떠한가? 노동공제가 과연 불안정 노동자들에게 희망이 될 수 있는가? 이 글은 이 물음들에 대한 답을 담아보고자 한다.

2023, 불안정 노동자들은 어디까지 내몰리고 있는가?

노동 양극화, 실태는?

대한민국은 신분제 사회일까? 적어도 정규직과 비정규직간 양극화만 놓고 보면, 그렇다.

윤석열 정부는 노동개혁을 말하나, 비정규직과 플랫폼 노동자들에겐 절망뿐이다. 현 정부의 노동개혁 구호는 비정규직 사용 사유 제한[1], 상시지속 업무의 정규직화[2]에 더해, 동일가치 동일임금과 고용불안정 수당 도입 등 불안정 노동자들의 오랜 염원과는 전혀 닿지 않는다. 오히려 노동시간 늘리기 등 반노동정책으로 소란만 일으키다가, 노동개혁 구호는 흐지부지 사라졌다.

실은 정부 출범 당일 대통령의 첫 일정이 비정규직 노동자와의 만남이었던 지난 정부에서조차 비정규직과 플랫폼 노동자의 열악한 삶을 근본적으로 바꿔내지는 못했다. 공공부분 비정규직이 다수 정규직으로 전환되기도 했으나 문제는 산적하다.

한국비정규노동센터가 지난 4월 발표한 여론조사에 따르면, 응답자 76%가 정규직과 비정규직간 노동조건 격차가 심각하다는 것에 동의한다고 답했다. 최근 비정규노동자를 대상으로 실시된 또 다른 설문조사에서 전체 응답자 중 대부분이 원하청 갑질을 겪거나 목격했다고 응답했고, 열에 아홉 명이 임금 차별과 명절 선물 차등 지급을 겪은 것으로 조사됐다. 응답자 절반 이상은 한해 연차 휴가를 열흘도 채 쓰지 못했고, 응답자 3명 중 1명은 6일 미만 사용하는 것으로 나타났다.

노동권과 사회안전망 사각지대에 놓인 비정형 노동자들

IMF 이후 양산된 비정규 직군은 플랫폼화가 더해지며, 더 열악해졌다. 임금 차별, 고용불안을 넘어 노동3법 보호를 받지 못하는 사례도 부지기수다. 지난 정부 내 최저임금이 다소 올랐으나 불안정 노동자의 삶은 여전히 팍팍하다. 플랫폼 노동자와 프리랜서 등 비정형 노동자들은 최저임금 대상이 되지 못한다. 올해 초 발표된 플랫폼 노동자들을 대상으로 한 설문조사에 따르면 플랫폼 노동자들의 상당수가 최저임금에도 미치지 못하는 소득을 올리고 있는 것으로 조사됐다. 비정규직과 저임금 플랫폼 노동자들은 수입 보전을 위해 장시간 노동에 내몰리고, 이는 노동자의 안전사고 위험성을 높이고, 노동자의 건강권을 위협한다.

프리랜서와 플랫폼 노동자 등 비정형 노동자도 고용·산재보험 가입이 가능해졌으나 실제 제도 도입 취지는 무색할 지경이다. 보험료는 내지만 실제 제도 혜택을 누리긴 쉽지 않다. 일례로 대리운전 노동자가 고용보험에 가입해도 보험 혜택을 받기란 사실상 불가능하다. 비자발적 실업임을 증명하는 게 애당초 불가능하기 때문이다.

여기에 더해 노동시간 늘리기식 윤석렬 정부의 노동개혁 드라이브는 비정규노동자들을 더욱 옥죄고 있다. 앞서 주 52시간 노동시간 단축 시행3) 때도 비정규직과 플랫폼노동자는 해당되지 않았다. 일부 사업장에서는 주 52시간을 맞추기 위해 노동법 사각지대에 놓인 노동자들에게 오히려 더 긴 노동을 강요했다. 야간근로, 휴일근로로 이어지는 것은 당연지사.

일례로 방송사에서는 주 52시간제 시행 이후 자정을 앞두고 근로 계약자만을 골라내 서둘러 퇴근시키는 일까지 벌어졌다. 남은 방송제작 업무는 어떻게 됐을까? 중단됐을까? 방송계에서 그런 일은 없다. 비슷한 업무를 하지만 방송사와 근로계약을 체결하지 못한, 이른바 '도급직, 용역직, 프리랜서'들이 자정 넘어 새벽까지 일해야만 했다. 편법 고용 문제를 손보지 않고 52시간제만 적용하면서 빚어진 촌극이다.

방송계는 흔히 비정규직 백화점으로 불린다. 비슷한 업무로 한정해도 고용 형태는 다종다양하다. 이른바 공채 등을 통해 입사하는 호봉제 정규직, 기간 없는 계약직(정규직)이지만 임금 등에서 차별받는 별도 직군, 거기에 더해 용역·도급, 프리랜서 그리고 파견회사 파견직, 자회사 파견직 등. 내부의 비정규직 고용형태와 규모를 방송사조차 파악하지 못하는 실정이다.

불안정 노동자의 파편화, 21세기형 新노동억압시대?

이에 더해 불안정 노동자의 파편화는 나날이 심화되고 있다. 동료는 간데없고 경쟁만 존재하는 구조. 노동 착취는 수월해지고 열악한 처우와 부당한 착취의 개선은 불가능에 가깝다. 동료 존재마저 인식하지 못하고 파편화된 노동자는 '쓰고 버리는' 부품 취급을 당해도 목소리조차 내기 어렵다. '21세기형 신 노동억압'은 그래서 더 악랄하다.

표준단가조차 만들어내기 어렵다. 그러니 공정보수 주장은 요원하다. 일례로 한 지역 대리운전 노동자들은 20%를 플랫폼 업체에 수수료로 내고 있다. 부당하지만, 노동자들은 어쩔 수 없이 내야 한다. 파편화된 노동구조 속에서 이를 바꿔낼 제도적 장치는 부재하다. 계약관계에서 철저히 '을'로 내몰릴 수밖에 없는 플랫폼 노동자와 도급·용역·프리랜서 등이 개별적으로 부당함의 개선을 주장하기는 원천적으로 불가능하다. 비정형 노동자의 파편화는 결국 노동자 처우를 나락으로 내모는 합법적 수단으로 작동되고 있다.

불안정 노동자들의 목소리가 들리지 않는 이유는?

파편화된 노동은 비정규직과 플랫폼 노동자에게 동료를 빼앗아왔다. 동료를 모른 채로 일하는 구조가 만연하다. 자연히 노동자간 연대는 쉽지 않다. 하여, 비정규직과 플랫폼 노동자들의 노동조합 결성은 기적에 가깝다. 지난 2021년 전체 노동조합 가입률은 14%대인 반면, 30명 미만 사업장의 노동조합 가입률은 1.2%다. 그렇다면 플랫폼 등 비정형 노동자의 노조 가입률은 어떠할까? 사실상 0에 수렴할 것이다. 가까스로 비정형 노동자들이 한데 모이게 되면, 그래서 동료의 존재를 깨닫게 되면, 동료가 생겼다는 걸 가장 좋은 점으로 꼽게 되는 이유다.

비정규직과 플랫폼 노동자들은 노동조합을 결성한다 해도, 단체교섭 대상 사용자조차 특정하기 어렵다. 노동시장은 나날이 복잡해지는 반면 노동법은 낡은 모델에서 한 걸음도 나아 가지 못한 채 그대로다. 이에 사용자들은 제도를 빌미로 회피하기 일쑤다.

힘겹게 결성하더라도 노동조합의 조직 운영 또한 쉽지 않다. 노조 사무실 한 칸 마련하기도, 전임자를 세우기도 벅차다. 미디어 업계 쪽에서도 가장 열악한 것으로 알려진 패션 어시스트들은 한 달에 몇천 원에 불과한 조합비마저 힘겨웠고, 전태일재단에서 1년 치를 전액 지원해 노동조합이 결성됐다.

갈 길 먼 노동개혁, 완수까지 손 놓고 있을 텐가?

비정규직과 플랫폼 노동자들은 이런 어려움 속에서도 꿈틀거리고 있다. 스스로 노동자라는 정체성마저 갖지 못했던 이들이지만, 어깨 걸고 모이고 있다. 그만큼 절박하기 때문이다. 모이니, 희망의 씨가 움튼다. 비정규직과 플랫폼 노동자들이 모이는 것 그 자체가 기적이지만, 그 기적을 토대로 변화는 시작됐다. 실태를 알려내고 사회적 관심도 환기시켰다.

그러나 비정규직과 플랫폼 노동 문제를 근본적으로 바꿔내기까지 갈 길이 멀다. 얼마나 걸릴지 모를 머나먼 길이다. 비정형 노동 문제를 위한 구조적으로 변혁에 다다를 때까지 손 놓고 있을 수만은 없다. 어떻게 해야 할까?

노동공제가 불안정 노동자들에게 희망이 될 수 있는가?

노동공제회를 품은 노동조합의 탄생, 노동운동의 대안 될까?

함께 공(共), 건널 제(濟). 공제는 어려움을 함께 이겨내고 함께 구제한다는 뜻이다. 무려 100여 년 전인 1920년 조선노동공제회가 창립돼 전국조직 규모까지 갖췄으나 명맥이 끊어졌다가, 최근 다시금 주목받고 있다.

지난 2019년 봉제 노동자들이 공제회를 결성했다. '봉제인의 좋은 삶을 위한 노동공제회(이하 봉제인공제회)'. 민주노총 화학섬유식품산업노동조합 주도로, 전태일재단 등 수많은 단체의 지원과 1년여 준비 끝에. 사회적 연대 협력의 결실이었다.

10인 미만 사업장이 90% 이상을 차지하는 등 대다수 봉제 노동자들은 소규모 영세사업장에서 일한다. 장시간 노동과 저임금에 시달리면서도, 사용자·노동자 구분도 명확하지 않다. 공제회는 개별 교섭을 통한 기업 복지를 실현하기 어려운 봉제업종의 현실적 한계를 극복하기 위한 대안인 셈이다.

봉제인공제회는 소액신용대출과 의료지원서비스, 법무 및 세무 상담 등을 제공한다. 생활자금대출과 긴급운영자금대출 등 소액신용대출은 비성수기에 생활비조차 충당하지 못하는 봉제업의 산업구조를 반영했다. 봉제 노동자들은 구조적으로 '계절실업'을 겪어왔다.

[그림 II-11] 2019년 11월 봉제인공제회 창립식 모습.

봉제노동자, "공제회는 힘들 때 단비 같은 친구"

공제회원, 즉 노동조합 조합원의 호응은 높았다. 2023년 4월 현재 조합원 수가 350여 명에 달한다. 단순히 숫자만 늘어난 게 아니라, 노동공제는 그들의 삶도 변화시켰다.

소액신용대출에 가장 호응이 컸다. 이른바 작업량으로 임금을 받는 객공 형태의 봉제노동자들은 소득 증빙이 어려워 은행 문턱이 높았다. 시즌별로 일감이 몰릴 때와 없을 때가 나뉘는 업종 특성도 소액신용대출 수요를 높였다.

무보증무담보 신용대출이지만 우려와 달리 회수율은 100%에 가깝다. 대출기한 연장은 있었으나 대손상각은 단 한 건도 발생하지 않았다. '공제회는 믿고 대출해주고, 공제회원들은 자발적으로 꼬박꼬박 갚아 나가는' 사례가 늘다 보니, 서로 신뢰는 높아지고 끈끈함은 깊어갔다. 당장 혜택을 받지 않더라도 언젠가 혜택이 가능하다는 믿음이 쌓여 든든한 안전망이 되고 있다.

[그림 Ⅱ-12] 봉봉산우회, '봉제와 봉우리'의 앞글자를 따서 만들었다.

[그림 Ⅱ-13] 1차 봉제인 수학여행 출발 모습,
2023년 1월 2차 수학여행은 눈꽃열차로 시행됐다.

　　공제 회원간 관계성을 높이기 위한 소모임과 교육 등 공제회 일상사업도 활발하다. 5060 봉제 노동자의 성향을 반영했다. 산악회·야유회 등을 꾸준히 개최했다. 코로나 때문에 잠시 중단됐을 때 아쉬워하는 조합원들이 많았다. 봉제와 봉우리의 첫 글자를 따서 만든 봉봉산우회는 매달 한 번 산을 오르는데 늘 30여 명이 참여하는 등 성황이다.

　　성장기 학업 대신 '봉제노동'을 해야만 했던 봉제노동자들의 생애에서 착안해 단체 수학여행도 기획해 다녀왔다. 30년 전 가지 못했던, 그래서 평생 처음 수학여행을 가게 된 참가자들은 크게 호응했다. 특히 기차여행이어서 더 좋았다. 철도 교통편은 철도노동조합과 희망철도재단이 사회공헌의 일환으로 30년 뒤늦게 떠나는 늦깎이 수학여행단에 지원했다. 공제회가 있었기 때문에 가능한 일이다. 수학여행을 다녀온 참가자들은 공제회의 소중함을 더 새기게 됐다.

　　여러 단체의 연대와 지원을 받아 설립되고 운영되어 온 봉제인공제회는 공제회가 안착하자, 나눔과 연대의 실천에 나섰다. 봉제기술 전문성을 활용해 조합원들이 직접 만든 노동의 결실로 봉사 활동을 하는 사회공헌 소모임 '지음'을 만들어 활동을 시작했다. 아기용 턱받이를 만들어 미혼모 시설 등에

마포희망나눔 통해 아기 턱받이 360장 기부

- 봉제인사회공헌 소모임 '지음', 올해 두 차례 진행

봉제인의 숙련된 기술로 만든 봉제 제품을 우리 사회에 필요로 곳에 기부하는 것을 목적으로 활동하고 있는 '지음'은 그동안 제작한 아기 턱받이 360장을 12월 23일(목) 마포희망나눔을 통해 '시소와 그네 마포영유아통합지원센터'와 '이든아이빌'에 기부했습니다. 시소와 그네는 마포에 거주하는 0~만12세 미만의 영유아와 양육당사자를 지원하는 기관이며 이든아이빌은 0~만18세까지의 영유아와 청소년이 거주하는 곳입니다. 마포희망나눔은 봉사와 나눔을 연결하는 플랫폼입니다.

이날 전달식에는 박태숙 서울봉제인지회 부지회장와 서영미 부지회장, 윤정임 조합원이 참석하여 서로의 단체 소개와 '지음'이 만든 아기 턱받이 제작 과정 등에 관한 이야기를 나누었습니다. 마포희망나눔의 김은주 이사는 "좋은 재질의 천과 정성이 들어간 훌륭한 솜씨로 만든 아기 턱받이를 기부받아 너무 감사하다"고 인사했습니다. 또한, 전달식을 겸한 간담회를 해 '지음'이 더 다양한 봉제 제품을 제작하고 지원할 수 있다는 것을 확인하기도 했습니다.

[그림 Ⅱ-14] 꾸준히 활발하게 진행되고 있는 봉제인공제회 봉사활동

지원한다. 누적 지원 개수가 600장에 이른다.

봉제인공제회의 사회공헌 활동은 국외로까지 확대된다. 지난 2022년 11월, 네팔 소도시 '뻘벗'에 있는 작은 마을 아이들에게 교복과 체육복을 직접 만들어 기부했다. 전체 115가구 대부분이 돌을 캐 모래를 만들며 가난하게 사는 이 마을 아이들은 학교 가지 않고 채석장에서 돌을 캐왔다. 공제회원들이 과거에 그랬던 것처럼 학업 대신 노동에 내몰린 것.

희망연대노동조합이 만든 사단법인 '희망씨'에서 이 마을 아이들이 일하지 않고 학교에 다닐 수 있도록 급식비 등을 지원해 왔는데, 봉제인공제회는 교복과 운동복 기부를 시작한 것. 일회성에 그치지 않고, 이번에 입학한 아이들이 학교에 다니는 동안 계속 기부할 예정이다.

이처럼 봉제인공제회는 힘찬 걸음으로 확대 발전하며 봉제인의 든든한 버팀목이 되고 있다. 더불어 나눔과 연대라는 전태일 정신, 그리고 노동공제회의 취지를 잘 실천하고 있다.

2022_네팔교복_현지전달식_영상_20221128

[그림 II-15] 봉제공제회원들이 네팔 어린이들에게 기부한 교복과 운동복

'공제'에서 노동운동의 희망을 찾는 사람들, 노동공제연합 '풀빵'

봉제인공제회 출범과 안착화는 노동권 사각지대에 놓인 노동자와 노동운동 전반에 큰 자극이 됐다. 봉제인공제회 설립에 직간접적으로 연대한 단체들은 노동공제연합 '풀빵'을 창립한다.

'풀빵'은 노동공제 당사자조직과 지원조직의 연합체로 그 이름처럼 전태일의 연대·나눔 정신을 공제를 통해 되찾고자 한다. 조선노동공제회의 뜻을 이어 노동공제조직을 활성화하고, 노동공제를 통한 노동복지를 실천하려고 한다. 더불어 산발적이고 소규모로 추진되어온 노동공제 시도를 한데 모으는 데 주력하고 있다. 일정 규모를 갖출수록 효력이 더 커지는 마법을 실현하기 위해서다. 전국 단위 대규모 노동공제회가 설립된다면, 공제회의 효과는 더욱 커질 것이다. 더불어 '풀빵'은 공제회 추진을 체계적으로 지원하고 교육하는 작업도 애쓰고 있다.

풀빵이 만드는 '일하는 사람들'의 사회안전망

'풀빵'은 노동공제에 대한 교육 및 지원 사업과 함께, 여러 서비스를 제공하고 있다. 일하는 사람들의 사회안전망인 '풀장(Pool場)' 프로젝트를 비롯해 목돈 마련을 위한 비상금공제와 적립형공제 등을 운영 중이다. 명절 선물 등의 기본공제 또한 별도 공제비 6천 원을 납부하면 이용할 수 있다. 공제회를 통해 노동자들이 모여 최소한의 안전망과 실질적 노동복지를 '스스로 그리고 함께' 만들어가려는 시도다.

긴급생활자금이 필요한 회원에게 150만 원 한도로 소액대출을 시행한다. '무보증 무담보' 대출이다. 소득 증빙과 신용등급 확인절차가 없다. 관계가 신용이 되는 소액대출인 셈이다. 필요 재원은 시민과 단체의 자발적인 참여를 통해 모아 냈다. 3년간 무이자로 100만원을 풀빵에 신탁하는 이른바 〈풀빵금고지기〉. 1구좌당 100만 원이며, 300 구좌를 넘겼다. 목표 달성 이후에도 풀빵 금고지기 모집은 계속된다. 개인의 참여를 넘어 보건의료노조 등 산별노조 등의 참여가 이어지고 있다.

노동공제연합 '풀빵' 누리집 첫 화면에는 풀빵 가입 안내가 자세히 실려있다. 가입 문의가 많아 별도로 공지한다는 설명과 함께. 2021년 출범 이래 2023년 4월 현재 노동공제연합 '풀빵'에는 전태일재단, 노회찬 재단 그리고 전국화학섬유식품노동조합 봉제인공제회 등 26개 지원 및 당사자 단체가 함께 하고 있다.

노동자, 스스로 함께 모여 공제에서 희망을 찾다!

대리기사 이야기에 주목하다!

노동공제연합 '풀빵'의 지원으로 상급단체 없이 당사자 스스로 공제회를 만들어 활발히 활동하고 있는 곳이 있다. 부산·울산·경남 지역 대리기사의 '카부기상호공제회(이하 카부기공제회)'.

직접 만나 얘기를 들어보고자 부산으로 내려가는 기차 안에서 〈대리기사 이야기〉라는 책을 펼쳤다. 책을 펼치자마자 빠져들어 한숨에 읽었다.

"시민에게는 대리기사들의 삶에 관심 갖는 계기가, 대리기사에게는 힘든 노동에 대한 위로와 나은 미래에 대한 희망이 되기를 바라는" 책 제목 〈대리기사 이야기〉를 수식하는 문구다.

문구처럼 실제 대리기사들은 부당한 착취 구조 속에 고된 노동을 버텨왔다. 대리기사들은 사회보장 체계 등 사회안전망에서 벗어난 이들이 대다수다. 내몰릴 대로 내몰린 중장년층이 마지막 생계수단으로 택하는 직업이다. 금융기관 이용이 제한되는 신용불량자도 다수다. 진입장벽은 낮고 처우는 열악하다. 코로나 이후 상황은 더욱 심각해지고 있다. 노동법 사각지대에 놓인 건 말해봐야 입 아프다. 택배나 배달 노동자 등 다른 플랫폼 노동자에 비해 사회적 관심도 덜하다. 언론과 정치권의 관심도 적다.

절박해서 공제회를 만들었다.

카부기공제회 김철곤 사무국장은 자리에 앉자마자 공제회를 왜 만들었는지부터 얘기하겠다고 했다. '절박해서'. 첫 문장은 이렇게 시작했다. 대리기사들은 절박해서 공제회를 만들었다고 했다.

실패를 겪고, 더는 떨어질 곳이 없는 절박한 사람들이 마지막으로 찾는 직업 대리운전. 김 사무국장은 대리운전자 절반은 신용불량자일 거라고 어림했다. 본인 통장 못 쓰는 사람도 상당수며, 건강보험 이용하지 못하는 경우도 5명 중 1명은 될 거라고 추정했다.

업체 횡포 등 부당함에 맞서 노동조합을 만들고 투쟁도 펼쳐 봤지만, 나아지는 것 없이 번번이 깨졌다고 했다. 앞서 투쟁한 사람들은 생활고에 실명 위기까지 내몰리고, 지지하던 노동자들은 회의감에 돌아서기를 거듭했다고 한다. 동료들이 아파서 죽어가도 당장 노조가 할 수 있는 게 없었고 노동조합이 아닌 곳에서 돌파구가 필요했다. 간절히 찾던 중 알게 된 것이 공제회였다. 2021년 가을 부산 지역 대리기사 대상으로 조사한 결과, 노조에는 의구심을 품더라도 공제회의 필요성만큼은 대다수가 동의했다.

'노동공제 만들어 최소한 아플 때 치료받고 밥은 먹자. 그리고 잃어버린 동료도 되찾자.' 이 같은 절박함에서 '카부기공제회'는 시작됐다.

공제회로 모이자, 가능해졌다... 아플 때 치료받고, 진짜 동료가 생겼다.

2021년 11월 말 11명이 준비모임을 가진 이후 2023년 4월 현재 공제회원은 350명까지 늘었다. 1년 남짓 만에 이뤄낸 성과다. 공제회원 절반은 50대, 나머지 반반은 30대와 60대, 20대와 70대도 소수 있다. 여성공제회원도 10%가 넘는다.

이미 존재했던 SNS(밴드)에 수천 명의 가입자가 있었지만 합류차 정보 등 낮은 수준의 정보를 나누는 게 전부였다. 대리기사들은 교류가 전혀 없고, 자신을 드러내기 꺼렸다. 공제회는 달랐다. 공제회에 가입하자 진짜 동료가 생겼다. 진짜 동료 300명이 생긴 셈이다. 김철곤 사무국장은 '친구' 300명이 생긴 거라고 했다.

공제회비는 월 1만 원. 전액 회원의 입원·수술 치료비를 보상하는 데만 쓴다. 대리기사들은 아파서 콜을 받지 않아도 고정비용을 내야 한다. 업체 횡포에 대리기사들은 며칠 아프면 파산이나 다름없다. 하루 쉬면 그만큼 빚이 되는 처지.

공제회는 아플 때 큰 도움이 된다. 수술비와 병원비 지원을 받은 한 공제회원은 감사한 마음에 지원금 일부를 공제회에 기부하기도 했다. 공제회원들은 본인이 혜택을 받지 않더라도 언제든 수혜자가 될 수 있다는 믿음이 생겼다. 공제회를 통해 동료가 생기자, 그야말로 든든한 안전망이 생긴 것이다.

여성 대리기사인 이미영 카부기공제회 회장도 단호하게 답했다. 노동공제회가 생기고 가장 달라진 게 뭐냐는 물음에 "진짜 동료가 생겼다"라고.

공제회원들이 진짜 동료가 되자 비상연락망도 만들었다. 밤늦게 개별적으로 일하는 직업 특성상, 또 혼자 사는 경우가 많아 연락이 닿지 않으면 걱정이 돼서라고 했다. 집으로 찾아가기도 한다고. 홀로 살던 대리기사 한 분이 사망한 지 나흘 만에 발견되는 일이 있었는데, 공제회가 있는 한 앞으로 이런 일은 사라지리라.

[그림 II-16] 카부기공제회 신년회, 작지 않은 식당 안이 가득 찬다.

[그림 II-17] 카부기공제회 봄소풍 2022.05.23

동료가 생기자, 세상 밖으로 나올 힘이 생겼다.

　밤에 일하는 대리기사들은 사회적 관계를 유지하기 어렵다. 가족과 단절된 채 혼자 사는 경우도 많다. 공제회가 생기자 노동자들은 스스로 쌓은 담을 허물고 세상 밖으로 나왔다. 공제회 지역 모임과 야유회는 그래서 늘 성황이다.

　이미영 회장은 경력이 10년 넘은 여성 대리기사다. 여성 대리기사는 더욱더 고립돼 지내왔다. "공제회 가입 후 여성 대리기사들을 만났는데, 처음 만났는데도 잠시 얘기 나누다 보니 몇 년 만난 것 같았어요." 그녀는 많은 동료가 생기면서 밖으로 나올 힘이 생겼다. 그래서 공제회 공동 회장도 맡게 됐다.

　힘겹게 지내 온 대리기사 노동자들은 장례가 늘 걱정이었다. 공제회가 생긴 이후 걱정이 사라졌다. 최근 한 조합원 부모 장례에 공제회원이 10명 넘게 함께 조문했다고 한다. 심지어 부산이 아닌 타지였음에도. 단체 조문과 함께 부의금도 전달한다. 별도 통장을 개설해 모금하는 방식. 1만원 2만원, 심지어 만원보다 적은 돈이 모여 적을 때 30~40만 원, 많을 때는 100만 원도 모였다. 그만큼 많은 회원이 동참한다는 뜻이다. 공제회가 장례 치를 때 큰 도움이 되는 건 당연지사. 이런 경험들을 통해 공제회원들은 더 든든해지고, 끈끈해지고 있다.

[그림 II-18] 여성대리기사 직무교육

대리기사들, '연대'는 계속된다.

　공제회가 생기자 진짜 동료가 된 이들이 서로 돕자 소득마저 늘었다. 직무교육을 통해 기본 소양과 안전교육뿐 아니라 노하우를 나누기 시작했기 때문. 직무교육 이후 신입들과 1대 1 멘토를 지정해 계속 정보를 공유한다. 대리기사에게 가장 중요한 '탈출 정보'도 나눈다. 동료가 태우러 올 거란 믿음이 생기니 외딴 지역이나 장거리 '콜'도 마음 놓고 받게 됐다. 최근에는 여성대리 기사를 위한 직무교육도 신설됐다.

　공제회비는 보상에만 쓰고, 운영 경비는 이른바 동행콜을 통해 모금한다. 하루 특정일을 정해 그날의 대리운전 수입을 모금하는 방식. 사실상 하루 수입을 공제회에 기부하는 셈이다. 공제회비는 온전히 회원 치료비에 쓰겠다는 운영진의 강력한 의지 때문인데, 동행콜은 여전히 순항 중이다. 공제회 초창기 자녀가 소아암에 걸린 한 회원을 후원하기 위한 모금(동행콜)에 순식간에 250만원이 모였다. 공제회원들은 놀랐다. 공제회에 희망을 보기 시작했다.

　공제회비 외 긴급히 어려운 회원을 돕고자 별도로 1만 원의 성금을 거뒀는데 목표치 33만 원이 당일 금세 채워졌다. 이름하여 '만원의 사랑'. 일종의 긴급구제금인데, 호응이 매우 컸다. 기획자도, 참여자도, 이를 지켜보는 공제회원들도 예상치 못한 수준이었다. 참여 인원은 많아지고 모금액은 점점 커졌다. 김철곤 사무국장은 모금하면서, 모금액을 지원하면서 두 번 울컥했다고 한다. 카부기공제회는 여기서 멈추지 않고 '카부기봉사단'을 만들어 봉사활동에 나서고 있다. 연탄배달 봉사와 김장 봉사도 한다. 십시일반 돕는 나눔과 연대 정신이 제대로 구현되고 있다.

[그림 Ⅱ-19] 만원의 사랑 병문안

[그림 Ⅱ-20] 만원의 사랑 가정방문

카부기공제회, 이제는 정책지원이 절실하다.

공제회 결성에도 불구하고 대리기사의 삶은 여전히 곤궁하다. 정상적인 금융 서비스를 받지 못하는 대리 노동자들은 아직도 일수와 사채 등 고리대금을 빌려 쓰고 있다. 그래서 카부기공제회는 긴급 소액대출과 고리대금 대출 전환을 위한 장기대출사업이 절실하다.

[그림 Ⅱ-21] 부산형사회연대기금과 대출사업 지원을 위한 업무협약식 2023.3

공제회원들의 공제회비만으로는 역부족하다. 노동공제연합 '풀빵'의 대출 상품을 이용하고 있지만 역시나 한계가 있다. '부산형사회연대기금'의 지원을 받아 소액대출을 사업을 시작한다. 협약도 맺었다. 무엇보다 근본 해결을 위해서는 정부와 지자체가 나서야 한다. 보다 전면적인 정책지원이 필요하다.

그래도 희망은 있다.

카부기공제회의 다음 목표가 뭐냐는 마지막 질문에 대한 답변까지, 김철곤 사무국장은 막힘이 없었다. 카부기공제회의 사단법인화와 회원 확대를 얘기했다. 이것은 소박한 목표라더니 부울경을 넘어 다른 지역과 연대해 카부기공제회의 전국화라는 큰 목표가 있다고 했다. 더불어 공식 논의 전이라는 단서를 달면서도 보험설계사 등 부산 지역 취약노동자와의 노동연대도 구상 중이라고 한다. 희망의 에너지 넘치는 '카부기공제회'다운 답변을 들으며, 쉽지 않겠지만 카부기공제회라면 이 목표를 실천할 수 있을 거라는 믿음이 생겼다.

카부기공제회의 조직화 과정, 연대와 나눔 사례, 그리고 향후 목표와 계획에 대한 답변을 들으며, 도대체 무엇이 이들을 이처럼 신명나게 하는지 궁금해졌다. 공제회를 통해 동료가 생기자 사회적 관계망이 형성되고 최소한의 사회안전망이 생겼듯, 이들은 뜻을 나누는 동료가 많아지면 무엇이든 할 수 있다는 희망을 맛본 게 아닐까?

바람과 달리, 더딘 노동공제회 조직화... 이유는?

화섬식품노조 봉제인지회, 카부기공제회 등 안착 사례를 살펴봤으나 노동공제회 조직화는 기대만큼의 속도를 내지 못하고 있다.

공제회가 시급한 노동자들은 잘 조직된 기존 정규직 노조에 속한 이들이 아니다. 오랜 기간 노동조합 조직화를 시도했으나 쉽지 않았던 직종과 직군들이다. 자연히 노동조합 결성률이 낮다. 이들이 자발적으로 모이거나 혹은 모이게 하는 것은 애당초 힘겨운 작업 작업이다. 자연히 공제회가 시급한 노동자에게 공제회를 알려내기란 쉽지 않다. 공제회는 노동자들에게 아직 낯설고 생소하다.

상급 산별노동조합이나 단체 등이 공제회 설립을 지원하고 주도하는 사례가 드물지 않다. 그러나 지원만으로 공제회 조직화와 확대를 담보할 수는 없다. 지원은 마중물에 불과하다. 지원이 끝나면 떠나는 공제회라면, 의미 없다. 같은 취지로, 외부 지원으로 만들어진 경제적 유인책을 통한 공제회 조직화도 유의해야 한다. '함께 모인' 공제회이기에, '함께 나눌 수 있다'는 연대의식이 바탕이 되지 않는다면, 공제회 효능감은 곧 한계에 부딪힐 수밖에 없다.

노동자들 스스로 모여, 노동자간 온기 데피면 새로운 내일 온다

봉제인공제회와 카부기공제회 사례가 주는 교훈은 간명하다. 공제회를 부지런히 알려내, 공제회가 절실한 노동자들이 모이게 하는 것. 그리고 공제회는 결국 사람과 사람의 관계망 속에서만 의미를 찾을 수 있다는 것. 그럴 때만이 공제회는 불안정 노동자에게 희망이 될 수 있다는 것.

1) 기간의 정함이 없는 정규직 고용을 원칙으로 하되 예외적으로 일정한 사유에 해당하는 경우에만 임시직, 계약직 등 기간제 노동자 사용을 허용하는 것으로 문재인 정부의 「일자리 정책 5년 로드맵(2017. 10.)」에서 도입하고자 했으나 추진되지 않았다.

2) 향후 2년 이상 지속될 것으로 예상되는 상시·지속 업무 근로자에 대해서는 정규직으로 채용해야 한다는 고용노동부 권고

3) 노동시간을 최대 68시간에서 52시간으로 단축하고 특례업종을 축소하는 내용의 근로기준법 개정안이 2018년 3월 1일 국회에서 의결되어 시행되었다.

9장

자활기업의 진화
빈곤을 넘어 협동노동으로

송선영

　'조화롭고 인간적인 자율적 공동체의 실현', 사회적경제가 국가 권력과 시장 논리를 비판하며 등장한 이유이다. 타자의 고통에 관한 공감, 연대와 시민 참여에 기반한 민주주의, 공익과 공정 등의 규범적 이념과 가치들이 사회적경제의 원리로 작동하는 것도 이 때문이다. 각자도생의 자본주의 체제와 개인의 자유와 창의성을 억압하는 관료화된 권위적 국가를 넘어 최소한 그런 것들을 사회연대 논리에 순치시키실 수 있는 가능성을 열어가고자 하는 것이 '인간의 얼굴'을 한 사회적경제이다.[1]

　그렇다면 한국의 사회적경제는 어떠한가? 질문에 대한 답은 현재에 대한 진단과 미래에 대한 조망을 통해서 찾아볼 수 있을 것이다. 사회적경제의 역할과 위상은 어떻게 가져가야 하는가? 위기와 전환의 시대에 사회적경제는 어떠한 상상을 해야 하는가? 사회적경제 조직이 던지는 이러한 질문들은 결국 사회적경제의 고유성 또는 정체성을 어떻게 실천할 것인가와 관련 있다고 할 수 있다. 우리가 이윤추구의 계산 논리에 맞서 사회적경제 조직들이 어떤 방식으로 사회적경제의 가치를 관통시키고, 변형시키며, 동원하고자 했는가를 탐색하는 것도 이러한 맥락과 같이한다.

본 글은 '사회'의 원리로 '경제'를 조직하고 운영하는 현장의 실천 사례들을 살펴본다. 여기서 사회의 원리란 호혜, 협동, 공정한 분배, 약자에 대한 배려가 작동하는 공동체의 원리를 말한다. 그것의 작동 양상은 사람 중심(people-centered)의 성장, 민주적 지배구조의 실현, 지역사회의 필요와 욕구에 응답함으로써 삶의 질을 높이는 것이다.[2] 따라서 본 글은 특히 양극화와 불평등, 고립의 시대에 다양한 차원의 사회적 배제를 경험하고 있는 집단이 '일하는 사람이 주인이 되는 협동노동 공동체의 실현'을 위해 어떠한 활동을 펼치고 있는지를 살펴볼 것이다. 자활기업이 주요 탐구대상이다. 이 과정은 경제에 포획당한 사회를 어떻게 재구조화할 것인가에 대한 사회적경제의 전략 수립에 미약하나마 실마리를 제공해 줄 것으로 기대한다.

실업과 빈곤을 넘어선 공동체 운동, 사회적경제의 등장

실천 사례들을 살펴보기에 앞서, 우리는 한국의 사회적경제가 어떠한 지형에 위치해 있는지 살펴볼 필요가 있다. 사회적경제가 내포하는 가치와 원칙이 제아무리 훌륭하더라도 발 딛고 있는 그 사회의 법과 제도적 맥락, 그리고 주체들의 역량에 따라 발현 정도가 다르기 때문이다.

한국의 사회적경제는 국가의 강한 주도권 속에서 출현하고 확산되었다. 유럽의 맥락과 사뭇 다르다. 물론, 실업과 빈곤 문제를 해결하고 사회적 서비스를 공급해야 하는 상황에서 사회적경제가 출발하고 그 과정에서 정부가 제도화의 과정에 깊이 개입했다는 점은 서로 같다. 그러나 시민사회와 사회적경제 조직의 역사성은 차치하고라도 국가의 주도권 측면에서는 상당한 차이가 존재한다. 유럽은 국가 주도의 복지 체제에서 공공복지 부문을 축소하고 시장화하는 문제에 대한 대응 차원에서 사회적경제가 논의되기 시작했다. 우리는 어떠한가? 복지 체제가 취약한 상황에서 정부가 인위적으로 시장을 통해 복지를 제공하려는 시도에서 사회적경제가 논의되기 시작했다.

좀 더 구체적으로 살펴보자. 사회적경제가 공론의 장에 본격적으로 등장한 것은 1997년 외환 위기 시기로 거슬러 올라간다. 국가가 일순간에 빚더미에 올라앉았다. 고용 없는 저성장과 경제적 양극화는 점점 심화되어 갔으며, 빈곤과 실업의 문제는 가장 시급히 해결해야 할 사회적 과제가 되었다. 이때, 정부가 취한 선택지는 신자유주의의 내적 체계와 원리였다. 국가의 개입이나 공동체적 연대와는 거리가 먼 선택이었다. 칼 폴라니의 표현대로라면 '이중운동'이 발화되기에 충분한 조건이 형성된 셈이다. 실로 그러했다. 적극적 국가개입을 통해 분배 정의를 강화하고 공동체의 저항적 연대를 통해 사회를 개혁하고자 하는 시민사회 운동이 꿈틀거리기 시작했다.

2000년 12월 6일, '빈곤과 실업 극복을 위한 국제포럼-자활사업 활성화와 사회적 일자리 창출'이라는 현수막이 성공회대학교 피츠버그홀에 나붙었다. 포럼을 개최한 자들은 실업과 관련한 사회운동 단체들이었다. 여기서 유럽의 다양한 사례들이 소개되었으며, 빈곤과 실업을 극복하기 위한 하나의 방안으로 기존의 노동시장이 아닌 빈곤계층을 위한 '사회적 일자리' 창출의 필요성이 제기되었다. 그리고 그것의 가장 유력한 수단으로 '사회적기업'이 호명되었다. 여기서 '사회적기업'은 단순히 취약계층의 일자리를 만드는 생산조직 뿐만 아니라 사회의 공동체성을 복원하고, 효율성의 논리를 넘어 사회적 민주화를 실현하는 사회운동의 수단으로 인식되었다. 그도 그럴 것이 당시소개된 유럽의 '사회적기업'은 사회적 목적을 갖는 비즈니스 조직, 즉 '사회적인 조직'을 통칭하는 용어였다. 제3 섹터에서 활동하는 비영리조직이나 노동시장에서 배제된 사람의 노동통합을 목적으로 하는 협회나 협동조합 등이 사회적기업으로 지칭되었다. 한국에서 사회적경제의 한 조직 범주로 불리는 '사회적기업'의 개념이라기보다는 우리가 사용하는 '사회적경제'의 용어와 의미적으로는 더 가깝다고 할 수 있다. 그런데 포럼에 참석한 이들이 사회적경제를 사회운동의 수단으로 삼았던 것은 또 다른 전사(前史)가 있었기 때문이기도 하다. 1990년대 빈민 지역에서 펼쳐졌던 생산공동체운동의 역사가 그것이다.

인간중심의 경제공동체 실현, '생산공동체운동'

생산공동체운동이란 1970~1980년대 민중교회를 거점으로 펼쳐졌던 도시 재개발 지역의 빈민운동을 말한다. 지역으로 들어가 가난한 이들과 동고동락하던 활동가들은 열악한 노동조건과 불합리한 하도급 구조에서 오는 경제적 불이익을 극복하고, 민주적인 의식과 공동체적 품성을 발전시켜 나갈 수 있는 대안적인 틀로 생산공동체운동에 주목했다.[3] 단순히 가난한 사람들의 먹거리를 해결하는 데 그치지 않고 물질 만능으로 우상화된 병든 사회를 치유하고자 하는 변혁적 사고가 전제된 운동이었다.[4] 한마디로 요약하면, 소원한 채로 경쟁적인 삶을 살아가는 자본주의 체제에서 생산활동을 매개로 상호 간의 깊은 유대감을 교류하고, 더욱 긴밀한 관계를 나누는 공동체를 형성하고자 했던 운동이라 할 수 있다.

생산공동체운동은 협동노동운동을 의미하기도 한다. 노동과정에서부터 생산물에 대한 분배에 이르기까지, 또 일하는 사람들 사이에 존재하는 고립과 대립, 소외로부터 벗어나 삶의 질을 다시 존엄의 차원으로 복원시키는 운동이 협동노동운동이다(신명호 외, 2013).[5] 여기서 노동은, 즉, 일을 한다는 것은 단지 돈을 벌기 위한 수단 그 이상의 의미를 지닌다. 협동노동은 사람이 사회 속에서 한 사람으로서의 가치와 존엄을 인정받는 일이고, 자아실현의 통로가 된다. 이러한 노동은 마르크스가 비판한 소외된 노동이 아니라, 생산의 결과물을 노동자들이 공유하고 생산과정에서 노동자들 사이에 우애 어린 관계를 회복시킨다. 인간을 이기적인 욕구 충족만이 아니라 더불어 나눔과 협동을 통해 더 큰 행복을 추구하는 존재로 본다. 협동노동운동은 또한 고립화된 지역사회의 관계를 회복시키는 운동이기도 하다. 무분별한 이윤추구가 아니라 지역사회 실업자들을 위한 일자리를 창출하고, 수익금을 지역사회에 환원하며, 지역사회 필요를 위한 지역투자를 통하여 깨어진 관계를 회복시킨다. 얼마나 많은 돈을 버느냐의 기준에 의해 직업과 노동의 가치를 평가하는 사회에서 협동노동운동이 대안경제 혹은 사회적경제로 지칭되는 새로운 인간 중심의 경제공동체를 우리 사회에 접목하고자 했던 운동으로 평가받는 것도 이 때문이다.[6]

생산공동체운동을 근간으로 하는 자활사업

1996년 2월 생산활동을 매개로 공익적 가치를 추구하는 새로운 민·관 협력 모델, 시범자활사업이 추진되기에 이른다. 어떻게, 왜 이러한 정책이 산출된 것일까? 1993년~1994년을 전후로 협동노동을 통해 공동체를 실현하고자 했던 민중교회와 시민사회단체의 노력은 언론과 학계의 관심을 불러일으켰다. 정치의 흐름이 변화되었기 때문이다. 개발독재 시기의 종말을 알리며 새롭게 등장한 김영삼 정부는 그간 미흡했던 국가복지의 개선과제를 해결하고자 했다. 당시 한국의 복지정책은 소득 이전을 통해 생계·주거·의료 등 최저생활을 보장하는 정책과 근로 능력이 있는 저소득층에게 생업자금 융자, 직업훈련 등을 통해 자립을 지원하는 두 축의 정책이 시행되고 있었다.[7] 소극적인 빈곤 정책에서 벗어나 민간주도에 의한 자발적 협동과 지역사회에 기반한 경제사업의 참여 유인을 통해 지역발전과 상생할 수 있는 적극적 빈곤정책이 필요했다. 정부는 생산공동체운동에서 정책적 아이디어를 얻었다. 그것이 바로 생산공동체 모형을 통한 생산적·예방적 복지의 구상, 시범자활사업이다. 공동체적 연대의 강화를 요구하는 진보적 시민사회 진영과 적극적 빈곤정책을 필요로 했던 정부의 동맹 관계가 자활사업을 탄생시킨 배경이라 하겠다.

초기 자활사업은 생산공동체 운동의 규범을 내재화하고 있었다. 공동체를 통해 빈민들의 삶의 변화를 추동하는 '공동체 지향', 주민들 스스로, 하지만 서로 협력해서 만들어 가는 '자조', 빈곤 문제의 당사자가 주체가 되어 문제의 상황을 극복해 나가도록 지원하는 '주민주체'가 그것이다. '생산', '나눔', '협동'이 자활사업의 핵심가치로 표상되는 것도 이러한 맥락과 같이한다. 자활현장은 주민이 중심이 되는 자활근로사업단의 운영과 이를 통한 자활공동체(현재는 자활기업으로 칭함) 창업을 지원했다. 그리고 그것의 조직적 지향을 사회적경제 조직으로 삼았다.

여기서 우리가 주목할 지점이 있다. 초기 자활사업은 자기 삶의 가치를 발견하고 성취감과 만족감을 느끼는 '자기실현 과정'으로서의 노동에 초점을 두었다는 점이다. 그것이 의미하는 바는 무엇인가? 사회적이고 공적인 삶에 참여할 수 있는 자원과 기회를 제공하여 자유롭고 평등한 주체로서의 사람, 즉 '시민'으로 자리매김될 수 있도록 지원하는 '사람 중심'의 자활사업이었음을 의미한다. 이는 지역주민의 빈곤 문제를 경제적 측면만이 아니라 사회적 측면, 즉 '사회적 배제'의 관점에서 바라보았음을 말해준다. 그래서 자활사업이 추구하는 목표는 한 개인이나 가족의 자활을 넘어 빈곤을 확대 재생하는 사회적 배제의 구조와 환경을 변화시키는 것이었다. 자본의 형성과정을 통하여, 생산과 경영과정을 통하여, 판매와 소비과정을 통하여, 그리고 생산의 결과물과 수익분배를 통하여 내부 구성원들 사이의 연대는 물론, 지역사회와의 관계 확장을 통해 사회를 재구성하는 것, 그것이 자활사업이 추구하는 목표였다.

하지만 만고불변의 정책이란 존재하던가? 경제·사회·정치적 환경에 따라 모습을 달리하는 것이 정책이 지니는 속성이다. 자활사업도 그러했다. 시범 자활사업이 끝나고 2000년, 국민기초생활보장법이 제정되면서 자활사업은 제도화의 길로 접어든다. 과정을 중시하는 '사람 중심' 자활사업은 결과를 중시하는 '성과 중심' 자활사업으로 변화되어 갔다. 정책대상은 유급노동에 참여해야 만 생계급여를 받을 자격이 주어지는 '조건부 수급자'로 제한되었으며, 참여자 개인의 삶의 변화보다는 취·창업을 통한 탈수급이 유일한 정책목표가 되었다.

작용이 있으면 반작용이 있기 마련이다. 정부의 정책기조 변화에 대한 자활현장의 다양한 저항이 펼쳐졌다. 주민들 스스로 위급상황에 대처할 수 있는 자조적인 생활 안전망을 구축하는 활동이 전국적으로 번져나갔으며, 자활기업의 연대조직을 만들어 당사자들의 연합된 힘을 조직하기도 했다. 그뿐만이 아니다. 복합적 문제를 지닌 주민들의 사회통합을 지원하기 위해 사례관리 시스템을 개발, 적용하는가 하면, 심리·정서적 자활 담론을 제기하며 '과정 중심' 자활사업의 중요성을 확산시켜 나가기도 했다. 자활현장의 이러한 활동들은 결국 '사람 중심의 사회·고용 안전망, 포용적 자활지원체계 구축'이라는 문재인 정부의 자활급여 기본계획[8]을 이끌어 냈으며, 2023년 현재 이에 따른 실행계획을 준비 중에 있다.

자활사업의 꽃, 자활기업의 협동노동 실천[9]

자활사업의 정책 산물이 곧 자활기업이다. 사회적 배제를 경험하고 있는 취약계층들에게 '일자리'와 '희망'을 주는 '따뜻한' 기업, 또는 '좋은 일'을 하는 기업으로 표상된다. 이는 협동노동 실천의 징표이기도 하다. 자활기업은 주로 돌봄, 자원재활용, 청소, 집수리 영역에서 생산 및 서비스를 제공하며 지역사회 편익을 창출해 왔다. 자활기업이 만들어지고 발전하는 과정은 참여 구성원의 성장과 민주적인 조직운영, 그리고 사회적 관계의 확장을 포함하고 있다. 본 글은 자활기업을 대표하는 (주)즐거운밥상, (협)청솔돌봄사회적협동조합, (주)컴윈을 중심으로 그 과정을 살펴보고자 한다.

자활기업이 걸어온 길

[표 II-5] 자활기업의 주요 현황

구분	사업내용	경로
(주)즐거운밥상	공공급식 위탁, 각종 도시락판매, 출장뷔페 등	자활근로사업단(2005)→자활기업(2007)→사회적기업(2010)
청솔돌봄 사회적협동조합	방문요양서비스, 방문목욕서비스, 노인돌봄서비스, 가사간병서비스 등	자활근로사업단(2001)→자활기업(2008)→사회적기업(2010)→사회적협동조합(2019)
(주)컴윈	전기·전자폐기물 재활용, 컴퓨터 제조판매 등	광역자활근로사업단(2003)→광역자활기업(2007)→사회적기업(2007)

(주)즐거운밥상은 천안시 공공급식을 제공하는 14년 차 된 자활기업이다. 예비군 도시락, 독거노인 도시락, 일반 도시락과 뷔페 공급을 주 사업으로 하고 있으며, 2023년 현재 총 11명이 연 15억 4,723만 원의 매출을 발생시키고 있다. 돌봄이 필요한 지역주민에게 노인주간보호, 방문요양, 방문목욕, 가사간병서비스와 취약계층 돌봄서비스를 제공하는 청솔돌봄사회적협동조합 또한 14년의 업력을 지니고 있는 자활기업이다. 총 38명이 7,650만 원의 매출을 올리고 있다. 21년의 사업경력을 지니고 있는 (주)컴윈은 29명을 고용하여 컴퓨터 제작·조립, 컴퓨터 모니터 제조판매, 전자제품, 태양광 발전사업, 무역, 응용소프트웨어 개발 등으로 사업을 확장하며, 연 매출 42억 2,710만 원을 달성하고 있다.

그러면 사례의 자활기업들이 걸어온 길을 살펴보자. (주)즐거운밥상은 당시 타지에서 발생한 부실 도시락 사건이 탄생의 단초가 되었다. 군산과 제주 지역을 중심으로 아동급식의 질에 대한 문제의식을 갖게 된 천안지역자활센터는 높은 수준은 아니더라도 가정에서 먹는 정도의 급식은 가능하겠다는 판단 아래 공공급식 자활사업단을 꾸렸다. 천안지역은 중심지역을 제외하고, 먼 곳은 차로 1시간 이상을 이동해야 하므로 전체 지역을 포괄하여 사업을 진행하는 것은 수익구조를 낼 수 없는 조건이었다. 이러한 상황에서 보조금으로 운영되는 자활근로사업단의 존재는 매우 유용했다. 이렇게 출발한 천안지역자활센터의 자활근로사업단은 2007년 자활기업으로 인정받았으며, 2010년 8월 (주)즐거운밥상이라는 법인을 설립하고, 같은 해 충남형 예비사회적기업을 거쳐 2012년 고용노동부 일자리제공형 사회적기업으로 인증을 받았다.

인천에 위치한 청솔돌봄사회적협동조합은 돌봄사회서비스 분야의 사회적협동조합이다. 사회적기업이면서 자활기업이기도 하다. 사업의 시작은 2001년 인천남동지역자활센터의 복지간병 자활근로사업단으로부터 출발했다. 복지간병은 병원 또는 재가간병서비스를 공급하는 사업으로 저소득층이 서비스의 주요 대상이다. 1990년대 후반~2000년대 초 사설간병협회에 대한 대응차원에서 복지간병 자활사업단의 조직화가 시도되었다. 인천남동지역자활센터의 복지간병사업단도 이러한 흐름에서 탄생했다. 2007년 사회서비스전자바우처 사업의 실시와 2008년 노인장기요양보험사업 실시 등 정부 차원의 돌봄사회서비스 확대과정에서 복지간병사업단은 전환점을 맞이한다. 재가장기요양기관 '정다운노인요양센터 청솔의 집'의 설치와 자활기업으로의 조직전환이 그것이다. 자활기업으로 출범했지만, 빈곤층의 자활·자립을 넘어 돌봄노동자의 노동권 보장과 올바른 사회적 돌봄을 실현하는 것이 조직의 목표였다. 꾸준한 준비 끝에 2010년 4월, (주)청솔노인요양센터로 법인을 전환하고, 그해 12월 고용노동부로부터 사회적기업으로 인증을 받기에 이른다. 2019년 사회적협동조합으로 또 한 겹의 옷을 입게 된 청솔돌봄사회적협동조합은 국민건강보험 경인지역본부장 표창을 받는가 하면, 인천광역시 우수사회적기업, 국민건강보험공단 그린(Green) 기관으로 선정되기도 했다.

전기·전자폐기물 재활용사업을 주된 사업으로 하는 (주)컴윈은 2003년 12월 안산지역자활센터와 시흥작은자리지역자활센터가 컴퓨터 재활용사업단을 공동으로 구성하면서 출발했다. 이때부터 이미 사회적기업이라는 명칭을 사용하고 있었다. (주)컴윈은 기업이 만들어질 때도 협동적이었지만, 운영역시 협동적이었다. 자활기업은 지역자활센터가 운영하는 자활근로사업단을 통해 조직되는 것이 일반적이다. 하지만 (주)컴윈은 두 지역자활센터가 각각 운영하던 자활근로사업단을 하나의 자활기업으로 조직해냈다. (주)컴윈이 만들어지는 과정은 더욱 협동적이었다. 단순히 두 지역자활센터의 협동의 결과물이라기 보다 전국의 지역자활센터들이 '폐컴퓨터 재활용'이라는 사업 아이템에 공동으로 대응한 결과물로 보는 것이 타당하다.

2002년, 한국지역자활센터협회의 적극적인 추진 속에 전국 각지에서 전국폐자원재활용사업단 네트워크가 결성되었다. 이 중 65개의 자활사업단이 (사)한국전자산업환경협회에 컴퓨터재활용업체로 신고했다. 이들은 전국 폐자원재활용사업단 네트워크 내에 컴퓨터재활용사업분과를 조직하고, 전국적으로 6개의 권역별 센터를 설치했다. 그리고 2003년 8월, 가칭 〈컴퓨터재활용사회적기업 설립을 위한 준비모임〉을 발족하고 (주)컴윈을 설립하기에 이른다. 이처럼 (주)컴윈의 조직화는 지역과 전국 단위의 네트워크가 작동한 협동의 결과물이었다. 폐컴퓨터재활용사업으로 출범한 (주)컴윈의 사업은 정부와 기업의 협력적 네트워크를 통해 확대되었다. 특히, 2004년 조직된 범민간실업대책기구인 〈일자리만들기운동본부〉와의 적극적 결합은 사업이 급속도로 확장하는데 큰 도움이 되었다. 2005년에는 교육인적자원부의 해외 정보화 지원사업에 참여하면서 중고 컴퓨터 조립 및 납품사업을 진행했으며, 2005년 이후부터는 삼성전자, 한국 HP, 한국가스공사 등 기업 및 지자체 등과 협약을 체결하여 전기·전자폐기물이나 사업장 폐기물 위탁처리사업을 수행하고 있다.

자활기업의 협동노동 실천

'사람의 성장'을 지원하는 일터

'좋은 일'에는 노동에 대한 관점의 변화가 자리한다. 그 관점은, 노동은 협력적인 인간을 만드는 행위이며, 그 협력적 행위를 통해 인간으로 성장한다는 것이다. 이러한 과점에서 볼 때 문제의식은 '일(work)'을 어떻게 볼 것인가와 관련 있다. 자신의 일에 대한 정체성과 긍지를 어떻게 획득하는가? 자신의 일은 사회적 측면에서 어느 정도 필요하며, 또한 공감을 얻을 수 있는 일인가? 이러한 문제의식은 구성원들이 일과 일터, 노동을 재구성하는 과정이 된다.[10] 그렇다면 사례의 기업들은 사람의 성장을 위해 어떠한 노력을 펼치고 있는가?

'사람의 성장'은 (주)즐거운밥상이 자활근로사업단으로 시작하면서부터 가장 중요하게 고려했던 요소였다. 이를 가능하게 하는 수단은 교육과 훈련이었다. 자활근로사업은 훈련 자체가 목적이지만 자활기업으로 창업하면 시장경제의 원리에 따라 급변하는 상황에 대처해야 하기 때문에 교육과 훈련의 시간을 갖기 힘든 게 사실이다. 그런데도 (주)즐거운밥상은 성희롱예방교육, 개인정보관리교육, 산업안전교육, 위생교육 등과 같은 기본교육은 물론, 조리원 역량강화, 관계 형성, 가치 지향, 사회적경제 교육 등 다양한 교육을 추진하고 있다. 이외 '창을 깨고 나가기'와 같은 학습동아리의 운영과 자격증 취득 등을 위한 시간 및 비용을 적극적으로 지원하고 있다. 재직 중 자격증을 취득한 비율은 전체 직원의 18%에 달할 정도이다. 또한, 구성원의 협력을 유도하기 위한 프로그램도 운영한다. 연 2회를 목표로 문화행사를 진행하고 있으며, 직원 회식은 가능한 한 자주 하려고 노력하고 있다. 자존감 향상 차원에서 회식은 고품질의 음식을 선택하는데, 연 2회 정도는 대표가 직접 조리를 해서 직원들에게 대접하기도 한다.

청솔돌봄사회적협동조합의 교육과 훈련 수준 역시 높다. 1인당 연간 교육 및 훈련 시간은 16시간 정도인데, 직무관련, 정리 수납, 웃음 치료, 호스피스 교육 등 다양하게 이루어지고 있다. 재직 중 자격증 취득 기회도 제공하고 있는데, 치매전문요양보호사 양성은 100% 지원하고 있다. 이외에도 단합대회, 야유회 등 상호 간 긴밀성을 유지하기 위한 프로그램도 운영한다. 봄가을 야유회와 겨울에 진행되는 송년회 등이 그것이다. 이러한 모임들은 동료들과 어울리며 감정노동으로부터 받은 스트레스를 해소하고 이용자들에 대한 상호 정보 교류와 이에 대한 대응법을 자연스럽게 터득할 수 있는 장으로 작동한다.

(주)컴윈은 운영규정 내에 직원교육지원 규정을 별도로 두고 있다. 구성원은 법정 의무교육 이외에 직무관련 교육과 자기계발교육을 받을 수 있으며, 회사가 실시하는 교육에 참여할 권리와 의무가 주어진다. 의무 교육프로그램과 이수 시간의 결정은 총회의 사업계획서 수립과정에서 결정된다. 기업은 교육비와 자격증 취득 시 장려금을 지원하고 있는데, 구성원들은 교육 프로그램을 활용해 컴퓨터 관련 조립 및 정비 자격증이나 환경기능사, 정보 처리기사, 지게차 운전자격증 등을 취득하고 있다. 한편, 구성원 간 협력을 유도하기 위한 프로그램도 다양하게 진행되고 있다. 직원들의 자치조직으로 산악회가 월 1회 운영되는데, 평균 9~10명 정도가 참여한다. 이때, 기업에서 차량지원과 1인당 3만 원 정도의 현금을 지원한다. 또한, 직원 단합을 위한 회식도 연 8회 가량 진행하고, 체육대회와 야유회도 각 1회씩 진행한다. 기업 내 상조회도 운영하고 있다. 한가지 주목할 점은 2016년 송년회를 직원 자치조직인 직원협의회와 상조회에서 진행했다는 점이다. 2016년은 (주)컴윈이 매출 하락으로 경영난이 심각했던 해였다. 회사의 부담을 덜어주기 위해 직원 자치조직이 자발적으로 나선 것이다. 조직의 위기 상황에서 직원협의체가 주체가 되어 대응 방안을 고민하고 실천하였다는 점은 협동노동을 위한 합의와 격려, 나아가 조직의 결속과 공생의 문화를 만들어낸 대표적인 사례라 하겠다.

'일하는 사람이 주인' 되는 조직 운영

협동노동은 일하는 사람이 주체가 되는 노동이다. 그것의 시작은 의사결정의 참여로부터 시작된다. (주)즐거운밥상의 의사소통 메커니즘은 기본적으로 팀별 회의가 있고, 팀장, 실장, 대표가 참가하는 집행부 회의와 전 직원이 참여하는 전체 직원회의, 이사회, 조합원총회로 이루어진다. 이 중 기업이 가장 비중을 두는 것은 전체 직원회의이다. (주)즐거운밥상의 중요한 결정은 전체 직원회의를 통해 이루어진다고 보면 된다. 집행부 회의는 격주에 한 번 중간 점검을 목적으로 이루어지며 회의록은 바로 공지하여 전 직원이 회의 결과를 확인할 수 있도록 한다. 이사회와 조합원총회는 일반적인 절차대로 진행하는데, 조합원총회는 전체 직원이 모두 참여하는 것을 원칙으로 한다. 여기서 총회는 추인받기 위한 형식적인 절차일 뿐, 실질적 논의는 직원대표로 구성된 총회준비위원회에서 이루어진다. 이사회는 총 5명으로 구성되는데, 이 중 사외이사가 3명이다. 이사회는 연 2~3회 열리는데, 이때 노동자 이사는 100% 참여한다. 이사회의 권한 중 하나가 대표 선출과 간부 임명 권한이라 할 수 있는데, 이조차도 직원 전체회의에서 1차 선출된 결과를 승인하는 정도이다. 기업의 운영과 관련한 정관, 취업규칙, 운영규칙 또한 전 직원이 모여 수립한다. 이처럼 (주)즐거운밥상은 노동자의 의사결정권을 강화하고, 이사회의 권한과 역할을 적절히 조율함으로써 노동자의 경영통제가 가능한 구조를 만들기 위해 다양한 시도를 펼치고 있음을 볼 수 있다.

청솔돌봄사회적협동조합의 조직운영은 조합원총회-이사회-조별모임 등이 작동하고 있다. 여기서 조별모임은 자발적 모임이다. 사무실은 개입하지 않고 지원만 한다. 구성원들의 80% 이상이 참여할 만큼 참여도가 매우 높다. 직무배치와 구성원들의 의견수렴은 이러한 조별모임을 통해서 이루어진다. 청솔돌봄사회적협동조합은 직원들의 의사수렴 정도를 규칙에 명문화하고 있을 만큼, 일을 진행하는 과정에서 직원들의 의견을 듣고 반영하는 경우가 많다. 이를테면, 요양보호사가 희망하는 시간이나 환자와 요양보호사가 서로 잘 맞지 않을 경우, 요양보호사의 의사를 반영해서 직무배치가 이루어진다. 또한, 서비스 제공유형별 조직구성, 즉 방문요양팀, 방문목욕팀, 노인돌봄팀, 가사지원팀 외에 직원 중심의 '자발적 모임'을 구성하고 있는 것도 특징적이다. 지역과 서비스 유형에 구애받지 않고 제비뽑기 방식으로 자유롭게 구성된 모임은 1년 동안 활동하면서 소통과 유대, 다양한 의견을 제시하는 통로로 작동한다. 기업의 대표 선출 또한 모든 직원이 참여하는 총회에서 투표를 통해 이루어진다. 이처럼 청솔돌봄사회적협동조합의 구성원들은 일방적으로 지시를 받는 존재가 아니라 기업 내 의사결정 과정에 참여하여 자신의 의사를 적극적으로 표현하고 관철시키는 조직운영의 주체로 자리매김되고 있음을 볼 수 있다.

(주)컴윈의 민주적 조직운영 시스템은 전 직원을 대상으로 하는 총회와 직원 월례회의가 작동한다. 또한, 직원협의회를 구성하여 분기별 회의를 진행하고 있다. 직원협의회는 이사 이하의 전 직원이 구성원으로 참여하는 자치기구인데, 이사와 감사 추천, 인사위원회 추천과 사내 복지기금 운영위원 추천 권한을 가진다. 직원협의회를 구성한 취지는 경영을 함께 책임지고 만들어가는 협동조합으로서의 가치를 실현하기 위함이다. 또 하나의 의사소통 창구인 이사회는 분기별 1회 소집된다. 인사 관련 사안이나 자금 대출에 대한 승인, 사업계획 수립 등이 이사회의 핵심적인 역할이다. 이사회는 사업에 직접 개입하기보다는 (주)컴윈이 사회적기업이자 자활기업으로서의 기본 정신과 원칙을 어떻게 사업적으로 구현하는가에 대한 문제제기를 하는 역할을 주로 담당한다. (주)컴윈의 대표 선출은 이사회의 추천을 받아 총회에서 승인을 받도록 하고 있으며, 간부의 임명은 인사위원회의 심의를 거쳐 대표이사가 임명하도록 하고 있다. 따라서 인사과정에 직원들이 직접적으로 참여하지는 않는다. 하지만 이사회에 안건을 상정하기 전에 직원들이 월례회의와 직원협의회를 통해 의견을 제시하는 등 간접적 방식으로 의사결정 구조에 참여하고 있다. 직원들의 직무배치는 일상적 필요시 주 1회 열리는 간부회의에서 조정한다. 이외에 부서 신설이나 통폐합 등의 경우는 간부 회의에서 초안을 내고, 총회 준비 TFT에서 평가와 사업계획 토론을 거친 후 총회에서 최종결정한다. 총회 준비 TFT는 전 직원 워크숍을 통해 구성하는데, 이사가 아닌 노동자도 참여할 수 있으며, 주주가 아님에도 조합원총회에 참관인으로 참가할 수 있다. 종합해 볼 때, (주)컴윈은 구성원들이 이사회 구성이나 인사권한을 직접적으로 행사하지는 못하지만, 전 직원 월례회의나 직원협의

회 등을 통해 간접적으로 의사결정권을 행사함으로써 민주적인 경영통제가 이루어지고 있음을 볼 수 있다.

지역사회 '필요'와 '열망'의 조직화

기업의 활동이 사회에 얼마나 기여하는가? 또 기업이 지역사회에 얼마나 뿌리를 내리고 있는지는 '사회'를 재구조화하는 방식과 관련이 있다. (주)즐거운밥상이 제공하는 서비스는 공공급식, 예비군급식, 시설급식, 위탁급식 등의 급식서비스와 일반 케이터링(catering) 서비스로 구분된다. 이 중 공공급식서비스는 줄어들고 있긴 하지만 여전히 중요한 비중을 차지한다. 급식서비스의 이용자들은 대부분이 취약계층이다. 서비스의 내용 뿐만 아니라 취약계층의 고용 창출 측면도 (주)즐거운밥상의 사회적 유용성을 말해준다. 2017년 현재 수급자 9%, 한부모가장 9%, 노인 9%, 차상위계층 18%로 총 45%가 취약계층이다. 지역사회와의 관계는 어떠한가? 기업의 대표는 지역행사나 회의에 참여하는 횟수가 주 2~3회나 될 정도로 활발한 네트워크 활동을 펼치고 있다. (주)즐거운밥상의 지역사회 환원 수준도 매우 높은 편이다. 현금과 현물을 포함한 총 기부액이 2016년 기준으로 연간 6,930,000원에 달한다. 지역사회 기부 외에 자원봉사도 연간 1~2회 참여한다. 지역의 사회적경제 조직 간의 관계 또한 활발하다. 특히 흥미로운 사례는 사회적협동조합 〈우리동네〉의 조직화를 이끌었다는 점이다. 〈우리동네〉는 코워킹(co-working) 공간으로, 지역에서 청년 활동과 추가적인 사회적기업들을 조직하기 위한 목적으로 설립된 조직이다. 한편, 기업의 대표는 충남세종사회적기업협의회 결성을 주도하는가 하면, 사회적경제 민간네트워크인 협동사회경제네트워크의 결성에도 기여했다. 이처럼 (주)즐거운밥상은 취약계층에게 양질의 일자리 제공 뿐만 아니라 충남 사회적경제 2세대들의 성장을 지원하며 사회적경제의 민간 역량을 결집시키는 데 핵심적 역할을 수행해 왔음을 볼 수 있다.

청솔돌봄사회적협동조합이 지역사회의 필요에 부응하는 방식은 제공하는 서비스 그 자체라 할 수 있다. 모두 일자리가 필요한 여성이 기업의 직원이 되어 돌봄서비스와 관련된 전문적 지식과 훈련을 받고 지역사회 돌봄을 실천하고 있다. 서비스의 이용자는 대체로 취약계층이다. 한편, 청솔돌봄사회 적협동조합은 기부활동을 통해 지역사회와 관계를 맺고 있다. 연간 100만 원 정도를 기부한다. 돌봄 기업들이 정부의 서비스 수가 통제로 수익을 내기 어려운 상황임을 고려할 때 결코 적은 금액이라 할 수 없다. 또한, 연간 1천 시간 이상의 지역사회 자원봉사 활동을 전개하고 있다. 정부가 정한 서비스 수급 기준에서 벗어난 사각지대의 사람들이 무료 돌봄서비스의 대상이다. 청솔돌봄사회적협동조합은 이처럼 취업이 어려운 사람들에게 건강한 일자리를 제공하고 사회적 약자에게 돌봄서비스를 제공함으로써 지역사회의 필요에 응대하고 있음을 볼 수 있다.

(주)컴윈은 어떠한가? 정보격차 해소를 위한 사회공헌 지원사업을 통해 사회에 기여하고 있다. 공공기관이나 기업-삼성전자, 한국 HP 등에서 수거한 불용 PC를 재사용이 가능한 PC로 정비한 후 개발도상국이나 국내 정보 소외 계층의 정보격차 해소를 위해 기증하고 있다. 2016년 현재 (주)컴윈의 손을 거쳐 약 20,000대의 PC가 국내외 정보 취약계층에게 전달되었고, 그 과정에서 몽골을 비롯한 16개국과의 국제교류가 이루어졌다. 무엇보다 (주)컴윈의 사회적 기여는 사업내용 자체에 있다고 볼 수 있다. 정부가 추진하고 있는 생산자책임재활용제도의 대상 품목 중 27개의 전자제품을 (주)컴윈이 환경부의 관리프로그램, 즉 EcoAs(환경성보장제)에 따라 적정 처리하고 있다. 또한, 불용 컴퓨터를 수거, 세척한 후 해체작업을 거쳐 사용 가능한 메모리, 하드 등을 재조립하여 "행복을 키우는 컴퓨터 컴윈"이라는 브랜드로 판매하기도 한다. 재활용사업 외에도 신제품 PC를 제조·판매하며, 저장매체장치를 안전하게 폐기하는 정보보안 처리 서비스를 제공하고 있다. 다른 한편, 취약계층의 고용 창출 측면에서도 (주)컴윈의 사회적 유용성을 찾아볼 수 있다. 비율은 전체 노동자의 절반에 못 미치지만, 신규 노동자의 채용에서 취약계층을 우선한다는 원칙을 세우고 있다. 특히 지역자활센터에서 추천한 자의 채용

을 우선순위로 두고 있다는 점은 자활사업의 경로 측면에서 볼 때 의미하는 바가 크다. 실제 인근 지역자활센터 소속 참여주민이 (주)컴윈에 파견근로 형식으로 참여한 후 정규 직원으로 채용된 경우가 종종 있다.

(주)컴윈의 지역사회활동 참여의 내용과 수준은 어떠한가? 기업 차원에서 지역사회 행사나 회의에 참여하는 횟수는 주 3일 이상이다. 사회적경제협의회 페스티벌, 사회적기업의 날 행사, 체육대회, 화성시 행사 등의 지역행사나 다수의 회의에 참여하고 있다. 이외에도 연평균 1천 5백만 원 정도를 지역사회에 기부하고 있다. 이 중 대부분은 컴퓨터 등의 현물이 차지한다. 지역의 사회적경제 조직과의 관계 또한 밀접한데, 자활기업과 사회적기업, 의료사협 등과 관계를 맺고 있으며 지속적인 회의를 진행하고 있다. 또한, 지역의 사회적경제 조직에게 컴퓨터 등의 생산품을 판매할 때는 20~30% 할인을 해주거나 사무공간에 필요한 컴퓨터 등을 무상으로 지원하기도 한다.

자활기업을 통해 본 사회적경제의 전망

지금까지 자활기업의 협동노동 실천 사례들을 살펴보았다. 물론 본 글에서 소개된 사례가 모든 자활기업을 대변한다고는 볼 수 없다. 그러나 사례기업들은 사회적경제 조직이 사회적 원리에 기반한 경제공동체의 실현을 위해 어떠한 실천이 필요한지에 대한 나름의 시사점을 던져준다. 정리하면 다음과 같다.

첫째, '사람 중심'의 성장이다. (주)즐거운밥상과 청솔돌봄사회적협동조합, (주)컴윈 모두 법정 의무교육 외에도 직무 교육, 자격증 취득을 위한 교육 등 다양한 훈련과정을 통해 사회통합에 필요한 기술을 습득할 수 있도록 지원하고 있다. 또한, 함께 활동의 경험을 나누고 공유할 수 있는 자치모임 등을 구성하여 내부 구성원들 간 유대감을 형성하고 협동을 끌어내기 위한 다양한 프로그램을 운영하고 있다. 이러한 노력은 구성원들이 각자 자신의 능력을 사용해 자기를 완성하고, 자기 중심성에서 벗어나 협력적 행위를 할 수 있는 관계적인 사람으로 성장할 수 있도록 돕는다. 구성원들의 역량과 권한을 강화하고 자유롭게 표현할 수 있는 장을 제공하는 것은 자기 자신과 연합된 노동의 실현을 통해 주어진 조건과 환경을 변화시키고 한 사회의 시민으로서 자리매김하도록 하는 '자기실현 과정'으로서의 노동이라 할 수 있다. 사례 기업들의 이러한 실천은 사회적경제 조직이 노동자의 존엄성과 신성성을 회복하고 협동의 가치를 실현하는 '사람 중심' 성장을 지원하는 노동의 제공이 필요함을 말해준다.

둘째, 민주적인 지배구조이다. 자활기업은 생산공동체운동의 규범적 가치를 내재화하고 있다. 따라서 자활사업의 최종 경로로 존재하는 사례 기업들은 협동조합적 조직운영을 기본으로 하여 짜임새 있는 의사소통 구조를 마련하고, 직원들의 의사결정 권한을 강화하고 있음을 볼 수 있다. 이러한 구조는 단지 절차적 민주주의 장치로만 존재하는 것이 아니라 구성원들에게 주체적이고 능동적이며, 자발적으로 협동하는 훈련의 장으로 작동한다. 생산과 경영과정의 참여와 통제는 구성원들의 자기 주체화와 연대적 관계의 확장을 가능하게 한다. 인간을 개별화하고 상품화하며, 생산의 요소로 바라보는 자본주의 흐름에 맞서는 주체적인 시도라 할 수 있다. 이는 사회적경제 조직이 노동자의 경영통제 구조를 통해 '주체로서의 노동', 즉 대안적인 협동노동의 조직화가 필요함을 시사한다.

셋째, 지역사회의 필요와 열망의 조직화이다. 이는 지역사회에 공익적 편익을 제공하는 사회적 유용성을 의미한다. 지역사회는 이웃들과 마주하는 현장이며, 여기서 직원들은 공적 존재가 되고, 공동의 이익과 공공행복 또는 공공재를 구성하는 공적 역량들을 함께 나누고 공유한다.[11] 사례 기업들은 취약계층을 고용하고, 사회적 약자에게 공적 서비스를 제공하며, 자원순환 등의 사회적 가치를 창출하고 있음을 볼 수 있다. 또한, 기부나 봉사활동 등을 통해 축적된 역량을 지역사회에 환원하고 네트워크 활동이나 유관기관

간의 연대협력을 통해 새로운 관계의 형성과 확장을 시도하고 있다. 이는 앞서 언급한 사회적 유용성과 더불어 사회를 재구성하는 방식이라 할 수 있다. 사회적경제 운동의 최종목표가 공동체성의 회복이라는 측면에서 볼 때, 지역사회의 필요와 욕구에 부응하는 것은 아무리 강조해도 지나치지 않다.

이상을 종합할 때, 사회적경제 조직의 한 범주에 속하는 자활기업은 자기와 연합된 노동, 동료들과 이용자, 지역사회와 연합된 노동, 그리고 사회적 가치와 연합된 노동을 통해 '사회원리'를 실천하고 있음을 볼 수 있다. 이러한 차별성은 조직의 핵심요인이며, 동시에 자활기업의 역량으로 작동하여 비재무적 성과는 물론 재무적 성과에도 중요한 영향을 미치고 있음을 알 수 있다. 본인의 역할을 깨닫고, 사회적 소명 안에서 업무의 의미와 목표를 추구하며, 사회의 공공성에 영향을 미치는 구성원의 행위들은 직무 만족도와 조직 몰입도는 물론 기업의 브랜드 이미지를 높여 경제적 성과를 달성하는 데 긍정적인 영향을 미치고 있다. 또한, 사회적 관계의 확장을 통한 자원과 정보의 확보, 즉 사회적 자본의 형성은 자활기업이 태생적으로 지닐 수밖에 없는 인적·물적 자본의 한계를 극복하여 경쟁우위를 점할 수 있는 여건의 형성에 효과적으로 작용한다. 그뿐인가? 지역사회 안에서 사회문제 해결의 단서를 발견하고 창업을 통해 주민들의 욕구에 맞는 상품 및 서비스를 제공하는 자활기업의 시도들은 지역사회가 필요로 하는 기업으로서의 위상을 가지고 오래도록 생존할 수 있는 지속가능성의 확보에 핵심적 요인으로 작용하고 있음을 보여준다.

그런데 자활기업이 이처럼 많은 잠재력을 가지고 있다손 치더라도 장 루이 라빌(Laville, Jean Louis)[12]이 말한 것처럼 그것의 임무가 "실업이나 그 밖의 시장경제 실패로 인한 문제들을 해결하는 것"이 될 수는 없다. 하지만 비록 자활기업이 직접 가난의 원인을 없앨 가능성은 희박하더라도 에드가 파넬(Parnell, Edgar)[13]의 말처럼 일단 자활기업이 만들어지면 "구성원들에게 가난을 완화시켜 주고 때가 되면 가난에서 빠져나올 수 있는 길을 제공해 줄 수 있는 가능성은 크다." 따라서 우리가 가야 할 길은 명확하다. '노동이 상품화되지 않는 작은 조직'들을 만드는 방식으로, 그래서 주민들이 탈자본주의의 가치와 원리가 작동하는 사회적경제 조직에 참여하게 함으로써 인식과 행동, 사회적 관계의 변화와 발전을 꾀하도록 하는 것이다. 그것이 사람 중심의 성장, 조직의 민주적 지배구조, 지역사회의 필요에 응답함으로써 삶의 질을 높여주는 길이며 경제에 포획된 사회의 재구조화를 통해 공동체성을 회복하는 길이라 믿어 의심치 않는다.

1) 김주환. 2017. 『포획된 저항: 신자유주의와 통치성, 헤게모니 그리고 사회적기업의 정치학』. 서울: 이매진

2) 신명호. 2022. "사회적경제와 마을공동체 운동의 전망". 『2022 군포시 사회적경제 마을공동체 융합포럼 자료집』.

3) 신명호·김홍일. 2002. "자활사업의 발자취를 통해서 본 제도의 개선방향". 『도시와 빈곤』, 4(55): 61-76. 한국도시연구소.

4) 신명호. 1999. "한국 지역주민운동의 역사(3)". 『도시와 빈곤』, 12: 135-145. 한국도시연구소.

5) 신명호·김홍일·문보경·장원봉·김유숙. 2013. 『변화를 위한 협동, 자활현장에서 배우는 협동조합』. 경기광역자활센터.

6) 이문국. 2010. "자활사업 제도화 전 단계: 생산공동체운동시기". 『자활운동의 역사와 철학』. 한국지역자활센터협회.

7) 김승오. 2010. "시범 사업 단계: 자활사업 제도화 초기". 『자활운동의 역사와 철학』. 한국지역자활센터협회.

8) 보건복지부. 2020. 「기초생활보장 자활급여 기본계획(2012-2023)」.

9) 김정원·장인권·지규옥·송선영(2018)의 『협동노동기업의 도전』에 소개된 자활기업의 내용을 참조하였다.

10) 김정원. 2016. "일본 노동자협동조합연합회 조직화 특성의 한국과의 비교 및 시사점". 『지역사회연구』, 24(2): 25-54.

11) 김정원·지규옥·장인권·송선영. 2017. 『협동노동기업 개념정의와 분석을 위한 지표개발 연구』. 사회적협동조합너머·사회적협동조합 도우누리·사회적협동조합 내일로.

12) Laville, J. L. 2003. "A New European Socioeconomic Perspective". *Review Of Social Economy*, 91(3): 389-405.

13) Parnell, E. 2012. 『협동조합 그 아름다운 구상』. 염찬희 옮김. 서울: 그물코.

10장

지역사회 돌봄과 안심 공동체

윤형근

일본의 공영방송 NHK는 2010년 한 다큐멘터리를 통해 자국을 '무연사회(無緣社會)'로 규정했다. 취재기를 담은 동명의 책은 '혼자 살다 혼자 죽은 사회'라는 부재를 달고 있다. '신원미상의 자살'이나 '행려 사망자', '아사자(餓死者)', '동사자(凍死者)' 등 2009년 한 해 동안 무연사(無緣死)로 밝혀진 죽음이 일본 전국에서 3만 2천 건이나 되었다.

유품 정리 대행업이 성업 중이었고, 가족 대신 사후 정리를 해주는 민간단체에는 고령자들 뿐만 아니라 50대가 몰려들고 있었다. 대기업 정년퇴직 남성이나 '나 홀로' 여성도 눈에 띄었다. 일본 사회는 이미 오래전부터 무연사회의 조짐이 생겨나고 있었다. '한참 일할 나이의 히키코모리(은둔형 외톨이)'나 아동 방치, 도시로 떠밀려온 고령자 등의 문제를 TV 메인 뉴스에서 시리즈로 보도하면서 시청자들의 반향을 불러일으켜 왔다.[1]

가족 문제를 집요하게 영화의 소재로 삼아온 영화감독 고레에다 히로카즈 감독은 2004년 실제 사건을 소재로 한 〈아무도 모른다〉란 작품을 통해 일본 사회 '아동 방치'의 문제를 사회적으로 부각시켰다. 고레에다 감독은 그

후 작품들에서도 질곡을 겪고 있는 일본사회의 가족의 실상을 보여주고 있다.[2] 그것은 영화적 상상력이 만든 허구가 아니라 현실의 일본 사회를 그대로 반영한 것이었다. 최근 그의 시선은 해체되는 현실의 가족을 대신할 대안 가족을 찾는다. 피 한 방울 섞이지 않았지만 좀도둑질과 할머니의 연금으로 저마다의 상처를 보듬으면서 함께 살아가는 <어느 가족>, 베이비 박스에 버려진 갓난아이를 둘러싼 에피소드를 통해 황금만능 사회에 대한 성찰과 더불어 사람들의 외로움과 고립의 문제를 정면으로 제기한 <브로커>가 그 사례들이다. <브로커>가 한국 땅을 무대로 한국의 배우들이 출연한 작품인 것을 보면, 우리 사회도 일본과 별반 다르지 않은 가족 해체, 무연사회의 정중앙에 있으며, 수많은 통계와 사례들도 그것을 증거하고 있다.

불평등의 심화, 고독사의 증가

보건복지부가 행한 '2022년 고독사 실태조사'에 따르면, 한국 사회에서 2021년 고독사 사망자 수는 총 3,378명이었다. 최근 5년간 연평균 증가율은 8.8%로 지속적인 증가 추세인데 남성의 경우는 10%씩, 여성의 경우는 5.6%씩에 늘어났다. 매년 남성 고독사가 여성 고독사에 비해 4배 이상 많으며, 가장 많은 비중을 차지하는 연령은 50~60대(매년 50% 이상)로 확인되었다. 고독사가 늘어나는 원인은 무엇일까?

2020년 기준 한국의 1인 가구가 전체 일반 가구 2,090만 가구 중 32%인 660만 가구로 가장 높은 비율을 차지하였고, 2인 가구 역시 28%에 해당하는 590만 가구에 달했다. 가구원이 2명 이하인 가구가 일반 가구의 60%를 넘어서고 있는 것이다. 1970년 5.2명이던 가구당 평균 가구원 수는 2020년에는 2.3명 수준이 되었다. 저출산, 고령화, 1인 가구의 증가 등은 비단 우리나라만의 문제가 아닌 전 세계적인 현상이기는 하지만, 그 속도에 이르면 우리 사회가 타의추종을 불허한다.

　불평등의 심화도 한몫하고 있다. 「한겨레신문」 박종오 기자에 따르면, 해방 전 극소수 대지주가 전국의 경작 토지의 3분의 2을 소유했으나 토지 개혁이 단행되면서 상위 6%가 개간된 토지의 18%만 소유하게 됐다. 하지만 1960년대 이후 산업화와 함께 급격하게 경제가 성장하고, 각종 규제가 완화되면서 다시 부의 불평등이 심화되었고, 재분배가 이뤄지지 않아 빈익빈 부익부의 양극화 문제가 심각해지고 있다. 최근 수도권 집값 폭등 등이 큰 요인이기도 하지만, 부동산 자산만 보면 30.76억 원을 보유하는 상위 2% 가구는 우리나라 전체 가구 자산의 19.25%를 차지하고 있다. 상위 10% 가구는 전체 가구 자산의 48.25%를 점유하고 있다. 부동산 등 자산 불평등은 갈수록 심해져서 토지 개혁 이후 역대 가장 높은 수준이 된 것으로 나타났다. 2022년 3월 말 국내 순자산 지니계수는 0.606으로 전년도 3월 말에 견줘 0.003포인트 상승했다. 이 지수는 1에 가까울수록 소수의 가구가 많은 자산을 갖고 있다는 의미다. 순자산 지니계수는 서울을 포함한 수도권 집값 상승이 본격화된 2018년부터 매년 상승 추세를 보이며 2022년 역대 최고치를 기록했다.[3]

　소득불평등도 심화되고 있다. 2021년 말 세계불평등연구소가 발표한 '세계 불평등 보고서 2022'에 따르면, 한국의 소득 불평등은 갈수록 심각해지고 있다. 2021년 기준 상위 10%가 전체 소득의 절반에 달하는 46.5%를 가져간 반면 하위 50%는 전체 소득의 16%를 얻는데 그쳤다. 상위 10%의 1인당 소득은 1억 7,850만 원으로, 하위 50%의 1,233만 원에 비해 무려 14배나 많았다. 1990년대 이후 상위 10%가 가진 소득은 10% 포인트 증가한 반면 하위 50%가 차지한 비중은 5% 포인트 줄어들어 소득 불평등이 더 심해진 것이다. 게다가 코로나19의 확산은 불평등 지표를 더 악화시킨 것으로 나타나 사회적 재난 상황에서 소득이 현저히 감소하는 취약집단이 존재하는 것을 확인할 수 있었다. 심각한 사회 양극화는 계층 이동 사다리마저 단절시키면서 사람들을 절망과 상대적 박탈감으로 몰아넣는다.

　최근 우울증, 신경질환 환자의 증가도 눈에 띈다. 건강보험심사평가원에 따르면, 최근 5년(2017년~2021년) 우울증과 불안장애의 진료 추이를 분석한 결과, 우울증 환자 수는 2017년 69만 1,164명 대비 2021년에 93만 3,481명으로 35.1%(연평균 7.8%) 증가했고, 불안장애 환자 수는 2017년 65만 3,694명 대비 2021년에 86만 5,108명으로 32.3%(연평균 7.3%) 증가한 것으로 나타났다.

고령화의 문제도 빼놓을 수 없다. 2022년 기준으로 65세 이상 노인은 전체 인구의 17.5%에 해당하는 926만여 명으로 앞으로 2년 후인 2025년에는 1천만 명을 돌파하여 전체 인구의 20.5%를 차지하는 초고령 사회에 진입할 것으로 보인다. 특히 그중 36.6%가 노인 1인 가구라고 한다.

우울증, 불안장애 등과 연결되는 숫자라고 할 수 있는 자살률은 명실상부 세계 1위다. 통계청에 따르면, 우리나라 2021년 기준 연간 자살사망자는 1만 3,352명으로 자살률은 인구 10만 명당 26.0명이었다. 이는 OECD 평균자살률 10만 명당 11.1명을 두 배 이상 웃도는 수치다. 2021년 발표된 한국보건사회연구원의 자살실태조사 결과에 따르면, 65세 이상 노인의 자살률은 2020년 기준 37.6명으로 나타났다. 이는 전체 자살자 수 중 24.4%를 차지하며, 연령별 자살률에서 가장 높은 수치다. 노인 자살의 원인은 다양하지만, 주요 원인으로는 가족과 사회적 연결 부족, 경제적 어려움, 건강 문제, 우울증 등이 있다.

노인 뿐만 아니다. 청년들은 한국사회를 '헬조선'이라고 자조하며 연애, 결혼, 출산의 세 가지에 덧붙여 주택과 인간관계마저 포기했다는 '3포', '5포' 등의 표현을 쓰고, 최근 언론에는 헬조선에서 탈출하기 위해 해외 취업과 이주를 희망하는 청년들에 대한 취재기를 내보내기도 한다. 고독사의 증가, 불평등의 심화, 우울증과 신경질환 환자 및 자살률 통계, 청년들의 자조 등은 우리가 서 있는 사회의 현주소인 셈이다.

고립의 시대, 공동체의 붕괴

경제학자 노리나 허츠는 우리가 살고 있는 현재를 '고립의 시대'라고 단언한다.[4] 코로나 바이러스 팬데믹이 증폭시킨 건 분명하지만, 고립의 시대는 전 세계적으로 이미 오래전부터 진행되고 있었다. 그에 따르면, 삶의 방식, 일의 변화, 도시의 건설 방식, 사무실의 설계방식, 관계의 근본적인 변화, 스마트폰 중독, 정부가 국민을 대하는 방식 모두가 외로움과 연결되어 있다.

그 이념적 토대는 신자유주의 이념이 득세한 1980년대에 만들어졌다. 소득과 부의 불평등은 심화되었고 승자만을 위한 사회 현실 속에서 99%의 패자들은 각자도생만이 살길이라고 여긴다. 가족이나 지역 같은 전통적 공동체나 평생 먹여 살려 준 직장 등 사회안전망은 사실상 신자유주의에 잠식되어 버렸다. 그것은 거대 기업과 거대 금융에 그 어느 때보다 큰 권력과 재량권을 부여함으로써 그들이 게임의 규칙과 고용 조건을 재편하도록 허용한 결과로 인한 것이었다.

신자유주의는 경제관계 뿐만 아니라 인간관계에도 중대한 변화를 가져왔다. 1982년 마거릿 대처가 한 인터뷰에서 "경제학은 방법이며, 그 목적은 마음과 영혼을 변화시키는 것"이라고 말한 것처럼 신자유주의는 경쟁과 이기심 추구 같은 자질을 앞세워서 우리가 서로를 보는 방식과 서로 간의 의무를 근본적으로 바꾸어놓았다. 연대와 친절, 돌봄 같은 가치는 저평가되고 오로지 이기심과 경쟁만이 합리적 인간의 덕목으로 부각 되었다.

그 결과 우리는 "우리 자신을 협력자가 아닌 경쟁자로, 시민이 아닌 소비자로, 공유하는 사람이 아닌 축적하는 사람으로, 돕는 사람이 아닌 투쟁하는 사람으로 여기게 되었다. 우리는 지나치게 바빠서 이웃과 함께할 시간이 없을뿐더러 이웃의 이름조차 모른다." 시장이나 국가나 이웃이 더 이상 나를 위하지 않는 것을 우리는 너무 잘 안다. 내가 나를 위하지 않으면 어느 누구도 나를 돌봐주지 않는다고 느끼는 사회는 필연적으로 외로운 사회이고, 그런 사회의 모습이 일반화된 현재를 "고립의 시대"라 규정할 수 있을 것이다.

문제는 고립이 고립에서 머무르지 않는다는 사실이다. 사회의 구성원들을 각자도생과 '만인의 만인에 대한 투쟁'이라는 원시 상태'로 내몰고, 나와는 다른 존재, 사회적 약자들에 대한 혐오와 배제를 일상화하면서 사실상 사회의 붕괴, 공동체의 붕괴를 불러온다. 무연사회, 고립의 시대, 각자도생, 우울증과 신경증의 만연, 자살과 고독사의 만연은 사회 붕괴의 또 다른 이름일 뿐이다.

존 레스타키스는 2005년 허리케인 카트리나가 지나간 후 뉴올리언스의 모습에서 사회의 붕괴 상황을 발견한다. "만인의 만인에 대한 투쟁이라는 원시 상태로의 추락, 자국민에 대한 정부의 유기(遺棄), 절망과 자포자기, 야만적 개인주의의 도래, 폭풍이 잦아들기가 무섭게 범죄와 폭력의 물결이 온 도시를 휩쓸었던 것이다."[5]

거대한 자연의 힘 앞에 보잘것없는 미물에 불과한 인간이란 존재가 문명을 이루고 성장할 수 있었던 것은 연대와 협동의 힘으로 고난을 피하거나 고난을 당해서도 서로의 상처를 감싸는 우정과 배려 때문이었다. 하지만 그런 당연한 이치가 세계 최고의 문명국이라는 미국의 한 도시에서 여지없이 깨져버린 것이다. 재앙이 휩쓸고 간 뉴올리언스의 풍경은 우리를 전율하게 만들기에 충분한 것이었다. 무차별한 약탈과 살인, 강간과 방화가 난무했고, 치안을 회복하고 질서를 유지하기 위해 투입한 중무장한 군 병력에게 사람을 죽여도 좋다는 발포권까지 부여했는데도 시가전 상황으로까지 치달은 극도의 혼란이 쉽사리 사그라들지 않았다.

이런 사태는 석유산업과 군수산업의 이익을 대변해 아프가니스탄을 침공하고 이라크 전쟁을 감행하는 한편 복지예산을 삭감해온 미국의 신자유주의 정책이 낳은 비극이었다. 또한 뉴올리언스가 자본주의의 최전선인 미국 사회에서 흑인들이 당시 전체 인구의 67%를 차지하는 가장 가난한 지역이라는 점에서 알 수 있듯이, 카트리나 사태는 기후재난과 인종 문제, 그리고 양극화 문제가 중첩되면서 빚어진 결과였다. 우리가 기후재난, 인종 문제, 그리고 양극화 문제를 심각하게 여겨야 하는 것은 그것이 재해 이후 뉴올리언스에서와 같이 인간성의 파괴를 초래하는 사회붕괴로 이어지기 때문이다.

존 레스타키스는, 2004년 동남아 전역을 덮친 지진과 쓰나미로 25만 명 이상이 사망했던 당시, 스리랑카의 복구과정을 뉴올리언스와 대비한다. 수십 년 간 민족 분쟁과 전쟁에도 불구하고 쓰나미가 발생하자 즉각 피해지역의 공동체들이 하나로 결속하여 피난처를 마련하고, 구호 활동을 조직하였다. 사나사 신용조합 등의 단체들은 지역의 회원들을 집결시켜 생존자들에게 식품, 식수, 피난처를 제공하고, 피해 지역을 수색하여 수천 구의 시체들을 신속히 처리하였다. 카트리나 이후의 약탈, 폭력, 노략질 같은 무법 상황은 거의 찾아볼 수 없었다. 10일 후 복구 및 재건을 위한 포괄적인 실행계획이 수립되었고, 불과 수 주일 후에 제2차 유엔재난회의에 상세한 보고서가 제출되었다. 존 레스타키스는 카트리나와 동남아 쓰나미 대응 과정에 가장 큰 차이를 협동조직의 존재와 그 사회적 역할 유무에 따른 것이라고 진단한다.

비슷한 사례를 우리는 1995년 고베 대지진 이후 일본 고베(神戶) 지역의 모습에서도 발견할 수 있었다.[6] 극한의 재난으로 인한 정전과 단수, 굶주림의 상황에서도 서로를 돕고 배려하는 상호부조의 힘 덕분에 피해를 최소화할 수 있었고, 복구기간도 엄청나게 단축할 수 있었다. 평생을 유기농업 운동에 종사해온 고베 대학교 야스다 시게루(保田茂) 교수의 증언처럼, 그것은 세계 최대의 협동조합인 코프 고베를 비롯한 고베 지역의 협동조직들이 힘을 지니고 있었기에 가능했다. 사회운동가들이 슈퍼마켓과 별반 다를 바 없다고 비판하던 코프 고베의 '취약할 것이라고 예단되었던' 조직력이 극한의 위기 속에서는 연대와 협동, 우애와 배려로 빛날 수 있었다.

사회적 협동의 돌봄경제가 만드는 사회안전망

미래학자 헤이즐 헨더슨(Hazel Handerson)에 따르면, 산업사회의 생산구조는 기본적으로 자연과 사회적 협동의 돌봄경제(Social cooperative Care Economy)를 바탕으로 하고 있다.[7] 사회적 협동의 돌봄경제는 공유, 호혜적교환, 나눔, 자급을 원리로 작동하는 DIY, 물물교환, 공동체와 가족과 지역을 유지하는 기초인 가사(家事), 돌봄, 봉사활동, 상호부조, 노인이나 병자의 간호, 가정 내 생산과 가공, 자급농업 등을 포괄한다. 그는 인간이 온전히 살아갈 수 있는 것은 전적으로 자연과 사회적 협동의 돌봄경제 덕분이었다고 하면서, 화폐경제도 그 터전 위에서만 성립할 수 있다고 말한다.

문제는, 자본주의의 전개 과정에서 배타적 소유권을 강요했던 엔클로저 운동과 집요한 상품화의 결과 자연은 파괴되고 사회적 협동의 돌봄경제는 급속하게 해체되었다는 점이다. 그 과정은 현재도 진행 중이다. 엔클로저의 진전과 상품화의 확대는 고립의 시대를 가속화시키고 사회안전망을 해체시키는 비극적인 결과를 낳는다. 그것을 극명하게 보여준 것이 바로 카트리나가 덮친 뉴올리언스였던 것이다. 자연의 상품화는 지구온난화, 급속한 기후변화로 이어지면서 초강력 허리케인을 발생시켰고, 화폐경제로 흡수되어 사회적 협동의 돌봄경제가 붕괴된 자본주의의 극지(極地)는 폭력과 살인, 강간과 방화와 같은 인간성 상실의 현장이 되어버렸던 것이다.

바꿔 말해서, 한 사회가 그 구성원들이 행복하게 살아가는 곳이 되려면 건강한 대자연의 품 안에서 연대와 협동, 우애와 배려를 바탕으로 하는 사회적 협동의 돌봄경제를 확충하는 것이 가장 필수적인 조건이라 할 수 있다. 건강과 공동체의 관계를 강조하는 김승섭은 돌봄의 핵심을 연결이라고 단정한다. 물리적 거리보다 당사자가 인지하는 사회적 관계의 중요성을 강조하면서 "더 많이 연결되어 있을수록 더 오래 산다."고 단정하며 "공동체의 수준은 한 사회에서 모든 혜택의 사각지대에 놓인 취약한 사람들을 어떻게 대하

느냐에 따라 결정된다."고 이야기한다.[8]

재난이 일상화된 위험사회, 그리고 무연사회와 고립의 시대, 사람들이 기대어 살아갈 새로운 안전망으로서 사회적 협동의 돌봄경제를 어떻게 재구성할 수 있으며, 어떻게 해야 지역사회 돌봄의 관계망으로 자리잡을 수 있을까?

지역사회를 향한 한살림제주생협

지역 한살림 중에서는 후발주자로서 2009년 창립된 한살림제주생활협동조합(이하 한살림제주)은 여느 한살림과 마찬가지로 생산자와 소비자의 연대와 제휴를 바탕으로 친환경유기농산물 공급사업을 전개하는 곳이다. 2022년 말 현재 조합원 수는 14,791명, 공급고 90억여 원으로 한살림생협 중에서는 비교적 작은 규모의 조직이다.[9]

그런데 한살림제주는 여타 조직들보다 더 적극적으로 '지역살림'의 비전을 자신의 역할로 삼고 있다. 그것은, 가축전염병이라도 터지면 육지로부터 오는 물류가 중단되는 고립된 섬의 취약함을 극복해야 하는 지리적 특성과 더불어 제주도 독자의 협동 전통 '수눌음'[10]을 발판 삼은 바 컸다. 강순원 전무이사의 증언에 따르면, 한살림제주는 창립부터 지역운동, 환경운동 등 지역시민사회의 협력적 기반을 갖고 있었기에 단순히 먹거리 유통사업에 머물지 않고, 더 적극적으로 지역 커뮤니티의 전망을 그려낼 수 있었다.

한살림제주는 2015년 대의원총회 의결을 통해 '한살림운동의 가치 확산을 위한 지역살림운동'의 활성화를 목표로 가시화하고, 이를 실현해 나갈 도구로 '사회적 회계'를 도입하고 중장기비전을 설계한다. 그 설계도에서 그려낸 '한살림제주의 목적과 활동'은 다음 표와 같다.[11]

목적		활동
사업을 통한 가치실현	1. 건강한 먹거리 공급	· 매장공급 확대 · 주문공급 확대
	2. 가까운 먹을거리 체계 구축	· 밥상살림(주) 연계 지역물품 공급 및 소비 활성화 방안 · 생소 공동사업
	3. 협동조합 지역사회 만들기	· 담을센터 개방성과 내실화 : 담을장·공간과 프로그램 활성화 · 공동체 돌봄 모심회 운영지원
활동을 통한 가치실현	4. 조합원 자치	· 대의원총회, 이사회 · 대의원 참여 활동, 위원회, 마을모임 · 일터살림협의회
	5. 조합원 필요의 환경 생태적, 공동체적 해결	· 소모임 · 의제 연대활동
가치실현을 위한 투입	6. 활동역량 강화	· 존재이유와 비전 재정의 · 비대면 사회 사업과 활동역량 강화 · 자원활동 단계별 인력풀 구축 · 업무 및 활동 환경 개선
	7. 사업역량 강화	

[표 Ⅱ-6]에서 알 수 있듯이, 한살림제주는 고유사업인 먹거리 공급 사업을 기반으로 하고 있지만, '가까운 먹을거리 운동'을 기치로 지역 독자 물류를 정착시키기 위한 (주)밥상살림의 설립, 공동체 텃밭, 지역농민시장, 로컬푸드매장, 한살림매장을 결합한 담을센터 공간의 지역공유지화 등을 통해 '지역살림'의 구상을 드러낸다. 건강한 먹거리 공급사업도 지역사회와 결합을 기본으로 삼는다. 2012년 수눌음자활센터와 배송업무 협업을 시작으로 취약계층 일자리창출을 위한 제주희망협동조합에 물품공급을 위탁하기도 하였다. '가까운 먹을거리 체계 구축'을 위해서 콩나물, 두부, 계란 등 필수적인 농산물의 지역 내 생산, 소비 체계를 만들고, 그것을 본격화하기도 한다. 2019년에는 설립한 농업회사법인 (주)밥상살림은 로컬푸드를 기반으로 한살림과는 별도의 지역물류망을 만들기 위한 시도이다.

'협동조합지역사회 만들기'도 다각적으로 추진 중이다. 2012년부터 강정 해군기지 건설 저지운동에 나선 마을활동가들을 위해 매월 식사를 제공하는 '우렁각시' 소모임 활동을 이어가고 있는데, 한살림제주에서 지원하는 예산 일부와 조합원들의 자발적인 모금을 재원으로 하고 있다. 2016년부터는 사안 별 모금을 넘어서 매출의 일부를 '지역사회공헌기금'을 조성하기로 이사회에 서 결의한다. 2019년에는 제2공항 반대를 위한 활동가 모임 '공항마랑'팀이 구성되어 기금의 첫 수혜자가 된다. 그리고 2020년에는 모심회를 조직하여 지역사회와 함께 하는 공동체 돌봄사업에 매진하고 있다.

협력을 통해 진행된 먹을거리 돌봄사업

협동조합지역사회 만들기의 일환으로 전개하고 있는 돌봄사업은, 2015년 대의원총회에서 돌봄사업을 추진하기로 합의하고, 2016년 조합원 생애주기 별 필요와 수요를 대응하기 위한 사업을 본격화하기로 결의했는데, 결의가 본격적으로 가시화된 것은 돌봄TF를 만들어 활동을 시작한 2019년부터였다. 노형동과 이도2동 주민자치센터와 업무협약을 맺고 조합원 자원봉사를 조직 하여 한살림의 신선한 농산물재료로 만든 반찬나눔 활동을 시작하였다. 이 과정에서 노형동 주민자치센터와 으뜸마을 경로당, 그리고 새로 개장한 담을 센터 3곳에 나눔냉장고를 설치하였다. 노형동 주민센터에 설치된 나눔냉장 고는 '솜빡살레'라 불렀다. 제주 고유어인 '솜빡'은 '가득', '살레'는 '찬장'이라는 의미를 갖고 있다.

[표 II-7] 한살림제주 돌봄사업 경과

한살림제주 돌봄사업 경과	
2012~2014년	공부방 운영을 통한 아이돌봄 접근 모색
2015년	경제사회공동체 확장 차원의 돌봄 사업계획 총회 승인
2016년	조합원 생애주기별 필요 해결 사업계획 등 총회 승인
2019년	돌봄TFT 구성 주민자치센터와 MOU 체결 취약계층 반찬나눔 사업 시작
2020년	돌봄사업 기본계획 총회 승인 담을센터 개장 시 쌀기부행사 진행, 취약계층 전달 제주시소통협력센터와 1차 리빙랩 진행 노형동 주민자치센터 등 나눔냉장고 3곳 운영 노형동 내 돌봄기관단체 간담회 한살림제주 모심회 창립
2021년	제주유나이티드와 공동으로 취약계층 해녀 먹거리 나눔 〈코로나19와 먹거리돌봄〉 토론회 개최 제주시소통협력센터와 2차 리빙랩 진행 한살림제주 돌봄사업 방향 설정을 위한 설문조사
2022년	먹거리돌봄 제주시 주민참여예산 사업 실행 제주시소통협력센터와 3차 리빙랩 진행 aT 로컬푸드 기반 사회적기업 활성화 지원사업 선정 제주담을의료복지사회적협동조합 발기인회 조직

한살림제주가 먹거리 돌봄 사업을 본격화할 수 있었던 것은, 제주소통협력센터와 공동으로 세 차례의 리빙랩을 진행하면서였다. 소통협력센터는 행정안전부가 추진하는 '지역 거점별 소통협력공간 조성 및 운영'의 일환으로 설립된 곳이다. 지역문제를 해결하기 위해 주민의 참여를 이끌어내고 전문기관 또는 단체 등 여러 분야 주체들이 협력할 수 있도록 돕는 사업을 벌이고 있다. 그 일환으로 한살림제주와 협력하여 2020년과 2021년 '건강한 먹거리 기반 커뮤니티 돌봄'이라는 기치 아래 반찬나눔 활동과 나눔냉장고를 운영하였던 것이다. 설치된 나눔냉장고에는 주 2~4회씩 한살림 먹거리가 제공되었다.

노형동 복지관련 기관, 지역사회보장협의체 등과 여러 차례 간담회를 거치며 지속가능한 돌봄활동을 위해서는 서로 소통하고 협업하는 네트워크와 이를 통한 쌍방향 돌봄이 필요하다는 것을 확인한다. 지역의 돌봄 네트워크를 매개할 한살림조직이 필요하다는 인식을 공유하면서 2020년 11월 25일 '한살림제주모심회(이하 모심회)' 발기인대회를 개최하고 본격적인 활동에 들어간다. 모심회는 한살림제주의 조합원과 지역사회를 망라하는 돌봄 거점이 될 것을 비전으로 삼아 먹거리 돌봄 사업을 본격화하였다.

1, 2차 리빙랩에는 기간이 한정되어 있었기 때문에 그 기간 동안에만 반찬나눔과 나눔냉장고를 운영할 수 있었다. 이에 좀더 지속적인 사업 추진을 위해 모심회의 결성과 함께 '주민참여예산제'에 공모하게 된다(사업 구상은 아래 그림을 참조). 이 먹거리돌봄 사업은 먹거리 문제 해소와 건강한 식생활문화, 공동체텃밭을 활용한 일자리 창출을 통해 공공성 및 공동체성을 강화하고 먹거리기본권을 확보하고자 하는 기획의도를 갖고 있었다.

공모에 선정됨으로써 주민참여예산을 활용할 3차 기획형 리빙랩을 통해 원도심 일도1동에 있는 소통협력센터 공간에 나눔냉장고를 설치하여 운영하고 나눔냉장고의 전달체계를 구축함과 동시에 먹거리 돌봄의 공급-전달-관리 체계의 구축 및 정교화를 꾀하게 된다.

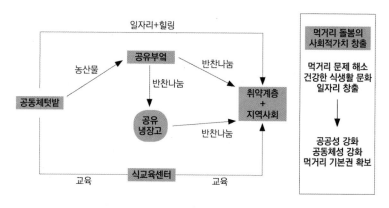

[그림 II-22] 2022년 주민참여예산 먹거리돌봄 사업

한살림제주는 2022년 전개한 먹거리돌봄을 두 가지 유형으로 나누고 있다.[12] 우선 첫째는 한살림제주담을센터가 있는 신도심인 노형동을 중심으로 전개한 민관거버넌스 방식이다. 노형동 주민자치센터와 민관 협력을 통해 공동체텃밭, 식생활강좌, 나눔냉장고 3개소, 80가구에 반찬나눔을 진행하고 있는데, 특히 주민자치센터, 지역의 복지기관, 자생단체 등과 긴밀한 협력을 통해 대상자 선정, 전달체계 등을 마련하였다.

둘째는 구도심 지역이자 소통협력센터가 있는 일도1동, 건입동, 삼도2동을 대상으로 한 민민거버넌스 방식으로 민민협력 형태로 소통협력센터 공간을 사용하여 식생활강좌, 나눔냉장고 2개소, 40가구 반찬나눔을 진행하였다.

이 사업들은 건강한 먹거리 기반 커뮤니티 리빙랩으로부터 출발하였고, 사업 과정에서 먹거리 돌봄 공론화를 위한 캠페인이 전개되었으며, 최종 단계에서는 민 주도의 먹거리돌봄 체계 정착 및 확산을 위한 가이드라인을 제시하며 마무리되었다.

나눔냉장고와 반찬나눔 식재료는 주민참여예산으로 조달하고 있으며, 그 외에도 다양한 먹거리 기부를 받고 있다. 가장 중요한 기반은 한살림 생산자들의 한고랑 나눔[13]과 담을센터 유휴공간을 활용한 공동체텃밭에서 나온 농

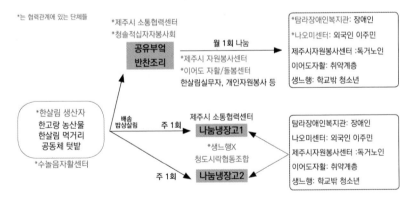

[그림 II-23] 먹거리 전달체계의 구축 - 민관거버넌스의 활용

산물이다. 이외에도 aT제주지역본부 협력업체들 및 기타 기부자들이 있으며, 어린이집에서 운영하는 텃밭이나 제주 지역의 식품업체들도 종종 기부에 참여하고 있다. 발달장애인들을 위한 조합인 별난고양이사회적협동조합에서 김장김치를 기부한 경우도 있었다. 특히 주목할 지점은, 먹거리 돌봄을 '시혜와 수혜를 넘어, 서로 돕는 공동체 먹거리 돌봄 체계'를 구축해야 함을 서로 동의하고, 취약계층으로 공동체텃밭 영농사업단을 구성하여 나눔물품을 직접 생산하여 공급한 점이다. 초기에는 학교밖 청소년 참여를 기대했으나 자리를 잡지 못하고 노인 일자리로 안착되었다.

식재료 수집과 배송은 한살림제주 물류전문 자회사인 (주)밥상살림이 담당하고 있는데, 기부자들이 나눔냉장고로 직접 가져오는 경우도 있다. 반찬 조리는 노형동에서는 한살림제주 식생활위원회가 책임을 맡고, 구제주에서는 한살림제주모심회 운영위원이 조리책임은 맡고 있지만, 직접 조리는 모두 자원봉사자들이 하고 있다. 담을센터 공유부엌에서는 주로 모심회 회원과 한살림 조합원들이, 소통협력센터 공유부엌에서는 청솔적십자사봉사회와 청도시락협동조합에서 자원봉사에 참여하고 있다.

반찬 전달의 경우, 노형동은 여성자원봉사센터, 주민센터의 맞춤형복지팀, 노인복지센터에서, 구도심은 제주시자원봉사센터, 이어도자활의 돌봄 센터, 한살림실무자, 개인의 자원봉사자들이 담당하고 있다. 나눔냉장고 관리와 정돈은 자원봉사나 나눔냉장고가 설치된 해당단체에서 협력하고 있다. 한편 식생활 교육은 담을센터와 소통협력센터 공간을 활용하여 강사단 양성과정, 먹거리 기본교육, 어린이/노인/한부모/이주외국인 등 다양한 돌봄 대상자에 맞춘 요리강좌를 진행하였다.[14)]

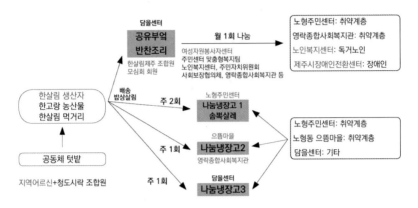

[그림 Ⅱ-24] 먹거리 전달체계의 구축 - 민민거버넌스의 활용

먹거리 돌봄을 통한 지역사회 전환의 서사

사회 일반에서 먹거리돌봄은 뜻있는 개인이나 여러 민간단체에서 다양한 방식으로 이루어진다. 김장철 김치 기부, 푸드뱅크를 통한 기부, 복지시설 먹거리 기부 등도 있고, 그중 일부는 정책사업으로 뒷받침되기도 한다. 하지만 위에서 살펴본 한살림제주의 먹거리 돌봄 사업은 민간이 중심이 되어 지역사회와 연계를 통해 전개된 사례로 주목할 만하다. 먹거리돌봄을 매개로 지역사회 관계망 구축의 가능성을 확인한 것은 특히 강조되어야 할 지점이다. 연장선상에서 한살림제주에서는 먹거리 돌봄사업을 통해 지역사회 변화의 서사를 발견했다는 점을 성과로 주목하고 있다.

한살림제주와 모심회, 소통협력센터 뿐만 아니라 청도시락조합원, 여러 주민센터, 사회복지관, 노인복지센터, 장애인전환센터, 부녀회, 사회복지관, 노인회, 어린이재단, 장애인복지관, 자활단체, 학교밖청소년, 외국인 이주민 센터 등 지역의 수많은 주체들이 먹거리 돌봄을 매개로 지역의 복합 관계망을 형성하게 된 것이다. 이 관계망이 무연사회, 고립의 시대, 그리고 재난의 일상화를 뚫고 사람들을 지켜줄 안전의 보루로 작동할 수 있을지는 지켜볼 일이지만, 사람과 사람, 사람과 지역단체, 지역단체와 지역단체의 연결을 통해 그 가능성을 제시하고 있다는 점이 확실해 보인다.

으뜸마을 부녀회는 경로당에 한 달에 두 번 식사를 제공하면서 먹거리 돌봄의 주역으로 활약하고, 이주노동자를 지원하는 나오미센터는 이주노동자들이 나눔냉장고를 이용할 수 있게 안내하며 그들을 지역사회와 만날 수 있게 하였다. 광평마을 노인회는 영농사업단에 참여하여 직접 재배한 작물들을 기부하고 또 농민장터에 내놓으며 지역사회와 새로운 관계를 형성하게 된다. 영농사업단은 제주의 생활임금에 기반해 월급제로 운영하는데, 더 이상 돌봄의 시혜대상에 머물지 않고 스스로 돌봄의 주체가 되는 경험도 하게 되었다. 노형동 주민자체센터 이영림 복지팀장은 "고립된 취약 가구들은 복지 관리가 힘든데, 돌봄 사업 이후로는 직접 센터를 방문하는 사례가 늘어 부족한 행정 공백을 채우고 있"고, 나눔물품을 받으러 오지 않는 경우 직접 안부를 챙길 수 있는 안전망이 마련되었다고 기뻐한다. 노형동 통장들은 나눔냉장고를 채우기 위한 선의의 경쟁에 돌입하기도 하여 2021년 8월부터는 해안동에 있는 텃밭을 '솜뽁살레 텃밭'이라 부르며 60여 명이 결합하고 있다.

고립의 시대를 살아가며 단절을 경험해 왔던 참가자들이 제각기의 이유로 나눔에 참여하면서, 조리과정에 함께 하면서, 요리강좌에 참석하면서 지역사회와 연결되어 있다는 감각을 느낄 수 있었다고 증언한다. 먹거리 돌봄 사업은 한살림제주라는 개별 단체의 성과에 그치지 않고 참여자들의 변화와 함께 지역사회를 혁신할 수 있다는 전환의 서사를 써나가고 있는 것이다.

돌봄 보고서는 홍덕화의 말을 빌어, "산발적으로 진행되고 있는 사회 실험들을 연결시켜 줄 변화의 서사"가 필요한데 이 사업이 그 시발점이었으며, 이 서사를 통해 지역사회와 그 구성원들이 "중장기적 비전과 전망 속에서 각각의 시도들을 바라볼 수 있는 공동 인식의 틀"을 마련할 수 있었던 것이다.

먹거리 커먼즈의 구축 - 사회적 협동의 돌봄경제

돌봄 보고서의 내용을 정리한 한살림제주 김자경 부이사장은 커먼즈의 시각에서 먹거리 돌봄사업을 정리하고 있다.[15]

커먼즈는 크게 자원과 마을공동체, 관습, 제도 또는 문화로 구성된다. 자원은 자연자원 뿐만 아니라 삶에 필요한 공동의 생산수단이자 삶의 물적 토대를 말한다. 그것을 관리하고 규제하는 나름의 관습도 커먼즈에 속한다. 마을공동체에는 다양한 커먼즈가 존재했고 커먼즈의 수만큼 다양한 관계망이 형성되었다. 다양한 커먼즈가 날줄과 씨줄로 서로 교차하면서 상호부조의 관계망을 구성하고, 그것이 마을의 자치력을 형성하였다. 전통사회에서 지속가능성과 회복력을 갖출 수 있는 삶의 단위가 마을공동체였다. 하지만 산업문명과 자본주의의 진전과 함께 배타적 소유권을 강제하는 인클로저의 영향으로 인해 마을공동체를 기반으로 삼았던 커먼즈가 와해되어 버렸다. 이제 우리를 돌보는 최후의 보루인 가족마저 서서히 붕괴하고 있다.

단절되고 원자화된 인간은 불안감 해소를 위해 더욱 시장과 국가에 의존하게 된다. 하지만 시장과 국가에의 의존은 불공정, 불평등, 극단적 양극화, 빈곤, 돌봄의 위기, 공공성의 위기, 민주주의의 위기, 생태위기, 기후위기, 지속가능성의 위기, 고령사회, 무연사회로 인한 고립의 시대를 더 가속화시킬 뿐이다.

한살림제주의 먹거리돌봄 사례는 먹거리 돌봄을 통해 커먼즈를 재소환한다. 국가나 시장에 의존이 아니라 지역의 씨줄 날줄의 다양한 관계망을 통해 "지역에서 스스로 통제할 수 있는 먹거리 구조"를 만듦으로써 커먼즈를 복원한다.

그것은 만남과 연결에서 시작한다. 한살림제주와 제주 소통협력센터의 연결이 리빙랩에서 먹거리돌봄사업에 대한 기획으로 이어지고, 또 주민참여 예산과 만나고 주민자치센터와 결합하고, 거기에 사회복지관, 노인복지센터,

장애인전환센터, 부녀회, 사회복지관, 노인회, 어린이재단, 장애인복지관, 자활단체, 학교밖청소년, 외국인 이주민센터 등이 씨줄, 날줄로 엮이면서 돌봄의 관계망, 관계의 네트워크를 형성한다. 이 관계망이 한편으로는 농작물의 생산과 소비, 유통의 망으로 짜여지고, 또 노인 일자리로 이어지면서 돌봄경제를 만들어간다. 상상력 여하에 따라서는 한살림제주의 야심찬 구상대로 이 관계망은 생태적 세계관에 근간을 둔 농산물의 지역 가공, 로컬푸드 확산 등 지역 내 생산, 소비의 먹거리 플랫폼으로 자리잡을 것이고, 한편으로는 돌봄, 공제, 의료, 부동산, 주거, 여행, 에너지, 학교 등 생활협동의 플랫폼으로 확장되어 커먼즈로서 지역커뮤니티로 자리잡아갈 것이다.[16] 최근에는 제주의 또 하나의 거점이 될 의료복지사회적협동조합이 가시화하고 있다.[17]

먹거리돌봄사업은 그 첫걸음이었다. 사실 이 사업이 어떤 모습으로 전개될지, 어떻게 지속가능성을 담보할 수 있을지 지금은 짐작하기 어렵다. 다만 이것이 무연사회, 고립의 시대를 살고 있는 사람들에게 연결의 희망, 새로운 만남의 서사로 작동하기 시작했다는 것에 주목하고 싶다. 연결과 만남이 만드는 상상력의 크기만큼 새로운 시대의 커먼즈, 탈근대의 새로운 대안가족과 마을공동체, 사회적 협동의 돌봄경제가 가시화되어 재난이 일상화되어가고 있는 오늘, 따뜻한 온기를 나누는 사람들의 관계망이자 안전망이 되어줄 것임을 기대해 본다.

1) NHK 무연사회 프로젝트 팀. 『무연사회』. 김범수 옮김. 2012. 용오름.

2) 첫 번째 작품인 〈환상의 빛〉부터 〈어쩌면 일어날지도 몰라 기적〉, 〈아무도 모른다〉, 〈걸어도 걸어도〉, 〈그렇게 아버지가 된다〉, 〈바닷마을 다이어리〉, 〈태풍이 지나가고〉, 〈어느 가족〉, 〈브로커〉까지 어떤 사건 이후 남겨진 사람들 이야기 속에서 현대의 소외된 삶, 일그러져가는 가족의 모습을 다루고 있다.

3) 박종오. "자산 불평등 역대 '최악' - 양극화 커지는데 분배는 '역주행'". 2022.12.1. 한겨레신문.

4) 노리나 허츠. 2020. 『고립의 시대 - 초연결 세계에 격리된 우리들』. 웅진지식하우스. 이하 내용은 제1장 "지금은 외로운 시대다", 제10장 "외로움 경제, 접촉하고 연결하라", 제11장 "흩어지는 세계를 하나로 모으다"에서 발췌 요약한 것이다.

5) 존 레스타키스. 2017. 『협동조합은 어떻게 세상을 바꾸는가』. 착한책가게. 뉴올리언스와 스리랑카의 비교는 이 책 10장 공동체의 위기에서 따온 것이다.

6) 윤형근. "일본 고베 대지진 때는 왜 뉴올리언스와 달랐나". 2005.9.26. 프레시안. 필자는 존 레스타키스와 거의 같은 취지로 허리케인 카트리나 엄습 후 뉴올리언스와 1995년 고베 대지진 이후 고베를 비교하고 있다.

7) Ekins, P. 『The Living Economy』, The Other Economic Summit, 1986. 이 책에서 헤이즐 헨더슨은 '사회적 협동의 사랑의 경제(Social cooperative Love Economy)'라는 용어를 사용했으나 2005년 무렵 'Care'라는 개념으로 대체한다. 하지만 2022년 그녀의 사후 홈페이지에는 다시 '사회적 협동의 사랑의 경제'로 표기하고 있다. https://hazelhenderson.com/the-love-economy/

8) 김승섭. 2017. 『아픔이 길이 되려면』. 동아시아. 한살림제주생활협동조합/제주시소통협력센터. 2022. 「먹거리 돌봄 보고서」에서 재인용

9) 한살림제주생활협동조합 2023. 「한살림제주 제15차 대의원총회 자료집」

10) 수늘음은 '수눌어간다'가 명사화된 제주의 말이다. '품을 교환한다'는 의미를 지니고 있다. 사전적으로는 '품앗이의 제주방언', '제주에서 농사일이 바쁠 때 이웃끼리 서로 도와 일하는 풍속'이라고 하는데, 여기에 제주의 지역적 특성과 성격이 녹아들어가 있다.

11) 한살림제주생활협동조합/제주시소통협력센터. 2022. 「먹거리 돌봄 보고서」. 이하 '한살림제주를 중심으로 한 2022 먹거리 돌봄 사업과 관련된 내용은 이 보고서에 기댄 바 크다. 많은 내용을 요약, 발췌했음을 밝혀둔다. 한살림제주 먹거리돌봄사업 연구보고 및 토론회 〈건강한 먹거리를 -하며 서로를 돌봅니다〉 자료집 (2023.2.14.)

12) 「2022 먹거리 돌봄 보고서」. 2022. 41-43면

13) 한고랑 나눔운동이란, "세상의 밥이 되는 한살림"이란 기치 아래 2020년부터 한살림 생산자들이 본인의 출하량과는 별도로 재배한 한 고랑 분량의 농산물을 지역사회에 자발적으로 기부하는 운동을 말한다.

14) 보고서에 따르면, 2022년 한살림제주 먹거리돌봄 사업에 참여한 사람은 연인원 7,796명이었다. 반찬나눔을 통해 837명에게, 나눔냉장고를 통해 5,947명에게 돌봄이 전해졌다.

식생활교육에는 186명이 참여했고, 공동체텃밭에는 33명(월5~6명)이 함께 활동하였고 14회 농산물 기부가 있었다. 먹거리돌봄에 참여한 자원봉사자는 누계 1,012명이었다.

15) 한살림제주생활협동조합/제주시소통협력센터. 2022. 「먹거리 돌봄 보고서」. 16-19면

16) 한살림제주 강순원 전무이사와의 인터뷰

17) 2022년 12월 3일 제주담을교육센터에서 제주담을의료복지사회적협동조합 발기인대회를 열고, "이해관계가 충돌할 수 있는 의료제공자와 소비자의 협동이라는 의료돌봄 구상은 관계 위기의 시대에 제주사회에서 생명살림과 협동의 관계망을 엮어내는 지역살림의 핵심으로 통합돌봄플랫폼의 역할을 하게 될 것"이라는 희망을 밝혔다.

11장

커머닝을 통한 지역재생의 역동성과 회복력

전은호

도시재생을 비롯해 지역활성화 정책에 있어서 사회적경제는 주요한 실행 전략으로 자리잡아 가고 있다. 그에 비하여 사회적경제 기반의 지역재생(활성화)을 모색하는 현장에서는 사회적경제가 정책의 수단이자 도구에만 그치고 있는 경우도 적지 않다. 본 장에서 '커머닝을 통한 지역재생의 역동성과 회복력'이라는 주제'를 통하여 사회적경제 기반의 지역재생 시도의 어려움을 살펴보고 커머닝 관점에서 대안을 모색해보려 한다.

지역재생에서 사회적경제의 실천을 살펴보기 위해서는 필연적으로 지역 재생과 연계된 정부정책들의 현장을 함께 볼 필요가 있다. 대표적 예로, 문재인 정부 국정과제 중 하나인 '도시경쟁력 강화'와 '삶의 질' 개선을 목표로 추진한 '도시재생뉴딜' 사업의 경험 속에, 사회적경제 조직을 적극적으로 활용하고자 했던 시도가 있다. 도시재생뉴딜 사업은 2022년 12월 기준 550개소가 추진 중이며 사업이 종료된 지역은 2022년 6월 기준 13개소에 불과하다. 기초지자체 기준으로 한 지역에서 최소 2개 이상의 사업이 추진되고 있는 만큼 도시재생뉴딜 사업을 추진하는 과정에서 일반 시민들이 자연스럽게 사회적경제를 경험할 기회를 접하고 있다고 볼 수 있다.

도시재생뉴딜은 5년간 50조원을 투입해 주거복지 실현, 도시경쟁력 강화, 일자리창출, 사회통합을 주요 목표로 설정하였는데 5년이 지난 현재의 평가는 그리 우호적이지는 못하다. 가장 큰 한계로 지적되고 있는 부분은 "주민이 주도하는 도시재생뉴딜사업을 위한 역량강화의 실효성 확인이 어렵다."는 측면과 "일자리 창출 목표는 대다수 일자리가 수익 창출이 어려운 사회적경제 조직에 기반하고 있어 지속가능성이 취약한 경우가 다수다."라는 부분이다.[1]

특히나 사회적경제가 언급된 부분은 도시재생이 사회적경제 활용을 적극적으로 모색했던 정책사업이라는 측면에서 사회적경제계에 뼈아픈 지적이 아닐 수 없다. 우리가 이해하는 사회적경제는 상호 연대하는 시민의 자주적이고 자립적인 참여를 통하여 지역문제 해결과 공동체의 지속가능성을 사회적 비즈니스를 통하여 구현하는 '솔루션 이코노미' 그 자체이기에 말이다.

도시재생, 주민참여와 사회적경제의 도구화

도시재생을 비롯하여 농어촌의 다양한 지역활성화 사업들(농촌 거점개발사업, 신활력플러스사업, 어촌뉴딜사업 등)은 지역주민의 역량을 기반으로 사회적경제 조직을 활용하여 지역활성화의 지속가능성들을 모색하는 전략을 대부분 취하고 있다. 시장과 국가가 해결하지 못하는 지역사회 문제를 지역기반, 주민주도로 해결하기 위하여 사회적경제 방식이 해법으로 적용되고 있는 점에서 방향은 제대로 설정되었으나, 지역 현장에서 적용 시 일반화된 역량강화와 사회적경제 조직 설립 자체가 목적이 되어 사회적경제 본연의 가치가 내재화된 해법이 도출되지 못하고 사업의 지속성을 확보하지 못하는 경우도 발행하면서 사회적경제에 대한 부정적인 인식마저 생기는 부작용이 나타나기도 한다.

정책에 도구화된 주민참여와 사회적경제

　개발에서 재생의 시대로 접어들면서 도시재생 현장에서 가장 많이 언급된 단어는 '주민참여', '지역기반'일 것이다. 도시재생은 관(행정)과 전문가 주도의 탑다운(top-down) 방식의 한계를 극복하기 위하여 지역공동체에 의한 자주적 문제해결을 기대했다. 하지만 지역의 상황들이 천차만별임에도 지역 상황을 고려하지 않는 일반적인 지역역량강화 프로그램들이 사업지마다 시행되었고, 지역수요를 고려하지 않은 전문화 교육들이 주민들을 대상으로 이루어졌다. 동원과 복제 방식의 주민참여는 공동체 구성원들의 관계 맺기와 결속의 기회를 박탈하고 사업성과를 달성하기 위한 정형화된 조직화와 사업체 설립의 과정을 밟는다.

　이런 상황에서 지역 주민들에게 주어진 지역기반 사회적경제 설립 미션은, 자립과 연대에 기반하지 않은 조직화라는 리스크를 내포하게 된다. 대표적인 사업체 모델인 '마을관리사회적협동조합'인 경우, 1개 사업소에 1개는 반드시 만들어야 하는 숙제가 되어 커뮤니티 시설의 위탁관리를 주 사업으로, 가이드라인에서 제시되는 몇 가지 예시들을 구체적인 검토 없이 해당지역의 사업모델로 설정하여 사회적협동조합 형식만을 고집하며 설립된다. 중앙에서 설계된 사업모델을 짧은 학습과 복제를 통해 적용한 결과, 예상대로 대부분의 지역에서 지속가능성을 담보하지 못하는 결과로 이어진다. 결국 주민참여와 사회적경제는 도시재생 '정책의 도구'만 된 것이다.

　도구화된 주민참여와 사회적경제의 한계는 자명하다. 이를 극복하기 위해서는 도구화되어서는 아니 되는 '주민'과 '사회적경제'의 작동 원리를 다시 한번 되짚어 볼 필요가 있다. 사회적경제 기반의 지역재생은 지역구성원들의 자발성과 연대성을 토대로 사회적 가치 구현에 대한 공동의 목표를 공유하고 비즈니스를 통한 지역의 활성화와 지역문제 해결의 구조를 만들어가는 일이며, 주민이 진정 지역의 주인이라면 사회적경제로 재생하기는 정책적 도구가 아니라 평범하고 자연스러운 우리의 일상(라이프스타일)이 되어야 하는 일이기 때문이다.

사회적경제로 재생하기의 일상화

지역재생은 장소를 기반으로 공동의 이해에 기반한 관계맺기를 통하여 지역의 사회적 자본이 축적되어야 하고, 이 자본이 일상의 문제를 해결하고, 지역의 기회를 발전시켜가기 위한 경제적 활동을 공동으로 구축해갈 수 있는 로컬거버넌스와 공동 창조의 동력을 제공하며 이를 통한 지역의 지속가능한 발전의 토대인 지역자산(커머닝)을 구축해 갈 수 있게 해준다. 이 일련의 과정이 사회적경제로 재생하기라고 볼 때 과정들마다 다음의 상황들을 고려해 볼 수 있다.

평범한 지역주체들의 일상에 자연스럽게 녹아드는 사회적경제가 되려면 주민의 필요와 역량에 기반해 재생을 위한 평범한 동기가 연결될 수 있는 시간과 공간이 필요하다. 이 동기는 주민들의 일상적인 삶에 축적되어 온 문제를 해결하고자 하는 시도나 지역의 긍정적 변화를 만들어 낼 수 있는 계기들을 일상에서 자연스럽게 모색하는 것에서 시작되는 경우들이 많고 거창하진 않더라도 지역 내의 공동선(common good)을 추구할 수 있는 요소들일 것이다. 기존의 재생이나 지역활성화 사업처럼, 인위적인 문제발견이나 해법 도출의 과정이 성과를 내기 어려운 이유는, 장소기반의 관계맺기 과정과 거기에서 동기를 만들어내는 데에는 절대적 시간들이 요구되기 때문이다. 자연스러운 마주침이 가능한 공간 속에 서로를 확인하고 지역 맞춤형 솔루션이 모색되는 일상의 관계맺기 과정이다. 사회적 자본이 축적되어있는 지역일수록 정보교환, 의사결정, 솔루션 도출 과정이 자연스럽고 순조롭다.

지역 내 사회적 관계를 기반으로 활성화 요소들이 발견되면 지역자산과 참여자들의 비즈니스 역량을 연결해 함께 무언가 만들어 가는 실행과정으로 진입한다. 규모가 클 필요는 없다. 함께 기획하고 실행을 모색하는 참여적인 공동창조 과정은 지역에서 나와 우리의 의견이 함께 모이고 실행되는 경험을 하게 되면서 나도 이 지역에 일원이며 책임있는 구성원이라는 인식을 하게 된다.

작은 실험과 실행의 경험은 실패는 다음의 실험을 위한 자산으로, 성공은 실험에서 비즈니스로의 단계로 나아가는 자신감을 형성해준다. 지역 내에서 함께 활동하고 사업을 도모하는 과정은 내 것만 존재하던 지역에서 우리의 것이 존재하는 지역임을 인식하게 되고 함께 만드는 타인이 우리로 변화되는 관계의 전환을, 상호 연결, 연대의 고리를 만들게 된다.

이 과정에서 지역 맞춤형 사업체 모델을 지역구성원들의 필요와 역량에 맞추어 선택할 수 있어야 하며 연대의 정도와 공유하는 자산과 비즈니스의 운영원리 또한 지역이 감당할 수 있고 운영할 수 있는 수준에서 정해지게 된다. 지역이라는 장소성을 기반으로 함께 관리할 솔루션이 있고 이를 운영할 자치적인 룰을 만들어내는 일련의 과정이 곧 커머닝인 것이다.

지역재생을 커머닝의 관점으로 보면, 주민참여와 주도에 가려져 지역의 진정한 주인(ownership)이 되는 과정들이 중요함을 인지하게 된다. 우리가 지역의 주인이 되면서 지니게 되는 주민의 특징들이 있는데, 가장 기본적인 요소로 지역공동체의 일원이자 재생의 실행주체로서 소속감을 갖게 되는 주민이며, 사업의 성패에 책임을 지는 주민, 다양한 의사결정 과정과 이해당사자의 관계 속에서 협력적인 거버넌스가 가능한 주민, 함께 공동사업자로 기획하고 실행하며 운영관리하는 주민이다. 대체로 이러한 역량들은 미래발전의 토대가 되는 유무형의 지역자산들을 공동으로 소유하고 지역적으로 관리하는 행위를 하면서 갖게 되는 역량들이며, 이는 공동체가 함께 소유하고 운영·관리하는 커먼즈(commons)가 지닌 속성과도 일맥상통하는 부분이기도 하다.

일상의 관계와 자산을 토대로 커머닝을 이룬 지역재생의 경험

관계자본이 일상의 재생을 모색하는 계기가 되다

목포는 1897년 자주적 개항을 한 도시이다. 개항을 하면서 조성된 목포 원도심을 지키고 있는 만호동은 섬과 육지를 잇는 교통과 물류의 요충지로, 예로부터 수산업 분야에서 해산물 가공·유통을 주업종으로 하는 사업들이 오늘날까지 항구도시의 명백을 유지해 오고 있다. 그중 건해산물 상가 거리를 중심으로 해산물 조합과 상인회가 결성되어 있는데, 이곳 상인들의 관계 맺기 기간은 어림잡아 60년을 넘고, 관계맺기의 공간은 건해산물 거리를 중심으로 고유한 장소성을 형성해오고 있다.

원도심 도시재생은 2017년 12월에 도시재생 활성화구역으로 지정되어 2019년 본격적인 사업 추진에 이른다. 중간지원조직인 도시재생지원센터의 관점에서 목포 도시재생의 특징을 말하라면, 지역의견 수렴이 부족한 채 수립된 활성화계획의 탑다운적 실행을 최대한 배제하고 인위적인 프로그램을 주입하기보다 지역주민들의 필요에 의해 기획하고 지역의 역량에 기반해 실행할 수 있는 수준에서 재생이 추진되기를 기대하며 사업의 방향을 설정했다는 점에 있다. 2019년 가을 건어물 거리의 자원을 토대로 건맥(건어물+맥주) 축제를 추진하게 되는데, 원도심의 주요 핵심 지역 자원을 토대로 지역 상인들과 주민대표, 도시재생지원센터 주축으로 축제를 준비하고 진행하면서 장소기반·관계자본 토대의 작은 실험을 경험하게 된다.

사회적자본, 자원적 참여의 토대

제한된 예산으로 풍성한 축제를 할 수 없는 상황을 인지한 상인들은 참여하는 시민들을 위한 상품을 자발적으로 기부하고, 상점의 화장실을 축제일에 개방하고, 부족한 안줏거리를 자비로 부담하여 준비하는 등 자기 동네를 찾

[그림 II-25] 제1회 건맥1897축제 모습 (2019. 9. 28.)

아오는 시민들에게 거리낌 없는 내어놓음을 보여주었다. 어느 누구 할 것 없이 불평이나 불만 없이 이러한 모습을 보여주는 것에는 함께 기획하고 움직이는 마을 단위의 공동창조 행위에 서로 지지하고 응원하는 마음을 보태는 의미도 함께 담겨있음을 느낄 수 있었다. 장소기반의 관계맺기가 숙성되어진 곳에서 거리활성화에 대한 동기부여는 짧은 준비 기간이었음에도 충분하고 빠르게 이루어질 수 있음을 확인할 수 있었다.

작은 성공의 경험, 일상으로의 초대

하루 반나절 동안 5천여 명 이상이 방문한 건맥축제의 성공은 참여자들과 지역주민들을 고무시켰고, 자연스럽게 일회성 행사에 그치지 않고, 거리를 활성화할 가능성을 지속적으로 모색해가기 위한 시도로 발전하게 된다. 건해산물 상가거리 일대 상인과 주민 100여 명이 출자한 '건맥1897협동조합'을 설립해 마을펍과 마을호텔을 운영하기로 함께 결정해가며 자연스럽게 마을의 공동사업체를 결성하는 단계로 진화해 갔다. 협동조합 방식을 취한 것은 축제를 함께 만들고 즐겼기에 다음 단계의 프로젝트도 자연스럽게 함께 할 수 있는 방법을 택하게 된 것이었다. 이 과정에서 사회적경제에 대한 일반의 교육과 주입식 강의는 사전에 존재할 이유가 없었다. 동네축제의 작은 성공의 경험이 지역재생을 위한 조금은 더 규모가 있고, 지속적인 운영을 고민해야 하는 사업을 그들의 일상 가까이로 자연스럽게 초대하는 계기를 만들어 낸 것이다.

사회적경제는 거들 뿐, 지속성을 담보하는 건 지역의 역량과 결속

협동조합을 만들 초기 사업 구상은 빈 상가를 임대해 마을펍을 운영하는 정도로 계획을 했다. 하지만 기본적으로 필요한 리모델링 비용이 예상보다 높게 나오고 마을펍의 안정적이고 지속가능한 운영을 고민하다 보니, 임대보다 건물을 소유하는 것이 어떻겠느냐는 의견이 나오면서 건물을 매입하는 전략으로 수정하게 된다. 이 과정에서 사업예산은 출자금을 훌쩍 뛰어넘었고 사업자금을 조달하는 것이 큰 과제가 되었다. 도시재생사업을 추진하고 있는 곳이었기에 주택도시보증공사(HUG)의 도시재생기금을 활용하고자 하였으나, 기금으로 맥주집을 만든다는 것에 대한 반감과 거리 활성화의 가능성이 크지 않은 곳에서 사업을 추진하는 것에 대한 상환 리스크를 이유를 들며 기금 지원을 승인해주지 않았다.

공공기금 조달이 어려워지자 협동조합이 조달할 수 있는 사회적 금융 상품들을 물색하기 시작한다. 신용보증기금의 사회적경제특례보증을 시작으로, 소셜펀딩 온라인플랫폼 비플러스를 통한 시민펀드가 추진되었고, 비플러스 펀딩의 성공을 전제로 한 (재)한국사회가치연대기금의 지역자산화 매칭 기금도 확보하게 된다. 건물을 협동조합 명의로 등기한 후에는 신협의 사회적경제 상생기금 상품을 활용해 부동산을 담보로 자금을 조달하여 1층 펍의 리모델링 사업이 시작되게 되었다. 하지만 건물 전체(2~3층)를 리모델링 하지 못해 아쉬워하고 있던 차에 행정안전부의 '지역자산화지원사업'[2] 공모에 선정되면서 2,3층을 마을호텔 용도로 리모델링하여 2020년 11월에 3층 전체를 운영하게 된다. 되돌아보면 다양한 사회적 금융을 성공적으로 조달할 수 있었던 이유는, 지역주민들이 함께 마을펍을 만들고 건맥브랜드를 지역의 자

[그림 II-26] 건맥1897펍 개업식 모습 (2020. 7. 17.)

산으로 만들려는 스토리가 지닌 힘 때문이었다. 주민들의 자발적 참여와 연대 속에 만들어진 건맥1897협동조합은 마을펍과 호텔을 운영하며 불 꺼진 거리를 활성화하고 건맥을 로컬브랜드로 만들어가는 사회적경제 조직으로 지속가능한 지역재생의 모범을 보여주고 있다.

수동적인 거수기 역할로서의 주민참여 수준을 넘어, 자본을 로컬에 투자하여 지역자산의 지분을 공동으로 소유하고 마을사업에 대한 책임을 함께 나누어 갖는 일상의 민주주의 경험, 나와 더불어 150여 명이 함께 주인인 공간을 만들어 가는 경험들은, 지역을 공통의 자원으로 인식하는 새로운 눈과 마음을 갖게 한다. 마을에 커먼즈(commons)을 만들어 내는 경험 속에 사적 욕망 대신 공통의 이익을 위한 고민이 시작되고 마을 공간과 마을기업이라는 선물을 다음 세대에 남겨주는 호혜가 자리하게 된다. 개인 사업에서는 경험하기 어려운, 사업의 성공을 위하여 150명이 함께 고민한다. 때로는 손님으로, 입소문 내는 블로거로, 맥주에 어울리는 건어물 안주 요리사로, 로고 디자이너로, 굿즈 생산자로 다양한 역할들을 하고 계신다. 이런 마을사업체는 다른 지역 사업체들에게도 경쟁상대가 아니라 지역발전을 위하여 연대하는 대상으로 인식되어 사업 활성화를 위하여 함께 고민해주고 있다.

축제로 시작되어 마을펍과 스테이까지 만들어 낸 건맥1897협동조합의 시도와 경험, 다시 말해, 지역자산화(커머닝) 방식은 주민이 주도하여 지역을 재생시켜내려는 도시재생 정책에 있어서 유의미한 전략이 될 수 있다고 본다. 구체적인 지역사회의 문제를 주민들이 직접 참여하고 주도하여 풀어내는 경험, 이 과정에서 함께 협력하고 연대하는 조직체로서의 협동조합의 역할은 공동체 회복과 사회통합을 기대하고 지역사회의 참여, 이웃과의 소통, 신뢰, 소속감을 형성하려는 정책목표에 정확하게 맞닿아 있다. 고상한 구호나 비전제시, 수십억의 예산을 투여하고도 애물단지가 되는 인프라 사업이 아니라 우리 주변에 평범한 주민들이 감당할 수 있고, 행복해할 수 있는 수준에서 마을과 공간의 주인이 되는 경험을 함께하는 일이다.

재생(再生). 무엇인가 상실되고 손상된 것의 되살림이 그 의미라면, 건맥1897협동조합을 통하여 그동안 마을에서 잊어버렸고, 잃어버렸던 함께, 믿고, 의지하고, 나누는 일들이 시작되고 있다. 이로 인해 작지만 강한, 주민이 주인이 되는 재생이 시작되고 있다. 주민이 주인이 되면 마을이 회복되는 힘이 생긴다.

이제 우리는 이러한 작은 성공의 경험들을 도시재생, 지역활성화라는 명목으로 시행되는 다양한 정책들 속에 무의미한 전략들을 수정하는 계기로 삼아야 한다. 일자리 창출, 지역경제 활성화라는 형해화된 목표를 버리고 지역주민의 일상 속에 사회적경제가 녹아들게 하는 지역자산화(커머닝)을 핵심적인 전략과 목표로 설정하고 이를 스스로 구현하고, 지속가능하게 할 수 있는 방안, 이 과정을 잘 돕고 협력할 수 있는 정책들을 하나씩 마련해 가야 한다.

지역공동체의 부를 구축하는(Community Wealth Building) 지역재생

지역재생 현장에서 지역자산화는 주요한 전략으로 인지되지 못하고 있으나, 지역자산화가 일어나고 있는 현장에서는 커머닝을 통한 지역재생의 가능성을 몸으로 경험하고 있다. 이의 적용을 위해서 지역자산화와 관련한 영미권의 정책화 논의들을 참고할 필요가 있다. 지역자산화의 개념을 영미권에서 지역발전전략 차원으로 논의되고 있는 '지역공동체 부의 구축 Community Wealth Building (CWB)' 개념을 빌려와 설명하려는 시도가 있었다.

2020년 국토연구원에서 발간된 「지역자산화를 위한 사회적부동산 활성화 방안 연구」에서 지역공동체 자산형성의 개념이 지역(시민)자산화와 맞닿아 있음을 발견하고 지역(시민)자산화에 대한 통합적 이해와 지역경제 발전전략 차원으로 용어를 이해해야 한다고 했다(최명식외 2020, 24).

미국의 The Democracy Collaborative(TDC) 기관과 영국의 The Center for Local Economic Strategies(CLES)에서 사용하는 CWB 개념은 스페인 몬드라곤의 협동조합 기반 지역경제 발전 모델을 차용한 것으로 알려져 있으며 최근 미국의 클리블랜드(Cleveland), 영국의 프레스톤(Preston)도시에서도 CWB 전략을 토대로 도시 회복을 도모하고 있다.

CLES는 CWB의 등장 배경을 "그동안의 경제성장 방식이었던 불균형 성장은 집적화, 집중화를 통해 특정 장소와 계층만 성장의 과실을 누리게 되어 부(Wealth)의 불균형 분배와 지역 이익의 역외 유출, 사회적 배제 등의 문제를 일으켰다. 따라서 이러한 주류 신자유주의의 부정적 영향을 제거하고 사회·경제·환경적 정의를 달성하기 위해 지역 경제를 급격하게 재구조화하는 방법으로 지역자산화가 등장하였다"고 이야기한다(CLES 2019, 최명식외 2020). 지역기반의 커머닝 논의는 궁극적으로 사회적경제 방식에 의한 지역 경제의 재구조화에 이르러야 한다. 지역재생에 이러한 개념을 적용하기 위하여

Community Wealth Building의 주요 원리를 마조리 켈리와 테드 하워드의 공저 『모두를 위한 경제』에서 살펴보자.

[표 II-8] 공동체자산을 구축하는 추동요소

추동요소	기존 경제 개발	Community Wealth Building
지역성	인센티브를 통한 기업유치 지역주민 조세부담 증가	유휴지역자산의 활용 이익이 주민에게 돌아감
소유권	부재소유와 권위자 소유 우대 지역소유/가족기업 피해	소유권을 지역주민이 공유 지역경제 번영의 토대가 됨
승수효과	돈이 마을공동체 밖으로 빠져나가는 데 무관심	앵커기관이 지역에서 소비 돈이 지역에서 순환됨
협력	정부와 기업주도의 의사결정 지역주민은 배제됨	지역의 이해관계그룹이 함께 의사결정에 동참함
장소	일자리수에 집착하고 임금, 고용평등에 무관심	생활임금이 보장된 일자리창출 가정경제 안정화
노동자역량강화	훈련과 고용 간 연계 적음 취약계층 무관심	훈련과 고용의 연계 취약계층 일자리 고용
시스템	낙수효과로 기대	경제활동의 뉴노멀 확립 제도와 기관과 지지하는 생태계 구축

*출처: 『모두를 위한 경제』, 90-91면

　　지역자산화는 지역의 자산을 토대로 지역주민의 공동소유에 기반하여 경제적 파급력을 지역에 담고 순환시킴으로 지역의 사회적 일자리를 창출하고 지속가능한 생태계를 구축하는 차원에서 지역재생의 주요 전략으로 논의될 가치가 충분하다.

　　앞으로의 지역재생의 전략은 지역공동체의 부를 만들어 가는(Community Wealth Building) 지역경제 회복과 부흥이 핵심이어야 한다. 그런 의미에서 마을공동체, 사회적경제, 도시재생 등으로 분절된 영역은 지역자산화 전략 구현에 통합적으로 기능할 필요가 있다. 지역자산화는 관계자본이 형성하는 '마을공동체'가 주체가 되어 연대와 협력이라는 '사회적경제' 방식을 통하여 '지역재생' 차원에서 임팩트를 구현하고 지속가능성을 확보해야 한다. 이와 더불어 공동소유구조의 확산을 위한 제도적 기반 및 정책적 지원체계 마련과 지역자산화기금(재단) 구축 등의 사회적 금융 생태계도 조성되어야 한다.

커머닝을 위한 작은 시도와 성공의 경험들이 지역을 기반으로 축적되는 중이다. 지역자산화는 상호 연대와 협력의 경험, 일상의 민주주의를 구현하는 일임을 되새기며 관계자본에 기반해 지역단위에서 충분한 숙의와 준비과정을 거쳐 일상 속에서 자연스럽게, 단계적으로 추진해가야 한다. 지역 현장에서 시민자산화를 이루어내고 있는 공동체들간의 연대를 통하여 지역주도의 단계별 지원 및 협력시스템도 만들어가길 기대한다. 지역공동체의 부를 구축하는 전략을 통하여 사람과 공간과 자본이 사회적경제 토대 위에 자연스럽게 어우러지고 결속될 수 있기는 지역재생이 되기를 기대한다.

참고 문헌

마조리 켈리, 테드 하워드. 2021. 『모두를 위한 경제』. 홍기빈 옮김. 학고재.
최명식. 2020. 「지역자산화를 위한 사회적부동산 활성화 방안 연구」. 국토연구원.
CLES. 2019. *Community wealth building 2019: Theory, practice and next steps*. CLES(Centre for Local Economic Strategies).

---

1) 국토교통위원회·국회입법조사처. 「2022 국정감사 이슈 분석 제6권」. 50면.
2) 지역 주민들이 안정적인 지역활동을 위해 건물·토지 등의 자산을 공동으로 매입·운영하며, 이에 따라 창출되는 유무형의 가치를 지역사회에 환원하는 사업(행안부).

12장

디지털 전환 시대,
사회적경제 조직의 미래 학습을 향한 탐색

김형미

> 혼잡하고 상호 연결된 세계는 인간사회와 물리적 환경에 전례 없는 압박을
> 가하는데, 이러한 세상에서 사는 법을 배우는 것이 우리의 가장 큰 과제다.
> — 제프리 삭스, BBC 왕립학회 강연, 2007년[1]

이 글을 쓰는 이유와 목적

이 글은 미래 시기로서 2030년을 상정하고 그때 7년 전 봄을 회고할 즈음 학습이란 주제에 대해 한국의 사회적경제는 어떤 방향을 탐색하고 고민했는지를 기록하고자 한다.

3년 여의 코로나 팬데믹 계곡을 지난 한국 사회는 어수선하고 불안정한 터널을 지나고 있는 듯 좀처럼 전망을 세우기 어렵다. 21세기 첫 25년을 특징짓는 용어로서 불확실성의 시대, 뉴노멀, 인류세[2], 기후위기시대[3], 전환의

시대 같은 개념들이 등장했다. 그중에서도 지속가능성, 전환이라는 용어는, 유엔이 2015년 9월 총회에서 만장일치로 「우리 세상을 전환할 것: 2030년 지속가능발전의제 Transforming our world:the 2030 Agenda for Sustainable Development」를 채택한 이후, 국제사회, 국가, 기업, 시민사회 공통의 중심어가 되었다.

특히 코로나 팬데믹과 우크라이나 전쟁, 미중 패권 갈등이 강렬해진 2022년 이후 국제기구는 인류가 처한 위기를 매우 우려스럽게 보고하며 회원국, 기업과 시민사회에 전환의 필요성을 더욱 절박하게 호소하며 전환을 위한 인류의 행동을 촉구하고 있다.

예를 들면, 세계경제포럼 직전에 발표한 옥스팜의 「2020년 불평등보고서」 주제는 <무급, 저임금 가사노동과 세계적 불평등>이었다. 이 보고서는 지구촌의 경제적 불평등은 통제 불능의 상황이라고 했다.[4] 2023년 불평등 보고서의 제목은 <슈퍼리치의 생존>으로, 코로나 팬데믹으로 1660만 명이 사망한 것으로 추정되는 2년(2020~21년) 동안에 새롭게 창출된 부의 63%를 최상위 부유층 1%가 가져갔다고 밝혔다. 하위 90%가 10%를, 나머지 27%는 9%에게 돌아갔다고 한다.

유엔개발계획(UNDP)이 공표한 「인간발전보고서 2021-22」는, 현재 인류가 직면하고 있는 불확실성의 차원을 "불확실성의 복합체"라고 명시했다. 이는 이전의 인류사에서는 결코 본 적이 없는 것이다. 기후변화로 촉발되는 재난의 증가, 사회경제적 격차 확대처럼 어느 정도 예측할 수 있는 불안정성 외에도 인간의 행위에 의한 실존적 위협-가령 핵전쟁, 인공지능기술, 유전자기술, 나노기술과 지구 행성이 받는 압력과 그 영향은 더 규모가 커지고 증대하는 것으로 보이기 때문이다.[5] 이어 UNDP는 「2022년 특별보고서 인류세의 위협과 인간의 안전보장:더 큰 연대가 필요한 때」에서, 코로나 팬데믹 기간 불평등, 폭력분쟁, 건강 위협, 디지털 기술로 인한 위협 등이 증가하여 인간개발지수가 미증유로 저하한 현실을 데이터로 드러냈다. UNDP에 따르면 인간의 안전보장을 지키기 위한 새로운 전략으로서, 연대와 역량화(empowerment),

보호를 중심에 두어야 한다.6)

이런 가운데, 유네스코는 「국제미래교육위원회 보고서:함께 그려보는 우리의 미래:교육을 위한 새로운 사회계약」(이하 국제미래교육보고서)을 발표하였다. 이 보고서의 주장은, 인류와 지구가 위기에 처한 가운데 그동안의 정의롭지 못한 부분을 바로잡으면서 미래를 바꿔놓을 교육으로의 전환을 위하여 **새로운 사회계약이 필요**하다는 것이다. 그것은 교육의 위상을 공공재에서 공동재(a common good)로 바라보는 사회계약이다. 국가나 교육관계자에게만 맡겨두지 말고 사회 구성원들이 적극적으로 만들어 가는 공동재로서의 교육은 인권에 근간을 두고 차별금지와 사회정의, 생명존중, 인간 존중 및 문화다양성에 기초하면서 돌봄의 윤리, 호혜주의, 연대를 포괄해야 한다.7)

2015년 국제사회는 2030 의제와 파리협정에 합의하면서 지구별과 인류의 지속가능성을 향한 공동 대응에 전면적으로 협력하였다. 그냥 근사한 선언에 그치는 게 아니라 공동 약속을 이행하는지에 대한 모니터링도 추진하던 차였다. 하지만 코로나 팬데믹을 겪으면서 국제사회 공동의 노력은 꼬였고, 많은 지표가 역주행하였으며 우크라이나 전쟁 발발 이후 세계는 더 불안해졌다. 2023년 봄, 지구촌을 조감하듯이 들춰 본 우리의 모습은 이러하다.

이럴 때 상황을 헤쳐 나가려면 나침반을 소지하여 길을 찾고 기로마다 동료와 함께 점검하여 결정하면서 걸어야 할 것이다. 방향이 옳다면 길이 나오니까. 이때 나침반은 선인(先人)들의 지혜가 응축된 신뢰와 비전의 저장고라 할 수 있다. 선인들의 지혜도 기술·사회의 변화와 거대한 자연재해, 언제 끝날지 모르는 전쟁의 불안 속에서 미래의 길을 찾기 위한 고투 속에서 찾아낸 길이어서 불운이 닥치지 않으면 우리도 선인들처럼 목적지에 다다를 것이고 도중에 쓰러지더라도 다른 이들이 따라올 것이니까. 어려운 시기일수록 고전이 소환되고, 고전을 재해석하는 인간의 행위는 본능적이라고 할 수 있다. 따라서, 앞서 제프리 삭스의 말은 '불확실하고 불안이 중첩되고 얽히는 세상에서 사는 법을 배우는 게 우리의 가장 큰 학습'이라고 바꿔 말할 수 있다.

더 풀어보면 학습은 우리의 문화를 구축하고 향유하는 것으로 드러난다.

인간의 삶을 조정하고 안내하는 습관, 실행력, 믿음, 주장, 긴장 등의 총합체를 문화라고 해석하는 것처럼8) 학습은 개인의 역량을 기를 뿐만 아니라 학습 집단의 마인드를 보호하는 세포막으로, 문화 형성과 전수에도 핵심적인 기제일 것이다. 가령 한국의 사회적경제에선 구성원의 공동이익과 사회적 가치 실현, 사회연대, 호혜라는 규범을 중시하고 어려운 시기에는 구성원의 기부, 상호거래, 품앗이를 활발히 실천하는 행동양식이 강하고, 윤리적인 비즈니스와 민주적인 조직문화를 중시하는 학습을 강조하며 사람중심경제에 대한 심리적 공감이 높은 문화를 지니고 있지 않을까? 실제로 어느 만큼 그러한지를 둘러싼 평가는 차치하고, 사회적경제 분야에서 종사하는 이들, 새롭게 접근하는 이들에게 한국의 사회적경제의 문화가 영향을 미치고, 이러한 문화를 전수하고 새롭게 하며 그 깊이와 폭을 더하는 역할에는 사회적경제인들의 학습이 있을 것이다. 하지만 그동안 이러한 학습의 현황과 과제를 집중적으로, 공개적으로 논의하는 기회는 그리 없었다.

한편, 이 글을 쓰는 시점은 디지털 전환 시대의 초입으로 대화형 AI의 등장과 초고속 진화가 주목받고 있다. 챗지피티(chatGPT) 4가 등장하여 웬만한 매뉴얼 작성과 창작 작업을 수행하고 사무행정직의 업무를 대체할 시간이 그리 멀지 않았다고 말하는 시기다. 그 영향으로 향후 인간의 학습 환경과 그 방식도 크게 달라질 것이다.

이러한 시대에, 사람중심이라는 사회적경제의 중심적인 화두를 실현하는 사회적경제에서의 학습은 어떻게 바뀔까. 어떻게 어떤 학습을 할 때 우리가 처한 상황을 타개하고 지속가능한 행성 지구, 평화와 인간의 안전보장, 정의로운 전환으로 다가가는 나침반을 손에 넣을 수 있을까.

디지털 전환 시대와 교육의 변화

2004년에 디지털 전환(DX)이란 용어가 탄생한 이후[9] 세계는 디지털 기술이 모든 생활과 사회 인프라에 침투하여 사회구조와 생활방식이 크게 달라지는 변화의 시기, 즉 디지털 전환 시대를 맞이했다. 코로나 팬데믹은 디지털 전환 시대와 이전 시대의 분기점을 마련해 주었고[10] 이는 교육 현장에서 큰 변화를 일으키고 있다.

두드러진 변화는 온라인 플랫폼을 통한 원격교육 시스템이 대세로 등장하고 교육 온라인 플랫폼에 참여하는 계층이 다양해지면서 그 접근이 민주화할 것이라는 점이다. 이러한 변화가 1천 년의 역사성을 지닌 대학의 교육체계를[11] 어느 만큼 바꿀지는 두고 보아야 하겠지만, 높은 중간 단계 비용으로 유지했던 일종의 도제 시스템에 기반한 대학의 교육체계는 강력한 변화를 요구받게 된다. 대안대학과 온라인 학습플랫폼은 이미 낯설지 않다. 그런데 공적인 학위 보증 기관인 대학에서 기존의 대학 교육과정을 크게 바꾼 대담한 시도들이 출현했고 이 흐름은 이제 시작에 불과하다는 점이 달라진 정세다.

스탠포드 대학교는 6년제의 개방형 순환 대학(Open Loop University)을 구축하였고[12] 애리조나주립대학교는 2002년에 New American University를 지향하는 교육개혁 이후 대학 교육과정의 접근성을 높이고 개인맞춤형으로 특화한 온라인플랫폼 Ed Plus를 개설하여, 인공지능과 적응학습 방법론을 도입, 약 6만 명의 대학생들에게 개인 최적의 학습을 제공하였다. 그 결과, 2002년-19년 사이 총재학생 수는 55,491명에서 119,979명으로 증가했을 뿐 아니라 그 중 마이너리티 학생이 11,487명에서 47,104명으로 4배 이상 증가함으로써 수강생의 다양성 증가라는 보편성도 확장되었다.[13] 2023년 봄부터는 유투브 교양 채널인 Crash Course와 연계해서 Study Hall이란 이름의 온라인 학위과정을 개장했다. 3월 기준으로 스터디 홀의 수업은 25달러 수강료이고,

정규 학점을 취득할 수 있다. 스터디 홀은 미국 공립대학의 평균 등록금의 1/3, 사립대학의 등록금 10% 수준으로 학위를 취득할 수 있는 데다, 학습자 본인이 성적에 만족할 수 있을 때까지 반복 수강도 가능하다.[14]

일본에서는 통신고교제도에 입각하여 인터넷 고등학교가 운영되고 있다. N고등학교·S고등학교라는 2개의 고등학교는 학교생활과 고교이수과정을 기본적으로 인터넷으로 운영한다. 고교졸업자격을 취득하므로 대학 진학도 가능하다. 학생의 개성이나 생활방식에 맞게 인터넷 통신코스, 통학코스(전국 33개 캠퍼스), 온라인 통학코스(수업은 온라인으로, 그룹활동은 대면으로), 통학프로그래밍 코스(캠퍼스에 통학하면서 프로그래밍을 학습)를 선택할 수 있는데 2022년 12월 말 기준 24,309명이 재학하고 있다. 이런 학교 환경은 학교폭력에 노출될 기회도 적고 신체장애도 문제 되지 않는다. 학교법인은 유명 출판사와 정보통신기업이 합작해서 설립했으며, 중시하는 종합역량은 교양·사고력·실천력, "다양한 시대에 다양한 배움을", "IT×글로벌 시대에 자유로운 발상으로 주체적으로 문제를 해결하는 종합역량을 기초로 삼아 개성을 키운다."가 모토다.[15] 마을 소멸 위기를 반전하여 2030 세대의 귀촌 행렬이 이어진다는 도쿠야마 현 가미야마 마을에 2023년 4월에 가미야마 마루고토 기술전문학교가 새로이 개교하였다.[16] 마루고토 기술전문학교는 테크놀로지·디자인·기업가정신을 중심에 둔 자율적인 교육과정을 운영하며 입학생 전원은 기숙사 생활, 무상교육 혜택을 받는다. 디지털 전환 시대에 장인 역량을 함양하여 업을 일으킴으로써 사회의 전망을 개척하는 사람을 육성한다는 게 교육 목표다. 학생 한 명당 연 200만 엔이 넘는 학비를 전액 장학금으로 수여하기 위해 11개 이상의 기업이 마을과 협력하여 100억 엔이 넘는 기금을 마련했다.[17]

또한 미 뉴스쿨을 거점으로 한 Platform Co-op School도 탄생했다. 이 프로그램은 24개국, 45개 협동조합과 단체들이 컨소시엄 형태로 결성한 공유대학 경영과정이다. 2023년 1~7월 사이에 디지털 경제와 플랫폼 협동조합을 주요 주제로 삼은 22개 학습 프로그램이 설치되어 플랫폼 노동자, 활동가, IT전문가, 정책입안자, 대학생을 포함하여 전세계에서 학생을 모집하여 온라인과정과 오프라인과정으로 운영한다. 15주 구성으로 등록금은 고소득국 110달러, 그 외는 40달러이다.[18] 이러한 미래형 학교의 특징으로, 인터넷 플랫폼을 구사하여 학습자에게 다양성과 더 넓은 기회의 균등을 동시에 실현하고 있는 점에 주목해야 한다.

결론적으로 교육에서 디지털 전환의 영향을 전망하면, 첫째, 디지털 전환 시대 학습은 데이터 기술에 기반한 개인 최적화가 가능해지면서 디지털 기기를 구사하여 학습자가 주체적으로 배우는 방식으로 나아갈 것이다. 온라인 교육플랫폼을 매개로 교육은 시간, 장소, 비용 제약을 벗어나서 조종사의 시뮬레이터 실습처럼 개인 반복 학습을 통해 질적 향상을 꾀할 수 있을 것이다.[19]

둘째, 온라인 플랫폼을 활용한 학습 시스템이 더 보편적으로 만들어지면서 많은 이들이 고학력 교육에 쉽게 접근할 수 있게 된다. 마이크로·나노 디그리와 같은 학위취득방식이 많아지고 히로시마대학교가 애리조나주립대학교(ASU)의 일본 캠퍼스가 된 것처럼 지역·국경을 넘어선 대학 간 공유캠퍼스 실현도 많아질 것이다. 첫 번째, 두 번째 변화가 가져오는 임팩트는 긍정적이면서도 부정적인 측면도 적지 않을 터라 신뢰할 수 있는 학습 커뮤니티에 대한 열망도 그만큼 커지고 다양해질 것으로 보인다. 하여,

세 번째로, 같은 열망, 같은 의지를 지닌 이들이 모이는 학습커뮤니티가 더 소중해지고 더 모양새를 갖추어 일상 속에서 아카데미, 대학, 숙(塾) 등의 이름을 붙인 다양하고도 독창적인 학습 커먼즈(learning commons)들이 번성할 것이다.

디지털 전환 시대, 직업의 변화와 소득격차의 강화

고도한 기술혁신이 이루어지는 시장경제 제도에서는 소득 불평등이 확대

되는 경향은 피할 수 없다. 정보통신 기술혁신이 빠르게, 지속적으로 축적되면 매우 전문화한 기술과 지식을 겸비한 인재를 구하는 일자리가 증가하고, 고학력·고급두뇌 인재는 희소성이 높은 인적 자본[20]으로 경제적 가치가 매우 높아진다. 고등 교육의 시장가치는 고등 교육을 받은 사람들이 가장 희소한 상황에서 가장 높았다.[21] 정부가 기술발전에 부응하는 인적 자원을 양성하기 위한 고등 교육의 보편화에 편승하면 할수록 고등 교육의 시장가치는 내려가고, 또 직업능력교육이나 재교육[22]을 평생교육 차원에서 강화하더라도 학습 능력이나 성취 수준은 대체로 정규분포를 그리므로, 좀처럼 취득하기 어려운 자격증, 성취하기 어려운 전문역량을 지닌 고급인재의 시장가격은 올라가고, 평균적인 지식을 갖춘 노동의 가격은 저하하게 된다. 부유한 나라들이 연구개발에 더 많이 투자하고, 지식경제에 집중할수록 이러한 경향은 더욱더 강화된다.

인공지능과 자동화, 산업구조 조정으로 각국의 고용 환경이 바뀌면서 괜찮은(decent) 인간중심노동(human-centered work)을 창출하는 도전과제는 더욱 어려워질 것이다.[23] 디지털 기술은 사람의 시간 감각에 비할 바 없이 초고속으로 진화하고 있다.

2018년 이전에는 거대언어모델 AI가 아직 등장하지 않았다. 2019년 10월에 범용성이 높은 거대언어모델 AI가 등장, 2020년 6월에는 챗지피티가 개발되고, 2022년 11월에 공개, 이를 업그레이드한 챗지티피 4가 2023년 3월에 공개되어, 순식간에 수억 명의 사용자를 확보했다. 4년 남짓한 시간의 일이다. 이 분야의 테크 기업의 기술경쟁은 시작 단계에 지나지 않으므로 향후 더 대담하고 섬세하고 다층적인 측면에서 적용 가능한 인공지능이 등장할 것이다. 이로 인해 가장 영향을 받을 것으로 추정되는 직업은, 텔레마케터, 어학 강사, 인문사회과학 분야 교사(역사, 법률, 철학, 종교학, 사회학, 정치학, 범죄학, 사회복지, 지리 등), 중개자, 심리상담사 등으로 대체로 대학 학력, 중간 숙련을 요구하는 직업군들이다.[24] 미연방 노동국이 2020-30년 동안 가장 많이 증가할 것으로 분석한 직업은 풍력 엔진 기술자, 간호사, 태양광 패널 설치기사, 통계전문가, 물리치료지원사, 정보보안분석가, 재가돌봄 관리사, 보건의료 관리자, 수리과학자·데이터 사이언티스트 등이며 감소한다고 추정한 직업은 컴퓨터 문서작성, 주차장 관리자, 핵발전소 운영요원, 콜센터 직원, 방문영업사원, 데이터 입력사원 등이다. 증가할 직업 중 돌봄 분야가 가장 많은데 이들의 연 중간 소득은 5만 달러 이하, 감소하는 직업 대부분은 연 6만 달러 이하로 사회 중산층 이하 노동력에 주는 충격이 더 크다.[25]

직업의 변화와 함께 디지털 전환 시대에는 데이비드 그레이버가 고발한 불쉿 잡이 감소할 수도 있다.[26] 그가 지명한 쓸모 없고 무의미한 일을 하는 사람들은 대부분 서류작성 직원, 로비스트, 광고 텔레마케터, 홍보 전문가 등으로 전체 일자리의 40% 정도로 추산하는데 이러한 직업들을 매우 정교한 AI가 떠맡을 날이 그리 멀지 않았다. 기업은, 변덕스럽고 업그레이드가 느린 데다 질병·부상·가족 사정 등의 리스크가 있는 인간 노동력보다 깔끔하게 소비자 민원에 대응하고 집요하게 고객 마케팅을 하는 챗봇을 도입하기 쉬울 것이다.

하지만, 우리는 또 다른 비인간적 노동, 노동의 소외 문제에 직면한다. 방대한 인터넷 콘텐츠 중에서 폭력과 성착취, 혐오발언 등의 유해 콘텐츠를 일일이 확인하여 이를 사람 손으로 제거하는 콘텐츠 모더레이터들이 일하는 덕분에, 대중이 접하는 SNS가 돌아간다. 여기에 종사하는 이들은 필리핀, 말레이시아, 케냐 등 저임금 국가에서 주로 종사하는데, 유해 콘텐츠는 작업 후에도 인간의 뇌리에 깊이 영향을 미치기 때문에 외상 후 스트레스 장애를 일으킬 가능성이 높다.[27] 저임금과 정신적 위해 부하가 높은 노동을 수행하는 이들의 학력은 추측컨대 고졸, 또는 대졸일 것이다. 이 역시 정보화 사회의 격차의 한 단면이다.

정리하면, 고도 전문지식과 자격을 입수하기 위한 교육제도는 도제식 시스템의 울타리를 쉽게 벗어나기 어려운데다-전문 엘리트층의 자기방어적 시스템 때문에도- 고액의 학비를 부담해야 한다. 이에 그러한 과정을 이수하여 취업한 이들은 고액 소득에 합당한 비용과 시간을 지불하고 노력함을 공정하다고 여기며 현대 복지국가의 보편적인 사회보장을 공격하기 쉽다. 이처럼 디지털 기술의 진화에 적응하고 이를 조작할 수 있는 인재와 그렇지 못한 노동 사이의 균열과 격차는 사회연대의 원리에 기초한 국가의 사회보장시스템[28]의 유지, 강화에도 깊은 영향을 미치게 된다. 새로운 사회계약의 청사진이 절박한 시기이다.

디지털 전환 시대, 인간의 역량을 개발하는 학습이란

변혁적 역량

여태까지는 기술변화로 인한 노동시장 재편에 대한 대응으로서 고등교육과 재교육을 중시했다. 고등교육 진학률, 직업능력을 학습하고 증명하는 자격증 취득 교육, 재교육을 위한 직업능력 개발교육은 개인의 잠재역량을 개발하여 더 질이 좋고 안정된 취업으로 안내하기 위한 핵심적인 기제였다.

대한민국에서 이러한 기제는 제도상으로는 잘 갖추어져 있으나 현실에서는 제대로 작동한다고 볼 수 없다.[29] 대학을 졸업하더라도 일에 적합한 역량을 갖추지 못하거나 자격, 면허에 합당한 윤리와 역량을 갖추지 않은 경우도 적지 않기 때문이다. 그 배경에는 대한민국의 교육시스템이나 직업능력 개발 시스템의 골조가 산업화에 맞추어진 채 수시로 성형하거나 옷만 갈아입는 정책에 좌우된다는 현실이 있다. 대량생산의 산업 시대에는 인과관계가 성립하기 쉬운 가설과 세계인식을 설정하고 분석하여 미래를 예측하거나 시뮬레이션을 돌려보는 식의 지식체계와 기술 습득이 효과적이었다. 반면, 디지털 전환 시대에는 기술의 진화가 보통 사람의 재교육에 충분한 시간을 기다려주지 않을뿐더러, 앞서 UNDP가 "불확실성의 복합체"라고 표현했듯이 인과관계가 명확하지 않은 복잡한 시대로 어떤 기술을 새로이 습득해야 장기적으로 일자리를 유지할지 예측하기 어렵다.

> 미래는 예측하기 어렵다. VUCA라는 약어는 우리가 살고 있는 이 시기와
> 세계가 본질적으로 알 수 없음 (unknown)을 시사한다. 교육자와 교육정책 입
> 안자들에게 이는 골치 아픈 메시지이다. 아직 탄생하지 않은 직업을 어떻게
> 학습자들에게 가르칠 수 있을까. 아직 발명되지도 않은 기술을 어떻게 가르
> 칠 수 있을까, 아직 우리가 상상하기 어려운 사회문제 해결을 어떻게 가르칠
> 수 있나? .오늘날 우리는 드라마 같은 변화와 예상치 못한 전환 국면에 살고
> 있다...30)

이러한 시대에는 어떤 현상, 직업이나 일이 일어나는 현장을 관찰하고,
피드백을 끊임없이 주고받으면서 자신의 해석을 모색하게 된다. 스스로 변
화를 만들어 가는 탐색과 적응을 통해 지식체계를 재검토해야 하고, 학습방
식도 교수자의 수준에 좌우되는 도제식 시스템에서 점점 멀어지게 된다. 더
불어 그 어떤 사회계층, 집단이든지 자신들만의 힘으로 해결책을 찾을 수 없
고 다양한 신념, 배경, 조건을 지닌 사회 구성원들과 공동의 미래를 개척해
야 한다는 협력과 협상 기제를 작동시키는 힘을 발휘해야 문제해결에 가까
워질 것은 말할 것도 없다.

디지털 전환 시대에 도대체 어떠한 역량을 개발하고 풍부하게 심화해야
할 것인가? 이에 대해서는 2015년부터 추진된 'OECD 교육 2030: 미래교육과
역량 프로젝트(Future of Education and Skills 2030)'를 참고할 수 있을 것이
다. 이 프로젝트는 글로벌 차원에서 진행되는 3대 전환 요인(디지털화, 기후
변동, 인공지능의 발전)의 동향을 조감하여 교육이 처한 장기적인 과제를 검
토함과 동시에 교육의 목표와 방법을 근본적으로 바꾸기 위해 OECD 교육정
책위원회가 추진한 연구 프로젝트로 한국을 포함한 30여 국가에서 참여했다.

연구 성과로서 이 프로젝트는 'OECD 학습 나침반 2030 (The OECD Learning
Compass 2030)'을 제시하고 그 컨셉 노트를 공개했다. 여기서 학습 나침반이

란 표현은, 이미 정해진 지도를 받는 대신에 미지의 환경에서도 의미 있고 책임감 있는 방식으로 스스로 탐색하고 길을 찾는 학습자를 강조하기 위해서 채용된 은유이다.

2030년에 사회인이 되는 중학생을 학습자로 상정하여, 이들이 살아갈 2030년대에 원하는 미래-개인의 좋은 삶과 사회의 안녕(individual and collective well-being)-를 찾아 누릴 수 있는 역량을 길러주는 데 목적을 두었다. 또한 학습자는 혼자서가 아니라 동료, 교사, 보호자, 커뮤니티와 함께 변혁적 역량을 갖추어 가므로 이들 사회적 존재들이 협력적 주체(co-agency)가 된다.

OECD 학습나침반 2030은 21세기 학습자들이 갖추어야 할 역량을, 복잡성과 불확실성에 적응하여 원하는 미래를 만드는 변혁적 역량(transformative competencies)으로 표현하고, 구체적으로는 새로운 가치창조, 긴장과 딜레마에 대처하기, 책임감 갖기로 제시했다. 변혁적 역량의 학습과정은 상황 속에서 예견·기대(anticipation)하여 행동(action)하고 성찰(reflection)하는 AAR 사이클을 반복하면서 지속적으로 더 낫게 만드는 것이다.

변혁적 역량은 인공지능이 따라오지 못하는 인간 고유한 역량일 뿐 아니라 인공지능을 유용하고 사회에 기여하는 방향으로 개발하기 위해서도 변혁적 역량이 중요하다. 한편, 변혁적 역량을 학습할 때 갖추어야 할 핵심 기초 능력으로서 문해력, 산술·수리능력, 디지털 리터러시, 데이터 리터러시, 건강 관리 능력, 사회·정서역량을 뽑았다.[31]

[그림 II-27] OECD 학습나침반 2030

*출처: 김종윤, OECD Education 2030 프로젝트 1단계 연구 성과, 「교육광장」 http://kice-magazine.co.kr/?p=2954

탈학습과 재숙련

국제미래교육보고서는, OECD 교육 2030보다 더 나아가 2050년을 미래의 시간 축으로 상정하여 미래의 학습에서 중요한 개념으로 **탈학습(unlearning)**을 강조하고 있다.

우리가 세계 안에서, 그리고 세계와 더불어 학습하고 이 세계를 향상시키도록 도와줄 교육학이 필요하다. 그러한 교육학은 우리가 모든 사람의 존엄성에 대해, 그리고 양심에 대한 권리와 사상의 자유로 대표되는 위대한 성취에 대해 지속적으로 배울 것을 요청하는 동시에 **인간중심주의(human exceptionalism)와 소유에 기반한 개인주의로부터 탈학습**할 것을 요청한다. 그러한 교육학은 호혜와 돌봄의 윤리에 기반해야 하며, 개인과 집단 및 종 사이의 상호 의존성을 인식해야 한다. 또한 우리가 공유하는 것의 중요성과, 우리가 각자 및 이 지구와 서로 결합되어 있다는 시스템적 상호 의존성을 이해하도록 고무해야 한다.[32]

보고서에 따르면, 편향성과 편견, 구분에 대한 탈학습, 지배적 지위로 확립된 지식을 비판적으로 검토하는 탈학습, '무엇을 학습하고 무엇을 탈학습해야 하는가?'는 질문이 특히 중요한 시점이다. 상호작용의 복잡성을 학습하기 위해 새로운 패러다임과 관점이 필요하기 때문이다.[33]

현대 한국인들에게 탈학습이란, 파울로 프레이리의 의식화(conscientization) 교육을 연상하기 쉬운데, 탈학습은 그 차원을 넘어서는 것 같다. 오히려 의식화 교육의 결과로 형성되었고 보이는 현상에 대한 비판적 사고의 결과 신념처럼 내재된 지식에 대해서도 21세기의 맥락에서 재검토하여 새로운 패러다임과 관점을 얻는 것을 의미한다.

탈학습은, "모든 사람은 세상을 바꾸고 싶어 하지만, 자신을 바꾸려는 생각은 하지 않는"(레프 톨스토이) 인지·심리적 틀을 벗어나는 것이다. 즉, 자신을 바꾸는 것, 자신이 준거하고 있는 집단적 신념이 잘못되거나 한계라는 점을 인정하고 스스로를 바꾸는 것으로 연결된다. 가령, 그동안 주류적인 지식·담론체계에 대한 비판자로서 정부의 실패, 시장의 실패를 비판하며 시민사회의 역할을 강조했던 사람과 집단이라면 **시민사회의 실패도 인정하고 시장과 정부와의 새로운 관계, 새로운 패러다임과 관점을 학습하는 과정도 탈학습**이다. 탈학습의 지속적인 과정, AAR 사이클의 반복과정은 디지털 전환 시대에 가장 중요한 학습의 방향이지 않을까.

겸손해야 한다. 현재 우리가 겪고 있는 위기는 그 어떤 권력도 모든 걸 다 안다고 주장해서는 안 된다는 사실을 일깨워줬다. 전투적 민주국가는 자신의 무지함을 솔직하게 고백해야 한다. 시민들과 함께 질문하고 의문을 품어야 할 것이며, 특히 미래에 대해 고민해야 할 것이다. 비판과 적대적 제안들이 쏟아져 나오도록 포용해야 하며, 이를 가지고 치열하게 토론해야 한다. 겸손함에 대한 요구는 야당과 기자, 정치평론가, 각종 전문가 또는 전문가를 자처하는 사람들에 대해서도 동일하게 적용되어야 한다.[34]

한편, 재숙련(reskilling)은 디지털 전환 시대에는 더 전면적으로 일어나야 할 것이다. 디지털 전환으로 인한 불확실한 고용의 미래에 직면한 상황에서 재숙련 교육은 OECD 학습 나침반 2030에서 제시한 주요 기초능력을 사회 구성원 모두가 쉽게 접근하여 배울 수 있는 교육훈련 환경을 조성하는 것을 목표로 삼아야 할 것이다. 특히 디지털에 익숙하지 않은 시민들이 디지털 환경의 희생자가 되거나 착취당하지 않도록, 개인과 사회의 좋은 삶을 위한 디지털리티(digitality, 디지털 문화에서의 생활조건)를 확장하는 재숙련의 학습 과정들이 공공적으로, 민주적으로 마련되어야 한다. 그 뿐만 아니라 다원적인 경제(시장경제, 공공경제만이 아니라 풀뿌리·비공식경제, 선물의 경제[35])에서 저평가되거나 교환가치로만 측정되지 않는 돌봄·공익활동·공동재 서비스에 대한 재숙련의 기회를 정부·시민·기업·지자체가 함께 만들어 가는 과정으로서-새로운 사회계약으로서- 재숙련이 일어나야 한다. 사회적경제는 이 새로운 사회계약에 주요 주체로서 참여하여야 한다.

현대 사회인들은 재훈련, 재교육, 자격증에 대한 피로도가 크다. 장시간 노동과 가사, 돌봄을 병행하면서 실직하지 않기 위해 의무처럼 재교육, 재훈련에 매진해야 하는 무한반복의 생활을 보낸다. 이런 재교육, 재훈련에 사생활과 개인의 재산을 투자할수록 안정적인 미래를 개척할 수 있다는 식의 전망은 무책임하고도 잔인한 것이다. 사회적경제가 참여하고 만들어 가는 재숙련 교육은 이와 달라야 할 것이다. 불확실한 시대를 살아가는 개인으로서의 책임이 아니다. 재숙련과 평생학습은 더 나은 삶을 위한 시민으로서의 자유와 권리가 되어야 한다.

한국의 사회적경제가 목표해야 할 학습에서의 실천과제

한국의 사회적경제는 구성원들의 학습을 매우 중시하는 언행을 강조해 왔을 뿐 아니라, 교육제도 안팎에서 다른 대안교육의 실천사례들도 만들어왔다. 몇몇 사례를 살펴보면, 2014년에 아카데미쿱이 결성되어 청소년을 중심으로 대안교육을 표방하며 인성교육 및 인문소양교육의 학습동아리를 운영하였다. 2021년 말 서울 9개 자치구에서 32개 교실, 160여 명이 배우고 있었다.[36]

대안대학 지순협(지식순환협동조합)은 미래 직업으로 연구자, 창작가, 활동가, 기획자에 주목하고 이들의 역량에 뿌리가 되는 인문 소양을 집중 육성하는 1년 과정의 자유인문학교이다. 2015년 협동조합 법인으로 설립하여 200명 남짓의 학생들이 여기서 배웠다.[37]

파주 타이포그라피 배곳은 2013년부터 운영한 4년제 디자인 전문과정으로 대학과정에 준한다. 모집인원은 한 학년 20명 내외로 파주출판도시를 중심으로 국내외 그물망을 촘촘히 하면서 창의 교육, 공동체적 가치를 중시하는 배움을 실천하는 학교를 강조한다. 홍익인간·생각하는 손·한글 얼을 바탕에 두고 무소유·무경쟁·무권위를 추구하는 배움의 터전으로서 외국 대학으로 편입이 가능하다. 학교운영주체는 파주타이포그라피교육협동조합인데, 재단을 만들만한 재력과 네트워크를 지닌 주체들이 교육협동조합을 지향했다는 점도 흥미롭다.[38]

[그림 Ⅱ-28] 2022 일소공도 주간(12.6~10)에 개최된 홍동면·장곡면의 배움 행사. 「일소공도」 제공.

더 오래되고 상징적인 학교는 '평민대학'을 표방하는 풀무농업고등기술학교 전공부일 것이다. 대안고등학교로 유명한 풀무농업고등기술학교의 기초교육과 전인교육의 연장으로 유기농업을 전공하는 2년제 고등과정이 2001년 개설되었다.[39] 2013년 전공부의 교수와 졸업생 32명이 협동조합 젊은협업농장을 결성하여, 지역에서 농사일과 학습을 병행하는, 교육적 성격이 강한 농장을 개척한 것을 계기로 평민마을학교가 운영되기 시작했고, 이러한 활동은 마을학회 창립으로 이어져 홍성군 홍동면·장곡면을 중심으로 2017년 〈마을학회 일소공도〉가 탄생했다. 이 학회는 종합지『마을』발행, 격월간 웹 소식지 「일소공도」, 다채로운 강좌 등이 마을 차원에서 진행되고 있어 학습지역 (learning region)의 특징을 구현하고 있다고 해도 과언이 아니다.[40]

최근에 주목하게 되는 실천은 2017년 설립된 경남 남해군의 동고동락 협동조합이다. 이 협동조합은 학교와 마을이 아이들을 함께 키우는 공동체적인 삶을 지향하여 대안교육 프로그램으로서 〈보물섬인생학교〉를 운영한다. 남해군의 농업유산인 다랑이논을 보존하면서 지역의 번영회와 함께 학교를 중심으로 마을을 생태적으로 전환해가는 모습은 홍성군의 두 마을처럼 학습지역으로서의 특징을 느끼게 한다.[41]

기존의 대학 제도에 기반하면서도 새로운 방식의 교육과정을 운영하는 사례로서 MTA LEINN Seoul이 주목을 받는다. LEINN은 '협업을 통한 팀학습'을 통해 실제 회사를 만들고 세계 곳곳에서 사업 프로젝트를 개발하는 학습과정으로 몬드라곤대학 경영학부의 학위과정이며 유럽연합 인증 학위를 취득한다. 2020년 제1회 입학생들이 학습을 시작한 후 2023년 3월 기준 25명이 재학 중이다.

사회적경제 활동가를 중심으로 한 학습 과정으로는, 사회투자지원재단에서 운영하는 사회적경제학습공동체 〈페다고지〉가 2016년 출발 이후 8년 동안 수료자 100명을 배출하며 깊이 있는 학습공동체를 지향하고 있다.[42]

대학에서 사회적경제를 배울 수 있는 학부, 대학원 교육과정이 2010년 이후 개설되기 시작하여, 21개 대학(2021년 말)으로 집계되었다. 이 가운데 사회적경제 신진연구자 네트워크를 결성하려는 아래로부터의 실천이 시작되기도 하였다.[43]

이처럼 제도권 대학의 사회적경제 학습과 연구, 대안대학, 활동가중심 학습공동체, 학습지역과 같은 실천들이 일어나고 있고 중간지원조직들이 사회적경제에 관한 학습 콘텐츠와 플랫폼을 제공하고 있는데[44], 디지털 전환 시대에 필요한 탈학습과 재숙련을 염두에 둔다면, 국가의 평생학습체계 및 직업능력개발체계에 보다 보편적으로 사회적경제 기업의 종사자·활동가들의 학습과정을 편재하는 과제가 중요해질 것이다. 구체적으로는 국민내일배움카드를 활용하거나, 고용보험 환급을 받을 수 있는 직업능력개발체계에 진입하여야 하고, 대학과 지역의 평생학습기관과 연계하여 사회적경제의 특성을 살린 사람중심의 디지털리티를 조성하고 변혁적 역량을 갖춘 집단으로서의 문화를 정착하도록 나아가야 할 것이다. 이를 위해 사회적경제 조직의 연대체가 정부부처와 함께 학습 교육과정을 기획, 운영할 방도를 찾기를 제안한다. 가령, 중견기업연합회가 산업통상자원부와 함께 〈중견기업 핵심인재 육성 아카데미〉를 개발·운영하고 교육비의 80%까지 지원하는 체계를 참고할 수 있다.

> 디지털리티의 승리로 인해 위협받는 지식 형태 중에서 가장 귀중한 것 중 하나는 사회 자체(the social itself)의 지식이다. 공유와 연결성, 관계성을 내세우기기는 하지만 이익 추구가 중심인 디지털 지식의 대부분은 고립된 개인 이용자나 구매자 또는 분석가들에게 의존하고 있으며, 너무 쉽게 고독감과 이기심, 그리고 자아도취를 유발한다.... 우리는 2050년까지 더욱 폭넓게 확산될 디지털리티의 부정적 측면, 특히 **지식에 대한 양적·알고리즘적·해답 지향적 정의(definition)에 저항할 수 있는 모든 역량을 지원하고 육성해야 한다.** 다만 이런 부정적 경향성에 대한 저항이 디지털화 자체에 대한 저항을 의미하지는 않는다."45)

이러한 방향은 그동안 한국사회의 평생교육체계 및 직업능력개발체계에서 표준처럼 다루어지는 지식과 방식을 개혁하는 도전을 의미한다. 표준은 강력한 힘을 지녔기 때문에, 무엇을 표준으로 세우느냐는 사람들의 행동에 큰 영향을 미칠 뿐더러 대안과 표준이 동떨어져 있는 세상은 대립적인 평행선을 벗어날 수 없다. 시민의 권리로서 공인(公認)된 직업능력개발제도에, 디지털 전환 시대를 살아갈 사회적경제인들의 역량을 배우는 학습과정을 적극적으로 편제하여 표준을 바꾸어 내자. 이는 돌봄·공익활동·공동재 서비스 분야에서 워크넷에 게재되는 신창직 정보를 창조하는 것으로도 연결된다.46) 이 글의 얼개를 구성하는 UNDP, OECD, UNESCO의 교육의 미래에 대한 인식은 인류의 공통된 비전으로서 학교와 일터, 지역사회에서의 전환과 새로운 사회계약을 요구하고 있다.

다음으로, 사회적경제에서의 탈학습과 재숙련을 주제로 활발한 학습공동체 활동이 일어나고 그 지식이 공유되는 문화를 창성하도록 힘을 모아보자. 사회변화에 맞게 시민의 변화를 유도하고 새로운 기회를 창출하는 시민역량이 새로운 일자리와 생활안전망을 만들 수 있도록. 이 과정에서 노동운동과의 연계, 협업, 자원 공유는 필연적으로 일어나게 될 것이다. 또한, 사회적경제의 지식창출을 위한 공유대학도 실현될 것이며, 후속세대 중심의 미래형 교육기관을 설립할 수도 있을 것이다. 돌이켜 보면 몬드라곤대학도 설립 당시에는 미래형 교육기관이었다. 위험을 감수하고라도 윤리, 연대, 공동작업, 정의 실천에 에너지를 발휘하는 사회적경제인의 양성, 미래세대에의 교육은 시대가 바뀌어도 변하지 않는 사회적경제인들의 사명이다.

이 글은 디지털 전환 시대, 사회적경제의 학습은 무엇을 어떻게 배우는 것일까는 질문에서 출발하였다. 무엇을=변혁적 역량을, 어떻게=평생교육체계와 직업능력개발체계의 표준을 바꾸는데 일조, 학습공동체의 확장, 공유대학, 후속세대를 위한 미래형 교육기관 설립을 제안하였다. 향후 이 주제가 풍성하고 다양한 측면에서 이야기되기를 기대하며 다음 인용문을 음미하면서 글을 마친다.

> 인류와 살아있는 지구의 생존을 위협하는 여러 가지 중첩된 위기 너머로 나아가기 위해서는 급진적 경로 변경이 필요하다. 우리는 사회적·인식론적· 경제적·환경적 정의의 원칙으로부터 영감을 얻어 교육을 위한 새로운 사회계약을 시급히 구축해야 하며, 이는 미래의 변혁에 도움을 줄 것이다. 교육을 위한 새로운 사회계약이란 공적인 사회적 행위이자 공동재로서 교육을 강화하고 공유지식을 보호하는 새로운 접근방식을 의미한다.[47]

1) https://www.bbc.co.uk/radio4/reith2007/lecture1.shtml

2) Anthropocene. 인류가 지구 환경에 큰 영향을 미친 시점부터 새로운 지질 시대로 설정한 개념으로 대기 변화를 기준으로 볼 때 산업혁명 이후 시대를 인류세로 본다.

3) the age of climate change. 2100년까지 평균 기온상승을 1.5℃~2.0℃ 이내로 억제하기로 합의한 파리협정 이후 미디어와 유럽연합 등에서 사용한다.

4) [불평등 보고서 2020] 돌봄노동에 관심을 가질 시간(무급, 저임금 가사노동과 세계적 불평등 위기) 옥스팜 코리아, www.oxfam.or.kr/inequality-report-2020-time-to-care/, [2023 불평등 보고서] 매일 27억씩 증가하는 슈퍼리치의 부, https://www.oxfam.or.kr/content_survival-of-the-richest/ (2023.03.12. 열람)

5) Human Development Report 2021/2022-Uncertain Times, Unsettled Lives: Shaping our Future in a Transforming World(2022)., Chapter 1.

6) 2022 Special Report New threats to human security in the Anthropocene: Demanding greater solidarity overview(2022), UNDP.

7) 국제미래교육위원회 보고서. 2022. 「함께 그려보는 우리의 미래:교육을 위한 새로운 사회계약」. 유네스코, 요약. 보고서는 유네스코한국위원회(www.unesco.or.kr)에서 내려받을 수 있다.

8) 데이브 브룩스. 2016. 『소셜 애니멀』. 흐름출판. 225면.

9) 2004년 당시 스웨덴 우메오 대학교수인 에릭 스톨터만(Erik Stolterman)과 안나 크론 포르스(Anna Croon Fors)가 논문 INFORMATION TECHNOLOGYAND THE GOOD LIFE에서 처음으로 사용한 정의는 "인간생활의 모든 면에 영향을 주는 디지털기술로 일어난 변화(the changes that digital technology caused or influences in all aspects of human life)"이다. (위키피디아 일문판, 2023.03.19. 열람)

10) 정성훈. "디지털 전환 시대의 불편한 진실 [경제지리학자들의 시선] 지역의 중요성에 대한 의식적 파기". 2022.10.14. 프레시안.

11) 중국 수·당 시대에 국자감, 태학 등의 고등교육기관이, 992년 고려에도 국자감이 설치되었으나 현재의 대학 시스템의 원류는 12-13세기 서양 도시국가의 학생, 교수들의 길드에서 탄생했다고 본다. unversity의 어원 unversitas는 학생들의 조합(길드)라는 뜻이다. 이어 교수들의 길드도 탄생하여 unversitas는 교수와 학생들의 단체, 또는 이들의 연합체를 뜻하는 말로 쓰였다.

12) 4년 학사과정이 아니라, 학사 4년+석사 2년 과정을 통합한 6년 학제로 구성되는데, 학생들은 6년 동안 자유롭게 캠퍼스와 직장을 오가며 학점을 이수하고 온라인 교육 등 자유롭게 수업을 이수하는 조절형 교육과정(Paced Education)을 운영한다. 박동·정지은·박나실·권효원·김민석·최영렬. 2022. 「디지털 전환에 대응하는 고등단계 진로교육 발전 방안」. 제3장. 한국직업능력연구원.

13) 마동훈. "21세기 대학의 사명은 교육혁신 ". 2022.10.3. 한국일보, 国分峰樹(2022), 「研究大学モデルの新潮流に関する研究 -アリゾナ州立大学の経営戦略-」,『大学経営政策研究

第12号』, pp.191-206. 東京大学.

14) https://techcrunch.com/2023/01/24/youtube-program-enables-students-earn-college-credits/, 2023.03.19. 열람.

15) https://nnn.ed.jp/about/, 2023.03.19. 열람

16) 일본 문부과학성에 따르면, 기술전문학교(高等專門学校)는, 창조적이며 실천적인 기술자를 양성하기 위한 5년 과정의 고등교육기관으로 2020년 기준 일본에 공사립 포함해서 57교, 6만여 명의 학생이 재적하고 있다. 중졸학력이면 입학할 수 있다.

17) 가미야마 마루고토 기술학교 웹사이트, https://kamiyama.ac.jp/

18) Platform Co-op School 웹사이트, https://platform.coop/school/?mibextid=Zxz2cZ

19) 이 발상은, 교육심리학자 캐롤의 학교학습모형에 근거한다. 캐롤은 학습자의 역량보다, 학습자가 집중할 수 있는 학습시간의 량이 질을 결정한다고 보았다.

20) 인적 자본(human capital)이라는 표현의 속성에 대한 예리한 칼럼은 - 홍기빈, "청년층의 '과소비'에 대하여". 2023.11.17. 경향신문.

21) Golden C., and L. F. Katz. 2010. *The Race Between Education and Technology*; 엘렌 러펠 셸. 2019. 『일자리의 미래』. 김후 옮김. 제7장에서 재인용.

22) 재교육(reccurrent education)이 직장에 종사하는 산업계 종사자가 필요에 따라 교육기관을 통해 학습하는 것이라면, 재숙련(reskilling)은 기존 직무와 다른 역할을 수행할 수 있도록 새로운 기술을 배우는 것을 의미한다. 한국산업기술진흥원, 정책간행물 [2022년 16회] 참조.

23) 국제미래교육보고서(2022), 3면

24) Felten E., M. Raj, and R. Seamans. *How will Language Modelers like ChatGPT Affect Occupations and Industries?*, 2023.03.06. SSRN 게재(www.papers.ssrn.com), 2023.3.21. 열람.

25) https://www.visualcapitalist.com/the-20-fastest-growing-jobs-in-the-next-decade/

26) 데이비드 그레이버. 2021. 『불싯 잡』. 김병화 옮김. 민음사.

27) Arsht, A., and D. Etcovitch. *The Human Cost of Online Content Moderation*. 2018.3.2. 웹 기사를 참조함 (https://jolt.law.harvard.edu/digest/the-human-cost-of-online-content-moderation, 2023.4.10. 열람)

28) 서로의 불행을 못 본 척하지 않는 사회 구성원들 간의 연대가 사회를 지속시키는 가장 기본 조건이라는 생각이 사회보험을 떠받치는 주요 인식이다. 강신욱, "우리나라의 사회보장제도", click경제교육, KDI 경제정보센터 (2023.3.21. 열람)

29) 한국직업능력연구원의 보고서 「Human Resources Development」(Research Material 2022-30)에 따르면, 한국의 고용율은 2021년 기준으로 OECD 평균보다 약간 낮고, 특성화고 재학생, (전문)대학 재학생 모두 감소 추세, 재직자의 직업능력개발 참여율도 감소했다.

30) OECD. 2021. *Building the future of Education*. 6면. VUCA는 변동성, 불확실성, 복잡성,

모호성을 뜻하며 2015년 글로벌 컨설팅 그룹 매킨지가 기업을 둘러싼 환경을 VUCA World로 명명하면서 경영, 정책, 교육 분야에 침투했다.

31) https://www.oecd.org/education/2030-project/teaching-and-learning/learning/ (2023.03.21. 열람), OECD Future of Education and skills 2030: Conceptual learning framework-Learning Compass 2030; 김아미(2019), 「OECD학습나침반 2030: 변혁적 역량과 민주시민교육의 접점」, 경기도교육연구원. 한국은 이 프로젝트에 참여했는데 주요 보고서의 국문판이 게재되지 않아 아쉽다.

32) 국제미래교육위원회 보고서(2022), 제3장, 57면

33) 국제미래교육위원회 보고서(2022), 제4장, 72면

34) 자끄 아탈리. 2022. 『생명경제로의 전환』. 양연란 옮김. 제7장. 자끄 아탈리는 이 책에서 현재의 민주주의를 방임형 민주주의라 진단하고, 또 다시 새로운 팬데믹이 덮칠 수 있는 미래에 대비하려면 단호하게 행동하고 구심점 역할을 실행하여 민주주의를 보호하기 위해 전투적 민주주의로 전환해야 한다고 주장하면서 다섯 가지 원칙을 내걸었다. 인용문은 그 한 원칙이다.

35) 찰스 아이젠스타인. 2015. 『신성한 경제학의 시대』. 정준형 옮김

36) 정재훈. "우리 아이, 올바르고 똑똑하게 키우고 싶다면 이곳으로!" 2022.1.10. 이로운넷.

37) 대안대학 지순협, www.kc-sc.kr

38) 파주타이포그라피 배곳, www.pati.kr

39) 풀무농업고등기술학교, www.poolmoo.cnehs.kr

40) 지역을 기반으로 구성원들이 학습을 해가는 과정에서 형성된 토대. 학습지역에서는 혁신의 아이디어가 발현되고, 새로운 제도가 설계며, 사회문제에 대해 유연하고 지속가능한 대응이 가능하게 된다. 한상일(2016), 학습지역과 사회적 혁신:개념화와 척도화 그리고 인과관계분석, 『정부학연구』제22권 제1호: 113-140을 참고할 것.

41) 정원각. "[사회적경제 기업, 그 생생한 현장을 가다] 학교를 계기로 원주민과 이주민의 아름다운 조화 동고동락협동조합". 2023.3.15. 라이프인.

42) 사회투자지원재단, www.ksif.kr/pedagogy/

43) 신효진, "사회적경제, 신진 연구자들이 연대해 '연결'합니다." 2022.1.24. 한겨레신문.

44) 한국사회적기업진흥원에서 운영하는 사회적경제 아카네미·협동조합교육(이러닝), 서울시NPO지원센터의 활동가학습플랫폼 판, 강원도사회적경제학습플랫폼 SE+UP 등

45) 국제미래교육보고서(2022), 40면

46) 2023년 3월 워크넷(www.work.go.kr)에서 사회적경제관련 직업정보를 찾으면 시민단체활동가, 협동조합코디네이터, 사회적경제활동가, 협동조합운영자, 도시재생전문가 등이 열거된다. (2023.03.27. 열람)

47) 국제미래교육보고서(2022), 133면

제3부

사회적경제 기업의
유효성을 높이다

사회적경제 기업의 유효성을 높이다

이상윤

전략의 중요성

대부분의 신생 사회적경제 기업에는 사람도 없고, 자금도 없고, 시간은 더더욱 없다. 그런데 어떻게 성과를 창출할 수 있을까? 전략! 전략이 필요하다. 한정되고 열악한 자원을 가지고도 성과를 창출하는 의사결정이 전략인 것이다. 따라서, 사회적경제 기업인들이 전략을 수립할 때 꼭 품어야 되는 2가지 핵심 질문이 있다. 첫째, 왜 어떤 기업들은 우리 조직과 상황은 비슷한 것 같은데 성과가 좋을까? 둘째, 그들은 어떻게 올해 뿐만 아니라 수년간 지속가능한 성과를 창출하고 있는가, 그 요인들은 무엇인가? 본 장에서는 성과 창출에 영향을 미치는 이러한 요인들을 고민해 보자.

전략을 수립한다는 것은 우리 조직이 지속가능한 조직이 되기 위하여, 어떤 가치를 선택하고, 성과를 창출하기 위해 어떤 요인들에 집중할 것인가에 관한 의사결정의 문제인 것이다. 따라서 전략적 마음자세는 더 이상 임원진이나 직관과 통찰력이 뛰어난 소수만의 소유물이 아니라, 사회적경제 기업

내 모든 구성원이 가져야 되는 자세이다. 한편 전략적 의사결정은 시간, 자금, 인력 등 한정적인 경영자원을 배분해서 성과를 창출하고 유지시킬 수 있는 의사결정을 의미하므로, 이 과정에서 '선택'과 '포기'를 요구한다. '선택' 후에는 경영자원의 '몰입'을 요구하며, 한번 선택된 방향에 대해서는 쉽게 변하지 않는 비가역적인 특성을 가지고 있고, 다른 선택을 관찰할 수도 없다.

전략이 의사결정의 문제라면, 그렇다면 무슨 기준으로 의사결정을 할 것인가? 그 시작점은 우리 조직이 추구하고자 하는 가치, 즉 소비자 및 조합원에게 제공하는 "가치제안"이어야 할 것이다. 통상적으로 표적 조합원 또는 고객, 그들의 욕구, 가격대가 가치제안의 핵심 3요소이다. 예를 들어 소비자협동조합인 아이쿱의 가치제안은 "초등학교 학생을 둔 주부"를 표적집단으로, "안전한 먹거리의 욕구와 우리 지역 및 농업에 대한 기여욕구"를 충족시키면서, 식료품 필수재인 두부, 콩나물 등은 규모의 경제를 이룩하여 싸거나 합리적인 가격으로 조합원에게 제공하고 그 외 물품들에 대해서는 "프리미엄 가격대"를 추구하는 것처럼 보여진다. 한편 다양한 조합원 활동들을 통해서 사회에 대한 기여 욕구도 충족시키고 있다. 물론 필자의 관찰이 아이쿱 이사진들이 생각하는 것과 다를 수도 있을 것이다. 어하튼 일반적으로 경제조직들은 위와 같은 가치제안의 3요소가 비교적 분명하며, 전략에서도 잘 드러난다. 사회적경제 기업이 1인 가구, 저출산고령화, 먹거리, 빈부격차, 고용격차, 대기업 갑질, 지역격차, 도농격차, 다문화, 환경오염, 남북분단, 반려동물 관련 등으로 인한 다양한 사회문제 해결을 위해 새로운 가치를 제안할 수 있으면, 새로운 조합원 및 소비자를 대상으로 새로운 필요를 제공하는 것이기에 이론상으로는 경쟁이 없는 새로운 시장을 창출하는 것이 가능하다.

조직의 가치제안이 가장 중요한 이유는 이 제안을 바탕으로 가치를 실행할 수 있는 가치사슬을 구성하고, 가치가 제대로 실현되었는지 평가할 수 있는 지표를 선택하고 측정할 수 있기 때문이다. 따라서, 전략 수립 및 분석에 있어서 사회적경제 기업이 추구하는 가치제안이 변화하는 거시적인 환경에도 여전히 유효한지, 그 사업이 속한 산업의 환경은 우호적인지, 가치사슬을 구성할 수 있는 기업내부 자원 및 역량은 보유하고 있는지 확인해야 한다. 한편 자원이 부족한 경우 신뢰를 바탕으로 다른 기업들과의 협동을 통해 자원을 공유할 수도 있고, 가치사슬을 함께 연결할 수도 있다. 즉 가치제안의 방향성을 바탕으로 조직의 자원을 구축하고 발전시킨다.

전략에서 경영자원과 핵심역량을 파악하는 것은 성과창출을 위해서는 기본이다. 기업 내부의 자원과 그것을 바탕으로 한 핵심역량을 알고 전략을 수립해야 성과를 창출할 수 있는 것이다. 그러나, 신생 사회적경제 기업은 이러한 자원 자체를 확보해야 되는 상황이므로, 다양한 자원확보를 위해 눈에 보이지 않는 기업의 민주적인 조직문화 및 지배구조, 사회적경제 네트워크 참여여부, 사회적 가치 추구 경험, 명확한 사회적 가치 제안, 사회적관계 후원망, 사회적 가치 측정방안 등에 대해 다양한 신호를 발산하여 외부자원 제공자와 해당 기업의 정보비대칭 상황을 줄이는 전략이 필요하다.

혹시 조직에 다음과 같은 특성을 가진 자원이 있는지 생각해보자. 없다면 어떤 자원을 이렇게 만들어야 되는지 생각해보자. 조직 내부에 가치 있고(Valuable), 희소하며(Rare), 모방 불가능하고(Inimitable), 대체 불가능한(Non-substitutable)자원, 그리고, 이런 자원들을 조직화(organizing)하는 능력이 있는지 필자가 예로 제시한 VRINO분석틀로 생활협동조합인 아이쿱의 사례를 살펴보자.

아이쿱이 가진 유기농식품을 취급·관리하는 역량이 눈에 보이지는 않지만 핵심 역량일 가능성이 높다. 하지만 이것이 지속가능한 우위를 유지시켜 주는 자원인가에 대해서는 좀 더 깊은 분석이 필요할 것 같다. 유기농 취급·관리 역량은 매우 가치 있고(V) 여전히 희소한 것(R) 같지만, 유기농 관련 노하우는 모방이 불가능하지는 않아서(I) 대기업들이 습득하고 있다. 한편 국내에서가 아니라 중국, 러시아 등 광활한 농토를 활용하여 원가를 혁신적으로 낮춘 유기농 콩두부 등 기존의 방식이 아니라 새로운 관점에서 유기농 노하우를 혁신적으로 대체하는 방법(N)도 생겨나고 있다. 즉, 유기농식품을 취급하는 것 자체는 지속가능한 경쟁우위의 원천이 될 것 같지는 않다. 그럼 어떻게 지속가능하게 우위를 지켜나갈 수 있을까? 결국 조합원을 더욱 조직화해서 아이쿱에서 생산된 유기농 제품과 서비스를 자연스럽게 윤리적으로 소비하게 하는 조직화 역량(O)이 더욱 중요해지는 시점이 아닐까 생각해본다. 기존 주류 경영학에서 고객 중심의 경영은 이미 보편화되어 있는 패러다임이기에 조합원의 마음을 더욱 사로잡아야 할 것이다.

앞서 말한 핵심역량이란 기업의 여러 가지 경영자원 중 경쟁기업에 비하여 훨씬 우월한 능력, 성과를 창출하는 근원적인 역량이라고 정의할 수 있다. 핵심역량은 경쟁자와 차별화되고, 그 차별화로 인해 시장 지배력을 갖는 것이고, 쉽게 모방되거나 대체가 힘든 경우가 많다. 예를 들어 발암물질 없는 짜장, 화학용매 없는 Non-GMO 압착유채유, 글루텐까지 우리밀로 만든 가공식품 등 아이쿱의 '유기농식품 관리능력'이라는 핵심역량이 조합원으로부터 선택받는 근원적인 이유이고, 이런 핵심역량을 더 강화하기 위해 아이쿱은 더 많은 노력을 하고 있는 것으로 파악된다. 왜냐하면, 유기농 식품관리 능력이라는 핵심역량은 성과창출의 원천이기 때문이다. 이러한 역량은 다양한 사업화를 할 수 있는 원천이기도 하다. 아이쿱의 경우 이러한 핵심역량을 바탕으로 구례 및 괴산 자연드림파크, 자연치유 힐링센터, 암예방 사업 등 다양한 사업으로의 확장을 추진하고 있다.

보다 높은 차원의 핵심역량은 낮은 차원에서의 개별적 또는 기능별 핵심역량을 조합하고 이를 적절히 통합할 수 있는 능력이다. 이와 같은 통합능력이 뛰어난 기업일수록 더 높은 성과를 보이기 마련이다. 예를 들어, 협동조합의 경우 지속가능성을 높이기 위해 협동조합 원칙들과 연결하여 낮은 내부역량을 보충하고 강점을 결합한다면 어떨까? 저마다의 강점들을 살려서 약점을 보완하는 협동조합 간의 협력, 사업의 미래 경쟁력과 관련 있는 교육훈련을 강조하고, 열위에 있는 분야를 만회하기 위한 학습활동들과 뛰어난 분야는 협동조합 간에 서로 공유해 시너지를 낼 수도 있을 것이다. 세상 돌아가는 흐름이 빨라지고 대응하기에는 자체 역량과 자원도 부족하기만 한 현실 속에서 협동조합 간의 연대와 협력을 통한 신사업 개발과 공동의 시장

대응력을 높여 성공사례를 만들어 가야 할 것이다.

한편 사회적경제 기업들은 정부의 정책·제도·지원 프로그램들에 의존하는 것이 아니라, 내부의 핵심역량을 키워가는 보조수단으로 활용하며, 기업 본연의 핵심역량과 지속가능성을 높이는 것에 대해서 냉정히 되돌아볼 필요가 있다. 우리조합은 조합원들이 조합의 사업에 몰입하고 있는가? 문제해결을 위한 적절한 비즈니스 모델이 있는가? 이를 수행할 핵심역량은 있는가? 등. 핵심역량이란 불변의 무엇이 아니며, 그렇기에 조직을 둘러싼 내외부 환경과 경쟁시장을 면밀히 파악하여 어떤 것을 핵심역량으로 가져가야 할지 그리고, 현재의 핵심역량은 여전히 유효한지 점검해야 할 것이다. 조직을 제대로 안다는 것, 특히 조직의 핵심역량을 파악한다는 것이 생각보다 힘들지만, 지피지기면 백전백승이라고 했다. 결국 조직의 역량을 제대로 아는 것이 불확실한 미래를 준비하고 성과를 향상시키는데 기본이 될 것이다.

조직의 핵심역량은 가치제안의 방향성을 결정하는 데에도 매우 중요하다. 즉 차별화우위 전략으로 가격을 더 부를 수 있는 제품과 서비스로 경쟁할 것인지, 비용을 현격히 낮추는 비용우위 전략으로 선택할 것인지는 조직의 핵심역량이 무엇인지에 따라서 결정될 것이다. 사회적경제 조직이 사회적인 가치를 담은 제품과 서비스를 제공하더라도 최종소비자는 돈을 지불하는 일반고객 및 조합원이라는 사실을 잊어서는 안된다. 협동조합의 경우 협력하여 더 큰 시장을 창출할 수 있다거나, 원가를 낮출 수 있다던가, 아주 싸게 물건을 공동으로 살 수 있다던가, 조합원들이 뭔가 사회적인 가치가 담긴 차별화된 서비스와 제품을 구매하길 원하거나 등 선택한 가치제안 방향성(차별화우위 vs 비용우위)에 근거하여 조합원 및 고객의 요구를 충족시키는 근원적인 역량을 가지고 있는지 심도있게 살펴야 될 것이다. 한편 이러한 방향성을 바탕으로 가치사슬을 연결해야 한다.

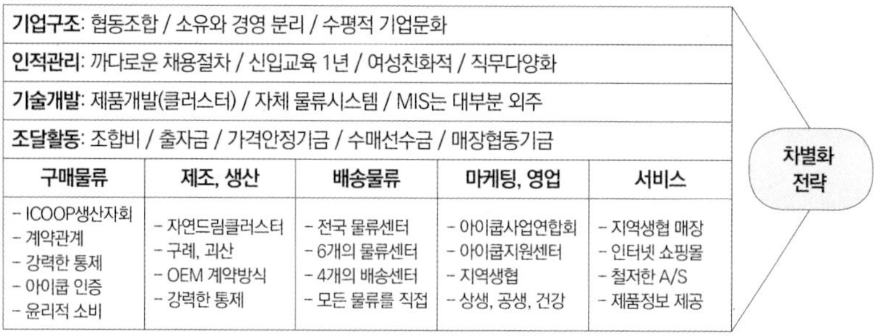

기업구조: 협동조합 / 소유와 경영 분리 / 수평적 기업문화				
인적관리: 까다로운 채용절차 / 신입교육 1년 / 여성친화적 / 직무다양화				
기술개발: 제품개발(클러스터) / 자체 물류시스템 / MIS는 대부분 외주				
조달활동: 조합비 / 출자금 / 가격안정기금 / 수매선수금 / 매장협동기금				
구매물류	**제조, 생산**	**배송물류**	**마케팅, 영업**	**서비스**
- ICOOP생산자회 - 계약관계 - 강력한 통제 - 아이쿱 인증 - 윤리적 소비	- 자연드림클러스터 - 구례, 괴산 - OEM 계약방식 - 강력한 통제	- 전국 물류센터 - 6개의 물류센터 - 4개의 배송센터 - 모든 물류를 직접	- 아이쿱사업연합회 - 아이쿱지원센터 - 지역생협 - 상생, 공생, 건강	- 지역생협 매장 - 인터넷 쇼핑몰 - 철저한 A/S - 제품정보 제공

차별화 전략

[그림 III-1] 아이쿱생협의 가치사슬

가치사슬은 기업의 활동으로부터 가치가 생성되는 과정을 보여주며, 가치사슬 분석은 가치사슬을 따르는 기업의 연속된 활동 속에서 비용요소와 제품 및 서비스의 차별화 구성요소를 분석함으로써 현존하거나 잠재해 있는 경쟁우위의 원천을 결정하기 위한 과정이다. 위의 그림처럼 아이쿱생협은 안전하고 건강한 유기농식품이라는 차별화 가치를 제공하기 위해서, 생산과정 및 조직인프라 모든 영역에서 차별화된 활동을 수행하고 있다. 한편 비용우위 전략을 추구하는 조직은 모든 단계에서 비용을 혁신하는 활동을 수행해야 할 것이다.

사회적경제 기업 간 가치사슬 연결 전략 제안

가치사슬 상에서 수직적 통합은 한 기업이 수직적으로 연관된 두 개의 활동 분야를 전방과 후방으로 나누어 통합시키는 전략이다. 전방통합이란 기업이 유통 부문에 대한 소유권과 통제능력을 갖는 것을 의미하며 그 반대로 후방 통합은 기업이 부품이나 원료와 같은 투입 요소에 대한 소유권을 갖고 통제하는 능력을 갖는 것이다. 예를 들어 아이쿱생협은 1997년 수도권에 있는 6개 생협이 모여 연합조직을 형성해 친환경 물품공급을 시작으로 출발하였고, 지속적으로 지역조합을 연합하여 규모화하였다. 아이쿱이 구례 및 괴산 자연드림파크를 형성하여, 직접 가공제품을 생산하는 것은 후방통합에 해당되며, 물류센터의 운영, 자연드림 매장 및 온라인몰을 통한 판매는 유통 부문에 대한 전방통합으로 해석할 수 있다.

그렇다면 아이쿱은 왜 이런 결정을 내렸을까? 거래비용 관점에서 내부화 이유를 살펴보자. 거래비용이론에 따르면 사업에 있어서 특수한 자산인 경우, 시장 환경이 불확실한 경우, 시장에 소수만이 부품을 제공하는 경우, 거래빈도가 높은 경우에는 시장거래가 아니라 수직적 통합을 통해 내부화를 촉진한다고 알려져 있다. 아이쿱의 예를 들어 자세히 살펴보면 아래와 같다.

첫째, 자산의 특수성이란 측면에서 아이쿱의 모든 물품은 친환경 유기농 수산물을 원부재료로 한다. 1차 농수산물 뿐만 아니라 가공품에 들어가 있는 원재료 역시 친환경 재료를 사용하여 조합원들에게 공급하는 것이 아이쿱의 가장 중요한 미션이다. 친환경 유기농 수산물 재료를 기반으로 물품의 독자성을 강화하는 것과 함께 '아이쿱에서만 구입할 수 있는 물품'의 의미를 담는 마케팅도 진행하고 있다. 이러한 아이쿱의 제품들은 일반 시장에서 판매하고 있는 그것과 비교해 볼 때 특수성이 매우 높다는 것을 알 수 있다. 따라서, 아이쿱은 유기농 농산물이란 특수한 자산을 시장거래로 확보하기에는 혼입 등 너무나 큰 위험성이 존재하기에 수직적 통합을 통해 직접 생산에 참여하였다고 보인다.

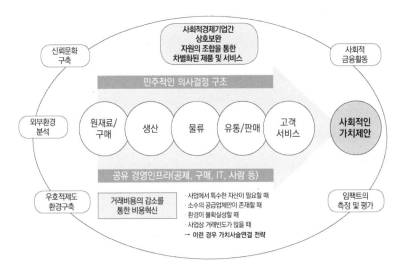

[그림 III-2] 사회적경제 기업 간 가치사슬연결 전략

　둘째, 환경의 불확실성 측면에서 조합원 소비의 변동성은 크지 않지만, 공급의 불확실성은 크다. 우리나라 생협 중 아이쿱이 가장 큰 규모의 매출을 보이고 있지만, 전체 유통시장에서 차지하는 부분은 미미하다. 따라서, 소수 거래 관계에서 오는 공급의 불확실성을 줄이고자 아이쿱은 사업자연합회를 조직하여 내부거래를 하고 있다고도 해석할 수 있다.

　셋째, 거래빈도 측면에서 조합원이 먹거리를 구매하는 빈도는 매우 높다. 또한 아이쿱에서 필요로 하는 물품은 대부분 신선도가 중요한 물품으로 자주 거래가 발생해야 한다. 이러한 이유로 아이쿱은 거래빈도가 높은 순으로 직접통제하는 내부화전략을 선택했다고 보인다. 예를 들어, (주)쿱라면, (주)쿱청과, (주)쿱축산, (주)순천우리밀제과, (주)쿱베이커리 등을 자회사화하여 직접 통제하고 있다. 요약하면, 아이쿱은 시장거래에서 오는 위험을 제거하고, 특히 자산의 특수성이 높은 유기농관련 제품을 조합원들에게 안전하게 공급하기 위해 제조 조직을 수직적 통합했다고 보여진다.

　사회적경제 조직들은 상품과 서비스를 생산하는 과정에서의 비용을 줄이기 위해서 그리고 차별화된 제품과 서비스를 제공하기 위해서라도 사회적경제 조직 간의 연대와 협동을 통해 가치사슬연결 전략을 구현해야 할 것이다. 가치사슬 상에서의 공동연구개발, 공동생산, 공동브랜드 전략, 통합적 유통망 구축 등을 통해서 수직적 통합을 통한 규모의 경제효과를 달성할 수 있을 것이다. 대기업의 경우 막대한 자본력으로 가치사슬 상의 다양한 기업들의 주식을 보유함으로써 가치사슬 상의 다양한 기업을 명령으로 통제하지만, 사회적경제 조직은 협동과 연대를 통해 상호 신뢰를 바탕으로 한 민주적 의사결정으로 수직적 통합 전략을 구사하여야 할 것이다.

장별 소개

3부의 각 장은 사회적경제 기업의 유효성을 높이기 위한 조직 내외부 요인들과 관련해서 전략적 시사점을 제공하고 있다. 먼저 13장 이상윤의 글은 사회적경제 기업이 제시한 가치제안의 성과 및 임팩트를 측정하는 것은 진보했는지 여부 및 외부 자원을 획득하기 위해 중요함을 강조하고 있다. 사회적경제 분야에서의 임팩트 측정에 대한 동향과 함께, 임팩트 측정의 복잡성, 임팩트 측정을 위한 방법을 다루고 있다. 사회적경제 기업이 추구하는 사회적 가치를 객관적으로 측정하는 것은 힘든 면이 존재함을 인정하면서도, 사회적경제 기업은 자신들의 활동이 사회에 미치는 영향을 파악하고 이를 관리함으로써 사회적 가치 창출을 더욱 효과적으로 추진할 수 있다고 역설하고 있다. 이러한 흐름에 순응하던지, 아니면 사회적경제 생태계에서 차별화된 대안을 제시하던지 전략적 선택을 제안하고 있다.

14장에서 강민수는 자원이 부족한 협동조합이 사업 유효성을 높이기 위해 어떻게 협동하여 자원을 확보하고 지속가능할 수 있는지 연대와 협력의 가치 측면에서 제시하고 있다. 협동조합 기업들과 연구자들은 협동조합이 홀로 내재된 잠재력을 발휘하기 어렵다는 점을 인식하고 있으며, 이에 대한 해결책으로 협동조합 간의 협력과 연대의 필요성을 보고해 왔다. 협동조합 기업 간 협력은 기업들이 경영적 약점을 보완하는 데 있어서 중요하기도 하지만, 협동조합 운동에서 강조되는 협동조합 간의 협력은 기업의 생존전략과 존재 이유를 찾을 수 있는 독특한 가치를 지니고 있음을 강조하고 있다. 이 글은 한국협동조합 운동의 미래를 고려하면서, 협동조합의 장기 성과를 위한 협동조합 간 연대와 협력 강화 방안에 대해 다양한 시사점을 보여주고 있다.

15장은 사회적경제 기업 창업이 이윤추구만을 바탕으로 하는 자본주의적 기업과 어떻게 가치제안이 달라야 하는지 설명하고 있고 그 방법론을 제시하고 있다. 필자인 이예나는 사회적경제 조직에서의 창업은 필연적으로 팀 창업이라 주장하고 있다. 협동조합을 비롯한 사회적기업, 자활기업 등에서도 사회적 가치창출을 위해 구성원 및 이해관계자와의 적극적인 의사소통이 중요하기 때문이며, 대화를 통한 팀학습이 강조되는 MTA 팀창업 방법론은 더욱 적합하다는 논리이다. 기존의 다양한 창업교육 방법론이 '부자가 될 수 있다' '경제적으로 그리고 조직으로부터 자유로울 수 있다'는 아주 개인적인 이기심을 강조하면서 기능적으로 이루어짐을 고려할 때, MTA 방법론은 창업 시 신뢰와 협력을 바탕으로 구성원의 참여와 대화를 통해 학습을 추구한다는 점에서 협동의 조직문화를 확산시키고 정착시킬 수 있다는 면에서 시사점이 크다.

16장 신효진의 글에서는 청년세대들을 위한 조직문화를 고민하고 있다. 조직문화는 기업의 보이지 않는 무형의 핵심 자원임을 고려할 때 성과창출 및 유지에 있어 매우 중요하다. 필자는 현재 청년들은 세대 간 지식과 문화 격차가 가장 작아 평등 친화적이라 주장하고 있다. 이러한 특성으로 인해 청년세대는 민주적으로 의사결정을 하며, 결과에 대한 책임을 함께 지며 협력에 집중하고, 협력이 사회의 기본 동력임을 인식하고 있기에, 사회적경제의 운영 원리는 그 자체로 그들에게 매력적일 수 있다는 것이다. 하지만, 이러한 가치를 공유하려면 조직 내에서 경쟁에 익숙한 기성세대들이 협동이 가지는 가치를 설명하고, 함께할 수 있는 사람들을 만나는 경험을 제공하며, 그 과정에서 관계를 구축하고 문화적 만족감과 배움을 내포한 다양한 삶의 가능성을 제시할 수 있어야 된다고 뜨거울 만큼 따끔하게 지적하고 있다.

17장은 사회적경제 영역이 어떻게 새로운 정치에 영향을 줄 수 있는지 고민하고 있다. 이 장에서 이기호는 기존 양당정치와 대기업 자본 권력의 야합을 비판하며, 사회적경제 영역의 중요성과 가치를 지역·지방 차원에 보다 널리 알리는 것이 필요하다고 주장한다. 이를 위해서는 지역 내에서 사회적경제 기업뿐만 아니라 다양한 주체들과 보다 활발한 정보공유와 논의가 필요하며, 이러한 경험이 새로운 정치의 씨앗이 될 수 있음을 강조하고 있다. 필자가 예로 제시한 주민 자주관리 기업은 지역 주민들이 자발적으로 참여하고, 사회적·경제적 가치를 추구한다는 점에서, 공동의 목표를 이루기 위한 협력, 민주적인 의사결정 등 새로운 정치의 모델이 될 수도 있을 것이다.

마지막이지만 매우 시의적절한 글인 18장에서 곽은경은 풍부한 국제 경험을 바탕으로 사회적경제 기업을 둘러싼 거시적인 국제환경변화는 이 영역의 성과에 중요한 영향을 미칠 수 있음을 암시하고 있다. 2030년 대한민국 사회적경제를 상상할 수 있게, 2021년 12월 EU의 「사람을 위해 일하는 경제 만들기: 사회적경제를 위한 실행계획」부터, 2022년 6월 OECD의 「사회연대경제 및 사회혁신 정책 권고」 및 ILO의 「양질의 일자리와 사회연대경제」 결의, 그리고 2023년 4월 18일 뉴욕 UN총회 세션에서 채택된 「지속 가능한 발전을 위한 사회연대경제 촉진」을 위한 결의 등 국제기구들의 최근 동향을 친절히 설명한다. 이러한 국제기구들의 동향은 국내 사회적경제 발전을 위한 정책 및 전략 수립에 큰 시사점을 제공할 수 있을 것이다.

2030년 오늘! 협동조합들이 연합하여 지속가능한 미래를 위한 다양한 사업을 추진하는 모습을 보면서, 나는 더 나은 경제를 위한 긍정적인 기대감을 느낀다. 사회적경제 기업들의 활동이 실제로 사회적 가치를 창출하고 있음을 인정받으면서, 나는 그들의 성장과 발전을 함께 기뻐하고 있다. 이러한 강한 사회적 가치 추구의 파동이 창업에 이어서 사회문제 해결을 위한 혁신적인 아이디어와 사업모델의 주류가 되면서, 격세지감을 느낀다. 더불어 지역 주민들이 주체가 되어 스스로 문제를 해결하는 정치의 구현으로 이어지고 있으니, 지속 가능한 미래에 대해 더욱 깊은 희망을 느낀다. 꿈이 아니길 바란다.

참고문헌

이상훈·최우석·이상윤. 2020. 「협동조합경영: 설립후 심화 조직운영」. 대한미디어.
　　　중소벤처기업부.
장세진. 2018. 『경영전략』 제 10판. 박영사.
임창규·이상윤. 2017. "사회적기업의 금융자원 획득에 관한 실증 연구". 『사회적 가
　　　치와 기업연구』 10.1: 135-159.

13장

임팩트 측정의 전망과 사회적경제 기업의 대응

이상윤

측정할 수 없다면 진보란 불가능하다[1]

본 장에서는 사회적경제 분야에서의 임팩트 측정에 대한 동향을 파악하고, 임팩트 측정의 복잡성에 대해 논의하고, 임팩트 측정을 위한 적절한 방법과 도구를 개발하기 위한 방법론과 지표 개발 방법을 탐색하고자 한다.

임팩트 측정 동향

사회적경제 기업의 평가와 임팩트 측정에 대한 관심은 매년 재확인되고 있다. 기업이 성공적인 경영전략을 위해서는 성과를 측정하고, 그 성과에 따른 다양한 보상시스템을 고안해내는 것이 필수적이다. 대부분 조직은 자신이 일으키는 효과에 대해 개선하고 외부 이해관계자들 사이에서의 인식을 높이기 위해 언제든지 이 질문을 던지게 된다. 사실 사회적경제 조직은 이러한 질문에 익숙하며, 집단적이고 공공의 이익을 추구하는 조직에서는 경영의 필수 기능으로 자주 고려되고 있다.

이러한 관심은 서구에서 1960년대에 등장한 사회, 환경 및 경제적 영향 평가에 대한 일반적인 추세의 일환이다.[2] 사회적 회계 관행은 1970년대의 기업 사회적 책임에서부터 1990년대의 경제, 사회 및 환경을 모두 고려한 '트리플 바텀 라인' 회계, 2000년대의 표준 보고 지침(Global Reporting Initiative and the balanced scorecard) 및 2015년 유엔 지속 가능한 개발 목표(SDGs)의 표준화된 사회적 목표까지 발전해 왔다.[3] 이러한 움직임은 국제 기관, 정부 및 기업의 지속 가능한 개발 전략을 일치시키기 위한 것이고, 이러한 추세는 사회적경제에도 적용된다.

최근 들어 유럽의 복지국가들이 직접 공공 지출을 줄이고 사회투자 정책을 통해 공공서비스를 계약하게 됨에 따라 평가라는 새로운 문화가 출현하게 되었다. 그 결과 책임과 사회적 영향력, 즉 임팩트를 입증하는 데 초점이 맞추어지게 된 것이다. 정부, 고객, 기부자, 기금 등 다양한 이해관계자들이 각자 다른 가치관을 가지고 있기 때문에 질적 및 양적 평가 수요가 늘어나고 있다. 이러한 이유로 평가는 사회적경제 조직의 지배에 암묵적인 역할을 하게 되었다.

한편 2008년 글로벌 금융위기 이후 민간영역에서 임팩트투자[4]의 한 형태라고도 볼 수 있는 ESG(Economic, Social and Governance)투자에 대해 전 세계적으로 관심이 증가하고 있고, 2023년 현재 대한민국의 경우 거의 광풍 수준이다. ESG투자는 기업의사결정구조(Governance)에서 재무적 이익만을 우선 하는 것이 아니라 사회(Social)와 환경(Environmental)에 미치는 영향도 중요하게 생각하는 투자를 의미한다. 이러한 자본시장 중심의 투자형태가 긍정적인 사회적 변화를 촉진하고 입증하기 위한 수단으로 확대되어 공공 당국, 사회적 금융, 그리고 사회적경제를 향한 다양한 결과 중심 계약 기법으로 채택되고 있다.[5] 여하튼 이러한 임팩트투자자의 등장과 임팩트측정이라는 용어는 자본주의의 폐해에 따른 여러 가지 사회문제의 등장과 신자유주의 경제와 무분별한 세계화가 초래한 기후위기 등 자본주의에 대한 지속가능성에 위기감을 느꼈기 때문에 주목받는 개념이다.

국내 SK그룹의 사례처럼 대기업이 자선재단, 경영대학과 함께 정부의 정책 및 실천에 영향을 끼치는 새로운 생태계도 등장하였다. 공공, 민간, 자선적으로 재원을 제공하는 구조에서는 재무적으로 이익을 볼 뿐만 아니라, 측정 가능한 사회적 편익에 대한 요구도 증가하고 있다. 사회투자의 대두로 인해 지난 10년간 이러한 추세는 더욱 강조되고 있다. 이 모델의 핵심은 재정 후원자가 단순히 책임 추적을 넘어서, 자신들의 행동의 임팩트에 대해 "보기"를 바란다는 것이다.

이러한 이해관계자 및 금융계의 요구에 초점을 맞춘 새로운 계획 및 임팩트 측정지표들이 등장하였는데, 예를 들면, 임팩트보고 및 투자 표준(Impact Reporting and Investments Standards, IRIS), 사회적 투자수익(Social Return on Investment, SROI), 글로벌영향 평가 투자 시스템(Global Impact Investing Ratings System, GIIRS), 프랑스의 투자의 사회적영향 측정 및 평가(Measurement and monitoring of the social impact of investments, MESIS) 등이다. 더불어 사회적 금융은 벤처 캐피탈을 촉진하여 사회서비스의 효과성을 높이려 하고, 사회적 임팩트와 함께 금융적 이익을 모두 추구하려 한다. 이러한 모델은 사회적 영향투자채권(Social Impact Bonds) 계약과 같은 결과 중심적인 사례로 시사되나, 그 효과성은 아직 입증되지 않았다.[6] 그럼에도 불구하고 이러한 방식은 사회 전반에 걸쳐서 매우 빠르게 확산되어, 해당 사업이 제대로 이루어지고 있는지를 측정하고 평가함으로써 사회문제를 해결하려는 목적을 가지고 있다.[7] 사회적 미션을 고려하는 기업 경영의 추세 속에서 사회적경제의 주요 조직인 협동조합, 사회적기업, 소셜벤처 등 사회문제 해결을 위해 기업의 경영 방식을 차용하면서, 임팩트투자자의 임팩트 측정에 대한 요구가 증가하고 있다.[8]

임팩트 측정의 복잡성

전세계적으로 현재 사회적경제 조직 및 그들의 금융 후원자들에게는 100가지 이상의 다양한 사회적 임팩트 측정 방법 및 도구가 존재한다.[9] 이러한 다양성과 분열은 사회적경제 조직들과 그들의 금융 후원자들에게 공통적인 문제로 여겨진다. 또한 사회적경제 역할에 대한 다양한 견해는 그 성과를 평가하고 측정하는 데서도 다양한 각도를 제시한다. 결과적으로, 다양한 시각은 무엇을 측정해야 하는지, 누가 측정해야 하는지, 언제, 무엇을 위해 그리고 누구를 위해 측정해야 하는지에 대해 상충하는 견해를 제시할 수 있다.[10]

한편 다양한 이해관계자들은 사회적경제 조직의 성과를 직접적으로 관리하지 않고도, 특정한 평가지표와 측정방법을 통해 자연스럽게 성과를 평가할 수 있다고 인식하고 있다. 시장에서의 이윤과 같이 측정 가능한 임팩트가 행동을 이끌어 내는 규율적인 힘으로 작용하게 될 것이며, 이로 인해 관료적 관리 규정과 통제는 보다 유연해질 것이라고 가정하고 있다. 이러한 경향에서 소셜벤처형 자선사업, 사회적기업가 정신, 사회투자의 영향력이 커지고 있고, 유럽과 프랑스와 같은 일부 국가에서는 사회적 임팩트가 경제 성장 정책의 필수 요소로 자리 잡게 되었다.

이러한 맥락은 사회적경제 기업이 평가되는 방식에 영향을 미치며, 한편으로는 그 기여를 평가하는 기회를 새롭게 제공하고 있지만, 동시에 이러한 새로운 동향의 의미와 결과에 대한 새로운 질문들을 제기하고 있다. 그 중 하나는 증명을 실제로 할 수 있느냐의 문제이다. 사회적경제 조직의 투입, 산출 및 과정을 평가하는 것에서, 실제 결과에 대한 기여, 즉 임팩트를 입증하는 것으로 변화하고 있으며, 이는 명확하게 하기는 쉽지 않은 작업이라는 것이다. 임팩트 측정은 복잡한 프로세스로, 측정 대상이 다양하고 여러 변수들이 관련되기 때문에 측정이 어려울 수 있다. 특히, 사회적경제 기업이 창출하는 다양한 사회적 가치를 측정하는 것은 주관적인 요소가 많아 측정 결과에 대한 일관성이 부족할 수 있다.

또 다른 문제는 임팩트 측정 틀에서 양적 및 금전 화폐화의 중요성이 커지면서, 평가의 질적 및 참여적인 실천들을 희생시키는 경우도 있다는 것이다. 더불어 금전 화폐화가 될 경우 유리한 것은 측정 결과를 과대하고, 불리한 것은 과소 평가될 수 있다. 특히, 자원이 절대적으로 부족한 사회적경제 기업의 경우 비단 금전적 화폐화 뿐만 아니라 임팩트 측정 그 자체로 인해 이러한 심각한 비용 문제에 직면할 수 있다. 측정을 위해 데이터 수집, 분석, 보고서 작성 등의 작업이 필요하며, 이를 위한 전문가들을 고용해야 할 경우 비용이 더욱 증가할 수 있다.

게다가, 사회적 임팩트 평가 도구는 비사회적인 자본주의적 경제 기업의 도구들로 채워져 있으며, 사회적경제의 임무 및 방식과 일치하지 않을 수 있는 지표 선택이 이루어질 수 있다. 이는 사회적경제에 대한 비현실적이거나 부당한 기대를 유발할 수 있다. 이러한 도구들은 생산수단을 공동소유한 협동조합, 혼종조직이거나 소규모 또는 비정형적인 기관에 적합하지 않을 수 있다. 더불어 사회적경제 조직의 거버넌스에 적합하지 않을 뿐 아니라, 그들을 평가하는 기관 및 그들 사이에 정보 및 권력 비대칭 현상을 일으키기도 한다. 이는 사회적경제 조직에 매우 강한 강압적인 동형화 압력을 가하며, 전문화를 요구하면서 조직이 원래 추구하고자 했던 미션 이탈의 위험을 높일 가능성도 있다. 측정 결과가 오히려 부작용을 일으킬 수 있다. 임팩트 측정 결과를 너무 중요시하여 측정 대상이 아닌 요소들이 과소평가되는 등의 문제가 발생할 수 있다.

여하튼 이러한 새로운 요구에 대해 사회적경제 조직은 다양하게 대응할 수 있는데, 따르기, 저항하기 또는 자기 홍보 전략을 취할 수 있다.[11] 이러한 경향은 사회적경제 조직 간 새로운 경쟁 형태로 이어질 수 있다. 한편 임팩트 측정에 대한 실천은 조직을 둘러싼 우호적인 환경을 조성해서, 재무성과 위주의 지배적인 권위에 도전하는 데 사용될 수 있다. 더불어 이는 다양한 이해관계자들 간의 대화 기회로 볼 수 있으며, 공공 이익을 함께 정의하기 위한 좋은 기회이기도 하다.

임팩트 측정 방법

논리모형과 IMP방법론

임팩트를 측정하기 위해서는 측정할 수 있는 지표체계가 마련되어야 하고, 지표에 대해서 측정하는 방법을 선택해야 하며, 측정 후 잘했는지 부족한지 평가할 수 있어야 한다. 사실 임팩트 측정은 출처를 명확히 파악하기 어려운 개념으로, 사회적 책임, 지속 가능한 개발 등과 관련된 분야에서 일반적으로 사용된다. 특히 임팩트 측정은 국제개발 협력 분야에서 빈곤탈출이나 환경보호를 위한 투자의 성과를 평가하기 위해 많이 사용되었다. 이후, 기업의 사회적 참여와 대규모 비영리사업의 확장으로 인해, 프로그램 또는 공공사업의 효과성과 수행 결과를 평가하기 위한 노력이 진행되면서 임팩트 투자의 효과를 측정하는 접근법으로 널리 활용되고 있다.

여러 방법론 중 논리모형(logic model)은 투입, 활동, 산출, 성과, 임팩트 등 이러한 임팩트 측정 방법의 전반적인 흐름을 보여주며, 다양한 사회문제를 해결하기 위한 프로그램의 진행과정 및 결과에서 파생되는 임팩트를 측정하기 위한 목적으로 활용되고 있다. 즉, 논리모형은 일련의 원인과 결과를 시각적으로 나타내어, 특정 프로그램이나 정책이 원하는 목표를 달성하는 데 필요한 원인을 설명하고, 이에 따라 발생하는 결과들을 예측할 수 있도록 한다. 이를 통해, 해당 기업이 실행한 프로그램이나 정책의 성과를 평가하고, 필요한 개선 방안을 도출할 수 있다.

[표 III-1] 임팩트측정을 위한 논리모형 예시

단계			내용	예시
투입(Input)			조직활동에 투입된 자원 - 인력, 시간, 자금, 장비 등	· 다문화가정 직업프로그램 등록 교육생 수 · 다문화 직업교육강사조합원수
활동(Activities)			사회경제적 가치 창출 활동 - 제품/서비스 생산, 교육, 사회적관계망 개발 및 확충	· 교육프로그램 개발 · 교육프로그램 제공 · 사회적관계망을 통한 교육장 확보
산출(Output)			주요활동의 직접결과 - 고객/수혜자수, 제품/서비스 제공량	· 다문화직업 최종교육참여자 수 · 프로그램 제공 조합 매출액 · 총교육시간
임팩트영역	성과 (Outcomes)	단기 (1~3년)	활동으로 인한 직접변화 - 경제적편익, 조건 개선, 지위변화, 새로운 기술습득 등	· 다문화 참여자의 취직여부 · 참여자의 자기효능감정도 · 강사조합원 임금상승액, 조합원의 소득증대여부
		중기 (3~5년)		
	임팩트 (Impact)	장기 (7~10년)	장기적이고 간접변화 - 장기적 결과와 영향, 성과결과를 통한 간접변화	· 참여자 자녀의 소득증대 여부 · 강사조합의 존속여부 · 다문화 관련 제도변화 여부 · 비용편익정도

임팩트 측정 방법을 이해하기 위해서는 먼저 임팩트란 용어에 대한 이해가 필요하다. 임팩트는 '조직에 의해서 창출된 사회적, 환경적, 경제적 성과의 변화의 정도를 의미하며, 이는 긍정적 또는 부정적, 직접적 또는 간접적, 전부 또는 부분, 의도되거나 의도되지 않은 모든 변화를 포함한다'[12]고 정의할 수 있다. 예를 들어 다문화가족 직업교육에 참여한 연간, 인원, 교육, 시간 등은 산출이라면 다문화가족 직업교육으로 달성한 특정 스킬의 숙련 정도는 성과인 것이다. 반면 임팩트는 성과의 변화량으로 성과가 발생한 맥락의 특성을 반영하고 있어야 한다. 가령 스킬의 숙련 정도가 향상되어 직장에서 인정을 받고 개별 다문화가족 구성원의 자존감이 높아지는 현상이 임팩트인 것이다. 하지만, 이러한 임팩트는 계량적 측정이 쉽지 않은 단점이 있다.

한편 국제적으로 약 3,000여개의 단체가 참여한 Impact Management

Project (IMP)[13]에서는 논리모형, SROI, ESG에 이르기까지 기존 임팩트 측정·평가 생태계 각 영역에 산재하던 개념·방법론을 모두 포괄하여 [표 Ⅲ-2]와 같이 제시하였다. 즉, [표 Ⅲ-1]의 임팩트 영역의 상호비교가능성, 일관성, 체계성을 높이기 위한 임팩트 측정관리 프레임워크을 제시하고 있다. IMP 방법론은 조직의 활동으로 영향을 받는 이해관계자가 누구인지, 어떤 환경에 처해 있는지, 해당 임팩트가 이해관계자에게 어떤 중요성을 가지는지 등에 대해 세밀히 파악하여, 이해관계자에 대하여 목표하는 Outcome을 보다 효과적·효율적으로 창출할 수 있도록 관리하는데 초점을 둔다.

특이한 점은 임팩트를 설명하고 관리하기 위해 5가지 차원(What, Who, How much, Contribution, Risk)으로 정보를 제공하며, 이는 15개 데이터 카테고리로 세분화되어, 사회적폐해 감축형(A형), 이해관계자 지원형(B형), 문제해결 공헌형(C형) 등 어떤 유형의 임팩트를 창출하는지 보여주고 있다. 이 프레임워크는 서로 다른 임팩트를 구조화해서 보여주는 방식이며, 특정 도구를 사용해서 성과 분석을 할 수 없을 경우 대략적이나마 자신들이 창출한 임팩트를 구조화할 수 있는 프레임워크가 될 수도 있다.

예를 들어 동네 커피집들이 연합한 협동조합 프렌차이즈가 있다고 할 때 그들은 기존 대형 프렌차이즈의 폐해를 감축하고(A유형), 조합원들의 권익을 증진하는 임팩트를 창출할 수 있으며(B유형), 소규모 동네커피집(Who) 조합원 5명이 지난 1년간(How much), 커피원두 및 종이컵 등 원부재료를 공동구매하고, 공동브랜드 홍보를 통해(Contribution), 조합원의 비용 감축 및 푸드뱅크를 통해 지역사회에도 기여하는 성과를 창출했다는 자신들의 임팩트 프로필을 작성할 수 있는 것이다. 이러한 IMP방법론을 사회적 가치와 연관시켜 다시 생각해본다면, 사회가치의 다차원성 만큼 발생하는 임팩트 역시 다차원적이라고 볼 수 있다.

[표 III-2] 임팩트영역 측정을 위한 IMP 방법

임팩트 차원	데이터 카테고리	설명
What 사회적 성과의 내용은 무엇인가? - 기업이 제품과 서비스를 통해 해결하고자 하는 사회문제와 해결방안 인식 등	사회적 성과 (Outcome Level in Period)	해당 기업이 관여했을 때 이해관계자가 경험하는 사회적 성과 수준
	요구되는 수준 (Outcome Threshold)	이해관계자가 긍정적이라고 생각하는 사회적 성과 수준
	해결방안의 중요성 (Importance of Outcome to Stakeholder)	기업이 창출한 사회적 성과의 우선순위에 대한 이해관계자들의 인식 및 견해
	SDG 목표/글로벌 목표 (SDGs and/or Global Goal)	지속가능발전목표(SDGs) 또는 사회적 성과와 관련한 글로벌 목표
Who 사회적 성과의 이해 관계자는 누구인가? - 사회문제를 경험하는 이해관계자의 규모 및 거주현황 등	대상 (Stakeholder)	사회적 성과를 경험하는 이해관계자 유형
	지역 (Geographical Boundary)	이해관계자가 사회적·환경적 사회적 성과를 경험하는 지리적 위치
	기존상태 (Outcome Level at Baseline)	개입 이전 또는 해당 기업의 활동에 의한 영향이 없었을 때의 이해관계자가 경험하는 사회적 성과 수준
	대상의 특성 (Stakeholder Characteristics)	이해관계자의 사회인구학적, 행동적 특성 또는 생태계 특성
How Much 사회적 성과 발생수준은 어느 정도인가? - 해결하고자 하는 사회문제의 규모, 해결수준 등	규모 (Scale)	사회적 성과를 경험하는 사람의 수
	심도 (Depth)	이해관계자가 경험한 변화의 정도
	지속기간 (Duration)	이해관계자가 사회적 성과를 경험하는 기간
Contribution 원래 수준보다 기업의 개입에 의해 얼마나 추가로 사회적 성과가 창출되는가? - 해당 기업의 기여가 없는 경우 발생하는 사회적 성과 등	심도 관련 공헌도 (Depth Counterfactual)	해당 기업의 개입이 없었을 경우를 가정한 추정 변화 정도
	지속기간 관련 공헌도 (Duration Counterfactual)	해당 기업의 개입이 없었을 경우를 가정한 추정 지속기간
Risk 리스크는 얼마나 큰가? - 사회적 가치 산출과정에서 발생하는 오류 등에 대한 리스크 등	리스크 유형 (Risk Type)	사회적 성과 창출 과정에 내재되어 있는 리스크 유형(예: 중단, 증빙, 예측, 효율성, 지속, 외부영향 등)
	리스크 수준 (Risk Level)	해당 리스크 발생 가능성과 발생 시 인간과 지구에 끼치는 영향의 심각성을 고려한 리스크 수준

위의 차원별로 임팩트영역(예: 직원임금상승, 자녀소득증대 등)을 종합 평가하여 3개 유형으로 분류
A유형: 사회적폐해의 감축 (예: ESG펀드가 총기, 담배연관사업에 투자하지 않음)
B유형: 이해관계자의 지원 (예: 이해관계자들에게 혜택, 지역일자리창출, 취약계층 노동통합 등)
C유형: 사회문제 해결에 공헌 (예: 탄소중립 달성, 불평등 완화 등 /C유형은 A,B유형을 전제)
*출처: 기술보증기금 https://sv.kibo.or.kr/Info/Imp.do 재구성

이 방법론은 창출된 임팩트 간 상호비교를 통해 어느 임팩트가 우월한가를 증명하는 것이 아닌 어떻게 서로 다른 임팩트를 창출할 것인지에 대한 차이의 개념으로 보아야 한다.

국내 현황

2007년 「사회적기업육성법」 제정 이후, 국내에서 사회적 가치 평가에 대한 논의가 본격적으로 이루어지기 시작했다. 해외에서는 비영리 단체나 투자기관이 주로 사회적 가치 측정을 시도하는 반면, 국내에서는 이와 달리 정부 차원에서 사회적 가치 측정을 주도하고 지표를 개발했다.[14] 2010년에는 사회적기업 정책을 주관하는 고용노동부에서 KAIST 및 사회책임경영연구센터와 함께 SROI에 집중된 사회적 가치 평가 도구 개발 프로젝트를 수행했다. 연구 결과, 해외의 SROI를 분석하고 보완하여 새로운 SROI[15]를 제시하였다. 그러나 SROI 외에도 다른 관점에서 사회적 가치 측정 도구가 필요하다는 요구가 있어 BSC, IFIS 등의 연구가 이루어졌고, 이를 토대로 2018년부터 사회적 가치지표(SVI, Social Value Index)[16]는 실제 사회적기업 평가와 지원에 활용되고 있다.

고용노동부의 SVI운영의 가장 큰 성과는, 'SVI 측정의 제도화'를 들 수 있는데 이것은 사회적기업이라면 사회적 가치 측정에 대해서 SVI 측정을 가장 먼저 생각하게 되었고 당연하게 여기기 시작했다는 점이고, 국내 사회적 가치 측정의 일반화를 견인하였다고 할 수 있다. 하지만 이런 지표실행에 대한 여러 가지 우려점이 있는 것도 사실이다. 주관성이 개입된 지표에 대한 측정 공정성의 문제, 지표가 대부분 일자리제공형에 최적화되어 있다는 점, 서류준비를 위한 해당기업의 자원 및 중간지원조직의 지원부족 등이다.

요즘에는 지자체 및 주관부처마다 필요에 맞는 사회적 가치 측정 지표를 개발하고 활용하는 경향이다. 예를 들어 "서울형 사회가치지표"[17]와 같은 프로그램이 등장하고 있다. 서울형의 경우 투입, 활동, 산출, 성과로 이어지는 포괄적 과정을 바탕으로, 피측정자가 세부 평가항목에 대해 해당 여부를 결정하고, 응답의 수에 기반하여 평가결과를 도출하도록 설계되어 있어 편의성이 높다. 하지만, 측정이 단순하고 사회적 성과에 대한 평가를 피측정자의 가·부 답변에 과도하게 의존하여 신뢰성 확보에는 한계가 있어 보인다.

신용보증기금도 사회적경제 조직의 자금공급을 위해 사회적경제 기업평가 시스템을 도입하였다.[18] 일반 사회적경제 기업과 협동조합의 측정지표를 차별화하여, 조직 특성에 따라 평가가 가능한 것이 특징이다. 예를 들어 협동조합형의 경우 협동조합으로서 부합성 60%(조합철학, 참여/배려 및 연대, 조합원편익, 공동체 상생 등 10개 지표), 금융지원 타당성 40%(경영역량, 교육, 지속가능성, 재무관리역량 등 10개 지표)로 평가하고 있다.

중소벤처기업부는 2022년 11월에 '사회적 가치 자가측정 서비스[19]'를 오픈하여, 소셜벤처기업 스스로 사회적 가치를 측정할 수 있도록, 정량적인 지표인 사회적 성과 변화량(Depth), 규모(Scale), 측정 대상 기간 등을 제공하고 있다.

[표 III-3] 고용노동부 사회적 가치 지표(SVI)

관점	범주	영역	측정지표	배점
사회적 성과 (60)	조직미션	사회적 미션	사회적 가치 추구 여부	2
			사회적 성과 관리체계 구축여부	5
	사업활동	주사업활동의 사회적 가치	사업활동의 사회적 가치 지향성 (비계량 지표)	15
		사회적경제 생태계 구축	사회적경제 기업과의 협력 수준	5
			지역사회와의 협력 수준	5
		사회적 목적 재투자	사회적 환원 노력도(비계량 지표)	10
	조직운영	운영의 민주성	참여적 의사결정 비율	5
		근로자 지향성	근로자 임금수준	8
			근로자 역량강화 노력	5
경제적 성과 (30)	재정성과	고용창출 및 재정성과	고용성과	10
			매출성과	10
			영업성과	5
		노동성과	노동생산성	5
혁신성과 (10)	기업혁신	기업 활동의 혁신성	혁신노력도(비계량 지표)	10
합계		14개 지표		100

한편 민간차원에서 SK 행복나눔재단은 2015년에 SPC(Social Progress Credit)라는 사회성과 인센티브를 개발하여, 사회적 가치를 화폐화된 형태로 측정하고 있다. 이 지표는 사회적기업이 창출한 가치를 사회서비스 성과, 고용성과, 환경성과, 사회생태계성과 등으로 분류하고, 이를 화폐 가치로 환산한다.[20] SK 행복나눔재단은 이를 기반으로 피투자 기관들의 평가와 지원에 활용하고 있다.[21] 하지만 이러한 화폐화 방식은 사회적 가치의 복잡성과 다양성을 반영하기에는 한계가 있다. 또한, 가치를 화폐화된 형태로 측정하면서 가치에

대한 공감대가 형성되지 않을 수 있으며, 가치 측정의 목적이 사회적 문제 해결보다는 보상을 위한 것이라는 인식이 더해질 가능성이 있다. 화학물질과 고탄소배출 산업군을 가진 SK그룹 투자자를 설득하기 위해서는 사회적 성과의 화폐화가 필요할지 몰라도, 협동조합 등 주식회사 이외의 법인격을 가진 다양한 사회적경제 조직들과 사회적 가치를 측정하고 인센티브를 부여하는 방식에 대해서 진정성 있는 논의가 필요해 보인다.

사회적경제 기업의 대응

순응전략(또는 동형화 전략)

공공(세금) 및 민간이 사회적경제 기업에 자원을 제공할 때 이 자원들이 효과적으로 사용되어 사회적 가치를 창출하는지, 즉 성과가 있는지를 지속적으로 요구할 것이다. 자원제공자인 임팩트 투자자들에게 정당성을 얻기 위해서는 어떠한 사회적 가치를 창출하고 있는지를 성과 측정을 통해 확인시켜야 된다. 한편 사회적경제 기업은 일반적인 영리추구 기업과는 달리 사회적 가치 창출을 목적으로 하는 기업이기에, 이러한 사회적 가치 창출이 이루어졌는지, 그리고 이를 어떤 방식으로 측정하고 관리하는지가 중요하다. 따라서, 사회적경제 기업이 사회적 가치 측정에 대비하기 위해서는 다음과 같은 일들을 보다 심도 있게 고민해야 한다.

첫째, 사회적경제 기업은 가치제안 측면에서 자신들의 목표와 가치를 명확하게 해야 한다. 이를 통해, 사회적 가치를 측정하고 평가할 때 기준이 제시된다. 둘째, 자신들의 성과를 측정하는 방법을 명확하게 제시할 수 있어야 한다. 이를 통해, 사회적 가치를 정량적으로 측정할 수 있기 때문이다. 셋째, 데이터를 수집하고 분석하는 능력을 갖추어야 한다. 이를 통해, 성과를 정확하게 파악할 수 있다. 넷째, 자신들의 성과를 공개적으로 보고하는 것이 중요하다. 이를 통해, 외부에서도 기업의 성과를 쉽게 파악할 수 있으며, 신뢰성을 높일 수 있다. 다섯째, 지속적으로 자신들의 성과를 개선해 나가야 한다. 이를 통해, 사회적 가치를 더욱 높일 수 있다.

하지만, 이런 일들은 사회적경제 기업들이 독자적으로 하기에는 한계가 있다. 정부 및 민간 자원제공자들은 이들에게 꼭 필요한 측정지표를 개발하고, 사회적경제 기업들이 활용할 수 있도록 제공해야 한다. 더불어 적절한 데이터 수집과 분석을 위해서 데이터 수집과 분석에 대한 지원을 제공해야 한다. 예를 들어, 다른 나라의 사례처럼 표준 데이터베이스를 구축하여, 다양한 분류에서 사회적 가치에 대한 계량화가 되어 있으면 사회적 가치 측정에 도움이 될 것이다.

대안제시전략(또는 차별화 전략)

사회적경제 기업에서는 자신들의 사회적 가치를 측정하는 것에 대해 여러 가지 이유로 거부감을 가질 수 있다. 이때, 다음과 같은 전략들을 활용할 수 있다. 첫째, 거부 이유를 명확히 제시하는 것이 필요하다. 자원이 부족하다거나, 측정 방법이 기업의 특성과 부합하지 않는다거나 하는 것일 수 있다. 이때, 사회적경제 기업은 자신들의 상황과 이유를 명확하게 제시함으로써 거부 이유가 이해되고 존중받을 수 있다. 둘째, 측정 방법이나 척도에 대한 거부감이 있다면, 다른 대안적인 측정 방법을 제시할 수 있다. 예를 들어, 기업의 특성에 맞춘 측정 방법이나 측정 척도를 개발하거나, 외부 전문가들의 평가를 활용하는 방식을 고민해 볼 수 있다. 셋째, 사회적경제 기업들이 협의나 협력을 추진해서, 측정 방법을 보완하거나 외부 전문가들의 의견을 수렴하는 방식을 고민해 볼 수 있다. 넷째, 사회적경제 기업은 자신들의 다른 노력을 강화하여 고객 만족도 조사나 자발적인 기부 캠페인 등을 통해 사회적 가치를 높일 수 있고, 자원을 조달할 수도 있을 것이다.

하지만 사회적경제 기업이 임팩트 측정을 피해갈 수는 있겠지만, 이는 현실적이지 않을 가능성이 높다. 임팩트 측정은 사회적경제 기업의 가치를 정확하게 파악하고, 이를 통해 보다 효과적인 사회적 가치 창출을 위한 방안을 모색하는데 중요한 역할을 하기 때문이다. 또한, 임팩트 측정은 사회적경제 기업이 자신들의 가치 창출에 대해 정확한 인식을 가지고, 이를 개선하는 방안을 모색하는 데에도 중요한 역할을 하기에 사회적경제 기업이 임팩트측정을 무시하고 가치 창출에만 집중한다면, 지속 가능한 사업 운영이 어려울 수도 있다. 따라서, 사회적경제 기업은 임팩트 측정에 대한 인식을 높이고, 적극적으로 임팩트 측정을 실시하여 진보했는지 확인하는 것이 필요하다.

1) Bouchard, M. J., and D. Rousselière. 2015. Introduction: The weight, size and scope of the social economy, in Bouchard, M. J., and D. Rousselière (eds.), *The Weight of the Social Economy: An International Perspective.* Brussels: P.I.E Peter Lang. pp.11-27.

2) Alomoto, W., A. Niñerola, and L. Pié. 2021. Social Impact Assessment: A Systematic Review of Literature. Social wave of integrated social accounting. *Canadian Journal of Nonprofit and Social Economy Research,* 11(2): 20-34

3) Mook, L. 2020. Performance management, impact measurement, and the sustainable development goals: Fourth wave of integrated social accounting. *Canadian Journal of Nonprofit and Social Economy Research,* 11(2): 20-34

4) 임팩트 투자란 용어의 사용은 록펠러 재단(Rockefeller Foundation)주최로 열린 2007년 이탈리아 회의에서 처음 시작된 것으로 알려져 있다. 이 회의에서 록펠러 재단은 임팩트 투자를 '측정가능하고 긍정적인 사회적, 환경적 결과를 위한 의도적인 투자'로 정의했고, 이후 임팩트 투자 생태계를 조성하기 위해 글로벌 투자기관 J.P.Morgan과 함께 임팩트 투자자의 국제네트워크 단체인 글로벌임팩트투자네트워크(GIIN, Global Impact Investing Network)의 설립을 지원해 임팩트 시장 조성을 위한 필수 인프라인 사회적 임팩트 측정 및 평가시스템을 개발하고 보급했다. 2008년 글로벌 금융위기 이후 그 규모는 급속한 증가 추세에 있고, 선진국에서는 이미 임팩트 투자를 자본시장에서 하나의 자산군으로 인식하기 시작했다.

5) OECD. 2021. *Social impact measurement for the social and solidarity economy: OECD global action promoting social & solidarity economy ecosystems.* OECD Local Economic and Employment Development (LEED) Working Papers.

6) Rijpens, J., M. J. Bouchard, E. Gruet, and G. Salathé-Beaulieu. 2020. *Social impact bonds: Promises verus facts. What does the recent scientific literature tell us?* CIRIEC International Working Paper No. 2020/15.

7) 이용탁. 2020. "임팩트 투자에 있어서 임팩트 측정에 관한 탐색적 고찰." 『기업경영리뷰』, 11.2: 97-119.

8) 임창규. 2021. "임팩트투자 유치를 위한 소셜벤처의 신호과정". 성공회대학교 박사학위 논문.

9) Salathé-Beaulieu, G., M. J. Bouchard, and M. Mendell. 2019. Sustainable development impact indicators for social and solidarity economy. State of the art. Geneva, UNRISD

10) Nicholls, A. 2018. A general theory of social impact accounting: Materiality, uncertainty and empowerment. *Journal of Social Entrepreneurship,* 9(2): 132-153

11) Ardvison, M., and F. Lyon. 2014. Social impact measurement and non-profit organizations: Compliance, resistance and promotion. *Voluntas: International Journal of Voluntary and Nonprofit Organizations,* 25(4): 869-886

12) 문철우. 2021. 『임팩트 경영과 임팩트 투자를 위한 IMP 임팩트의 정의와 측정』. (재) 아이쿱협동조합연구.

13) 글로벌 임팩트투자자들의 양대 네트워크인 GIIN(Global Impact Investing Network)과 Toniic(the global action community for impact investing)을 비롯해 IFC, OECD, UNDP 같은 국제기구 등의 조직이 IMP 프레임워크 개발에 참여하고 있다. https://impactfrontiers.org 홈페이지 참고

14) 이승철. 2022. "사회적인 것을 계산하기: 사회적 가치 지표 (SVI) 개발의 하부정치." 『한국문화인류학』, 55.1: 153-205.

15) SROI법의 구체적인 측정방법에 대해서 다음 논문 참고, 조영복·류정란. 2014. "사회적기업의 사회적 가치 측정, 그 접근법과 발전방향의 모색". 『인적자원관리연구』, 21.3: 475-494.

16) 한국사회적기업진흥원 https://www.socialenterprise.or.kr/social/ente/evalSVI.do?m_cd=E032 2023.4.29. 열람.

17) 서울특별시. 2020. 「서울형 사회가치지표 개발 및 측정연구」.

18) 신용보증기금 https://www.kodit.co.kr/seenp/index.do 2023.4.29. 열람.

19) 중소벤처기업부 https://www.mss.go.kr/site/smba/ex/bbs/View.do?cbIdx=288&bcIdx=1036916, 2023.4.29. 열람.

20) 라준영·김수진·박성훈. 2018. "사회성과인센티브 (SPC) 와 사회적기업의 사회적 가치 측정: 사회성과의 화폐가치 환산". 『사회적 가치와 기업연구』, 11.2: 133-161.

21) 장종익. 2021. "사회적경제 기업의 사회적 성과 측정에 관한 유형별 접근". 『지역발전연구』, 30: 77-107.

14장

한국협동조합 연합의 현재와 미래

강민수

협동조합 사이의 협동 원칙은 협동조합 연대의 가치를 실천적으로 표현한 것이다. 협동조합의 가치와 원칙에 헌신하지 않는 다른 형태의 기업들도 이 가치를 공유할 수 있지만, 기본적으로 협동조합 사이의 협동 원칙은 다른 형태의 기업들과 협동조합을 구분 지어준다. 협동조합 사이의 협동은 협동조합 기업의 전형적인 특징이다. 왜냐하면 이것이 모든 인류를 위해 보다 지속가능하고 평등한 미래 경제를 창조하고자 하는 우리 모두의 바람을 가장 명확하게 드러내는 표현이기 때문이다.

ICA(국제협동조합연맹) 협동조합원칙 안내서, 2015년[1]

요약

이글은 협동조합들 사이의 연대와 협력이라는 가치를 한국의 협동조합 운동이 협동조합 연합이라는 구체적 실체를 통해 어떻게 구현하고 있는지 살피고, 한국협동조합 운동의 미래와 관련하여 생각해볼 문제를 제안하는데 목적이 있다.

협동조합의 연대와 협동에 관해 협동조합 기업인들과 연구자들은 협동조합이 홀로 내재된 잠재력을 발휘하기 어렵다고 생각하고, 협동조합 운동 초창기부터 협동조합들 사이의 협동 필요성에 대해 강조해 왔다. 물론, 기업의 협력은 우리 주변에서 쉽게 찾아볼 수 있다. 당연히 협동조합 사이의 협력도 그렇다. 그러나 협동조합들 사이의 협동은 기업들이 협력을 통해 경영적 약점을 보완하는 수준을 넘어 협동조합 기업이 존재하는 이유임과 동시에 협동조합 기업의 독특한 생존전략이라는 차이가 있다.

협동조합 운동의 역사 속에서 연대와 협동은 협동조합 내에서의 협동 활동이 자신의 이익을 위장하는 활동이 아니라 참여하는 조합원들이 공동으로 추구해야 할 가치이며 다른 협동조합과의 관계에서도 심지어 국가가 다른 협동조합과의 관계에서도 실천되어야 한다고 강조해 왔다.

이런 맥락에서 협동조합들 사이의 연대와 협력은 공통으로 관찰되는 현상이다. 동시에 협동조합 사이의 협동을 구현하는 방식은 사업연합, 비사업연합, 컨소시움 등 다양한 형태로 존재하며 나라마다 다르게 발전하였다.

돌아보면 협동조합 운동이 추구해 온 연대와 협력이라는 전략이 직선의 길이 아니고, 수많은 실패의 경험이 함께한 곡선의 길이었다는 것을 부정할 수 없다.

그러나 협동조합 운동은 인간이 사회적 존재이며 사회 속에서 더 나은 사회경제적 삶을 살아야 한다는 생각을 기초로 언제나 시작할 수 있고, 누구든 참여할 수 있는 보편적인 운동이라는 본질을 구현하고자 하였으며 미래에도 그래야 할 것이다.

협동조합 운동에서 협동조합 연합회를 이해하는 방법

협동조합 운동에서 협동조합 연합회는 협동조합들이 추구해야 할 협동조합들 사이의 연대와 협동이라는 가치와 원칙을 구현한 실체라고 할 수 있다.

협동조합들 사이의 협동은 협동조합이 존재하는 나라에서 공통으로 나타나는 일반적인 현상이다. 다만, 그 형태는 사업연합, 비사업연합, 컨소시움 등 다양한 형태를 가지며 나라마다 협동조합의 발생사에 따라 다르게 발전하였다. 유럽의 협동조합 연합회 중 영국의 경우는 크게 발달한 소비자 협동조합이 주도적으로 다른 유형의 협동조합과 연합회를 만든 형태이고, 프랑스 협동조합 연합회는 모든 부문별 협동조합이 높은 단계로 발전되어 있으면서 이들이 연합회를 구현한 형태이며, 이탈리아 협동조합 연합회는 사업 부문별, 지역단위별 조직이 통합적으로 협동조합 연합회를 구현2)하고 있다.

여기에서 주목할 것은 그 행태와 발전사의 차이에 관계없이 연합회를 통한 협동조합 사이의 협동이 다른 형태의 기업과 구분되는 협동조합 기업의 독특한 특징이라는 데 있다. 다른 형태의 기업들도 공동연구, 전략적 제휴, 파트너십, 네트워크 구축과 같은 다양한 형태의 협업을 진행해 왔으나 잘못된 파트너의 선택, 파트너의 배신 등 협력에 따르는 비용 문제 등으로 협력이나 전략적 제휴를 기업 경영을 위한 선택 가능한 옵션의 하나로 판단하여 반드시 해야만 하는 것은 아니라고 전제하고 있다. 그러나 협동조합 기업에 있어 협동조합들 사이의 협동은 협동조합 기업이 존재하는 이유임과 동시에 다른 형태의 기업과 협동조합 기업을 구분하는 차이라고 할 수 있다. 협동조합 운동이 시작된 초창기부터 기업인들과 연구자들은 협동조합이 홀로 내재된 잠재력을 발휘하기 어렵다고 생각하고, 협동조합들 사이의 협동의 필요성에 대해 강조해 왔다. 나아가 협동조합 사이의 협동이 비록 개별 협동조합의 단기적 이익을 희생한다 해도 모든 인류가 현재보다 더 나은 사회에서 더 나은 사회경제적 삶을 살 수 있도록 해야 한다는 협동조합 운동의 궁극적인 목적을 위해 협동조합 사이의 협동의 필요에 대해 강조하고 있다.

국제협동조합연맹(이하 ICA)은 협동조합들 사이의 연대와 협력은 협동조합 운동이 추구해야 할 기본적 가치라고 하였으며, 협동조합이 지역, 국가, 국제적 수준에서 상호 협력함으로써 조합원에게 효과적으로 봉사할 수 있다고 하면서 협동조합 사이의 협동을 협동조합 운동이 구현해야 할 원칙의 하나로 강조하고 있다.

협동조합연합회에 대한 이론

협동조합 기업에 있어 협동조합 사이의 연대와 협동이라는 가치와 원칙의 추구는 그것이 협동조합 기업의 고유한 특질일 뿐만 아니라 동시에 다른 형태의 기업들과 협동조합의 차이를 구분 지어준다.

협업의 개념

협업(協業, Collaboration)은 사전적으로 '여러 사람이 협력하여 공동으로 하는 일'을 의미하며 기업 간 협업은 공동연구, 전략적 제휴, 파트너십, 네트워크, 공급사슬 등으로 다양하게 불리고 있으나 결국 두 개 이상의 독립적인 기업이 상호 목표와 상호 이익을 달성하고자 정보, 자원, 위험을 공유하여 서로 협력하는 과정(김영수·김지연, 2013)이라고 정의 할 수 있다. 기업이 전략으로서 협업을 추진하는 이유는 자사 중심의 자생적 성장 방식이 가지는 한계를 넘어 외부 역량을 적극적으로 활용하는 전략이 효과적인 기업 혁신의 수단이며 동시에 성장전략이라고 판단하기 때문이다. 나아가 기업 간 협업에 관한 선행의 연구에서는 협업이 이루어지기 위해서는 협력하는 기업 모두 목표 달성에 도움이 되어야 하며, 장기적으로 시장에서 경쟁자가 될 가능성이 없거나 낮아야 함을 의미한다고 조건을 제시하기도 한다. 다만, 기업의 협업은 장점만 있는 것이 아니라 잘못된 파트너의 선택, 파트너의 배신 등 협력에 따르는 비용도 발생할 수 있기 때문에 경영적 선택일 뿐 반드시 해야만 하는 것으로 정의할 수 없다.

협동조합에 있어서 협동

협동조합에서의 협업은 다른 형태의 기업이 추구하는 협업과 비슷한 측면이 있지만 동시에 근본적으로 다른 지점이 있는데, 이는 협동조합들 사이의 협동이 선택이 아닌 존재로부터 출발하는 필수적인 것이라는 점이다. 이에 대해 ICA는 협동조합 사이의 협동 원칙은 협동조합 기업의 전형적인 특징으로 이는 다른 형태의 기업들과 협동조합을 구분 지어준다고 하였다.

예를 들어 기존 경제학 이론에 따르면 소비자는 효용을 극대화하고 기업은 이윤을 극대화하기 위해 의사결정을 하거나 존재한다고 하였다. 그러나 역사적으로 협동조합을 포함한 사회적경제 기업은 이윤만을 목적으로 하지 않으며 다양한 동기에 의해 출현하고 성장해 왔다. 그러므로 협동조합 기업을 기존의 경제이론으로 이해하는 데는 한계가 있다고 할 것이다. 그러므로 협동조합을 비롯한 사회적경제 기업을 온전히 이해하려면 인간 활동의 상호성, 윤리적 기여, 사익 추구 동기를 능가하거나 혹은 이와 결합된 과정 중시 선호에 바탕해 소비자, 조합원, 협동조합기업을 바라볼 수 있어야 한다. 실제 유럽에서 사회적경제의 출현을 살펴보면 국가나 공동체의 구속을 거부하는 동시에 공동체에서 작동하던 호혜성을 회복하려는 시도에서 협동조합과 같은 사회적경제 조직이 출현하였다고 할 수 있다. 그러나 굳이 우리가 복잡한 이론을 적용하지 않고 가슴으로 생각해 봐도 그렇다.

협동조합 운동이란 결국 혼자보다는 집단으로 일을 하는 것이 유익하다는 생각을 기초로 협동을 경험할 수 있도록 돕고, 이러한 과정을 통해 협동을 알게 되고 협동을 통해 모두가 혜택을 누릴 수 있다는 확신을 가지며, 잘 운영되고 있는 협동조합의 운영 경험이 있는 선배 협동조합들로부터 협력과 도움을 받아가면서 성장해 나가야 한다. 이런 생각을 가진 사람들이 협동조합을 만들고 협동조합운동을 해 온 것이기에 협동조합 운동 초창기부터 협동조합들 사이의 협동 필요성에 대해 강조해 왔던 것이다.

협동조합조합 운동사에 이런 생각을 가장 잘 보여주는 사례가 영국의 로치데일협동조합인데, 로치데일협동조합이 기업적으로 전환되는 중요한 계기는 도매협동조합(Co-operative Wholesale Societies, 이하 CWS)의 설립이었다. 1863년 설립된 CWS는 소매매장의 성공을 지원하는 강력한 중앙 경제기관으로 1860년대와 1870년대 협동조합의 급속한 확산을 지원하고 제조업으로 분야를 확대하면서 경제적 강자로 떠올랐다(Fairbairn, 1994). CWS는 1870년대에 들어서는 소비자협동조합연합(The Co-operative union)을 설립하여 조합의 법적 행정적 사무를 지원하는 체계를 갖추었고, 이를 통해 영국의 소비자협동조합은 대량구매와 판매체계를 정비하게 됐다. 2차 세계대전이 시작되었을 때 영국에는 2만 4천개의 점포를 관리하는 1,100개의 소비자협동조합이 있었는데, 소매업에서 25만 명을 고용했고, 제조업과 유통업에서 30만 명을 고용했으며 155개의 공장을 보유했던 CWS는 세계에서 가장 큰 기업의 하나였다(Birchall, 1997).

이처럼 영국의 소비자협동조합은 자본주의 대안 운동의 하나로 출발하여 노동운동의 확산으로 점포가 급증하면서 대량 구매와 판매체계 정비를 통해 소매 유통의 혁신자로 등장하게 된 것이다.

협동조합연합회의 정의

협동조합이란 공동으로 소유하고 민주적으로 관리되는 사업체를 말하며, 협동조합연합회란 이러한 협동조합들이 공동이익을 도모하기 위하여 설립한 협동조합들의 협동조합이라고 정의할 수 있다. 협동조합연합회는 협동조합의 협동조합이라는 의미에서 2차 협동조합(secondary co-operative) 또는 협동조합 연합회(co-operative federation)라 부른다. 나아가 2차 협동조합들이 다시 연합회를 구성 할 수 있는데 연합회의 연합회라는 의미에서 이를 3차 협동조합이라고 한다. 한편, 우리나라 협동조합 법제에서는 협동조합연합회를 하나의 법인으로 승인한다. 그러나 현실에서 발생할 연합회는 반드시 법인격을 전제하지는 않는다. 때로는 일시적인 프로젝트 연대, 비법인 연대 등을 포괄할 수도 있다.

협동조합연합회의 유형

협동조합들 사이의 협동을 구체화한 연대조직은 협동조합 구성원들이 어떤 목적으로 연합회를 만드는 가에 따라 성격과 기능, 사업이 다르게 나타날 수 있다.

일반적으로 협동조합연합회의 유형은 회원조합의 자격이 특정한 업종을 중심으로 구성될 때 업종별 연합회가 되고, 회원조합의 자격이 특정 지역으로 한정될 때 지역연합회가 된다. 만약 회원조합의 자격을 노동자, 사회적 협동조합처럼 특정한 협동조합의 유형으로 한정하면 유형별 연합회가 된다. 나아가 연합회의 구심력을 더욱 강하게 만들어 대표자 뿐만 아니라 직원의 재배치 등을 합의하고 실행하는 경우 복합체로 발전하게 된다.

지역 협동조합 연합회

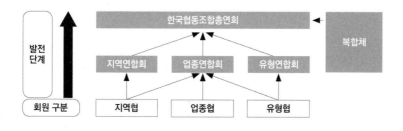

[그림 III-3] 협동조합 연합회의 유형과 발전단계

지역연합회는 지역적 동질성을 기초로 설립되는 협동조합 사이의 협동조합으로 업종과 유형에 관계없이 지역을 배경으로 설립 운영되며 서울지역협동조합협의회 등이 구체적 사례라고 할 수 있다. 주로 1)지역 내 정책 활동, 2)지역 내 정보의 공유, 3)기본적인 협동조합에 대한 교육 및 여론조성, 4)신규 협동조합의 지원 및 상담, 5)공동사업 등을 수행하게 되며, 비사업적 활동이 주요 사업이 되면서, 적정한 밀도가 구성되었을 때 공동사업을 수행하도록 발전하게 된다.

업종별 협동조합 연합회

업종별 협동조합 연합회는 신용협동조합연합회, 농업협동조합연합회, 생협연합회와 같이 동일한 업종 내 협동조합들 사이에서 만들어지는 연합회가 있고 이탈리아의 Legacoop과 같이 소비자, 생산자, 농업, 주택, 사회적협동조합 등 다른 업종 협동조합들이 사업적 필요에 의해 만드는 다양한 업종의 협동조합연합회로 구분할 수 있다. 업종별 연합회는 1)공동구매, 2)공동판매, 3)공동시설이용, 4)공동개발, 5)제도개선 활동, 6)스텝기능의 통합 등을 모두 주요사업으로 수행할 수 있지만, 대개 공동구매와 공동판매를 통해 사업적 성과가 제시된 후 점차 사업의 폭을 넓혀 가는 방식으로 성장한다.

유형별 협동조합 연합회

유형별 협동조합 연합회란 사회적협동조합연합회, 노동자협동조합연합회처럼 동일한 유형의 협동조합들 사이에서 만들어지는 협동조합을 말한다. 다만 유형별 협동조합 연합회는 동일 업종의 경우에 누릴 수 있는 생산자재의 유사성, 공동 판매할 시 경쟁 완화를 통한 더 높은 거래교섭력을 추구할 수 없어 여러 업종의 직원협동조합이 제도개선이나 조합원 교육, 공동의 스텝기능의 비용을 분담하는 비사업활동 등을 수행하기 위해 연합회를 만드는 경우가 있다고 할 수 있다.

협동조합복합체

스페인의 몬드라곤 복합체는 미션으로 삼아 출발한 협동조합이 일반적인 협동조합연합회의 수준을 뛰어넘어 공동운명체로서 강력한 관계를 형성하여 하나의 기업집단처럼 운영되는 상황을 말한다. 몬드라곤 복합체의 경우 지주회사 성격의 연합회 기구를 중심으로 직원의 재배치, 공제 및 금융시스템의 공유, 당기손익의 공유, 기금의 조성 의무 등 단순한 의사결정이나 공동사업을 넘어서서 재정적 측면의 시스템적 공유를 이룩한 체계로 발전해 오늘에 이르고 있다.

협동조합연합회에 관한 사례 검토

협동조합연합회는 개별 협동조합의 장점이 유지되면서 공동으로 사업을 전개하는 것이 이로운 경우에 만들어지는데 살펴본 바와 같이 다양한 유형으로 생겨나 발전해 왔다. 개별협동조합의 활성화를 목적으로 설립 운영되는 협동조합연합회는 교육, 홍보사업을 공동으로 전개하거나 재화나 용역의 공동 생산과 판매와 관련한 물류, 마케팅과 같은 기능을 수행할 수 있다. 협동조합연합회의 기능이 발달한 나라에서는 신규협동조합의 육성과 인가에도 관여하며 이탈리아의 경우 법률에 따라 협동조합연합회에 의무적으로 가입토록 규정하기도 한다. 우리의 경우 협동조합기본법 제정을 계기로 다양한 협동조합이 급속도로 만들어지고 있는 조건에서 기본법 협동조합과 개별법 협동조합의 조화로운 공존, 기본법협동조합의 발전을 위한 협동조합생태계 구축의 관점에서 협동조합연합회 문제를 적극 검토 할 필요가 있다고 판단된다. 이는 협동조합 사이의 협동이 협동조합을 위한 원칙일 뿐만 아니라 성공을 위한 필수전략이기도 하기 때문이다.

한국 협동조합 연합회의 설립과 운영을 위해서는 여러 사례를 참고 할 수 있으나 여기에서는 이탈리아 협동조합 운동의 사례를 중점적으로 살펴보려고 한다.

이탈리아의 협동조합 연합회 모델

이탈리아 협동조합은 1854년 첫 설립된 이래 연대 원칙에 바탕해 실업이나 생계비용 증가 등 사회문제에 대응하며 발전해 왔다. 당대의 주요 정치인들이 협동조합의 확산을 지원했다. 대표적으로 주세페 마찌니(Giuseppe Mazzini)는 자본과 노동이 '하나'로 합해지는 사회조직의 일반 원칙을 협동조합에서 발견했으며, 안드레아 코스타(Andrea Costa)는 노동해방을 위한 정치운동, 노동조합운동이라는 맥락에서 협동조합을 이해했다. 자유주의자 졸리티(Giolitti)와 루이지 루차티(Luigi Luzzatti)는 취약계층이 활용할 수 있는 갈등 없는 도구로 협동조합을 이해했다. 이러한 상이한 접근법은 협동조합 운동 내 특정한 정치적, 이념적 희망과 조응했다(이경수, 2016). 이런 역사를 배경으로 이탈리아에는 가톨릭 계열, 사회주의 계열, 자유주의 계열의 다양한 협동조합 연합회가 존재한다. 2018년 현재 이탈리아에는 1886년 설립된 사회주의계열의 Legacoop(레가쿱 이하 레가), 가톨릭계 정당의 지지를 받는 Confcooperative(이탈리아협동조합연합 이하 콘페), 1952년 레가에서 독립한 AGCI(이탈리아협동조합총연합회), UNCI(이탈리아협동조합전국연합), 비교적 최근인 1999년 설립된 Unicoop(협동조합이탈리아연합)등 5개의 협동조합 연합회가 있다. 여기에 소속된 조합은 2018년 기준으로 레가 15,200개 조합, 콘페 19,200개 조합, AGCI 5,768개 조합, UNCI 7,825개 조합, Unicoop 1,910개 조합 그리고 연합회에 소속되지 않은 21,561개의 조합이 있다.[3]

이탈리아 협동조합 연합회는 대개 외부에 협동조합을 대변하며, 개별 협동조합 및 컨소시엄, 협동조합 연맹이 공동으로 필요로 하는 서비스를 제공함으로서 비용절감, 규모의 경제 확보, 시너지를 창출하고 있다.

[그림 Ⅲ-4] 이탈리아 협동조합 연합과 컨소시엄

*출처: 송직근, 2016 협동조합의 날 기념 심포지움, 지노 마타랠리를 기억하는 사회적협동조합
컨소시엄 CGM

이탈리아 협동조합 운동은 연합모델과 컨소시엄이 서로 긴밀하게 관계를 맺으며 성장하고 있는데, 협동조합 사이의 협동을 촉진하는 중요한 매개가 컨소시엄이다. 컨소시엄은 가입한 협동조합의 시장 경쟁력 증진을 목적으로 하는 협동조합의 연합회(이경수, 2016)라고 할 수 있다.

예를 들면 CGM은 콘페 산하 사회적협동조합의 컨소시엄을 지원하는 대표적인 조직이며, drom은 레가 산하의 사회적협동조합의 대표적인 컨소시엄 조직이다.

이탈리아 협동조합 운동의 특징인 컨소시엄은 각 협동조합의 고유한 특성을 유지한 채, 네트워킹 방식으로 규모의 경제를 이뤄 비용을 절감하고 경쟁력을 높일 수 있다는 장점이 있다.

협동조합 비즈니스를 전개하는 과정에서 프로젝트는 일정한 기간이 지나면 해체되는 것과 달리 컨소시엄은 장기적으로 유지되면서 상호 발전을 꾀할 수 있다. 한편, 합병처럼 하나의 조직을 형성하는 것은 아니어서 합병보다는 유연하게 다수의 조직과 연대하는 것이 가능하도록 하고 있다.

이탈리아 협동조합운동은 정치적 대표체로서의 연합모델과 사업적 대표체로의 컨소시엄 모델이 유기적으로 관계를 맺으며 발전하고 있다. 이탈리아 협동조합의 사례는 비즈니스 활성화를 통해 협동조합의 활성화와 정체성 강화를 모색하는 한국의 협동조합 운동이 어떻게 정치적 연합체와 비즈니스 연합체인 컨소시엄을 구축할지 시사점을 제공하고 있다고 할 수 있다.

한국 협동조합 사이의 협동의 현재

한국의 협동조합연합회들

협동조합 연합회의 발전 경로나 구성 과정은 나라마다 조금씩 다른데 우리의 경우에는 농협, 수협, 생협과 같은 업종별 협동조합이 법적 근거를 가지고 연합회를 순차적으로 구성하였고, 2009년 ICA의 한국 회원기관인 농협중앙회, 산림조합중앙회, 새마을금고중앙회, 수협중앙회, 신협중앙회, 아이쿱생협연합회 등 6개 협동조합들이 모여 3차 협동조합인 한국협동조합협의회를 결성하였다.

[표 III-4] 한국협동조합의 현황

유형	법 시행년도	조합수	조합원수	기준년도	출처
농협	1961	1,113	2,078,538	2023. 02. 28	농협중앙회 홈페이지
수협	1962	91	158,000	2023. 02. 28	수협중앙회 홈페이지
산림조합	1980	142	491,000	2020. 10. 10	산림조합중앙회 홈페이지
엽연초생산협동조합	1963	15	-	2020. 10. 10	엽연초생산협동조합중앙회 홈페이지
중소기업협동조합	1961	919	67,178	2023. 03. 27	중소기업중앙회 홈페이지
신협	1972	873	6,560,000	2021. 12. 31	신협중앙회 홈페이지
새마을금고	1982	1,295	22,624,000*	2023. 03. 27	새마을금고중앙회 홈페이지(*거래자수)

유형	법 시행년도	조합수	조합원수	기준년도	출처
생협	1999	164	974,782	2022.12.31	아이쿱, 한살림, 두레, 행복중심 홈페이지
기본법협동조합 (사회적협동조합)	2012	23,751 (4,261)	약 500,000	2023.03.27	한국사회적기업진흥원 홈페이지(2023.03.27)

*출처: 장승권, 협동조합의 질적 성장을 위한 정책 방향 토론회 자료집. 2023

한편, 2012년 협동조합기본법 시행 이후 전국협동조합협의회와 같이 지역, 업종, 유형을 근거로 하는 협동들이 3차 협동조합을 결성하여 운영하고 있으며, 노동자협동조합연합회 등 유형별 협동조합이 설립되어 운영 중에 있다.

한국협동조합협의회의 경우 협동조합 기관과의 연대, 협동조합 진흥정책을 위한 공동 대응, 협동조합 이미지 개선, ICA 회의 등 국제대회 공동개최 및 참가를 설립목적으로 하고있는 것에 비추어 사업을 위한 연합회는 아니며 전국협동조합협의회 역시 교육과 대정부 교섭 등을 수행하고 있는 상태다.

업종 연합회, 한국 소비자생활협동조합의 현황

업종이 동일한 협동조합은 연합회 구성에 여러 가지 장점을 가지게 되는데, 업종이 동일할 경우 생산자재도 비슷하고, 판매할 때의 경쟁을 완화시키거나 협력하여 더 높은 거래교섭력을 가지게 되는 등 구매와 판매 측면에서 연합회의 설립 동기가 존재한다. 우리나라는 일본과 같이 개별법 구조 하에서 업종별 협동조합 연합회가 발전한 구조를 가지고 있다.

업종별 협동조합의 대표적인 사례인 생협을 중심으로 현황을 살펴보면, 생협은 2010년 법 개정을 통해 다른 개별법 협동조합과 달리 5개 이상을 회원조합으로 하는 경우 자유롭게 복수의 연합회를 설립할 수 있도록 되어있다.

한국의 소비자생활협동조합은 1999년 생협법 시행 이후 각 생협 별로 연합회를 결성하여 운영하고 있다. 두레생협연합회, 대학생협연합회, 아이쿱생협연합회, 한살림연합, 행복중심생협연합회 등 국내 5대 생협의 조합원과 사업 규모가 지속적으로 성장하였다.

[표 III-5] 소비자생활협동조합 현황

구분	2010년	2020년
회원조합 수 (개)	134	193
조합원 수 (만명)	47	146
사업액 (억원)	5281	1조 3273

*출처: 한겨레신문 http://heri.kr/bettersociety/975860 2021.09.27 기사

다만 전국연합회는 단일한 대표성을 보장하기 위해 회원조합의 수가 15 개 이상이면서 동시에 전체 인가 조합수의 1/2 이상이 회원조합이 되어야 한다. 현재 우리나라에는 한국생협총연합회와 같은 3차 협동조합이 법인의 형태로 존재하지 않는다. 오히려 한국은 소비자협동조합중앙회가 각 생협연합회들로 분화된 경험을 가지고 있다. 물론 시장 환경이 빠르게 변화하여 플랫폼 구축, 공동물류와 같은 연합사업 확대의 필요성이 제기될 수 있으나 과거 분화의 경험과 국내 시장을 둘러싼 판매 경쟁이 불가피한 비즈니스 현실을 고려할 때 법인 형태의 3차 협동조합이 출현하기는 쉽지 않고, 만약 3차 협동조합이 만들어진다 해도 제도개선이나 국민 인식개선 활동과 같은 비사업 기능을 우선 진행할 것으로 보인다.

지역 연합회, 사회적협동조합 광진협동사회경제네트워크

지역 연합회는 지역이라는 공간을 배경으로 협력활동이 필요한 경우 만들어질 수 있다. 몬드라곤 협동조합은 지역을 배경으로 출현한 협동조합이 복합체로 발전한 경우이다. 지역 차원의 협력 활동은 업종별 연합회가 추구하는 규모의 경제와 달리 이업종 간 협력을 통해 경쟁력을 추구하는 범위의 경제에 주로 초점이 맞춰질 수 있다. 한편, 지역을 배경으로 생활재 공동구매나 사회서비스의 공동판매와 구매를 주요한 사업으로 추진할 수 있다. 그

라나 이런 역할을 수행하는 데에는 상당한 역량이 있어야 하며, 우리나라에서 이런 역량을 갖춘 지역이 많지 않다.

이 글에서는 실질적 운영에 있어 지역 연합회의 기능을 수행하고 있는 사회적협동조합 광진협동사회경제네트워크(이하 광사넷)를 통해 도시 속 지역 연합회의 현재와 고민에 대해 살펴보려고 한다.

광사넷은 2015년 6월 사회적경제 기업들의 지속가능성 확보를 위해 사업 연합 형태로 설립되었다. 광사넷은 설립 이후 시민 자산화 사업, 상호거래 및 마을 화폐 활성화, 사회적경제 자조기금 조성 운영 등 연대와 협동으로 함께 사는 경제공동체 실현을 구현하고자 노력하고 있다.

광사넷 사업의 핵심은 사업 진행을 위한 분과의 운영과 분과를 통해 만들어지는 서비스의 상호구매에 있다. 광사넷은 사업분과를 통해 공유공간 나눔이라는 시민자산화 사업을 통해 총 15개 조직에 주변시세보다 40% 저렴한 월세를 제공하고 있으며, 상호거래 사업을 통해 회원사 간의 거래와 회원사

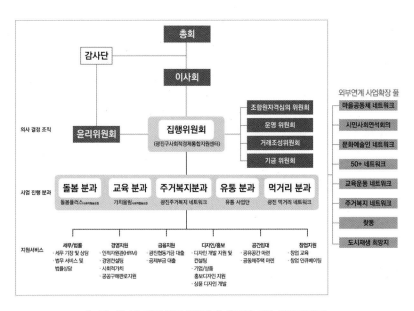

[그림 Ⅲ-5] 광진협동사회경제네트워크의 협력체계도

내 구성원 거래를 꾸준히 추진하고 있다. 구체적 사례를 숫자로 적어보면 그 성과가 사회적으로 대단하다고 할 순 없다. 그러나 지역사회 경제에는 언제나 해결해야 할 문제가 있기 마련이고, 하나의 협동조합만으로는 그 문제를 해결하기 어렵다.

광사넷은 2000년 초반부터 이어져 온 지역 시민 활동의 경험이 있었고 이들이 사회적경제의 가치관을 지닌 종사자들과 네트워크를 형성함으로써 민주적인 조직으로서의 협동조합과 조합원, 실무자들과 '광진협동사회경제네트워크'라는 관계망을 구축할 수 있었다. 이는 커뮤니티 내 시민운동의 전통과 역사가 만들어 낸 결과물이며 이러한 결과물이 새로운 협동조합을 추동하여 사람과 자본을 모아 조직화하는 바탕을 형성할 수 있었다고 하겠다.

한국 협동조합연합회의 미래

21세기 협동조합 운동의 방향

미래의 협동조합운동은 시장을 다시 사회를 위한 기능적인 것이 되도록 하려는 사람들의 활동을 돕는 사회적 접착제가 되어 작은 협동의 경험을 이어주고 보다 큰 협동의 경험으로 연결해 나가는 협동의 허브가 되어야 한다.

1980년 레이들로는 협동조합을 위한 보고서를 통해 21세기를 향한 협동조합의 목표로 '협동조합 지역사회 건설'을 주장한 바가 있다. 레이들로는 협동조합의 위대한 목표는 드넓은 도시 내에 수많은 커뮤니티를 창조하여 사회적, 경제적 필요와 결합된 협동조합 조직을 만들어야 한다고 했다.

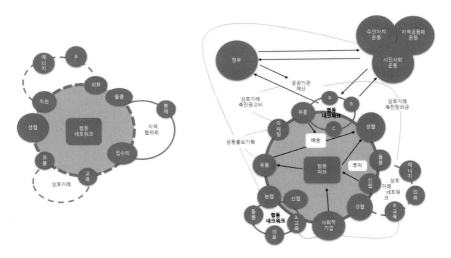

[그림 III-6] 협동조합운동이 지향하는 협동 사회

*출처: 김기태, 강민수, 다시, 협동조합을 묻다, 2021

　21세기에도 협동조합 운동이 지속되기 위해서는 협동조합 운동을 통해 기후위기, 불평등, 양극화, 지역소멸과 같이 우리 사회가 직면한 가장 중요한 문제를 해결하려는 의지로, 문제해결에 필요한 협동조합 사업을 펼쳐야 한다. 그리고 성공적인 실천으로 성과를 만들어 내야 한다. 이런 과정들이 연속적으로 이뤄질 때 협동조합 운동이 발전되고 사회적으로 점차 영향력을 넓혀 나갈 수 있을 것이다.

21세기 한국 협동조합 연합회 구성의 방향

　「협동조합기본법」이 없는 시절에는 다양한 협동조합의 탄생과 진화라는 조건이 충족될 수 없었다. 그러나 협동조합기본법 제정과 개정을 통해 생협, 신협, 기본법 협동조합들이 법적으로 연합회를 구성 할 수 있게 되었다. 나아가 협동조합뿐만 아니라 다양한 사회경제조직들과 협력하면서 작은 협동

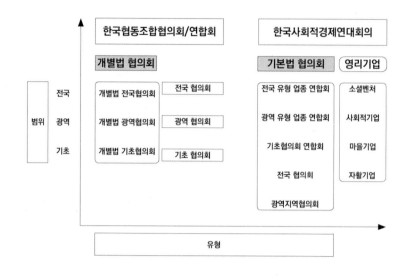

[그림 Ⅲ-7] 한국사회적경제와 협동조합연합회 전망

을 보다 큰 협동으로 구성할 수 있다.

　연대조직의 성장경로는 "자발적으로 모인 협동조합의 자율적 결정에 의해" 선택된다. 2차 협동조합의 초기 단계는 회원조합의 사업 가운데 일부를 단기적인 계약에 의해 공동으로 수행하는 연합사업을 수행하고, 연합사업의 성공을 바탕으로 점차 상설적인 2차 협동조합으로 발전해 나가는 경로를 상상해 볼 수 있다.

　현재의 상황을 종합하면 우리나라에서 출현할 수 있는 협동조합연합회의 유형은 첫째, 개별법에 근거한 업종별 연합회, 둘째 기본법에 근거한 협동조합들의 유형 연합회, 업종연합회, 셋째, 개별법과 기본법 간의 지역협의회, 광역협의회, 전국협의회, 넷째, 기본법협동조합, 개별법협동조합을 망라한 한국협동조합총연합회 등이며 사회적기업, 마을기업, 자활기업과 소셜벤처 같은 종래 사회적경제부분과 협동조합연합회가 만나 사회적경제의 활성화를 위한 네트워크 형태의 조직을 결성하여 운영할 수 있을 것으로 판단된다.

마치며

우리는 지난 40년간 빠르게 사회와 공동체가 해체되고 개인은 더 미세한 존재로 분해되어가는 시대를 살고 있다. 영국의 정치경제학자인 노리나 허츠는 어딘가 소속되고 싶은 사람들의 욕망을 파고들어 상품화된 공동체가 만들어지고 있다고 분석했다. 이처럼 우리는 시장이 사회와 국가로부터 이탈해 인간, 자연, 화폐와 같이 상품화할 수 없는 것들을 상품화하고 있으며 심지어 능력만 된다면 무한대로 이런 것들을 소유하는 것이 나쁘지 않다고 말하는 사회에 살고 있다. 그러나 우리는 해체되는 동시에 어딘가 소속되어 살아가고 싶은 마음으로 애쓰고 있다. 만약 경제라는 것을 사람들의 필요를 충족시키기 위해 이뤄지는, "사회 속의 자연스러운 과정"이라고 한다면 우리가 살고 있는 시대의 경제는 결코 자연스럽지 않다.

우리에게 필요한 것은 시장의 무한한 자유만이 아니다. 우리에게 필요한 것은 다양한 경제주체 간에 조화를 추구하고 경제의 민주화를 통해 사람들이 지금보다 자유로운 생활세계를 살아갈 수 있도록 해야 한다는 것이다.

곰곰이 생각해보면 협동조합이 벌이는 일들은 기존 질서에서 쉽게 수용되지 않으며 대개 시장 안에서는 연약하고 깨지기 쉬운 지위에서 출발하기 마련이다. 그러나 이처럼 작고 힘없는 상태에서 출발하는 실천은 사회가 이를 참신하다고 여기게 되는 순간 힘을 가지게 된다. 로치데일은 28명의 선구자로 시작하여 1863년 도매로 20세기 초반에는 150여개 기업과 30여만 명이 일하는 조직으로 성장했다. 로치데일 협동조합은 당시 상업자본가들과 달리 중량을 속이지 않는 정직과 신뢰가 기반이 되었고 영국 사회가 이를 참신하게 받아들였기 때문에 사회혁신이 될 수 있었다.

이처럼 사회를 바꾸기 위한 작은 실천의 경험을 이어주고 보다 큰 협동의 경험으로 연결해 가면서 21세기 협동조합 운동은 국가와 시장에서 충족되지 못하는 다양한 시민사회의 필요에 응답하는 거시적 혁신자가 되어야 한다.

참고문헌

곽정수. "국회가 허용한 '생협 공제사업', 12년째 표류 책임은?". 2021. 9. 27. 한겨레신
문. http://heri.kr/bettersociety/975860

김기태·강민수. 2021. 『다시, 협동조합을 묻다』. 북돋음.

김영수·김지연. 2013. "중소기업의 대기업과의 협력이 기업성과에 미치는 영향: 기
업가정신과 시장지향성의 조절효과를 중심으로". 『기업경영연구 (구 동림
경영연구)』, 48: 169-190.

송직근. 2016. "대안적 비즈니스모델로 성장한 이탈리아 노동자 협동조합과 사회적
협동조합 해부". 협동조합의 날 기념 심포지움 자료집.

오인숙. "[2022 아이쿱 해외연수기] 협동조합 생태계의 중심 이탈리아 협동조합연합회".
2023. 1. 25. 라이프인 https://www.lifein.news/news/articleView.html?idxno=15152

이경수. 2016. 「이탈리아 레가 역사와 지역·부문 조직: 이탈리아 소비자협동조합 탐구
2」. 아이쿱해외협동조합연구동향 2016-04. 서울: (재)아이쿱협동조합연구소.

이경수. 2017. 「레가 소비자협동조합 ANCC-COOP 거버넌스: 이탈리아 소비자협동조
합 탐구 6」. 아이쿱해외협동조합연구동향 2017-01. 서울: (재)아이쿱협동조
합연구소.

장승권. 2023. 발제문. 협동조합의 질적 성장을 위한 정책 방향 토론회 자료집.

Birchall, J. 1997. *The International Co-operative Movement*, Manchester University
Press. (『21세기의 대안 협동조합운동』. 장종익 옮김. 들녘. 2003)

Fairbairn, B. (1994). *The meaning of Rochdale: The Rochdale pioneers and the
co-operative principles (No. 31778)*. University of Saskatchewan, Centre for
the Study of Co-operatives. ISO 690.

ICA(2015), *Guidance Notes to the Cooperative Principles*. (「ICA 협동조합 원칙 안내
서」. 한국협동조합협의회 옮김. 2017)

---

1) ICA(국제협동조합연맹)은 2015년 협동조합의 일곱 가지 원칙이 갖는 가치와 의미에 대
한 설명을 담은 '협동조합7원칙 안내서'를 발간하였고, 한국협동조합협의회는 2017년 안
내서를 번역하여 발간하였다.

2) Pezzini, E. 2015. *The Organisational diversity of cooperative federations: A Challenge for
the EU*, RECMA

3) 오인숙. "[2022 아이쿱 해외연수기] 협동조합 생태계의 중심 이탈리아 협동조합연합회".
2023. 1. 25. 라이프인.

15장

사회적경제 창업 3.0

이예나

저성장의 시대에, 우리는 어떠한 경제활동을 영위하며 '잘' 살아가야 할까? 매년 경제성장률을 경신하던 고성장의 시대가 저물고, 저성장, 제로성장, 심지어 마이너스 성장이라는 단어를 심심찮게 들을 수 있는 시대에 저마다 나름의 방법으로 삶을 꾸려가기 위해 고군분투한다. 전 세계적인 금융위기와 기후위기 등 글로벌한 사회문제에 대한 대응으로 사회적경제가 다시 주목받으며, 사회적경제 영역에서의 창업이 새로운 혁신의 방법, 또는 선택지로 여겨지고 있다.

그러나 사실 창업이란 말 그대로 '업(業)'을 만들어내는 일이다. 세상에 없던 가치 내지는 시스템을 탄생시켜 누군가를 이롭게 하는 일이 창업의 본질이라면, 분명 시간과 자원을 투입하고 일을 만들어나갈 결심이 지속되어야 할 것이다. '기업가정신'을 뜻하는 '앙트러프러너십(entrepreneurship)'이라는 용어의 어원이 '착수하다', '과감히 실행하다', '감수하다'와 같은 의미를 지닌 것은 이와 같은 맥락을 함축하기 때문일 것이다.

초기 사회적경제 영역에서의 창업은 제도적 영향을 많이 받았다. 까다로운 설립 및 인증 조건을 충족시켜야 했던 정부 주도의 사회적경제 조직 설립 환경은 민간, 시민사회 영역과의 상호작용과 글로벌한 사회적경제 흐름을 반영하여 변화하고 있다. 2007년 사회적기업육성법, 2012년 협동조합기본법 제정은 사회적경제 기업의 개념과 인식을 확산시키고 사회적경제 기업의 설립과 성장을 촉발시켰다. 사회적기업은 심사절차를 통해 '인증'을 받을 수 있게 되었고 사회적기업의 성장을 위한 정책적 지원이 이루어졌다. 기본법 협동조합은 법제정 이후 매년 2천개씩 설립되었고, 2022년 12월 2.3만개로 설립 수 측면에서 폭발적으로 성장했다.[1]

협동조합기본법이 제정된 지 10년, 사회적기업육성법 제정 이후 15년이 흘렀다. 제도가 안착되고 현장의 다양한 경험과 사례들이 쌓여 사회적경제의 가치를 이해하고 사업의 방식으로 이를 실현할 진정성 있는 기업들이 등장하고 있으며, 사회적 가치를 실현하는 비즈니스의 유형으로서 사회적경제 조직이 새로운 창업모델로 주목받고 있다. 그러나 10여년 동안 설립과 조합원 수의 폭발적인 증가라는 양적 성장을 이룬 것에 비하여 사업체로서 경제적 자립도나 수익모델, 제품 차별화와 같은 질적 성장은 달성하지 못했다는 성찰과 비판이 존재한다.[2] 향후 사회적경제 영역의 발전을 위해서는 양적 성장과 질적 성장을 모두 확보할 수 있는 중장기 방안을 고민해야 한다.

이러한 맥락에서 사회적경제 영역에서 일어나는 창업 과정과 성과에 대한 성찰이 필요하다. 사회적경제 조직의 창업 과정에서 경험하는 학습과 방향설정이 이후 조직의 사업 성과와 지속가능성, 정체성에 영향을 미칠 수 있기 때문이다. 과연 사회적경제 창업은 무엇이 다르거나, 또는 달라야 할까? 사회적경제의 특성을 반영한 창업교육은 사회적경제 조직의 성과를 강화하는 데 기여할 수 있을까?

사회적경제 창업, 어떻게 달라야 할까?

사회적경제의 개념을 이해하고 실천하기 쉽지 않은 이유 중 하나가 '결사체이자 사업체'라는 이중 정체성 때문일 것이다. 사회적경제 조직의 '혼종성(hybrid)'은 설립과 운영 과정에서 필연적으로 혼란을 일으킨다. 결사체로서의 민주적 운영원리와 비영리적 목적이 사업체로서의 효율성과 재무적 목표와 상충할 가능성이 높기 때문이다. 그렇다면 사회적경제 창업을 위한 교육과 환경은 이러한 혼란을 해소하면서 사회적경제의 가치를 충분히 이해하고 발현할 수 있는 방향으로 이루어지고 있는가? 사회적경제 분야에서 이루어져 온 다양한 창업 교육과정들은 결사체로서 사회적경제 조직의 본질적 특성과 정체성에 관한 이론적 내용을 포함하기는 하였으나, 사업체로서 필요한 창업교육은 일반적인 창업교육과 큰 차별점을 두지는 못하였다. 일반적으로 창업교육은 이윤 창출이라는 시장에서의 재무적 성과에 초점을 두고 있기 때문에 공동체의 가치를 우선으로 하는 사회적경제의 미션과는 다르다. 사회적경제 조직정체성을 강화해 줄 수 있는 사회적경제의 개념, 역사, 철학 등에 대한 교육은 대체로 이론과 개념 중심으로 조직 설립과정이나 운영원칙에 반영하기 위한 실천적 가이드라인을 제공해주지 못한다. 또한 하나의 프로그램에 공존하는 창업, 경영 관련 교육 내용은 사회적경제 조직에 특화되지 않은 내용이거나, 여전히 이론 중심으로 현장과 괴리감이 있다. 결사체이자 사업체라는 두 가지 특성을 고루 다루지 못하면, 불균형이 발생할 가능성이 커진다. 즉, 사회적경제 조직의 설립과정에서 강력한 설립동기로 작용하는 공동의 비전이나 목적에는 협동과 연대, 지역과 사회를 고려하는 사회적경제의 가치 지향이 강하게 반영되지만, 그 가치를 실현시키는 기제인 사업모델은 지속가능성을 확보하기에 빈약하거나 사회적경제의 특성이 충분히 반영되지 못하는 경우가 많다. 또는 반대로, 사업체로는 성과를 내고 있지만 사회적경제 조직으로서 설립목적이나 사회적 가치에 대한 구성원의 합의와 인식, 실천이 저조한 경우도 있다.

　사업체로서 사회적경제 영역에서 일어나는 창업도 시장에서 고객들과 상호작용하며 수많은 시행착오의 과정을 통해 성장할 필요가 있다. 그러나 그 시행착오에서 얻는 실패의 경험들이 '역시 동업은 안 돼'처럼 협업의 피로감과 패배감을 학습하는 방식이어서는 안 된다. 그런 측면에서 사회적경제 창업은 일반적인 영리기업의 창업보다 더 많은 고려사항이 존재한다. 단순히 경제적 목적만이 아닌 공동체와 다양한 이해관계자를 기반으로 하는 인간중심적 가치를 지향하는 사업체를 설립하는 만큼, 창업 과정에서 공동의 이해나 비전의 공유가 중요하며 결사체로서 단단해지기 위한 노력 또한 병행되어야하기 때문이다. 다수의 구성원 또는 이해관계자를 포함하는 사회적경제 조직의 결속을 위해서는 다양하고 꾸준한 소통과 협업의 경험이 축적되어야 한다. 이는 수 시간의 교육을 통해 지식을 습득한다고 해결되는 것이 아니라 구성원들 간 끊임없는 상호작용, 즉 실행의 경험이 축적되어야 가능한 일이다. 이 단계를 건너뛰거나 소홀히 한 경우 장기적으로 조직의 건강함을 저해할 갈등의 씨앗들이 잉태될 수 있다.

　결국 사회적경제 조직은 다른 형태의 조직보다 더욱 창의적이고 혁신적일 필요가 있다. 왜냐하면 주류의 시장자본주의와 우리 사회의 문화는 결사체이자 사업체라는 이중의 정체성이 쉽게 공존할 수 없는 환경이기 때문이다. 사회적경제 교육을 진행할 때 접하는 흔한 반응들이 '사회적경제는 좋지만 이상적이다, 이미 타인과 협업하는 것에 대한 나쁜 경험이 있다, 동업하기보다 혼자서 창업하라는 오래된 격언 또는 선배들의 조언들이 있다, 타인을 쉽게 믿을 수 없기에 사회적경제가 현실에서 실현될 수 있을지 의문이다'와 같은 것들이다. 여러 통계에서 한국 사회의 전반적 신뢰수준이 그리 높지 않다는 사실을 상기해보면, 충분히 있을 법한 반응이다. 문화 뿐만 아니라 사회 전반을 지배하는 경쟁과 성과 중심의 시스템도 사회적경제의 가능성을 상상하는 데 장애물이 된다. 단편적인 예로, 대학에서조차 한 학기 내내 협업과 호혜, 연대의 의미를 강조하며 사회적경제와 그 경영원리에 대해 가르친 후 결국 학교가 설정한 비율에 맞춰 상대평가를 해야 하는 현실 앞에서 이질감과 괴리감을 느끼곤 한다. 학생들조차 '협동'에 대해 배우고 평가와 보상은 '경쟁'으로 얻어내는 것에 대한 불편함을 토로하니 말이다. 그 때마다 사회적 가치를 실현해내기 위한 시스템과의 공명이 중요하다는 것을 느낀다.

　인간중심의 가치를 품고 비즈니스라는 방식으로 당사자와 공동체의 문제를 해결하는 사회적경제 기업에 적절한 창업 방식과 교육은 어떠해야 할까? 필자가 활동하고 있는 팀창업교육 필드에서의 경험과 사례를 바탕으로 이에 대한 단서를 찾아보고자 한다.

팀창업교육으로서 몬드라곤팀아카데미(MTA) 사례

　필자는 몬드라곤팀아카데미(Mondragon Team Academy, 이하 MTA)라는 교육프로그램의 팀코치로 활동하고 있다. '몬드라곤'은 사회적경제에 관심이 있는 사람이라면 한번쯤은 들어봤을, 스페인 북부 바스크 주의 한 지역이자 그곳을 기반으로 성장한 세계 최대의 노동자협동조합 '몬드라곤그룹(Mondragon Cooperative Corporation)'을 의미한다. 더 엄밀하게 말하면 몬드라곤그룹의 일부인 몬드라곤대학교에서 탄생한 팀기업가 양성 프로그램이다. 팀아카데미(핀란드 원어로 Tiimiakatemia)는 핀란드에서 유래한 교육방법론이자 프로그램인데, 몬드라곤대학교에서 이를 벤치마팅하여 탄생시킨 과정이 MTA이다. MTA의 공동창립자인 호세 마리 루자라가(Jose Mari Luzarraga) 교수는 이를 통해 세계적인 사회혁신가 네트워크인 아쇼카 재단에서 지정하는 아쇼카 펠로우로 지정되었다. MTA는 교수가 아닌 코치, 형식을 파괴한 대화 중심의 학습방식, '실행을 통한 학습(learning by doing)'의 철학을 바탕으로 한 실전 기반 학습 등 개인이 아닌 '팀'을 주된 학습단위로 둔다는 측면에서 기존의 교육방식과 차별성을 두고 있다. 그리고 협동조합의 역사와 연대의 문화를 바탕에 둔 스페인 몬드라곤에서는 팀과 협력적 리더십, 공동체에 대한 기여가 보다 강화되는 방식으로 발전하였다.

이 교육방법론에서 핵심역량으로 삼는 것이 '팀기업가정신(Teampreneurship)'이다. 이는 핀란드 팀아카데미에서 새롭게 탄생한 개념으로, 팀(team)과 기업가정신(teampreneurship)의 합성어이다. 팀기업가정신은 팀과 함께 하는 비즈니스 활동을 통해 기업가정신을 발휘하며 팀을 기반으로 한 학습과 실행의 과정을 이끌어 내는 역량으로 정의할 수 있다. 여기에서 '팀'은 사업 프로젝트를 수행하기 위한 실행 단위일 뿐만 아니라, 이러한 실행을 통해 함께 공동의 학습이 이루어지는 팀학습의 단위이다. 팀학습은 세 요소(대화, 실행, 이론)가 상호작용하며 이루어진다. 팀은 주기적으로 대화를 중심으로 한 팀학습 시간을 가지며, 이 시간을 통해 구성원들은 실행(doing)을 통해 얻은 배움과 개인의 학습내용을 팀에 공유하고 다른 팀원들의 경험으로부터 다시 학습한다. 가치를 창출하는 비즈니스 프로젝트를 실행하면서 얻은 배움은 팀학습의 중요한 재료이다. 이를 강화하기 위해 책, 문헌, 영상 등 다양한 방법으로 이론적 지식을 보완한다. 즉, 팀은 기업가들이 공동의 비전을 위해 함께 실행하고 학습하는 단위이자 다수의 단순한 합 이상의 유기적 주체라고 볼 수 있다.

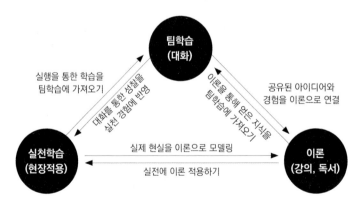

[그림 III-8] 팀학습방법론 개요

국내에서 MTA는 사회적경제 영역에 적합한 창업교육의 방법론으로 주목받고 있다. 핀란드 팀아카데미와 스페인 MTA 모두 직접적으로 사회적경제 또는 협동조합을 강조하는 교육을 하지는 않는다. 그러나 팀아카데미 프로그램에서 다수의 참여자들은 협동조합의 형태로 창업을 하고 있으며, MTA의 경우 바스크 주법을 통해 청년 협동조합의 개념에 해당하는 '주니어 어소시에이션(Junior Association)'의 설립이 용이하도록 협동조합 창업에 우호적인 환경을 조성하고 있어, 이를 통해 다수의 협동조합들이 설립되고 있다. 국내에 소개되는 과정에서도 협동조합 연구자 및 사회혁신 분야의 활동가들을 통하여 처음 알려지기 시작하였으며 현재도 HBM사회적협동조합(이하 HBM)이 MTA 의 4년제 학사학위과정 LEINN(레인)[3]과 이를 응용한 사회적경제 창업교육과정을 운영하고 있다.

몬드라곤협동조합과의 적극적인 교류협력을 바탕으로 설립된 HBM에서는 2017년부터 MTA의 교육방법을 적용한 팀창업[4]교육 프로그램을 구성하여 운영하고 있다. 대표적으로 사회적기업가 육성사업 육성기관, 청년 등 협동조합 창업지원사업, 사회적경제 창업입문과정(여성분야) 등 다수의 사회적경제 창업교육을 진행해 왔다. HBM의 팀창업교육은 팀학습을 중심에 둔 기존의 MTA프로그램에 착안하여, 대화를 통한 팀빌딩과 팀학습의 요소를 비중있게 반영하였다. 우선 교육참가자부터 개인 단위가 아닌 팀(3인 이상)으로 선발한다. 또한 다른 창업교육프로그램에서는 강의나 실습으로 채워질 시간에, 팀 구성원 개개인에 대한 이해, 팀의 미션, 비전, 가치 수립, 팀의 학습계약서 작성 등 워크숍 형태의 교육을 진행한다. 윤숙희(2023)[5]는 사회적경제 영역에서 이루어지던 기존의 창업교육과 HBM의 팀 중심 창업교육이 가지는 차이점에 주목하여, 그 성과 및 한계 등을 연구하였다. 해당 연구에서 정리한 일반 창업교육과 팀창업교육의 차이점은 다음 표와 같다.

[표 Ⅲ-6] 일반창업교육과 HBM팀창업교육 비교

구분	창업진흥원 창업교육	HBM 팀창업교육
교육목적	필요한 역량 개발을 통한 창업자 양성	팀기업가정신과 팀기업가 양성
교육대상	창업교육을 필요로 하는 (예비)창업자	팀으로 창업을 원하는 개인이나 그룹
교육철학	행동주의 성인교육 철학	인본주의 성인 교육 철학, MTA 교육 모델, 시스템 사고, 지식창조 시스템
교육방법	온라인 창업기술 교육(이론 강의) 주관기관별 현장 교육(실습)	대화, 비판적 성찰, 문제해결 등의 프로세스 중심 학습(팀 학습, 실행학습, 팀코칭, 자기 주도학습)
교육내용	사업지침과 규정, 기업가정신, 팀 구성, 비즈니스 모델 개발	팀 빌딩, 디자인씽킹, 비즈니스모델 캔버스
핵심역량	창업지식과 기술 습득	팀학습을 통한 협업 역량 향상, 팀기업가정신 사고 함양

*출처: 윤숙희(2023) 박사학위논문

　　사실 팀창업교육은 효율적인 창업 교육의 방식은 아니다. 굉장히 많은 시간과 에너지를 구성원들과의 대화와 팀학습에 투자해야하기 때문이다. 이러한 이유로 창업 초기단계에 있는 사회적경제 조직들에게 팀창업교육은 꽤나 부담스럽게 여겨지기도 한다. 그러나 대화 및 소통의 방법을 알아가고 팀빌딩을 강화하기 위한 방향성을 찾을 수 있다는 점은 팀창업교육의 구체적인 성과라고 볼 수 있다. 앞서 언급한 윤숙희(2023)의 연구에 참여한 팀창업교육 참가자들의 인터뷰를 살펴보면, 조합 내 갈등 상황에서 팀창업교육을 통해 습득한 대화의 기술을 적용하여 해결한 경우나, 팀의 방향성에 대한 상이한 이해를 맞추는 데 도움이 된 경우 등 일반 회사에서는 경험하기 힘든 일터에서의 진솔한 대화, 팀학습 등의 요소들이 결국 팀과 조직에 긍정적으로 기여한 사례들을 살펴볼 수 있다.

HBM의 팀창업교육 프로그램 참가팀들을 대상으로 한 위 연구에서는 프로그램의 효과에 대하여 다음과 같이 정리하였다. 첫째, MTA방식의 팀창업교육은 창업에 필요한 기술이나 지식, 기능 등을 익히는 과정이라기보다 '대화와 소통으로 협업과 문제해결이 가능한 팀을 만들어 가는 과정'이다. 둘째, 팀학습과 팀빌딩의 설계 및 촉진 과정에 팀코칭이 중요한 역할을 한다. 셋째, 오랜 시간에 걸쳐 느슨한 네트워크 내지는 공동체의 경험을 가진 팀이 팀창업 교육방식에 적합한 '실천공동체(Communities of Practice)[6]'로서의 특성을 보인다.

일반적으로도 상호 이해를 기반으로 한 팀학습은 사회적경제 조직 여부를 떠나 조직의 성과에 영향을 미치는 중요한 요소로 인식된다. 팀학습은 '학습조직(learning organization)'을 구축하기 위한 요인이며, 학습조직은 조직의 역량을 강화하고 혁신의 가능성을 높이는 데 기여하기 때문이다.[7] 이러한 맥락에서 팀창업 방법론에서 팀은 성과목표 달성을 위한 기능적 단위로서의 팀이 아니라, 구성원에 대한 이해를 바탕으로 함께 성장함으로써 혁신을 창출하려는 학습단위이자 장(場)으로서의 팀이라고 볼 수 있다.

팀으로 창업하는 과정에는 팀이 함께 학습하고 대화하며 팀빌딩을 이루기 위한 많은 시간이 필요함에도 불구하고, 역설적으로 시간 제약 때문에 대부분의 창업교육에서는 팀빌딩이나 팀학습에 많은 시간을 할애하지 않는다. 그렇다보니 팀빌딩에 초점을 두는 팀창업교육에 대해 낯설음 또는 거부감을 표현하는 경우도 상당하다. 현업으로 바쁜 창업팀들에게 팀빌딩을 위한 대화 시간의 효용은 당장의 필요들을 해결해주지 못하기에 불필요한 '잡담'처럼 여겨지기 쉽다. 팀창업교육에 적합한 물리적인 교육공간의 확보도 관건이다. 흔한 교육장의 풍경처럼 책상을 앞에 두고 앉아 강의를 듣는 것이 아니라 책상 없이 모든 참여자가 다같이 원으로 둘러앉아 대화로 학습을 시작하고 끝맺기 때문이다. 탁 트인 넓은 공간에 자유롭게 세팅할 수 있는 의자와 테이블이 있는 교육공간이 생각보다 많지 않다.

개인이 아니라 '팀'을 창업교육의 단위로 선발해야 한다는 점도 팀창업교육에 있어 진입장벽이 된다. 이러한 애로사항은 공공기관에서 발주한 교육인 경우에 더욱 그러한데, 참가자 수와 실제 창업실적(설립된 법인 수) 등 정량적 핵심성과지표(KPI)인 경우가 많기 때문이다. 이러한 경우 팀보다는 개인 참가자를 모집하는 것이 정량적 목표달성 가능성을 높이는 방법일 것이다. 그러나 조직 내 다수가 시간을 투입해야 하는 팀창업 교육방식은 모집뿐 아니라 정량적 성과 측면에서도 높은 수치를 달성하기가 쉽지 않다는 애로사항이 있다.

교육을 기획하고 진행하는 데에 비효율과 어려움이 존재함에도 불구하고 사회적경제 조직에 팀을 기반으로 한 창업교육이 필요한 이유는 무엇일까? 그것은 결국 팀창업교육 방법이 구성원들이 즐겁게 일하며 경제적·사회적 성과를 창출하고 지속가능할 수 있는 사회적경제 조직을 구축하는 데 기여할 것이기 때문이다. 사회적경제 조직에서의 창업은 필연적으로 팀창업이다. 기업가로서 개인 뿐 아니라 사회적 관계망과 공동체까지 폭넓게 고려하고 소통해야 하는 사회적경제 조직의 구성원들에게 팀의 범위는 다양하고 폭넓다. 다수의 조합원들이 모여 설립하는 협동조합은 물론이고, 사회적기업, 자활기업, 마을기업과 같은 다른 형태의 사회적경제 조직에서도 이해관계자들 간의 적극적인 의사소통 및 의견조율이 중요하다. 따라서 대화와 소통의 기술을 가지고 공동의 비전을 이끌어낼 줄 아는 리더십과 이를 실현해나갈 기업가 정신의 함양이 필요한 것이다. 특히 협동조합이야말로 '팀'으로 함께 '사업을 만들어 간다(창업)'는 개념에 적합한 조직유형이라고 볼 수 있다. 구성원의 수평적 참여와 대화 중심의 소통체계, 실행을 통한 학습, 공동 리더십체계[8] 등 팀창업교육의 요소들 또한 협동조합의 운영원리와 맞닿아 있다. 사회적 기업의 경우 사회적기업의 조직문화 중 혁신지향성과 관계지향성이 사회적 기업의 사회적 성과를 높이는 데 긍정적 영향을 미친다는[9] 연구 결과를 고려하면, 하나의 팀으로서 조직을 인식하고 꾸준한 팀학습 문화를 구축하는 것이 궁극적으로 조직의 정체성을 강화하고 성과를 달성하는 데 기여할 수 있을 것이다.

사회적경제의 정체성을 강화하는
새로운 창업 패러다임을 꿈꾸며

결사체로서 호혜와 연대의 가치를 추구하는 사회적경제 조직은 타인과의 관계 맺기와 협동을 이해하고 실천해야 한다. 이 과정에서 서로에 대한 이해의 수준을 높여 궁극적으로 조직의 사회적 자본을 두텁게 하는 것이 사업체로서 효율성과 혁신성을 높이고 성과를 달성하는 기반이 될 수 있다. 팀창업교육에 대해 탐색한 윤숙희(2023)의 연구에서도 '협동조합 창업은 경제적 동기나 개인적 성취감이 아닌 공동의 필요와 욕구를 충족시키기 위한 결사의 형태로 진행된다는 점에서 일반 기업의 창업과 차이가 있으며 창업교육의 내용과 방법도 달라야 함'을 강조한다. 그의 문제의식처럼 협동조합을 비롯하여 사회적경제 조직에 적합한 창업 방식에 대하여 다양한 고민과 시도들이 이루어져야 할 것이다. MTA에 기반한 팀창업교육도 그 시도 중 하나라고 생각한다. 그러나 팀창업교육을 비롯하여 사회적경제 창업을 위한 교육이라면 이해관계자들 간 '공동의 미션'이나 '공동의 목적'을 수립하는 과정을 중요하게 다루어야 한다. 협동조합의 경우 조합의 설립 목적에 동의하는 사람들이 자발적으로 모인 조직이며, 다른 사회적경제 조직 또한 해결하고자 하는 사회적 이슈나 구성원의 니즈가 조직의 존재이유이기 때문이다. 사회적경제와 조직의 설립목적에 대하여 동일한 이해를 가지고 결성된 것 같지만, 실제로는 각자가 나름의 관점으로 해석하고 동의한 결과인 경우가 많다. 그래서 창업 과정에서 충분한 팀빌딩을 통해 서로에 대한 이해를 맞추고 조직의 방향성에 대한 합의를 도출하는 공동의 경험이 중요하다. 조직이 공동으로 추구하는 미션, 비전, 가치 등을 고민하고 대화를 통해 논의하는 과정에서 구성원들이 자연스럽게 서로의 유사점과 차이점을 발견하고, 이를 통해 조직 내에 존재하는 다양성을 경험하고 학습하는 것은 사회적경제를 통해 시민성을 함양할 수 있는 훌륭한 기회가 되기도 한다.

한편으로 다양성을 포용하는 관점과 문화를 갖춘 조직일수록 획일성과 위계, 효율성 중심의 조직운영 행태를 탈피하기 위한 새로운 시도들이 필요하다. 이를 위해 창업을 준비하고 실행하는 과정에서부터 구성원이 서로에 대한 이해를 높이는 시간을 주기적으로 갖거나, 별도의 팀학습 시간을 확보하여 공동의 학습주제나 관심사를 발견하고 조직운영에 반영해볼 수도 있다. 조직 성과 측면에서 팀학습의 학습목표는 '팀 또는 조직 고유의 방식, 시스템, 문화'를 발견하고 만들어 나감으로써 다른 곳에서 모방불가능한 차별성을 확보해 가는 것이다. 그 과정에서 축적된 신뢰, 관계 등의 두터운 사회적 자본은 대체불가능한 조직의 자산이 된다. 여기에서부터 사회적경제 조직이 주도하는 사회혁신과 구성원을 존중하는 '일터 민주주의'가 시작될 수 있다. 사회적경제 조직의 겉모습을 가지면서도 조직의 운영원리나 조직문화는 사회적경제의 호혜적, 인본주의적 가치들과 상충되는 경우가 많다. 그러한 사회적경제 조직들을 시장경제의 대안이자 혁신의 주체라고 보기는 어렵다. 모든 사례가 대안이 될 수는 없다. 그러나 분명한 것은 우리에게 '기존과 다른 방식이 가능하다는 것을 보여줄 대안적, 혁신적 사례'는 꼭 필요하다는 것이다. 학습과 실천의 공동체인 팀으로서 사회적경제 조직의 본질적인 역량 강화를 꿈꾸는 팀창업교육의 새로운 방법이 이러한 혁신사례를 만드는 데 기여할 수 있기를 희망한다.

1) 제4차 협동조합 기본계획

2) 제4차 협동조합 기본계획

3) LEINN은 2008년 시작된 몬드라곤대학교 MTA프로그램의 4년제 학사학위과정으로, '리더십, 기업가정신, 혁신에 관한 전공(Leadership, Entrepreneurship, Innovation)'의 약자이다. 4년간 한 팀으로 실제 법인을 설립하고 다양한 프로젝트를 수행하며 팀기업가로 성장한다. 세계 곳곳의 MTA lab을 거점으로 프로그램이 진행되며, 2020년부터 LEINN SEOUL과정이 시작되어 운영되고 있다.

4) '팀창업'이라는 용어는 2015년 성공회대학교에서 팀아카데미의 교육방법을 적용한 교양수업을 개설하며 '팀창업입문'이라고 명명한 것이 시초가 되어 사용되고 있다. 이는 팀기반의 학습과 기업가정신을 강조하는 MTA의 본질적 속성을 '팀창업교육' 또는 '팀창업방법론'으로 해석하는 관점이라고 볼 수 있다.

5) 윤숙희 (2023), "팀창업교육의 경험과 의미 -HBM사회적협동조합의 실천공동체 구성 과정-", 박사학위논문, 성공회대학교 대학원

6) 실천공동체(Communities of Practice;CoP)는 '특정 영역에서 동일한 관심사와 일련의 문제를 가지고 참여한 구성원들이 지속적인 상호작용을 통해 지식과 학습을 이어나가는 공동체'를 의미한다. 실천공동체에 대한 논의는 기업의 경쟁력을 높이기 위한 전략으로서 지식공유와 학습의 중요성을 강조하는 인적자원개발 측면에서 시작되었으나, 이후 교육학, 행정학 등 다양한 분야에 적용되고 있다. (참고문헌: 박보람, & 정진철. (2020). 실천공동체의 개념 변화 과정에 대한 연구. 평생교육학연구, 26(2), 41-70.)

7) 공은화. (2015). 학습조직과 조직유효성의 관계에 대한 메타분석. HRD 연구, 17(2), 155-190.

8) MTA에서는 리더 개인이 아니라 팀리더팀이 존재하여, 리더십이 개인 뿐 아니라 팀 단위로 발현된다는 특징이 있다. 팀리더팀에는 팀리더, 소통리더, 재무리더, 고객리더 등 팀이라는 조직과 비즈니스를 아우르는 분과별 리더들이 있다.

9) 김용태, & 박재환. (2013). 사회적기업 창업성과 영향요인 연구. 경영교육연구, 28(2), 303-327.

16장

청년이 일구는 사회적경제 기업의 문화

신효진

2022년은 「사회적기업육성법」이 제정된 지 15년, 「협동조합기본법」이 제정된 지 10년이 되는 해였다. 앞으로 10년을 내다보며 새로운 비전을 모색해야 하는 시점이다. 사회적경제 기업이 지속 가능하려면 사회적경제 현장에서 사람이 필요하다. 이때 청년이 '소환'된다. 청년이란 키워드는 사회적경제 영역뿐만 아니라 사회 전반에서 항상 관심의 대상이었다.

한국에서 청년에 관한 논의는 『88만원 세대(2007)』가 출간된 2000년대 이후 본격화되었다고 볼 수 있다. 물론 그 이전에도 청년을 지칭하는, 예를 들어 X세대라는 명칭이 있었지만, 현재 청년담론의 배경은 1990년대 말 IMF 시기를 통과하면서 노동시장에 새롭게 진입하는 청년들이 겪은 취업의 어려움, 임금 불평등, 상시적인 실업, 비정규직의 일상화를 경험한 맥락에서 비롯된다. 청년의 위기는 사회의 위기로 인식되었고, 이를 어떻게 해결할 수 있을지에 대한 논의 속에 청년은 사회에서 주목해야 할 집단으로 등장한다.

그렇게 2000년대 이후 한국 사회는 청년의 탈신화화, 탈영웅화를 겪어왔으며, 청년 사회적기업가에 대한 관심이 높아졌다. 정확히는 기업의 비정규직 고용 증가와 고령화에 따라 한정된 일자리를 두고 세대 간 경쟁이 치열해진 상황에서(정홍준, 2016) 사회적기업은 일자리 창출의 대안으로 이해되었다. 지금도 사회적기업과 협동조합은 일자리 창출, 특히 취약계층의 일자리 증가에 기여한다는 부분에서 인정(?)을 받고 있다. 그렇게 이 영역은 정부의 정책과 함께 활성화되었다.

청년? 사회혁신을 만드는 사회적기업가

사회적기업이 정책적으로 등장한 초창기 20대 청년들의 사회적기업 창업이 한창 조명을 받았다. 2006년 대학연합동아리 '넥스터스(Nexters)'가 등장하면서 대학 내 소셜벤처 동아리의 적극적인 활동이 시작되었다(한국사회적기업진흥원은 전국 대학 내 사회적기업 관련 동아리를 선정해 관련 활동비 및 멘토링을 지원하는 '소셜벤처 대학동아리 지원사업'을 2013년부터 진행하고 있다). '함께일하는재단'은 넥스터스와 함께 인도, 방글라데시 사회적기업을 탐방하고 이를 『아름다운 거짓말-대한민국 20대, 세계의 사회적기업을 만나다(2008)』라는 책으로 출간한다. 여기에서 사회적기업은 "청년들의 삶을 변화시키고, 그들의 가치를 실현하는 과정을 통해 자립적인 삶을 가능케 하는 상당히 의미 있는 일"로 이해된다. 이후에도 『청춘, 착한 기업을 시작했습니다(2013)』, 『우리에게는 또 다른 영토가 있다(2014)』 등 사회적경제와 만난 청년들의 새로운 시도는 사회적경제 기업이 청년들 미래 진로의 대안이라는 측면에서 소개되었다.

저소득층을 위한 보청기를 만드는 '딜라이트', 셰어하우스 '우주(woozoo)', 온오프라인을 연계한 사람책 서비스를 제공한 '위즈돔(wisdom)', 버려진 현수막을 에코백으로 만드는 '터치포굿' 등 초기 등장한 청년 사회적기업가들은 새로운 사업을 실행하는 가능성과 기회의 도구로 사회적경제를 다루었다.[1] 2007~2012년 소셜벤처, 사회적기업을 창업했던 이들은 지금도 사회적 경제, 넓게는 사회혁신, 소셜 임팩트 분야에서 새로운 가능성과 기회를 만드는 역할을 하고 있다. 당시 20대였던 사람들은 지금 30대, 40대가 됐다. 그 사이 청년의 범주는 39살까지로 늘어났다.

요즘은 지역소멸이 중요한 사회적 과제로 대두되면서, 지역에서 개인의 가치를 실현하며 대안적인 라이프스타일 비즈니스 모델을 발굴한 청년들을 '로컬크리에이터'와 '로컬벤처'로 부르며 이들에 집중하는 모양새다. 중앙정부를 포함해 지자체가 관련한 여러 정책을 제시하고 있는데 대표적인 예가 '지역 기반 창업가(로컬크리에이터) 활성화' 지원사업(중소벤처기업부)과 '청년 마을만들기' 지원사업(행정안전부)이다.

그러나 사회적경제를 통해 사회가 안고 있는 문제를 도전의식을 갖고 해결해가려는 청년에 대한 조명에는 상대적으로 사회적경제가 지향하는 공동체적 가치나 노동의 가치가 생략되거나 축소되기 쉽다. 사회적 가치를 고려하며 양질의 일자리를 창출하고, 사회혁신 영역을 확장한다는 차원에서 사회적경제를 호출할 때, 청년들이 바라본 사회적경제는 대안적인 경영을 위한 일종의 창업 아이템이나 실제로 도달할 수 없는 유토피아 경제로 인식됐을지 모른다.

청년? 사회적 가치와 생계유지를 고민하는 사회적경제 기업의 노동자

사회적경제 기업에는 창업가 뿐만 아니라 강사, 인큐베이터, 컨설턴트, 상담원, 연구자, 기획자 등 다양한 직군의 청년들이 참여한다. 일의 내용과 속한 조직의 미션, 유형 등이 교차하면서 다양한 일자리를 만든다. 모두가 기업가가 되는 것은 아니기에 그 수를 따져보면, 사회적경제 기업에서 일하는 노동자가 사회적기업가보다 훨씬 많을 것이다. 이들은 특정 분야의 전문 지식과 경험을 바탕으로 사회적경제의 인적·물적 자원을 활용해 내가 속한 조직, 넓게는 사회의 삶의 질을 높이는 활동을 하고자 한다. 이러한 열망의 바탕에는 각자의 사회적경제에 대한 이해와 관심이 깔려 있다. 모두가 더 나은 세상을 만들기 위해 각자 할 수 있는 일을 하면서 돈을 벌고자 한다.

지난해 사회적경제 활동가들의 모임인 '넥스트SE'와 '동감작업장'이 함께 진행한 〈2022 활동가도 워라밸 좋아해〉라는 프로젝트에 참여했다. 이를 통해 사회적경제에서 일하는 '청년'들의 노동에 대한 생각을 찬찬히 확인할 수 있었다. 271명의 응답자 중 약 48%가 현재 직장에서 앞으로도 계속 일하겠다고 답했다. 긍정적인 답변이 생각보다 높은(?) 것이 아닐까 싶어 그 이유(복수응답)를 살펴보니, 이게 웬걸. 응답 중 39.0%가 '어디든 비슷할 것 같아서', 38.3%가 '다른 곳보다는 현재 일하고 있는 곳이 그나마 나은 것 같아서'라고 답했다. 이상적인(?) 답변은 '활동에 가치/의미가 있어서(32.5%)', '조직문화 및 조직 내 가치관이 안전하게 느껴져서(24.0%)'일 것이다. 기타 응답으로 '향후 레퍼런스로 활용하기에 적절한 조직이어서', '그래도 1년은 버텨보자는 생각으로'라는 응답도 있었다. 잠을 자는 시간을 제외하고, 어쩌면 그보다 더 오랜 시간을 보내는 일터에서 '버텨보자'는 마음으로 일한다는 것은 슬픈 일이다. 그렇게 일하는 개인은 물론 조직에도 바람직하지 않다. 좀 더 즐겁고 유쾌하게 일할 수는 없을까? 조직에 대한 긍정적인 기대를 끌어올리고 지속하는 것은 결국 우리의 몫일 것이다.

[표 III-7] 현재 소속된 조직에서 '계속' 일하고 싶은 이유(복수응답)

계속 일하고 싶은 이유	사례수(명)	비율(%)
어디든 비슷할 것 같아서	(60)	39.0
다른 곳보다는 여기가 그나마 나은 것 같아서	(59)	38.3
활동에 가치/의미가 있어서	(50)	32.5
조직문화 및 조직 내 가치관이 안전하게 느껴져서	(37)	24.0
이직하기에는 경력이 부족해서	(26)	16.9

계속 일하고 싶은 이유	사례수(명)	비율(%)
이직을 준비할 여력이 없어서	(17)	11.0
활동 분야의 경력으로는 다른 분야로 이직하기 어려워서	(12)	7.8
기타	(4)	2.4

　　"행복한 가정은 모두 비슷한 이유로 행복하지만, 불행한 가정은 저마다의 이유로 불행하다"는 소설 〈안나 카레니나〉의 첫 문장을 가져오는 것이 맞을지 모르겠지만, 일에 대한 애정과 기대에서 출발한 조직 생활이 조직에 대한 불신, 그리고 떠나고 싶은 마음이 들게 하는 이유는 각기 다르다. 대체로는 적은 임금(54.2%), 불투명한 조직의 성장 가능성(49.7%), 성장하기 어려운 환경(43.8%)의 순으로 답변이 많았다. 기타 이유로 '답답하고 보수적인 리더십, 고인 물의 고착화, 신입 직원들만 소모되고 있는 상황이 장기적으로 변화될 것 같지 않음', '사회적경제 영역과 나의 적성 괴리', '지방에는 전문인력이 없고 극성 민원인이 있으며 직영에서 위탁 운영으로 변경될 경우 대우가 달라질 수 있음', '계약직은 육아휴직제도 이용이 어려움' 등의 답변도 나왔다.

[표 III-8] 현재 소속된 조직에서 '계속' 일하고 싶지 않은 이유 (복수응답)

계속 일하고 싶지 않은 이유	사례수	비율
적은 임금	(83)	54.2
불투명한 조직의 성장 가능성	(76)	49.7
성장하기 어려운 환경(역량강화, 진급 등)	(67)	43.8
많은 업무량	(51)	33.3
조직의 문화(복지, 사내 문화 등)	(44)	28.8
임직원과의 소통 문제	(43)	28.1
잦은 추가 근무	(28)	18.3
기타	(11)	7.7
직장 내 괴롭힘 및 성희롱	(2)	1.3

"미션이 중요하다 보니 일이 어떻게든 되게끔 하는 것을 더 최우선으로 하다 보니 상대적으로 그 일을 같이하는 사람들에 대해서는 충분한 보상과 동기부여가 여전히 부실한 것 같다. 우선순위가 밀렸다는 느낌보다는 아예 그건 신경 쓰지 않는 듯하다(조직관리 방법을 모르는 게 아니라 할 의지가 없다고 느껴짐)."

설문조사 참여자의 코멘트는 사회적경제 기업의 현실을 보여준다. 사회적경제 기업에는 사회적 가치를 실현하기 위한 목적으로 사람들이 모였다. '사람중심'의 가치를 내세우는 만큼 업무환경의 자율성을 보장하고, 개인의 업무 역량이 쌓이고 또 활용될 수 있도록 독려하고, 업무 속에서 가치 실현이 확인되는 등 일하는 사람과 그 환경에 대한 고민이 필요하다. 그런 맥락에서 현재 일하고 있는 사회적경제 기업에서 받는 복지와 기대하는 복지 혜택은 무엇인지를 물었다. 현실과 이상의 차이가 드러났다. 설문 응답자들이 선호하는 복지 혜택 중 상위에는 자기계발비 지원(3위), 휴가비 지원(4위), 리프레쉬 휴가(5위)에 대한 기대가 있지만, 실제 현실에서 제공받는 복지 혜택인지를 따져보니 각각 8위, 7위, 13위에 올라 있었다. 사회적경제 기업은 사회적 문제를 해결하기 위해 새로운 아이디어와 방법을 모색하고 실험해야 한다. 이를 위해서는 조직 안에서 구성원의 창의성과 혁신을 끌어내기 위한 지원이 요구된다. 조직에 기대하는 복지의 내용은 함께 일하며 성장하는 문화를 만들어 가는 데 필요한 지원이 아닐까 생각된다.

그동안 사회적경제 기업의 업무환경을 구체적으로 살펴보고, 일하는 사람의 필요를 확인하는 작업이 상대적으로 부족했다. 사회적경제 영역이 꾸준히 유지, 발전하기 위해서는 이제 그 논의가 필요하다.

[표 III-9] 현재 조직에서 제공받는 복지 vs. 선호하는 복지 (복수응답)

제공받는 복지	사례수 (명)	비율 (%)		선호하는 복지	사례수 (명)	비율 (%)
식대 지원	(143)	52.8	1	상여금(성과급)	(155)	57.2
각종 음료 제공 (커피, 차, 맥주 등)	(110)	40.6	2	식대 지원	(118)	43.5
상여금(성과급)	(109)	40.2	3	자기계발비 지원 (학비 지원 포함)	(116)	42.8
각종 간식 제공	(102)	37.6	4	휴가비 지원	(109)	40.2
육아휴직	(91)	33.6	5	리프레쉬 휴가	(93)	34.3
탄력/유연 근무제	(82)	30.3	6	탄력/유연 근무제	(80)	29.5
휴가비 지원	(64)	23.6	7	경조사/기념일 지원금	(67)	24.7
자기계발비 지원 (학비 지원 포함)	(64)	23.6	8	의료비/건강검진비 지원	(66)	24.4
장기근속 포상	(64)	23.6	9	장기근속 포상	(55)	20.3
경조사/기념일 지원금	(61)	22.5	10	통신비 지원	(41)	15.1
동호회 지원금	(39)	14.4	11	유류비 지원	(41)	15.1
의료비/건강검진비 지원	(33)	12.2	12	각종 음료 제공 (커피, 차, 맥주 등)	(33)	12.2
리프레쉬 휴가	(23)	8.5	13	육아휴직	(32)	11.8
통신비 지원	(23)	8.5	14	각종 간식 제공	(29)	10.7
해당 없음	(19)	7	15	동호회 지원금	(23)	8.5
유류비 지원	(16)	5.9	16	고급 업무 장비	(20)	7.4
고급 업무 장비	(10)	3.7	17	반려동물 동반 출근	(14)	5.2
카풀 지원금	(4)	1.5	18	카풀 지원금	(11)	4.1
반려동물 동반 출근	(4)	1.5	19	없음	(1)	0.4

설문 응답자들은 사회적경제가 앞으로도 지속될 수 있을지에 대한 질문에 10점 만점(1: 지속가능할 수 없다, 10: 지속가능할 것이다)에 6.62점을 주었다. 사회적경제의 지속가능성을 상대적으로 높게 평가하는 사람들은 '경제가 성장할수록 사회문제 해결을 위해 사회적경제의 역할이 커질 것'으로 예상했다. 반면 낮은 점수를 준 응답자들은 '정권에 따라 관련 정책과 지원이 변화하는 불안정한 사업 환경', '낮은 임금 등 열악한 조직 환경'을 사회적경

제의 지속가능성이 낮은 주요 이유로 꼽았다.

한편, 활동 연차에 따른 평가에서는 오랜 기간 활동할수록 지속가능성에 대한 평가가 낮아졌다. 흥미로운(?) 지점은 16년 이상 장기근속한 응답자들은 '사회문제 해결의 수단으로 사회적경제 생태계가 점차 확장될 수 있다는 기대', '조직의 비전과 개인의 비전을 조율해가며 스스로의 가치를 발견해가는 가운데 성장할 수 있다는 측면에서 사회적경제의 지속가능성에 가장 높은 점수를 주었다. 문제는 각 개인이 그런 기회와 가능성이 쌓일 만큼 이 영역에서 '버틸' 수 있냐는 것이다. 개인의 과제로 남겨두면 되는 것일까? 사회적경제 기업을 구성하는 수많은 '나'가 던지는 질문에 사회적경제 기업은 얼마나 충실히 답하고 있는지 묻게 된다. 청년들이 표현이 세련되지 못하고 어설프더라도 세대 차이라거나 잘 몰라서 그렇다는 닫힌 응답을 넘어 그 물음 속에 있는 사회적경제 기업에 대한 새로운 의견을 읽어낼 필요가 있다.

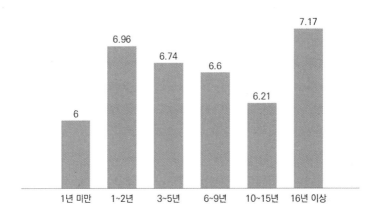

[그림 III-9] 활동 연차별 사회적경제 지속가능성 평가

청년? 과잉대표에서 벗어나기

청년과 사회적경제 기업을 둘러싼 담론이 모두의 현실을 반영한다고 단정하는 것은 위험하다. 담론은 객관적인 것이 아니기 때문에 누가 주로 발화하고, 어느 매체를 통해 유통되는지에 따라 그들의 관점이 반영된다. 따라서 청년과 사회적경제 기업에 관한 담론이 모든 현상을 포괄하지 못한다는 것을 이해하는 것이 필요하다. 이 글에 담긴 내용도 특정한 현상을 설명하거나 드러내는 담화의 집합에 불과하다. 지역, 성별, 활동연차 등에 따라 청년과 사회적경제 기업을 둘러싼 논의가 과잉 대표하거나 배제될 수 있으므로, 이러한 사실을 항상 염두에 두어야 한다. 그래야 예나 지금이나 비슷한 질문과 비슷한 답변에서 벗어나 새로운 내용을 생산할 수 있다.

청년과 사회적경제 기업을 둘러싼 담론의 주요 생산자는 누구일까? 담론을 생산하는 이들은 각자의 이해관계에 따라 청년을, 그리고 청년과 사회적경제 기업을 각기 다른 방식으로 정의하고 설명한다. 그러나 문제는 그 담론이 아주 일부의 서사를 중심으로 구성되고 있다는 점이다. 비수도권, 여성 청년, 저연차 청년 등의 논의가 조금씩 이루어지고 있지만, 이러한 내용은 잘 알려지지 않는다. 이제는 그 논의에 관심을 기울여야 할 때다.

사회적경제 영역에서는 끊임없이 '당사자성'을 강조한다. 그 이유는 '당사자들'이 많은 시간과 노력을 들여 일상에서 이를 고민하고 성찰했기 때문이다. 하지만 모두가 같은 생각을 갖는 것은 아니다. 우리는 많은 청년의 이야기를 듣고, 다른 질문들을 제기하면서 담론의 장을 형성해야 한다. 사회적경제 현장에서 청년들이 겪고 있는 불안정한 고용 구조, 젠더에 따른 차별, 미래에 대한 불확실성 등은 의제로 제기되어 구체화해야 한다. 이를 지레짐작하거나 사전에 검열하지 말아야 한다. 이전의 관점에 비춰 봤을 때, 이들이 이해할 수 없이 행동하고 활동하는 것은 불편함이 아니라 다른 단계로 나아가기 위한 균열이자 변화이다. 그렇게 다음 단계로 가기 위한 다양한 실험과 시도를 용인할 수 있는 안전망이 사회적경제 영역에 필요하다.

무엇을, 어떻게 할 수 있을까?

그래서 사회적경제 기업의 지속가능성을 담보할 수 있는 문화는 어떻게 만들어질 수 있을까? 정답은 없다. 그래서 우리는 작고 꾸준히 여러 시도를 해야 한다. 그 속에서 우리에게 맞는 방법을 찾아야 한다.

1. 사회적 가치의 현실화

사회적경제 기업이 가진 사회적 가치를 당위적으로 주장하는 것만으로는 부족하다. 왜 이 일을 하는지, 이 일이 나의 삶과 어떤 관계가 있는지를 설명할 수 있어야 한다. 조직 구성원을 설득하지 못하면서 외부를 설득하기 어렵다. 그래서 청년들의 참여와 의견 수렴이 중요하다. 청년들이 '우리' 조직의 목적에 공감하고 자신들의 경험과 아이디어를 바탕으로 조직의 방향성을 함께 결정하고 추진할 수 있어야 한다. 이들이 가볍고 즐거운 상상을 자유롭게 펼칠 수 있는 여유 공간을 만들어야 한다.

2. 사회적경제 기업 내부의 사람 키우기

사실 조직이 권위적인지 아닌지는 구성원이 아니라 리더의 개인적 특성에서 비롯되는 경우가 많다. 사회적경제 기업의 리더는 '좀 더' 수용적인 사람이어야 한다. 모두에게서 듣고 객관적 판단을 위해 최선의 노력을 하며, 사람들을 쳐내는 것이 아니라 키워내는 능력이 필요하다. 모든 것을 내가 해야 한다는 생각을 버리고 구성원 사이를 조정하며 팀워크를 만드는 기술을 익히는 것도 중요하다. 사회적경제 기업 역시 기업이기에 효율화를 추구해야 하고 그를 위해서는 내부가 우선 민주적이어야 한다. 조직 내부에서 청년들에게 교육, 훈련, 커리어 패스 등을 제공해 그들의 성장과 발전을 도모하는 것 역시 필요하다.

헌신으로 똘똘 뭉친 1세대 리더 그룹이 떠난 후에도 사회적경제 기업은 어떻게 될까? 이들이 사라지면 조직이, 비즈니스 모델이 없어지는 것일까? 이제 사회적경제 기업 내부의 시스템을 정비해 그 구조 속에서 지속가능성을 찾아야 한다. 어찌 보면 2세 경영(!)을 하지 않으려는 것 자체가 사회적경제 기업의 차별화 요소일지 모른다. 개인이 소유하지 않고 독점하지 않는다는 것, 그렇게 기업자본의 사회적 소유, 구성원들과의 건강한 관계망 만들기는 사회적경제 기업의 가능성이다. 그렇게 내부의 사람을 키워야 한다.

3. 조직 형태의 다양화

개인의 상황과 적성을 배려하는 다양한 형태의 조직을 생각해볼 수 있다. 사회적경제 기업이 요구하는 여건이 마련되지 않아 참여하지 못하는 이들도 있다. 기업이 요구하는 여건에 개인이 맞추기보다 다양한 여건을 가진 개인이 낼 수 있는 자원을 결합하는 방식으로 기업 구조를 꾸려볼 수도 있다. 예를 들어, 한 부서에 고정 배치되는 방식이 지속성과 안정감을 주겠지만, 개인의 욕구에 따라 이동할 수 있고 새로운 관심거리가 있다면 조직에서 따로 하나 만들 수 있는 유연함을 두는 것이다. 개인과 조직의 필요에 따라 특정 목적의 팀이 만들어지고, 그 필요가 사라지면 그 팀이 사라지는 것이다.

※ 참고 사례: 월드비전 사내벤처 '베이크' 독립분사

'베이크(VAKE)'는 누구나 사회적 가치 실현을 위한 아이디어를 내고, 실행하도록 돕는 소셜 액션 플랫폼으로 2017년부터 월드비전 사내 소규모 프로젝트로 시작해 외부 전문가, 기술 스타트업과 함께 혁신을 추진해왔다. 2023년 3월 월드비전은 국내 NGO로서는 최초로 사내에서 시작된 직원 주도형 프로젝트를 독립분사했다.

---

4. 조직 간 장벽 허물기

　사회적경제 기업 한 곳에서 모든 사회문제를 해결할 수 없다. 사회에 대한 사람들의 기대는 점점 더 세분화되고 정교화되고 있다. 지역의 특성을 고려하며 운영 중인 작은 사회적경제 기업들이 정기적으로 만나 정보도 교환하고 사업 활성화 방안도 연구하고 힘내는 것이 필요하다. 연대할 필요가 있을 때만 힘을 모으는 것이 더 효율적일 수 있다. 명목상의 연대를 위해 이곳저곳을 오가며 힘을 뺄 필요는 없지 않을까. 연대의 부재를 우려하지만, 목적이 불분명한 연대 그 자체에 사람들의 관심과 참여가 떨어진 것은 아닐까. 조직 간의 연대와 협력은 분명 사회적경제 기업에 필요하다. 하지만 연대를 통해 기대한 목표와 성과는 무엇인지 참여한 이들에게 명확히 제시할 수 있어야 한다.

　앞으로 필요한 것은 위계적 교류가 아니라 조직 간의 수평적인 교류이다. 사회적경제 기업마다의 사업 비전과 미션은 다르지만, 사실 우리 사회가 안고 있는 다양한 사회문제는 같은 고리를 풀어야 해결할 수 있다. 사회적경제 기업 사이가 배타적이면 조직 이기주의가 생기기 쉽다. 교류는 사업에 대한 넓은 시야를 제공하고 또한 기업마다 좋은 점을 배우는 계기가 되며, 서로의 관심을 자극할 수도 있다. 사회적경제라는 영역 안에서 가능성을 탐색할 수 있는 여지를 만들어 두는 것이 필요하다.

　사실 새로운 이야기는 아니다. 이미 5년 전, 10년 전에 익히 나온 이야기를 다시 엮어낸 것일 수 있다. 지겨워 보일 수 있지만, 그러한 문제들이 여전히, 지겨우리만치 그대로라는 사실을 인식해야 한다. 이제 청년들은 기다리지 않는다. 어렵고 힘든 시기를 지나면 어느 자리를 얻을 수 있다는 말에도 시큰둥하다. 애당초 현재 일하는 곳에서 오랫동안 일하며 승진하고 자리를 잡는 것이 목표가 아닐 수 있다. 그렇게 일터에 다른 기대를 품고 있는 이들에게 과거의 진리로 설득할 수 없다. 사회적경제 기업의 문화를 돌아보고 변화를 고민하는 것은 특정 세대를 위한 것이 아니라 현재의 시대와 원칙에 부합하는 조정이어야 한다. 이 과정에서 구성원들은 서로의 차이점을 이해하고 인정하는 것이 필수적이다.

따져보면 요즘 세대만큼 협력과 평등을 바탕으로 일하는 세대도 없다. 이들은 공동으로 과제를 수행하는 것에 익숙하다. 어릴 때부터 소프트웨어와 웹사이트 같은 디지털 기술을 통해 공동 작업을 했다. 구글독스, 오피스, 각종 메신저 등 디지털 도구를 활용해 함께 문서를 작성하고, 그룹 채팅에 참여하고 일정을 공유한다. 또한, 크라우드소싱, 크라우드펀딩 등을 통해 함께 행동하는 경험도 많이 쌓았다(로버타 카츠, 세라 오길비, 제인 쇼, 린다 우드헤드, 2023). 오프라인에서도 차량 공유, 숙박 공유, 커뮤니티 조직 등을 경험하며 공유의 감각을 키웠다. 상명하달식의 관리 없이 상호합의와 탈중앙화를 바탕으로 한 협력의 경험을 꾸준히 쌓고 있다.

지금의 청년들은 세대 내 지식과 문화 격차가 가장 작은 평등 친화적이다. 그래서 민주적으로 의사결정을 하며, 의사결정 권리 뿐만 아니라 결과에 대한 책임도 함께 가져가고, 경쟁보다는 협력에 집중하고, 협력을 사회의 기본 동력으로 인식하는 사회적경제의 운영 원리는 그 자체로 매력적이다. 아니, 매력적으로 인식되기 위해 사회적경제는 협동보다 경쟁에 익숙한 세대에게 가치를 공유하는 관계를 맺고, 함께할 수 있는 사람들을 만나는 경험을 제공하고, 그 과정에서 관계는 물론 문화적 만족감과 배움을 내포한 다른 삶의 가능성을 제시할 수 있어야 한다. 이탈리아 사회적경제 석학 루이지노 브루니(Luigino Bruni) 교수는 "사회적경제계(界)는 '인적자본 집약적'이고 '동기부여(motivation) 집약적'인 분야이다. 노동의 문제는 모두 여기에 달려 있다. 곧, 양질(良質)의 인재들이 없다면, 사회적경제를 혁신할 수도, 발전시킬 수도 없습니다"라고 말했다. 사회적경제 영역에서 다음 세대가 자신의 자리를 찾아가는 과정을 지지하고 응원하는 움직임이 앞으로 두드러지기를 희망한다.

참고문헌

넥스트SE 동감작업장. 2022. "2022 활동가도 워라밸 좋아해 설문 결과". https://
 han.gl/gSVKGt (2022.3.28. 접속)
로버타 카츠, 세라 오길비, 제인 쇼, 린다 우드헤드. 2023. 『GEN Z : 디지털 네이티
 브의 등장』. 송예슬 옮김. 문학동네
정흥준. 2016. "청년실업, 사회적기업에 거는 기대". 『세계와 도시』, 15: 24-32.

---

1) 2010년 설립된 딜라이트는 2011년 대원제약, 2013년 20여개의 셰어하우스를 임대·관리하
 는 것으로 시작한 우주는 2019년 부동산 정보 플랫폼 직방이 인수했다. 2012년 설립해
 온오프라인을 연계한 사람책 서비스를 제공한 위즈돔은 2018년 서비스를 종료했다.
 2008년 설립한 터치포굿은 현재 업사이클 디자인은 물론 에코 캠페인, 도시형 환경교육,
 기업의 친환경 사회공헌 컨설팅 등 다양한 분야로 사업을 확장해 운영하고 있다.

17장

사회적경제와 사회만들기
사회혁신의 리더십

이기호

문제 제기

사회적경제란 사회적 모순에 대응하거나 어떤 필요에 대하여 공감하는 이들이 자발적이고 자율적으로 모여 대안공동체를 결성하여 행하는 경제활동을 일컫는다. 따라서 사회적경제는 경제활동이기도 하지만 본질적으로 사회운동의 성격을 지닌다. 사회적 가치도 추구하지만 무엇보다 인간의 가치를 존중하고 인간다움을 실현하기 위한 활동이기 때문이다. 사회적경제는 자본과 권력이 아니라 사람을 핵심 가치로 둔다. 사회적경제가 민주주의를 지향하고 동시에 민주주의 없이 이루어지기 어려운 이유이기도 하다.

역설적이지만 민주화이후 우리가 경험하고 있는 위기의 핵심은 '민주주의'에 있다. 1987년 직선제 개헌을 통한 민주화 이후, 지방자치제도의 실시를 비롯하여 꾸준히 제도개선을 이루어왔지만 '정치'는 민(民)에서 더 멀어져갔다. '정권교체'에는 성공했지만 '정치교체'는 이루어내지 못했다. 그 사이 만들어진 새로운 규범들과 다양한 제도화는 민주주의의 심화로 이해되기도 했지만 제도화 과정은 오히려 민의 참여와 관여를 통제하는 방식으로 작동했다.

한국의 사회적경제는 이러한 정치제도화의 과정과 궤를 같이 해왔다. 1997년 사상 초유의 국가부도를 맞아 정부는 성장과 고용이라는 두 마리 토끼를 모두 잡아야했다. 이 때문에 역대정부는 사회적경제에 대한 지원과 육성을 비교적 일관되게 해왔다. 그러나 하향식 지원체계는 사회적경제를 정부의 통제와 영향력 하에 종속시켰다. 정부주도의 사회적경제는 시민이 주도하는 역동성과 운동성을 크게 잃어버렸다.

이번 장은 사회적경제의 정치적 성격을 다시 포지셔닝하고 한국 사회의 사회적경제의 현황을 점검하는 것을 목적으로 한다. 현재 한국의 사회적경제는 정부의 행정적 명령과 자본에 종속된 형태로 그 한계가 명확한 반쪽자리 사회적경제다. 일부는 사회적경제를 정부지원형과 시민주도형이라는 카테고리로 분류하지만 이러한 분류법은 그 자체가 모순적이다. 왜냐하면 시민이 주도하는 형태로 이루어지는 것이 사회적경제의 정의이자 본질이기 때문이다. 따라서 이러한 진단을 전제로 또 다른 반쪽의 사회적경제를 사회혁신의 가치 속에서 재조명해보고자 한다.

사회적경제에 대한 비판적 성찰

사회적경제의 출현은 비인간화되고 있는 사회와 이를 구조적으로 강화해가는 자본주의에 대한 비판이 배경을 이루고 있다. 산업혁명을 계기로 급속한 발전을 이룬 자본주의 체제와 제국으로 팽창하고자 했던 근대국가의 성장이 맞물리면서 노동자의 인권이 무시되고 작은 공동체가 해체되어가는 참혹한 상황에 대한 문제의식이 사회적경제의 출발점이다. 사회적경제가 경제에 머물지 않고 정치적 성격을 갖는 이유이기도 하다.

다양한 역사적 맥락에서 형성된 만큼 사회적경제의 정의를 합의하는 것은 유럽에서도 쉽지 않았다. 최초의 합의가 1990년 벨기에의 왈룬지역에서 결성된 사회적경제위원회에서 이루어졌다. 그 원칙은 2008년 왈룬의회령으로 승인되었다. 의회령에 의하면 사회적경제란 '사회적 목적을 가진 협동조합이나 결사체, 공제조합 또는 재단과 같은 회(society)에 의해 수행되는 재화나 서비스를 생산한 활동'이다. 여기에 네가지 원칙을 제시했는데 ① 구성원이나 커뮤니티에 대한 봉사(공공을 위한 목표), ② 경영의 자율성, ③ 민주적인 의사결정, ④ 소득배분에 있어 자본(돈)보다 사람과 노동을 우위에 두는 것 등을 제시하고 있다(자끄 드푸르니·마르뜨 니센 외. 2021).

2013년 퀘백에서 채택한 사회적경제기본법은 사회적경제를 '사회적 목적을 가지며 다음과 같은 원칙에 따라 재화와 서비스의 판매 및 교환을 수행하는 기업에 의해 이루어지는 모든 경제활동'이라고 정의하고 있다. 다음의 원칙이란 6가지로 ① 기업의 목적은 구성원이나 집단의 필요에 부응하는 것, ② 기업은 공적 기업으로부터 의사결정의 통제를 받지 않음, ③ 구성원에 의한 민주적인 지배구조, ④ 경제적 지속가능성 추구, ⑤ 창출된 잉여의 분배를 금지하거나 구성원의 실질적 기여에 따른 분배, ⑥ 법인 해산시 유사한 목적을 추구하는 다른 법인에게 귀속 등을 제시하고 있다(자끄 드푸르니·마르뜨 니센 외. 2021). 왈룬의 사회적경제 원칙과 퀘백의 원칙은 사실상 일치한다. 퀘백은 경제적 지속가능성과 해산시 유사한 목적을 추구하는 법인에게 귀속시키게 함으로써 지속가능성을 강조했다는 점만 추가되었을 뿐이다.

사회적경제에 대한 정의가 오랜 역사에 비하여 합의를 하지 못했던 이유는 사회적경제의 배경이 지역마다 차이가 있고 이에 따라 그 대응 방식이 다른 만큼 매우 다양했기 때문이라고 할 수 있다. 프랑스에서 조차도 사회적경제와 연대경제 사이에는 긴장관계를 가지고 있었다. 사회적경제를 법적으로 제도화하는 것보다 실질적인 시민참여와 사회연대성을 강조하며 사회적경제의 형식적인 민주주의와 구성원중심의 폐쇄성을 비판했다(김신양, 2022). 그 결과 2000년대 이후 연대경제[1]를 공식적으로 사용하기 시작했으며 2014년에는 '사회연대경제법'이 만들어지면서 사회적경제와 연대경제의 공식적인 결합이 이루어졌다. 이 법은 사회연대경제를 '인간활동의 모든 영역에 적합한 기업활동 및 경제개발 방식'으로 규정하였다(자끄 드푸르니·마르뜨 니센 외. 2021). 반드시 경제활동을 하는 기업뿐만 아니라 재단 및 공제조합 그리고 다양한 결사체를 포괄한다.

한국에서의 공식적인 정의는 일자리위원회에서 찾아볼 수 있는데 이에 의하면 사회적경제는 '구성원간 협력/자조를 바탕으로 재화 용역 생산 및 판매를 통해 사회적 가치를 창출하는 모든 경제적 활동'이라고 정의하고 있다. 일자리위원회는 이외에 네 가지 특징을 강조하고 있다. ① 자율·민주: 민주적 의사결정을 통한 자율경영, ② 사회통합: 구성원간 이익공유, 취약계층 일자리창출, 지역사회 기여 등의 사회적 가치창출, ③ 연대·협력: 취약계층의 사회적 가치실현을 위한 공동체 구성, ④ 경쟁·보완: 시장경제와 경쟁하며 시장실패 및 정부실패를 보완하는 제 3의 영역이 경제적 지속가능성 추구 등이다 (일자리 위원회, 2017).

한국에서 정의하는 사회적경제가 사회적 가치를 목적으로 제시했지만 핵심적인 요소는 취약계층의 일자리창출 및 사회참여를 이루어내는 것이다. 자율과 민주의 원칙 또한 정부와 자본으로부터의 독립성에 대해서는 언급이 없다. 아쉽게도 사회적경제의 위상이 국가와 자본의 구조적 혹은 제도적 결정에 대하여 비판적이고 자율적으로 대응하기 보다는 이를 보완하는 것에서 머무른다. 사회적경제는 본질적으로 정치적 행위이며 단순히 기업경영활동에 머무르지 않는다.

사회적경제가 역사 속에서 어떻게 조응하며 성장해왔는가를 살펴보고 그 공통점을 찾아낼 수 있다면 그 성격은 더 분명해질 것이라고 본다. 그러나 그것은 방대한 작업이 될 것이므로 본 글에서는 우리에게 잘 알려진 익숙한 사례 몇 가지를 통해서 사회적경제의 위상을 살펴보고자 한다.

흔히 '공상적 사회주의자(utopian socialism)'로 알려진 생시몽, 샤를 푸리에, 로버트 오웬 등은 당대의 자본주의가 만들어내는 구조적 모순을 간파하고 공동생산을 통한 협동조합 운동을 시작했다. 이들은 조합원의 인권을 존중하고 공동생산과 공동책임 그리고 공정한 분배를 통한 새로운 경제를 모색했다는 점에서 사회적경제의 원점이라고 생각할 수 있다. 이들의 실험은 매우 구체적이었고 진지했음에도 불구하고 이들을 '공상적(utopian)'이다라고 낙인을 찍는 것은 이들의 운동을 과소평가하게 만들었다. 엥겔스는 오웬을 실제로는 매우 실용적인 인물이자 위대한 지도자라고 생각했다((재)아이쿱협동조합연구소, 2013). 오웬의 철학과 실험 그리고 그 영향을 받은 로치데일 협동조합 등은 이후 협동조합 운동에 많은 영감과 영향을 주었다. 이들의 운동은 사회전체를 바꾸는 거대담론이 아니라 소규모의 공동체를 원리로 하고 윤리를 강조했다는 점에서 오늘날의 사회적경제에 더 가깝다. 곧 이들의 실험은 공상적(utopina)이라기보다 실용적(pragmatic)이고 실천적(practical)이었다고 평가할 수 있다. 또한 공상적이었다기보다는 창의적(creative)이거나 상상력이 풍부하다(imaginative)고 평가하는 것이 더 적절할 것이다.

우리에게 거대한 협동조합으로 잘 알려진 스페인의 몬드라곤은 박해와 차별을 받던 바스크 지역의 산골 마을에서 스스로 살아남기 위한 자주적인 협동조합 운동에서 출발했다. 몬드라곤의 협동조합은 하나의 조합을 만드는 것을 넘어 자율적인 사회 만들기 프로젝트였다. 하나하나의 협동조합이 지역공동체의 생태계를 이루는 허브역할을 담당하며 성장해왔다. 작지만 자기완결적 구조를 갖추는 자립형 공동체를 구성한 것이다. 그래서 이 지역의 협동조합은 '몬드라곤 협동조합 복합체'라고 부르기도 한다(조은상, 2009). 스스로 지속가능한 마을 생태계를 구성할 수 있었던 몬드라곤의 실험은 개인의 인생과 삶에도 커다란 영향을 미친다. 이들은 왜 협동조합을 만들어왔고 어떤 가치에 의해서 움직여야 하는가에 관한 철학과 원리를 공유하고 있기 때문이다. 특히 초창기 호세 마리아 신부의 사상과 리더십은 몬드라곤의 협동조합 운동의 핵심고리이다. 경영자나 활동가가 아니라 카톨릭 신부였던 호세 마리아 신부의 리더십은 영적 리더십(spiritual leadership)있다는 점에 주목할 필요가 있다(호세 마리아 아리스맨디아리에타, 2016). 이 지역의 협동조합은 노동운동, 정당, 그리고 가톨릭과 깊은 연관을 가지고 있다. 곧 운동, 정치, 종교가 마을이라는 현장 속에서 협동조합 운동을 매개로 새로운 공동체를 구성한 것이다.

어느 지역보다도 사회적경제라는 용어를 가장 먼저 쓰기 시작한 것으로 알려진 프랑스의 경우에도 가장 중요한 것은 자본과 권력이 아니라 인간의 존엄성과 자유이며 이를 위한 관용과 연대의 가치를 강조해왔다. 프랑스의 사회적경제는 다양한 사회적기업의 활동만이 아니라 끊임없이 이론적으로 논쟁하고 현실에 응답하고자 하는 지식인들의 성찰과 토론이 밑바탕에 깔려 있다. 로컬에서는 새로운 실험을 하지만 때로는 격렬한 시위와 투쟁을 동반하기도 한다. 자주적 마을관리로 유명한 지역관리기업2)(Le Movement de Régis)의 경우에도 행정과 협력하는 것이 중요하다는 점을 누구보다 잘 알고 있지만 때로는 격렬하게 투쟁한다. 이들은 행정에 종속되지 않고 대등한 파트너십을 유지하는 것이 더 중요함을 명확하게 인식하고 있다. 왜냐하면 마을 주민이 당사자이자 주체라는 점을 확실하게 인식하고 이에 대한 공감대를 먼저 이루어내야 관료적 관행이나 행정편의주의에 끌려다니지 않고 정권이 바뀌어도 지속적으로 사업을 할 수 있는 공공성과 책임성을 유지할 수 있기 때문이다.

이외에도 금융과 노동을 축으로 하는 캐나다 퀘백의 협동조합, 지역 정당(local party)과 워커즈콜렉티브 활동으로 로컬의 선순환구조를 만들고 있는 일본의 생활클럽생협운동, 사회적 안전망과 경쟁력을 두루 갖춘 이탈리아 볼로냐의 협동조합과 스페인의 협동조합 등은 우리의 사회적경제와는 다른 맥락을 만들어내고 있다. 사회적경제의 역사가 깊은 이들 선진 사례가 보여주는 공통점은 자본주의의 모순과 국가권력의 헤게모니에 대한 비판적 성찰과 새로운 대안을 시민들 스스로가 협동하여 만들어왔다는 점에 있다. 곧 이들은 자신들에게 주어진 삶의 현장에서 자율적이고 자주적인 공동체를 실험해왔고 이를 조금씩 넓혀오고 있다. 따라서 각기 처해있던 역사적 맥락과 조건이 다른 만큼 각각의 사회적경제는 조금씩 달라 자신들의 독특한 특성과 개성을 지니고 있다.

해외의 선진 사례에서 나타나는 주요한 공통점은 또 다른 사회가 가능하다는 메시지를 우리에게 던져주고 있다는 사실이다. 사회적경제는 고립된 채 자신들만의 실험을 하는 것이 아니다. 마치 무균 소독된 실험실에서 새로운 것을 만들어내는 과학의 세계와는 달리, 사회적경제는 사회 전체에 깊숙이 뿌리내리고 확대 재생산되고 있는 자본주의와 강력한 국가권력의 통제가 그물망처럼 얽혀있는 토대 위에서 한편으로는 투쟁하고 다른 한편으로는 협력하는 방식으로 어려운 실험을 부단히 해오고 있는 셈이다.

다양한 사회적경제의 실험들이 우리에게 전하는 메시지에는 몇 가지 주요한 내용들이 포함되어 있다. 첫째, 자본주의와 국가를 부정하지 않지만 자본주의 체제와는 다른 생산과 소비의 방식을 스스로 설계하고 만들어감으로써 자신들의 입장을 관철시킬 수 있는 충분한 설득력을 스스로의 실험을 통해 증명하는 방식으로 진행해왔다. 둘째, 이들의 사회적 관계는 효율성에 바탕을 둔 조직체계가 아니라 구성원들이 서로 존중함으로서 관계에 의해 자신들의 정체성과 행복을 추구해갈 수 있는 사회적 연대를 조직의 주요한 원리로 삼고 있다는 점이다. 셋째, 거대한 금융자본이나 막강한 군사력과 행정력을 동원할 수 있는 국가와 달리, 이들의 사회적경제는 인간적인 규모의 공동체를 지켜왔다는 점이다. 익명의 다수를 제도적 효율성으로 통제하는 방식이 아니라 얼굴을 맞대고 감정을 공유할 수 있는 인간적 규모를 유지하고 조직의 확대는 이를 바탕으로 한 유대와 연대를 강화하는 방식으로 성장해왔다. 이들 내부에서 자연스럽게 민주주의의 원리가 작동될 수 있었던 이유이기도 하다. 넷째, 사회적경제의 노동이 상부상조와 서로에 대한 유대감을 바탕으로 진행되었다는 점에서 노동과 삶이 구분되기보다는 노동을 통해서 삶이 부유해지고 개인의 연대감을 강화해왔다. 따라서 이들 사회적경제의 노동은 자본주의 경제에서 경험하는 노동의 소외와 우울증을 극복하는 방식이기도 하다. 끝으로 사회적경제가 만들어온 지속가능하며 민주적인 리더십의 형성과정도 주목할 필요가 있다

한국 사회적경제의 위상: 반쪽의 사회적경제

　　한국에서도 도시빈민운동을 비롯한 사회적 약자들의 자활운동 그리고 8~90년대 활성화되기 시작한 협동조합 등 민(民)이 주도하는 다양한 사회적 경제가 펼쳐져 왔다. 그러나 1997년, 국가부도 사태에 직면하면서 상황이 달라졌다. IMF는 한국 경제개혁에 직접 개입하였고 한국 경제는 더 빠르게 승자독식을 강화하는 재벌중심 구조로 재편되었다. 많은 중소기업이 폐업하면서 기업도산과 실직이 증대하였다. 정부는 실직자와 경제적 취약계층을 위한 지원사업에 본격적으로 나서기 시작하였다.

　　다음은 2017년 대통령직속 일자리위원회가 제시한 사회적경제 활성화방안 보고서에 정리된 사회적경제의 흐름과 현황에 대한 인식을 보여주는 시기 구분이다.

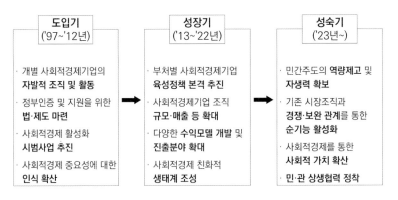

[그림 III-10] 사회적경제 발전단계

* 출처: 일자리위원회, 관계부처 합동. 「사회적경제 활성화방안」. 2017. 10.

　　위의 발전단계에 따르면 우리는 성장기를 거쳐 성숙기의 시작 지점에 있어야 한다. 사회적기업의 양적 확대는 있었으나 고용과 매출은 아직 기대 수준에 미치지 못하고 있다. 성장기에서 논의되고 사회적경제 육성을 위한 부처 간 협력도 제대로 이루어지고 있지 않으며 다양한 수익모델 개발과 진출 분야 확대는 현재진행형인 과제이다. 무엇보다도 사회적경제에 대한 진입이 수월하지 않고 성공할 가능성을 높여줄 수 있는 생태계 조성은 아직 갈 길이 멀다.

오히려 2023년 이후 성숙기의 지표들이 먼저 달성되거나 동시에 진행되는 것이 필요하다. 왜냐하면 사회적경제의 핵심이 민간주도의 역량제고 및 자생력 확보이기 때문이다. 이를 위해서는 정부의 지원방식이 행정적 통제의 방식이 아니라 지역의 특성에 맞게 유연한 지원이 가능하도록 바뀌어야 한다. 그러한 유연성은 무엇보다도 사회적경제의 철학과 가치가 무엇인지에 대한 뚜렷한 비전과 원칙이 있을 때 가능하다.

2017년 일자리위원회가 제시한 위의 기준들은 사회적경제의 중요성을 인식하고 정부가 적극적으로 지원하려고 한다는 점에서 고무적이다. 그러나 사회적경제의 주체는 민간이다. 민간영역에서 정부지원을 받으려면 일정한 틀과 내용을 갖추어야 하는데 이 과정에서 사회적경제의 창의성과 자발성 그리고 관계성은 오히려 관료화되는 경향을 나타냈다. 본 책의 3장에서 지적된 바와 같이 정부의 지원은 '제도화의 역설'과 같은 현상을 낳았으며 제도적 동형화(institutional isomorphism)와 보충성(subsidiarity)의 원리(송원근, 2023)가 두드러지게 나타났다. 정부가 지원하되 간섭하지 않으며 행정의 방식과 달라도 된다는 발상의 전환이 필요하다. 실패에 대하여 관대할 수 있는 여유가 정부의 지원사업에는 존재하기 어렵다. 투입에 대한 결과는 일정한 성과를 가시적으로 요구했고 1년 단위의 숨 가쁜 결과 보고와 평가는 장기적 전망과 시간이 필요한 사회적경제의 기본 속성을 프로크루스테스의 침대처럼 행정의 편의로 재단하는 경향을 보여왔다. 사회적경제가 성장하기 위해서는 무엇보다 이들의 자율성과 관계성을 최대한 보장해주는 것이 필요하다. 사회적경제는 시장조직과 행정과의 협력도 중요하지만 마을공동체와 소통하고 때로는 대학, 종교단체 등 다양한 사회적 기관들과 협력하면서 만들어지는 것이 사회적경제의 생태계이기 때문이다.

사회혁신의 가치와 시민자본

사회혁신의 가치

'사회혁신'은 사회 문제를 비판적으로 성찰하고 새로운 대안을 공동으로 실험하는 과정을 통해 공감할 수 있고 설득력 있는 사회적 가치를 창출함으로써 사회를 변화시키는 과정이라고 정의할 수 있다. 사회혁신을 이렇게 정의한다면 사회혁신을 위해서는 다음의 노력들이 필요하다. 첫째 우리사회의 문제를 근본적으로 진단할 수 있는 비판적이며 책임 있는 공동의 성찰이 가능한가. 둘째, 문제의 처방과 새로운 필요에 대해 장기적이고 총체적인 관점에서 대안을 기획할 수 있는가. 셋째 현장에서 필요로 하는 요구들을 구체적인 사업으로 구성하고 실험할 수 있는가. 끝으로 그 결과에 대하여 공동으로 책임지고 수정해가면서 발전시켜갈 수 있는가. 이 질문들은 결국 사회적경제가 사회혁신을 이루어낼 수 있는가 하는 문제이다.

먼저, 비판적 성찰을 공동으로 하는 것은 '대화(dialogue)'와 관련된 것이다. 대화를 위해서는 생각하는 힘을 기르는 것이 중요하다. 정답을 찾아 인터넷을 서핑하거나 유튜브에서 의견을 쇼핑하듯 골라내는 선택형 사고를 하는 것이 아니라 우리가 어디에 있고 어디로 가고 있는가에 대하여 생각하는 힘을 길러내지 않으면 대화하기가 어렵다. 대화하는 과정은 1인칭 관점에서 솔직한 것도 필요하지만 역지사지의 관점, 그리고 전지적 작가의 시점을 오가며 유연하게 생각할 수 있는 훈련이 필요하다. 이러한 공동의 심사숙고는 비판적 성찰도 가능하게 하지만 설득력 있는 공감3)을 만들어내는 데 주요하다.

둘째, 필요를 사업으로 구상해낼 수 있는 기획력은 필요에 대한 절실함에서 비롯된다. 필요를 느낄 수 있는 문제의식과 대안을 제시할 수 있는 상상력이 핵심이다. 기존의 관행을 전제로는 좀처럼 새로운 구상을 하기 어렵다. 기획력을 키우는 것은 맥락에 대한 이해와 당사자 입장에서 사고하는 것이

결정적이다. 결국 기획의 과정은 당사자와의 깊은 대화와 현장에서 발품을 얼마나 파는가에 달려 있다고 할 수 있다. 비판적 성찰에서 필요한 요소가 '대화'였듯이 기획력에도 당사자와의 대화 그리고 사업을 수행하려는 사람들 간의 대화가 필요하다. 기획에 필요한 전문성 역시 이러한 대화 없는 기획은 고립되거나 생명력을 잃어 지속성을 확보하기 어렵다.

셋째, 사업의 수행능력은 고도의 숙련가와 전문가를 모아 만들어내는 능력자들의 집합을 구성하는 것과는 거리가 멀다. 수행능력은 함께 할 수 있는 이들이 어떤 것에 본인들이 기여할 수 있는가를 고민하고 그 능력을 키워가는 과정이다. 사회적경제가 제공하는 서비스의 경쟁력은 시장경제에서 제공하는 완성도 높은 서비스가 아니라 다소 서툴더라도 정서적 유대와 분위기를 느낄 수 있는 사회성에서 나와야 한다. 특히 사회적경제가 제공하는 일자리와 돌봄, 보건, 문화 등 다양한 서비스는 기본적으로 휴먼서비스 영역이 주를 이룬다. 사회적경제의 수행 능력은 완성된 상품과 같은 결과에 있기보다는 이들과 나누는 인간관계와 분위기가 만들어내는 새로운 '사회성'에 있다. 사회적경제가 만들어내는 상품이나 서비스가 무엇이든 간에 사회를 만들어가는 모든 일련의 과정이 바로 사회적경제의 가치 창출이라는 점을 기억해야 한다.

따라서 사회적경제 역시 사회적 가치를 실현하는 과정에서 정부의 지원을 받으며 협력하는 것은 자연스러운 현상이다. 그러나 정부가 관행에 젖어 새로운 필요에 대응하지 못하거나 수행능력이 현저하게 떨어질 때, 사회적경제는 쓴소리를 낼 수 있어야 대등한 민관파트너십 관계라고 할 수 있다. 정부가 지원하기 어려운 사업일지라도 필요하다면 사회적경제는 스스로 대안을 마련하거나 정부의 정책을 변경시킬 수 있는 시민 주도권을 행사할 수 있어야 한다. 사회적경제는 정책의 영역이기도 하지만 운동의 영역이기도 하기 때문이다.

시민자본: 시간, 지혜, 노동, 돈 그리고 유대

자본주의의 핵심에 기술과 자본이 있다면 사회적경제에는 사람과 유대가 있다. 사회혁신을 이루어낼 수 있는 동력이 사람과 유대라는 점은 자본주의와 시장경제의 성장으로 가려진 호혜경제에서 찾을 수 있다. 인류사회에서 가장 오래된 경제방식이 호혜경제이다. 호혜경제의 활성화를 사회적경제와 연결시키는 이유는 자본에 의하여 단절되고 소외된 인간관계를 회복하기 위한 오래된 경험을 다시 상기하고 경제활동을 하는 이유에 대한 본질적인 질문에도 답할 수 있기 때문이다. 사람을 중심에 두고 유대를 강화하고자 하는 사회적경제는 인간의 노동이 상품으로 전락하고 능력주의에 의해 빈부격차가 당연시되어가는 시장경제에서 인간의 존엄성을 회복하기 위한 운동이다.

참가형시스템연구소[4]의 요코다씨는 사람과 관련된 시민자본을 노동, 지혜, 시간, 돈이라는 네 가지로 설명한다(요코다 카쓰미, 2004). 점점 바빠지는 현대사회에서 가장 중요한 것은 돈과 노동이라기보다는 오히려 시간과 지혜를 모아내는 일이다. 큰 돈은 아니지만 조금씩 모아서 재원을 만들 수 있고 품앗이하듯 노동을 모아낼 수 있다. 그리고 다양한 경험을 통해서 숙성된 지혜가 토론을 통해 비판적 성찰과 새로운 대안을 만들어내는 것이 사회적경제의 핵심적 동력이 되어야 한다. 그런데 그럴 수 있는 시간을 과연 사람들이 낼 수 있을까? 시간을 낼 수 있다면 작더라도 다른 세 가지 자원은 함께 올 수 있다. 참가형시스템연구소는 이러한 시간을 두고 자신의 시간을 모두 낼 수 있는 지역주민을 '전일(全日) 주민'으로 부분적으로만 시간을 낼 수 있는 주민은 '반일(半日) 주민'으로 구분한 바 있다. 실제로 시장경제에서도 시간은 매우 중요하기 때문에 여러 일을 동시에 하는 경우 일한 시간에 따라 퍼센트로 측정하여 노동의 기여도를 평가하기도 한다. 문제는 어떻게 시간을 만들 수 있을까 하는 것이다.

자본주의경제가 금융시장을 바탕으로 확장성을 가지고 있다면 사회적경제는 사람중심의 시민자본을 바탕으로 사람들의 유대를 강화하는 관계성을 가지고 있다. 끊임없이 확장이 가능한 화폐를 매개로 성장하는 자본주의 시스템과 달리 사회적경제는 사람들의 관계에 의존하는 만큼 인간적인 규모의 경제 사이즈를 갖는 것이 적절하다. 그래야 함께 일하는 사람들이 서로 대화하고 숙의하며 문제를 해결하고 효율성을 유지한 채로 유대감을 동시에 갖출 수 있다. 시민자본은 사람을 늘리거나 규모를 확대해가기는 어려운 자본이지만 일하는 과정에서 보람과 유대를 강화해갈 수 있다면 더욱 풍요롭고 시민력이 강화되는 선순환구조를 만들어갈 수 있다.

사회적경제와 마을산업

자본주의경제가 국가와 긴밀한 상호성을 유지하며 발전해왔다면 사회적경제는 로컬 차원의 마을 단위와 친화력을 갖는 작은 경제 혹은 네트워크 경제라고 할 수 있다. 사람을 중심으로 한 사회적경제는 기업의 관점이 아니라 장소의 관점에서 바라보는 것이 필요하다. 최근 현대인들은 도시유목민이라는 표현이 일반화될 만큼 장소를 거침없이 옮겨 다니며 살고 있다. 이것이 가능한 이유는 '화폐'의 위력에 있다. 돈으로 살 수 있는 것들의 범주가 매우 커져서 돈만 넉넉하면 어디든지 가서 살 수 있을 것으로 생각한다.[5] 국적도 바꿀 수 있고 여생을 모두 외국에서 살 수도 있다. 돈 주고 편하게 살 수 있는 공간은 쉽게 국경을 넘을 수 있다.

그러나 고향이 있는 사람에게 고향을 바꾸는 것은 불가능하다. 아쉽게도 요즘은 고향을 잃어버린 혹은 고향이라는 개념 자체가 거의 없는 경우가 많다. 고향은 성장기의 심성을 간직한 채 언제든지 소환되는 기억의 보고다. 나고 자란 곳을 고향이라고 한다면 고향에는 자신의 유년시절, 성숙되지 않아 저질렀던 개구쟁이 짓들이 모두 묻어있는 곳이고, 친구들과 이웃, 그리고 뛰어놀던 자연이 언제든지 푸근하게 품어주던 거대한 삶의 뿌리와 생태계가 존재하는 곳이다. 물론 여러 이유로 고향이 지긋지긋해서 떠나온 사람들도 있을 터이다.

제 3부의 머리글에서 언급된 VRINO 분석틀[6](이상윤, 2023)을 여기에 적용해 보면 고향은 개인에게 가치 있고, 희소하며, 모방불가능하고 이러한 자원들을 모아낼 수 있는 대체 불가능한 곳이다. 사회적경제가 이와 같이 VRINO 틀을 충족시켜주는 고향과 결합하는 것은 단지 사회적경제의 장소성을 강조하기 위함이 아니다. 사회적경제가 구체적으로 마을과 결합하지 않으면 사회적경제의 생태계를 만들기 어렵다. 생태계가 없는 사회적경제 조직들은 시장경제와의 경쟁 속에서 살아남기 어려울 뿐만 아니라 사회적 가치를 실현하는 데에도 제약이 따르기 때문이다.

본인이 나고 자란 곳이 아니지만 전세와 월세로 떠도는 도시유목민들이 스스로 선택하여 정착하고 싶은 마을을 정할 수 있다면 그곳이 실질적인 고향 혹은 제2의 고향이 될 수도 있다. 그만한 매력을 줄 수 있는 마을을 어떻게 찾을 수 있을까? 결론부터 언급하면 그런 마을을 찾는 것은 쉽지 않을 뿐만 아니라 살아보기 전까지는 알기 어렵다. 따라서 그런 마을을 찾기보다는 자신이 살고 싶은 곳을 선택하고 결정한 뒤 그곳을 매력적인 마을로 가꾸어 가는 것이 현실적이다.

매력적인 마을이 되기 위해서는 다음의 네 가지 요소가 고려되어야 한다. 장소성, 공동체성, 공공성 그리고 포용성이다. 첫째, 장소성은 그 마을의 역사와 자연들이 만들어온 마을의 맥락에 관한 것이다. 어느 마을이나 그 마을이 지닌 지정학적 혹은 지경학적 특징을 가지고 있으며 이와 함께 만들어온 역사가 존재한다. 예컨대 서울의 25개 구는 이런 점에서 각기 다른 맥락을 가지고 있다. 북한산을 배경으로 한 강북구는 국립공원과 근접하여 고도제한에 따른 저층 주거지역이지만 바로 옆의 도봉구는 노원구와 함께 아파트 밀집지역으로 발전하였다. 서울의 팽창으로 1970년대 이후 개발된 강남은 각종 금융업체와 대기업의 본사가 밀집한 경제중심지로 성장했고 종로와 중구 등은 구도심의 모습을 간직한 역사도시의 성격도 갖고 있다. 사회적경제의 유형이 달라질 수밖에 없는 맥락을 지역에 따른 서로 다른 특성이 제공한다.

둘째, 공동체성은 지역사회가 가진 사람들 간의 관계자본[7]에 기여한다. 주택유형이 아파트인 경우 일반적으로 전출입 잦고 왕래가 적은 반면, 오래된 단독주택의 경우에는 이웃이 서로 잘 아는 경우가 많다. 상가에 따라 상인연합회가 활발하게 운영되면서 관계망이 잘 형성된 경우가 있는가 하면, 그렇지 않은 경우도 있다.[8] 오래된 마을의 경우 대체로 학연에 의한 느슨한 관계망이 형성되어 있다. 학부모 활동이나 작은 도서관 혹은 생협 활동 등으로 지역 모임이 돌아가는 경우에는 도심지역지만 관계망이 활성화되기도 한다. 모든 주민이 공동체의 구성원이 되는 일은 불가능한 일이다. 그러나 사회적경제가 마을에서 만들어내는 관계는 이웃에게 비빌 언덕이 되어주고 언제든지 함께 할 수 있는 가능성을 열어주는 마당으로도 충분히 의미가 있다.

셋째, 공공성은 실제로 그 마을의 미래 비전이다. 한 마을의 공공성은 주민들의 공감대를 바탕으로 한다. 어떤 사업은 이미 지역의 숙원사업 형태로 주민 간 합의가 이루어진 경우가 있다. 그러나 이것이 사회적경제의 가치와 반드시 일치하는 것은 아니다. 주민들 사이에도 잠재된 이견이 존재하는 경우가 많다. 예컨대 고도제한 완화, 공용주차장 확보, 혐오시설에 대한 거부 등 다양한 민원들이 합의되었다고 해서 지역의 공공성을 반드시 보장하는 것은 아니다. 마을의 사회적 가치가 무엇인지를 공공성의 관점에서 비판적으로 검토해보고 주민들을 설득하고 공감대를 구성해가는 것은 매우 어려운 마을 민주주의의 과정이다. 따라서 큰 사업을 하기보다 작지만 접근하기 쉬운 사업부터 시작해서 주민 간 공감대와 신뢰를 확보해가는 작업을 선행하는 것이 필요하다. 이를 통해 공동으로 숙고하고 대화하는 민주주의 과정을 체득해가는 것이 시민력을 강화해가는 길이기도 하다.

넷째, 포용성은 서로 다른 문화를 받아들이고 나아가 이를 환대할 수 있는 시민들의 열린 마음에서 출발한다. 마을의 맥락이 강조되고 공동체성이 강조되다 보면 마을의 폐쇄성이 높아진다. 공감의 영역이 유연해지지 않고 공감만을 강조한다면 공동체는 언제나 공감하는 이들만의 작은 집단으로 쪼개질 수 있고 공감하지 않거나 이질적인 개인이나 집단에 대하여 혐오감 혹은 적대감을 가지기 쉽다(장대익, 2022). 포용성의 또 다른 중요성은 자신들의 마을 안에 갇혀서 스스로가 보지 못하는 것 혹은 늘 보아도 똑같은 발상만 하기 때문에 그것이 소중한 자원인 것을 느끼지 못하는 것을 타자의 시선과 타자의 감흥을 통해 깨닫게 된다는 점이다. 포용성은 창의성과 연결되어 있으며 역동적인 발전의 모멘텀을 제공하기도 한다. 이런 의미에서 포용성은 인구감소와 수도권 집중화로 인한 인구소멸을 방지할 새로운 가능성을 열어주기도 한다. 새로운 인구유입에 대해 적극적이고 이들에게 필요한 사회적 서비스의 제공과 공유는 매력적인 마을의 기본요소이다.

네 가지 요소는 매력적인 마을, 살고 싶은 마을, 정이 들면서 제2의 고향으로 여기게 되는 마을의 기본요소들이라고 할 수 있다. 네 가지 요소를 조율하고 그 특성을 살리는 작업은 사회적경제가 담당할 몫이다. 마을과 접목된 사회적경제를 '마을산업'이라고 한다면 마을산업은 관계자본을 바탕으로 마을의 맥락을 재구성함으로써 새로운 일자리를 창출하고 사회적경제의 선순환구조를 만들어내는 데 기여한다. 이익창출을 목적으로 움직이는 자본주의경제와는 마을의 사회적 가치를 창출함으로써 마을 주민들에게 소속감을 증대시키고 참여를 활성화할 것으로 기대한다.

다만, 한국의 경우 로컬에 대한 재발견은 이제 시작 단계이고 사회적경제는 정부지원 사업에 의존하는 경우가 많다. 곧 마을을 탐구하고 재발견함으로써 로컬의 즐거움을 만끽할 수 있기까지는 시간이 걸릴 수 밖에 없고 유연하고 다양한 전략이 필요하다. 타인에 대한 환대는 마을의 정체성에 대한 자신감과 새로운 것에 대한 포용력과 겸손함을 겸비하지 않으면 실질적으로 이루기 힘든 사회적 가치이자 실천이다. 일반 기업도 사회적경제의 가치를 추구할 수 있다. 여러 정책의 대상지에 불과했던 마을들이 오히려 주도권을 가지고 자율적이며 유연하게 다양한 사업을 포괄해내고 다른 마을과 협력할 수 있는 연대성을 갖출 수 있다면 새로운 마을 외교도 만들어 갈 수 있을 것이다.

마을공화국과 사회적경제의 리더십

사회적경제를 장소성과 결합하는 것에서 한 걸음 나아가 마을산업과 마을공화국이라는 단어를 쓰는 데에는 몇 가지 이유가 있다. 먼저 마을산업은 성장의 동력이 사람과 그 관계에서 나오는 만큼 마을경제를 마을산업이라고 명명하는 것이 그 의미와 원리를 더 명확하게 해준다. 마을산업은 제도화된 사회적경제의 범주를 넘어서는 영세상인들을 비롯한 골목상권, 전통시장 등 마을에 기반을 둔 산업을 포괄한다. 이들 기업은 명백히 이익을 추구한다는 점에서 사회적경제의 정의와는 거리가 있다. 그러나 오래된 노포와 마을에 친화력을 가진 골목상권은 이윤추구 이외의 기능을 한다. 단골을 중심으로 정보를 나누기도 하고 때로는 동네 사랑방 역할도 한다. 마을산업은 마을의 정체성과도 관련이 있으며 장소를 브랜딩하는데 결정적으로 기여하기도 한다.

마을공화국을 사용하는 이유는 국가권력에 대항하거나 경쟁하기 위한 개념이 아니라 마을 주민들 개개인이 주체적이고 자율적으로 참여함으로써 주권재민의 원칙을 체감하고 시민적 덕성을 발휘하여 공공의 가치를 공동으로 심사숙고하고 실천하는 직접민주주의의 단위임을 강조하기 위함이다. 특히 지금까지 지방자치는 국가권력을 나누어 갖는 분권을 강조했지만 마을공화국은 그 권리를 국가로부터 이양받는 것이 아니라 본래 주민들이 주권자임을 자각하고 마을에서 스스로 결정할 수 있는 것을 결의하고 실행하는 자주적이고 자율적으로 직접민주주의를 실행하는 적극적이고 자기주도적인 공동체이다. 심지어 마을이 반드시 행정구역에 입각한 기초자치단체일 필요는 없다. 생활을 공유하는 로컬의 범주이면 충분하다. 또한 관심이 있는 사람들이 언제나 함께 할 수 있기에 경계는 유동적이다. 포용성의 원리에 입각하여 주민으로 등록되어있지 않은 개인이라도 마을사업에 관심이 있거나 기여할 수 있다면 함께 참여할 수 있다.

마을산업과 마을공화국을 현실화시켜주는 힘이 바로 리더십이다. 사회적경제의 리더십은 조직원리와 직결된다. 리더십은 방향성만 제시하는 지시형이 아니라 함께 하는 이들에게 왜 이것을 하는지에 대한 분명한 인식과 함께, 하고 싶은 의지를 갖게 하는 자발성을 유도하는 힘이기도 하다. 이런 의미에서 사회적경제의 속성과 마찬가지로 사회적경제의 리더십은 관계성에 의해 좌우된다. 리더십은 신뢰와 유대 그리고 보이지 않지만 어디로 가고 있는가에 대한 분명하고 설득력 있는 상을 제시하고 공유하는 것이다.

먼저 리더십은 함께 하는 이들이 각자 무엇을 원하고 무엇을 잘 할 수 있는지를 파악하는 것에서 시작한다. 리더는 본인이 기획하고 있는 사업이나 기업의 목표를 분명하게 보일 수 있는 비전을 제시하는 것도 중요하지만 함께 하고자 하는 사람이 왜 그 목표에 동의하고 참여하는지 그리고 무엇을 할 수 있는지를 파악해야 한다.

앞서 여론조사에서 알 수 있듯이 돈을 버는 것도 중요하지만 워라벨을 위해서 자기 시간을 확보하는 것을 중요한 가치로 여기는 것이 젊은 세대이다. 마을에서 어떤 사업을 하려고 할 때, 사람마다 기대하는 급여가 다를 수 있고 어느 정도 시간을 확보하면 참여할 수 있을지가 모두 다를 수 있다. 또 어떤 사람은 급여는 적게 받더라도 일의 배우고 경험하는 과정을 중요하게 여길 수도 있다. 지금까지 기업은 입사할 때 받는 초봉에서 조금씩 임금을 인상하는 방식이고 직급에 따라 차별적으로 임금을 정하는 것이 일반적이고 공평하다고 생각해왔다. 그런데 사업이나 기업을 운영할 때 공정을 이유로 일률적으로 정할 필요는 없다. 그러려면 두 가지가 조사가 필요하다. 먼저 참여하는 이가 무엇을 원하고 무엇을 잘 할 수 있는지에 대하여 상의하는 과정이 필요하다. 다른 하나는 일률적 배분이 아니라 이러한 원칙에 참가자들이 동의함으로써 노동과 보상체계에 대한 이해를 합의하고 공유하는 것이다. 동기부여와 보상체계를 명확하게 갖고 가는 것이 무엇보다 중요하다. 일의 시작 지점이기 때문이다.

둘째, 사업이 시작되면 초기에 시작한 사업의 목표와 가치를 끊임없이 성찰하고 공유해가는 것이 중요하다. 이때 중요한 것은 리더가 그 목표를 이야기하는 것이 아니라 함께 하는 이들이 이야기할 기회를 제공하는 것이다. 리더가 해야 하는 일은 그들이 자신의 일과 목표를 스스로 말하고 토론하도록 하는 것이다. 아무리 리더가 명확하게 사업의 목표와 가치를 이야기했다 하더라도 대부분 리더의 마음처럼 받아들이는 이는 거의 없다. 또 리더 역시 함께하는 이들과 일을 해가면서 초기 생각이 변화할 수 있다. 기대치를 높이거나 낮출 수도 있고 미처 생각하지 못했던 부분을 받아들여 방향을 변형하거나 바꿀 수도 있다. 리더는 자기 생각을 관철하는 것이 아니라 자기 생각을 비판적으로 공유할 기회를 의도적으로 만들어가면서 상호주관적으로 변화 발전시키는 과정을 자연스럽게 만들어가야 한다.

일본의 지역정당 「가나가와 네토」에서는 이를 '말의 순환'이라고 표현한다(이기호, 2003). 서로 다른 이들이 같은 일을 하면서 서로 다르게 표현할 수 있고 그 내용을 들어가면서 서로의 이해 정도를 공유하고 확장하는 과정이야말로 가치의 공유과정이라고 믿기 때문이라고 한다. 그래서 이들은 외부에서 탐방을 오는 손님들에게 조직의 소개를 리더가 하기보다 서로 돌아가면서 한다. 외부에 자기 조직을 소개할 때만큼 사업이나 조직의 목표를 잘 전달해야 하는 경우가 많지 않기 때문에 이런 기회를 적극적으로 활용하는 것이다. 리더는 조직의 구성원이 사업을 외부에 소개하는 것을 들으며 잘못된 표현을 찾아내기보다는 어떻게 표현하고 어떤 용어를 쓰는 것이 더 적확한지 고민하고 그러한 의견을 직원들과 상의하는 것이 중요하다. 그래야 사람들은 단어에 대한 개념을 분명하게 공유할 수 있다. 필요하면 단어를 만들어야 한다.

셋째, 리더는 집단적 리더십을 형성해야 한다. 개인에 의존하는 리더십 구조가 아니라 여러 명이 사업을 목표를 공유하고 그들이 사업의 단계별 목표를 정하고 조정할 수 있도록 여러 명의 리더가 형성되어야 한다. 리더십을 가진 사람들이 오너십을 가질 경향성이 높으며 오너십을 가질 때 책임성도 높아진다. 집단적 리더십을 육성하는 과정은 궁극적으로 구성원 모두가 리더십을 갖도록 하는 일이다. 이 과정은 단순히 사업이나 집단의 리더라는 지위의 문제가 아니다. 리더십을 경험할 때 사람들은 전체를 보게 되고 그만큼의 무게 있는 책임감을 느끼기 때문에 스스로 성장하고 있다고 느끼게 된다. 실제로 조직에서 개인의 성장은 이런 경우에 이루어진다. 자신이 하는 일에 익숙해서 숙련도가 높아지는 것은 개인의 기술과 전문성이 높아지는 것이지만 리더십을 통해서 느끼는 성장은 이것과 다르다. 본인의 기술과 전문성이 어떻게 사회적 의미를 갖는지 그리고 본인이 하는 사업이 지역에서 어떤 의미를 갖는지를 분명하게 자각할 수 있고 자부심도 가질 수 있기 때문이다.

거시적으로 보면 사회적경제 관련 기업이 마을산업과 마을공화국이 활성화될 수 있도록 사회적 리더십을 발휘해야 한다. 미시적으로는 사회적경제의 조직들이 사회적 책임을 다하고 지속가능하도록 조직 내 리더십을 발휘해야 한다. 흔히 리더십을 논할 때, 카리스마가 있는가 품성이 좋은가 등의 선험적 특성을 강조하는 경우가 있다. 중요한 것은 태도의 문제이고 리더십의 덕목은 각자가 스스로 리더가 될 수 있는 분위기와 기회를 어떻게 제공할 수 있는가에 달려 있다.

마치며

사회적경제가 사회혁신을 실현해갈 수 있는 새로운 경제영역이 되기 위해서는 사회적경제에 대한 가치와 포지셔닝이 중요할 수밖에 없다. 사회적경제는 자본주의의 약점을 보완해주는 보완적 성격을 가지기도 하지만 자본주의가 만들어내는 이익중심의 사회질서에 대하여 도전하고 자본주의의 체질을 개선하는 사회혁신을 이루어가는 새로운 경제영역이라는 점을 강조해 두고 싶다. 이렇게 포지셔닝하게 되면 사회적경제는 기업의 성격도 갖지만 운동의 성격도 갖고, 동시에 공동체의 성격도 갖게 된다. 운동의 성격을 갖는다는 것은 사회혁신의 가치를 내면화하고 우리 사회의 문제를 비판적으로 성찰하고 사회적경제를 운영함으로써 시민력을 강화해간다는 의미이다. 또한 공동체성을 강조하는 이유는 사회적경제는 개별 기업으로 완성되는 것이 아니라 사회적 관계 곧 사회적경제의 생태계를 구성해감으로써 사회를 조직해가는 과정으로 이해할 수 있기 때문이다. 사회적경제를 마을산업의 동력으로 이해하고 마을공화국을 하나의 비전으로 이해하고자 했던 이유이기도 하다. 곧 사회적경제는 지역의 정체성을 만들어가기도 하지만 동시에 다른 지역과의 유대도 중요하게 여겨 마을과 마을의 협력 네트워크를 구성해갈 수 있기 때문이다.

사회적경제는 사회를 돌보고 관계 회복을 지향하는 경제이다. 이익이 되면 살상무기를 만들든 생태를 파괴하든 어디든지 달려가는 자본주의 경제와는 근본적으로 다르다. 여기서 한 가지 생각해보아야 할 문제는 사회적경제의 보편성 혹은 세계성이다. 사회적경제의 핵심자본이 시민자본이고 인간적 유대에 기초하기 때문에 사회적경제는 마을이라는 현장에 밀착해야 한다고 줄곧 설명해왔다. 그런데 바로 그런 가치가 실현되기 위해서라도 사회적경제는 마을과 마을 사이에서 때로는 국경을 넘어 협력하는 사회적경제의 외교(diplomacy of social economy)를 활성화할 필요가 있다. 이미 GSEF(Global Social Economy Forum)과 같은 국제행사도 자리잡은 바가 있지만 일상적으로 협력이 가능한 국제연대를 마을산업과 더불어 강화해나갈 필요가 있다.

조직 내 리더십을 어떻게 만들어갈 것인가에 대하여 논의했지만, 국제연대의 틀이 좀 더 견고하게 작동한다면 조직의 리더 혹은 마을의 리더가 단지 며칠간의 탐방이 아니라 1년 이상 서로가 인턴십으로 지도력을 공유하고 동시에 상호이해를 높임으로써 사회적경제의 글로벌 리터러시를 높이고 협력의 기회를 확장하는 것이 필요할 수 있다. 사회혁신이 마을 단위에서만 이루어지기에는 이미 자본주의가 우리의 생활세계에 깊숙이 뿌리내리고 있을 뿐 아니라 이미 글로벌에서는 압도적으로 군림하고 있다. 사회적경제의 글로벌 연대가 이루어지지 않고는 사회혁신을 이루기 어려운 조건이 이미 우리 앞에 놓인 과제이다.

사회적경제를 제도의 틀 안에 묶어두지 말고 사회혁신을 실현해가는 조
직과 단체를 포용하면서 새로운 대안을 실험하고 그 안에서 시민력이 강화
된다면, 사회적경제는 조금씩 사회를 변화시켜갈 수 있다. 세대간의 노력이
이어져야하는 장기적인 사업인 만큼 우리는 10년 뒤의 사회, 100년 뒤의 사
회를 함께 그려보고 공유함으로써 우리가 원하는 미래를 기억할 필요가 있
다. 사회적경제의 운동성은 과거 운동과 달리 사회를 비판하는 것에 그치지
않고 대안을 제시하고 새로운 경제활동을 통해 사회에 기여하고 개입함으로
써 변화의 한 축을 이미 만들어가고 있다는 점이 특징이다. 사회적경제의 조
직들은 자기 조직의 목표와 비전도 중요하지만, 사회 전체의 방향과 개인들
의 성장에 대하여 항상 예민하게 성찰하고 대화함으로써 발은 현장에서 차
근차근 움직이지만, 희망을 만들고 공유하는 작업에도 부지런해야 한다.

참고문헌

(재)아이쿱협동조합연구소. 2013. 1. "로버트 오웬, 이상적 현실주의자". 「아이쿱해외 협동조합연구동향」, 5-1.

(재)아이쿱협동조합연구소. 2013. 1. "로치데일의 의미: 로치데일 선구자조합과 협동 조합원칙". 「아이쿱해외협동조합연구동향」, 5-1.

가가와 도요히코. 2014. 『우애의 경제학』. 홍순명 옮김. 그물코.

기노시타 히토시. 2022. 『마을 만들기 환상: 지역재생은 왜 이렇게까지 실패하는가』. 윤정구·조희정 옮김. 더가능연구소.

기든스. 2010. 『현대성과 자아정체성』. 권기돈 옮김. 새물결.

김신양. 2022. "200년 사회적경제의 역사 속 한국의 사회적경제". 「공동체문화와 민 속연구」, 4호: 101-140.

송원근. 2023. "공공-민간 파트너십의 지향과 과제". 이 책의 3장.

요코다 카쓰미. 2004. 『어리석은 나라의 부드러우면서도 강한 시민』. 나일경 옮김. 논형.

이기호. 2003. "삶의정치, 녹색자치와 여성: 지역정당 일본 가나가와네트워크 운동의 사례". 한살림 강의록.

이상윤. 2023. "사회적경제 기업의 유효성을 높이다". 이 책의 3부 여는글.

이은선·이현지. 2017. "사회적경제의 개념과 발전, 제도화: 폴라니의 이중적 운동을 중심으로". 「한국사회와 행정연구」, 28-1: 109-138.

일자리위원회 관계부처 합동. 2017.10. 「사회적경제활성화 방안」.

자끄 드푸르니·마르뜨 니센 외. 2021. 『사회연대경제』. 김신양·엄형식 옮김. 착한책 가게.

장대익. 2022. 『공감의 반경』. 바다출판사.

최병두. 2011. 『일본의 다문화 사회로의 전환과 지역사회의 역할』. 푸른길.

호세 마리아 아리스멘디아리에타. 2016. 『호세마리아신부의 생각』. 박정훈 옮김·정 태인감수. 칼폴라니사회경제연구소.

1) 자끄 드푸르니에 의하면 '연대경제는 시민들의 실질적이고 호혜적인 참여의식, 자신들의 필요를 함께 파악하는 능력, 그리고 그 필요를 해결하기 위한 방안을 구상하고 통제하려는 의지의 산물이다'. 곧 연대경제는 이미 정치를 내재화하고 있으며 권력에 대하여 비판적 입장을 견지한다고 할 수 있다.

2) 프랑스의 지역관리기업전국연합으로 본래 명칭은 CNLRQ(Comité Ntional de Liasion des Régies de Quartie)이다. 1988년에 형성되어 프랑스 전국에 약 130개 정도의 마을에서 각 마을의 특성과 어려움에 대하여 주민들 스스로가 주체적이고 능동적인 주민으로 참여하고 스스로의 삶을 개선해갈 수 있도록 다양하게 지원하는 방식을 고민하고 이들과 연대하는 운동을 진행하고 있다. 무엇보다도 이웃이야말로 소중한 커먼즈라고 생각하고 항상 이들과 대화 대변하고 이들의 활동을 지원하며 연대하고 있다. (https://www.lemouvementdesregies.org)

3) 공감(empathy)의 경우, 포퓰리즘과 구분할 필요가 있다. 어떤 경우에는 공감하지만 나의 것으로 받아들이지 않을 수도 있다. 반대로 공감이 너무 강해서 공감하지 않는 이들과 벽을 쌓는 폐쇄성을 보일 수도 있다. 본 글에서는 공감에 대하여 자세한 설명은 하지 않기로 한다. 다만 공감이란 주관적임과 동시에 주체적으로 움직이는 감정과 이성의 상호작용이며 동시에 공감하지 않는 이들에 대한 이해를 바탕으로 포용할 수 있는 여지를 두는 것이 중요하다는 점을 환기해 둔다. 공감은 끊임없이 변화하기 때문이다.

4) 참가형 시스템 연구소 홈페이지 - www.systemken.org/publish.html

5) 안토니 기든스는 화폐와 더불어 기술의 발전이 시간과 장소를 분리하고 장소 귀속성을 탈피시켰지만 그만큼 근대사회의 위험(risk)을 증가시키는 결과를 낳았다고 지적하였다(기든스, 1991). 데이비드 하비는 공간적 전환(spatial turn)으로 이해하고 르페브르의 3가지 공간 즉 절대적 공간, 상대적 공간, 관계적 공간을 물질적 공간, 공간의 재현, 재현의 공간 등과 결합하여 9개의 시공간 분석틀을 제시하기도 하였다(최병두, 2011).

6) VRIO분석틀이란 Valuable(가치있고), Rare(희소하며), Inimitable(모방불가능하고), 이런 자원들을 Organizing(조직하는) 능력을 갖추었는지에 따라 대체불가능한 경쟁력을 갖춤으로써 지속적으로 경쟁적 이익을 창출해갈 수 있는가를 분석하기 위한 틀로 사용되고 있다.

7) 관계자본은 사람과 사람 사이의 유대감과 신뢰에 관한 것이다. 최근에는 관계인구라는 표현도 자주 쓴다. 관계인구란 특정 지역에 거주하지 않더라도 그 지역에 대한 유대감을 가지고 정기적으로 혹은 비정기적으로 방문하여 지속적인 관계를 유지하는 사람이라고 할 수 있다. 일본에서 시작한 이 개념은 지방소멸을 막기 위한 지역의 자구책으로 제시된 개념이다. 향우회나 동문회가 관계인구의 대표적 잠재적 집단이지만 최근에는 적극적으로 관심별로 모임을 구성해가면서 관계인구는 더욱 다양화되어가고 있다.

8) 기노시타 하토시는 마을에 대한 환상을 깨고 접근할 것을 권한다. 지역 사람들이 공동체성을 가지고 있을 것이라는 착각과 '모두'라는 환상을 지우고 강력한 소수정예를 구성하는 것이 마을에서 사업이 성공할 수 있는 전략이라는 것이다. 아울러 그는 외지인에 대한 환상도 경계하고 있다(기노시타 히토시, 2022).

18장

훌륭하게, 더 연대하는 사회적경제 국제 동향

곽은경

우리는 그 어느 때보다 현재를 심각한 위기의 시대로 느끼고 있다. 특히 코로나 위기를 겪으며 너무도 처절하게 우리 눈앞에 펼쳐졌던 우리 사회, 경제, 정치제도의 실패와 해결하지 못한 과제들과 함께 하루가 다르게 우리 지구의 지속성을 위협하고 있는 기후 위기의 현실들이 더 이상 먼 남의 이야기가 아니게 된 탓일까? 그 무엇으로 시작된 동기 유발이라 하더라도 국내는 물론 국제적으로도 그 어느 때보다 시급하게 요구되는 전환(우리 일상의 전환에서 출발해 사회, 경제, 정치, 환경 전환)이 모두의 우선 관심사가 됐지만 그 시급함과 중요성에도 불구하고 전환의 시대로 이끌 새 이론과 담론, 정책과 지도자도 쉽게 떠오르지 않을 때 많은 주요 국제기구들, 특히 유럽연합(EU)과 경제협력개발기구(OECD) 및 국제노동기구(ILO)는 사회연대경제[1]에 주목한다.

2022년은 COVID-19 팬데믹이 경제의 많은 취약성을 노출하고 기존 불평등을 더 악화시킨 가운데 더 깊고, 더 야심차며 혁신적이고, 통합된 회복이 시급히 필요함을 인식하며 코로나19 대유행 기간에 많은 사회연대경제 주체들이 위기의 최전선에 있었다. 안면 마스크를 생산하고, 디지털 온라인 교육을 제공하고, 도움이 필요한 사람들을 돕고, 지역사회 가까이에서 도움을 제공하면서 코로나 위기를 극복하고자 한 노력과 함께 개도국은 물론 선진국들에서조차 미처 대응하지 못하는 보건, 위생 및 경제, 사회, 환경의 전면적 위기를 연대와 협동, 그리고 시민들의 자발적 노력과 참여로 대응하며 새로운 전환의 경제, 모든 이들을 위한 경제로 인정받게 되자 사회연대경제의 더 큰 역할과 가능성에 대한 인식이 확장되었고 국제기구들이 다투어 사회연대경제의 위상을 다시금 인정, 지지하며 지속적인 발전과 성장을 위한 지원 정책을 발표한 역사적인 해로 기억될 것이다.

세 가지(경제, 사회, 환경)의 가장 시급한 전환을 극복할 수 있는 주체이며 가치 및 원칙이 있는, 그리고 무엇보다 시민들의 참여로 이루어진 사회연대경제조직과 기업의 활동들이 이미 많은 연구들과 함께 위기 때(코로나 위기를 포함, 2008~9 금융 위기 등)마다 보여준 사회연대경제의 탄력성과 회복력, 증명된 사회연대경제의 역할과 성장 가능성에 주목하며 아직 현실과 실체로 증명되지 않은 사회연대경제의 가능성과 잠재력을 개발, 지원하고자 너도나도 정책적이고 체계적인 지원을 약속하며 실행계획들을 내놓았다.

2030년 사회적경제를 상상해 보는데 이런 국제기구들의 동향은 큰 도움이 되리라 생각돼 이 글에서는 연도 순으로 2021년 12월에 발표된 유럽연합의 「사람을 위해 일하는 경제 만들기: 사회적경제를 위한 실행계획」부터, 2022년 6월 10일 동시에 채택된 경제협력개발기구(OECD)의 「사회연대경제 및 사회혁신 정책 권고」 및 국제노동기구(ILO)의 「양질의 일자리와 사회연대경제」 결의와 사무국 실행계획 및 2023년 4월 18일 뉴욕 유엔 총회 세션에서 채택된 「지속 가능한 발전을 위한 사회연대경제 촉진」을 위한 유엔 결의 논의를 통해 국제기구들의 최근 동향을 살펴보고자 한다.

사람을 위해 일하는 경제 만들기
: 사회적경제를 위한 유럽연합 실행계획

2021년 12월 9일, 유럽연합 집행위원회(EC - European Commission 이하 위원회)는 시민 및 이해관계자와의 협의 과정을 거쳐 "사람을 위해 일하는 경제 만들기: 사회적경제를 위한 실행 계획"을 발표했는데 이 실행계획은 2년에 걸쳐 공개적이고 포용적인 과정을 통해 작성됐다.

이 실행계획은 유럽연합의 사회적경제에 대한 정책 프레임워크를 제공하는 이정표를 나타내는데 유럽의 사회적경제가 번창하고 경제 및 일자리 창출 잠재력을 활용하고 공정하고 포용적인 회복과 녹색 및 디지털 전환에 기여하도록 돕기 위해 개발되었다. 이전 EU의 사회적경제 지원 이니셔티브에 따른 진전2)에도 불구하고 여러 영역에서 요구 사항이 지속되자 개선된 가시성과 인지도, 금융 및 시장에 대한 접근성을 포함하여 유럽 전역의 사회적경제를 위한 올바른 프레임워크 조건을 개선하여 사회적경제 부문의 잠재력을 최대한 동원하는 것이 핵심 목표이다.

유럽연합 실행계획의 목적

지속 가능하고 포용적인 성장을 달성하기 위해 자본 흐름을 기후변화, 자연재해, 환경파괴, 사회적 이슈 등으로 인한 재무적 리스크 관리를 위한 지속 가능한 투자 방향으로 재조정하고자 하는 유럽연합 실행계획은 사회적경제 조직을 사회적 및 환경적 목적을 우선시하고 대부분의 이익을 조직에 재투자하는 실체로 인식하며 돌봄 서비스에서 재활용에 이르기까지 다양한 부문과 형태로 사회의 주요 과제에 대한 해결책을 제공한다는 것을 인정하여 1,360만 명을 고용하는 유럽의 280만 사회적경제 조직을 지원할 계획이다.

2030까지 국가 지원, 법적 프레임워크, 사회적으로 책임 있는 공공 조달,

사회적경제 촉진, 자금조달에 중점을 둔 다양한 조치를 제안하고 있는 이 실행계획은 코로나19 팬데믹은 공정하고 지속 가능하며 탄력적인 경제모델로의 전환을 이전보다 훨씬 더 강력하게 만들었다고 밝히며 사회적 투자를 강화하고 사회적경제 행위자와 사회적경제 기업들의 창업, 확장, 혁신 및 일자리 창출을 지원하는 것이 목표라며 특히 다음 세 가지 영역; 1) 사회적경제가 번성할 수 있는 올바른 기본 여건 조성, 2) 사회적경제 조직의 역량 강화를 위한 기회 및 지원 개방, 3) 사회적경제와 그 가능성에 대한 인식 제고를 위한 일련의 이니셔티브를 통해 이를 수행할 것이라 한다.

유럽의 사회연대경제

유럽의 사회적경제 현황을 유럽사회적경제기구(Social Economy Europe, 이하 SEE) 최근 데이터3)로 살펴보면, 유럽의 사회적경제는 280만 사회적경제 기업 및 단체들이 1,360만명의 일자리를 제공하며 세계 GDP의 7%, 유럽 GDP의 8%를 차지하고 있다. 또 전반적인 실업률 증가 추세와 달리 사회적경제는 2002~2003년 1,100만 개의 일자리에서 2009~2010년 1,450만 개의 일자리로 상당한 고용 성장을 경험했는데 유럽연합 27개 회원국 중 남유럽 국가들이 유럽의 사회적경제의 동력을 견인하고 있다.

이러한 현 상황에 주목, 위원회는 새 실행계획에서 사회적경제는 유럽 내 기업 형태의 다양성에 기여하며 더 많은 소비자 선택과 제품·서비스 품질 향상을 촉진하며 사회적경제가 가장 발전한 국가들에서는 사회적경제가 GDP에 중요한 기여를 하고 있어 이러한 이유로 EU의 업데이트된 산업전략에서는 사회적경제를 14개 산업 생태계 중 하나인 "인접 사회적경제" 생태계의 핵심에 포함하고 있다고 설명했다.

사회적경제는 사회적 권리를 위한 유럽 원칙(European Pillar for Social Rights)을 이행하고 2021년 실행계획 및 2030 주요 목표를 달성하는 데 도움이 될 수 있으며 약 1,360만 명의 사람들을 고용하고 있는 사회적경제의 유급 고용은 회원국 별로 0.6%에서 9.9%까지 다양한데 이는 EU 안에서 사회적경제의 발전이 불균등하게 이루어지고 있음을 보여주지만 적절한 조치가 취해진다면 여러 회원국과 지역에서 경제와 일자리 창출과 관련하여 사회적경제의 아직 드러나지 않은 주요 잠재력이 있음도 드러낼 수 있다며 사회적경제는 비용 효율적인 방식으로 양질의 사회 서비스를 제공하려는 회원국의 활동과 또 젊은이와 취약계층을 노동시장과 보다 넓게는 사회에 통합하려는 회원국들의 노력을 보완하며 나아가 성평등을 개선하는 데 도움이 된다고 강조했다. 또한 사회적경제는 EU 및 전세계 차원에서 지속가능발전목표(SDGs) 이행에 기여하고 있고 빈곤 감소, 지속 가능한 도시 및 커뮤니티, 책임 있는 소비와 생산, 지속 가능한 금융으로의 전환을 주도하는 데 활발히 활동하고 있어 이렇듯 협력하는 비영리 조직들은 유럽의 사회경제적 회복력의 핵심 원칙이라고 언급했다.

사회적경제는 보다 정의로운 생태적, 경제적, 사회적 변혁을 이끄는 포용적이고 지속 가능한 경제 모델을 통해 코로나19 이후 경제를 재편할 수 있는 잠재력을 가지고 있으며 이미 일부 회원국은 사회적경제와 포용적 기업가정신을 국가 복구 및 회복 계획의 우선순위에 반영했다며 위원회는 회원국이 각자의 계획을 실행하는 과정을 모니터링하고 지원할 것이며 사회적경제가 신 유럽 바우하우스(New European Bauhaus) 프로젝트가 장려하는 아름답고 지속가능하며 포용적인 생활공간과 생활양식으로의 전환에서 지역사회의 요구와 열망에 부합하는 새로운 학제 간 접근과 해법을 제공하는 핵심적인 역할을 하지만 이러한 잠재력 중 일부는 아직 충분히 활용되지 않고 있는데 이는 사회적경제를 모르는 사람이 너무 많기 때문이라며 이런 문제를 해결하기 위해 위원회는 사회적경제 주체에 대한 이해와 인식이 충분하도록, 또 사회적경제 주체들이 성장하고 번성하여 더 큰 경제적, 사회적 영향력을 내도록 더 나은 지원을 제공, 사회혁신을 강화하고 사회적경제의 발전을 지원하며 사회적경제가 사회경제적 변혁을 일으킬 힘을 강화하기 위해 더 많은 노력을 기울일 것이라고 실행계획의 목표를 밝혔다.

OECD의 「사회연대경제 및 사회혁신 권고」

2022년 6월 10일, 경제협력개발기구(이하 OECD - Organization for Economic Co-operation and Development)도 OECD 각료이사회에서 지역고용경제개발 (Local Employment and Economic Development, 이하 LEED) 위원회의 제안에 따라 "사회연대경제 및 사회혁신에 대한 권고"를 채택했다. OECD는 기본적으로 경제 협의체지만 그 명칭과 달리 그 활동 범위는 경제에만 머무르지 않고 정치, 사회, 환경 등 다양한 분야를 망라하며, 이들을 종합으로 연구하고 논의하는 것이 특징이다.

OECD의 「사회연대경제 및 사회혁신 권고」는 OECD의 178개 권고(2022년 7월 기준) 중에서 사회연대경제와 관련된 유일한 권고로, ▲ 사회연대경제 문화 조성 ▲ 제도적 체계 개발 ▲ 우호적인 법·규제 체계 설계 ▲ 금융 및 자본조달 접근성 지원 ▲ 공공·민간시장 접근성 촉진 ▲ 사회연대경제 영역 내에서 기술 및 사업개발 지원 강화 ▲ 성과측정 및 모니터링 장려 ▲ 데이터 생성 지원 ▲ 사회혁신 촉진 등 9가지 주요 정책개발 목표를 제시했다.

OECD의 규범은 그 효력의 강도와 범위에 따라 결정, 권고, 선언, 협정으로 분류되는데 권고는 모든 회원국에 대해 적용되는 것은 결정과 같지만, 권고사항을 의무적으로 시행해야 하는 강제성은 없다.

OECD 각료이사회는, "(…)OECD가 공공조달 및 공공투자, 공공 거버넌스, 조세, 기업 거버넌스, 기업책임경영, 중소기업 기업가정신 및 정책, 성평등, 청년, 지역개발 등의 분야에서 수립한 표준과 관련하여, 사회적경제는 정치권에서 중요한 개념으로 떠올랐으며, 사회적경제가 포용적인 사회와 건실한 지역사회 건설, 경제 성장에 대한 기여, 보다 지속 가능한 산업을 위한 여건 조성, 쌍둥이 전환(녹색 전환과 디지털 전환)의 공정한 달성, 경제 순환성 강화의 초석 마련에 일익을 담당한다는 인식이 확산되고 있으며 사회적경제는 의미 있는 일자리를 창출하고, 청년층의 참여를 유도하며, 젠더 평등을 증진하고, 비공식 부문 고용 문제에 대응하고, 소외집단의 노동통합을 지원하고, 노동의 미래를 뒷받침하는 강력한 수단에 해당하고 사회적경제는 그 활동모델과 사업모델의 성격상 충격에 대한 내성이 높아 경제와 사회의 복원력을 증진하며, 여러 중요한 경제사회 부문 및 보건과 사회서비스 등 여러 필수 부문에 적극적으로 개입하며 다양한 방식으로 지역개발의 효과성을 현저히 개선하고, 여러 지역의 사회적 자본과 경제적 자본을 강화하고 공공복지 서비스를 제공하며, 또한 지역별 우선 전략 과제 추진에 보탬이 됨을 확인한다"4)고 권고 채택의 의미를 밝혔다.

또 "(…)사회적경제는 사회의 전반적인 필요를 충족하는 경제적 관행을 중심으로 지역적 뿌리에 기초한 경제활동을 조직하며, 공공당국, 학계, 시민, 시민사회, 재계 등 관련 이해관계자와 긴밀히 협력하는 특징을 지니고 있어 사회혁신을 추동하며, 사회혁신은 공정무역, 윤리적 금융, 순환경제 관행, 플랫폼 협동조합과 같은 경제사회 전반의 새로운 모델을 뒷받침함으로 사회적경제의 중요성이 높아짐에 따라 각국은 사회적경제와 그 영향을 경제, 고용, 사회, 환경의 관점에서 확대하기 위한 국제 사례와 정책 지침을 발굴하고자 하여 각국은 사회적경제의 잠재력을 온전히 실현하기 위해 사회적경제를 뒷받침하는 법제도적 기본 틀, 정책, 방안을 수립할 필요가 있음에도 불구하고 각국이 사회적경제의 발전을 위한 정책 환경과 조건을 마련하는 데 지침이 될 표준에 관한 국제적 합의가 마련되어 있지 않은 실정이라 OECD가, 특히 타 국제기구와의 협력을 통해, 사회적경제의 발전을 저해하는 주요 정책 과제와 관련해 상당한 증거를 수집하고 전문지식을 개발해왔고 사회적경제에 관한 정책입안은 정부의 여러 층위에서 이루어지고, 다양한 시민사회 주체가 참여하며, 국가적 제도적 기본 틀에 따라 진행되므로, 이 권고는 정부의 모든 층위와 관련성을 지닌다"며5) 「사회연대경제 및 사회혁신 권고」를 만장일치로 채택하는 이유를 설명했다.

OECD는 1982년부터 지역고용 문제를 경제와 연관시켜 전체적으로 연구하고 검토할 목적으로 '지역고용경제개발(이하 LEED)' 프로그램을 운영하고 있는데 LEED의 주요한 목적은 지역개발을 위한 지역고용 및 기술, 기업가정신, 사회혁신, 문화산업, 그리고 특히 사회연대경제와 관련된 정책 권고를 제공하는 것이다.

OECD는 LEED의 창설 40주년을 맞이한 2022년 6월 10일 OECD 각료이사회에서 「사회연대경제 및 사회혁신 권고」를 채택, 공표하며 "세계 경제 및 고용시장에서 사회연대경제의 역할과 그 중요성이 점차 증가하고 있음에도 사회연대경제에 관한 이해도와 관련된 용어 등이 국가마다 서로 다른 상황에서 전 세계적으로 사회연대경제 체계를 평가하고 검토하는 일관적인 정책 도구에 대한 수요에 부응하기 위해서 이 권고를 개발했다"[6]고 밝히면서 "(…) 권고를 통해 사회연대경제의 가시성을 높이고, 이를 통해 그 영향력에 대한 대중의 인지도를 향상시킬 수 있으며 또한 각 국가의 정책 개발에 구체적인 권고사항을 제공함으로써 사회연대경제 정책 생태계를 강화시킬 것으로 기대된다며 궁극적으로 이 권고는 사회연대경제의 범위를 전 세계적으로 확대하는데 그 의의가 있다"[7]며 "권고를 준수하는 OECD 가입국 및 비가입국(이하 "준수국(adherents)")은 모든 사람의 이익을 위해 사회연대경제의 영향과 성과를 확대할 목적으로 정부기관이 지원하는 사회연대경제 체계를 개발하고 채택할 것을 권고하며 모든 "준수국"은 정부 모든 층위의 뒷받침을 받는 사회적경제의 기본 틀을 수립하고 도입하여 상기 목표와 관련, 다음 조치를 이행해야 한다"[8]고 권고했다.

「사회연대경제 및 사회혁신 권고」의 9가지 정책 목표[9]

OECD 권고는 "획기적인 정책 프레임워크를 제공하면서 사회적경제 조직을 방해할 수 있는 장벽과 과제에 대한 구체적인 해결책을 찾기 위한 전체론적 접근 방식이 포함"되어 있는 아래 9가지 빌딩 블록으로 이루어졌다.[10]

1. 사회연대경제 문화를 조성한다 (Foster a Social Economy culture)

2. 제도적 체계를 개발한다 (Create supportive institutional frameworks)

3. 우호적인 법·규제 체계를 설계한다 (Design enabling legal and regulatory measures)

4. 금융 및 자본조달에 대한 접근성을 지원한다 (Support access to finance)

5. 공공 및 민간시장에 대한 접근성을 촉진한다 (Enable access to public and private markets)

6. 사회연대경제 내에서 기술과 사업개발 지원을 강화한다 (Strengthen skills and business development support)

7. 성과측정 및 모니터링을 장려한다 (Encourage impact measurement and monitoring)

8. 사회연대경제 관련 데이터의 생성을 지원한다 (Support production of data)

9. 사회혁신을 촉진한다 (Encourage social innovation).

이 권고는 새로운 비즈니스 모델을 개척하고, 필수 서비스를 제공하고, 보다 공정하고 친환경적인 디지털 전환에 기여하고, 청소년을 참여시키고, 커뮤니티를 구축할 수 있는 사회적경제의 잠재력을 촉진하기 위해 실천의 다양성과 다양한 국가 상황 및 다양한 수준의 사회적경제 발전에 적용할 수 있는 정책 도구의 필요성을 인식한다고 언급하고 있다.

현재 전 세계가 동의한 사회연대경제의 정의가 없는 상황 속에서 OECD 는 "사회적경제는 일반적으로 협회, 협동조합, 재단, 공제조합 및 사회적기업 과 같은 조직으로 구성된다고 합의한다며 특히 사회적기업(social enter-prise)[11]과 사회혁신(social innovation)[12]에 대한 정의"[13]도 언급했다.

그렇다면 다른 국제기구들의 활발한 사회연대경제의 지원 정책과 비교하여, OECD 권고의 차별성은 무엇일까?

· 현재 다른 국제기구들이 합의한 분야가 없는 분야에서 국제적으로 합

의된 정책 프레임워크를 제공,
- 사회적경제를 체계적 변화를 주도할 수 있는 변혁의 힘으로 활용,
- 사회적경제와 그 영향에 대한 인식과 가시성을 높이며
- 사회적경제와 사회혁신 생태계가 어떻게 더 나은 성과를 낼 수 있는지 이해하고 이와 관련한 정책을 채택,
- 신뢰할 수 있는 사회연대경제 데이터의 수집 및 생산을 확대,
- 사회적경제의 영향을 측정하는데 있을 것이다.

시사점

「사회연대경제 및 사회혁신 권고」는 다양한 OECD의 권고 중에서 최초로 사회연대경제와 관련된 정책 제언을 담고 있는데 연성법(soft law)으로 강제성은 없지만 OECD 가입국 뿐만 아니라 비가입국까지 권고를 준수한다면 이를 통해 사회연대경제의 지평을 넓힐 것으로 기대된다.

준수국의 권고 실행을 지원하기 위해 LEED 운영위원회는 9가지 정책 목표에 관한 세부적인 지침을 개발, 실무정보와 우수사례를 제공할 계획이며 권고 채택 5년 후인 2027년에 권고의 실행 및 확산 등에 대해 OECD 각료이사회에 보고할 예정이며, 그 후로는 최소한 10년 주기로 보고할 예정이다.

OECD는 사회연대경제 및 사회혁신에 관한 각국의 활동을 검토하고 모니터링 하기 위해 전문가 워크숍 및 국제회의 등을 지속해나갈 것이다. 특히 OECD가 「사회연대경제 및 사회혁신 권고」의 홍보 및 배포를 넘어 OECD가 주로 사용하는 정책대화의 방법론인 "동료국간의 학습(peer review)"을 통해 사회연대경제에 관한 정보 및 권고 시행에 관한 경험을 교류하는 장으로서의 역할을 수행한다면 사회연대경제 및 사회혁신에 관한 활동과 최근 동향을 모니터링 함은 물론 사회연대경제의 가시성을 높이고, 이를 통해 그 영향력에 대한 준수국들과 대중의 인지도를 향상시킬 수 있을 것으로 보이며 각국가의 정책 개발에 있어서 구체적인 권고사항을 제공함은 물론 준수국 중

좋은 사례 및 성과를 효과적으로 알림으로써 준수국들의 사회연대경제 정책 생태계를 강화시킬 것으로 기대된다.

특히 LEED 운영위원회에게 지시한 준수국의 권고 시행을 지원할 시행 도구 모음(toolkit)을 개발, 배포하면서 준수국은 물론 비 준수국들까지 사용하도록 하면 궁극적으로 OECD 권고 사회연대경제의 범위를 전 세계적으로 확대하는데 큰 기여를 할 것으로 보여 사회적경제의 생태계 확산과 사회연대경제 및 사회혁신에 관한 활동과 최근 동향을 모니터링 하는데 큰 성과를 가져올 수 있어 그 의의가 크다고 할 수 있다.

2022년 제110차 ILO 국제노동총회에서 채택한 국제 노동기구(ILO)의 「양질의 일자리와 사회연대경제」 결의 및 사무국 실행계획

국제노동기구(International Labour Organization, 이하 ILO)는 1919년 설립 이래 유일한 삼자 유엔 기관으로 187개 회원국의 정부, 고용주, 근로자를 모아 노동 기준을 설정하고 정책을 개발하며 모든 여성과 남성을 위한 양질의 일자리를 촉진하는 프로그램을 고안하는 유엔기구인데, 2022년 6월 제네바에서 2주간 열린 제110차 ILO 국제노동총회에서 103년만에 처음으로 "양질의 일자리와 사회연대경제" 결의[14]를 채택했고 2022년 12월 ILO의 이사회에서 사무국 실행계획[15]을 채택했다.

이는 2021년 3월에 열린 제341차 ILO 이사회가 코로나19 위기로 인해 발생한 양질의 일자리 부족, 빈곤 증가, 불평등 심화, 국가 내부 및 국가 간 디지털격차를 더욱 악화시키는 악재 속에서도 사회연대경제는 일자리를 창출하고 유지하며 공동체를 위한 사회서비스를 제공, 인간 중심의 새로운 경제적 모델을 제시하고 있음에 주목하여 「양질의 일자리와 사회연대경제」를

ILO 역사상 최초로 국제노동총회의 일반토의 의제로 선정하며 ① 사회연대경제의 가치와 원칙을 고려하여 사회연대경제의 보편적 정의를 마련하고, ② 양질의 일자리와 지속가능발전에 기여하는 사회연대경제의 잠재력을 극대화하고, 주요한 난관을 극복하기 위한 지침의 원칙을 논의하며, ③ 사회연대경제의 촉진을 위한 노동자·사용자·정부, 그리고 ILO 사무국의 역할을 제안하기로 결정했기 때문이다.

ILO와 사회연대경제

ILO는 설립 이후로 그 목적과 사회연대경제의 연관성에 주목하여, UN체제 하에서 사회연대경제의 촉진을 주도해왔고[16] 또 2019년 6월 채택한 100주년 선언에서도 양질의 일자리와 생산적 고용, 모두를 위한 생활수준 개선을 위해 영세 중소기업과 협동조합 및 사회연대경제에서의 기업활동과 지속 가능한 기업을 위한 환경조성을 촉진했으며 2021년 6월 글로벌 행동촉구에서는 공공 및 민간분야와 사회연대경제의 중요한 역할 인지를 강조했다.

사회연대경제가 새로운 것은 아니지만 세기가 바뀌면서 그 정책적 중요성과 가시성이 크게 증가했고 공정한 세계화를 위한 사회적 정의에 관한 ILO 선언(2008)은 강력한 사회연대경제가 지속 가능한 경제 발전과 고용 기회에 중요한 것으로 인식하고 있지만 노동의 미래를 위한 ILO 100주년 선언(2019)은 모두를 위한 양질의 일자리, 생산적인 고용 및 향상된 생활 수준을 창출하는 사회연대경제의 역할을 인정하는 것으로 그쳤다.

그러나 아무도 예견하지 못했던 COVID-19 위기는 전 세계적인 고용과 일자리의 위기를 가져왔고 1년 만에 증가한 가난과 불평등에 관한 데이터들은 2021년 '포용적이고 지속 가능하며 회복력 있는 COVID-19 위기로부터 인간 중심의 회복을 위한 ILO의 글로벌 행동 촉구'를 통해 모두를 위한 양질의 일자리 기회와 함께 광범위하고 일자리가 풍부한 회복을 위한 사회연대경제의 역할을 새롭게 인식하게 된다. 따라서 사회연대경제의 부가 가치와 양질의 일자리를 통해 사회정의를 발전시키고 지속 가능한 개발을 촉진하는 역할에 대해 논의하는 것이 시의 적절하다고 판단한 ILO는 사회연대경제의 포용성, 지속가능성, 그리고 위기상황에서의 회복탄력성 등 그 중요성이 부각됨에 따라 사회연대경제의 정의, 측정, 규모, 성과, 한계점 및 잠재력을 더욱 명확히 해야 할 필요성을 느껴 ILO 창설 후 처음으로 국제노동총회 제110차(2022년) 의제에 「양질의 일자리와 사회연대경제」를 일반 토의 의제로 채택했다.

강력한 사회연대경제의 촉진은 지속 가능한 기업의 촉진과도 관련이 있는데 코로나19 위기의 영향으로 기존의 양질의 일자리 적자, 빈곤 증가, 불평등 심화, 국가 간 디지털 격차가 더욱 심화된[17] 포스트 코로나 시기, 새로운 비즈니스 방식에 대한 요구가 증가할 때 포용성, 지속가능성 및 탄력성을 육성하는 기업 모델의 기반을 제공할 수 있으며[18] 사회연대경제 단위는 경제적으로 실행 가능하고 사회연대경제의 가치와 원칙을 따르는 한 지속 가능한 기업이며 이로 인해 정당한 이익 추구보다 인간의 존엄성, 환경적 지속가능성 및 양질의 일자리를 우선시하게 된다[19]는데 주목한 것이다.

창립 이래 ILO는 세계의 많은 국가에서[20] 사회연대경제의 가장 조직적인 부분을 구성하는 협동조합의 임무와 관련성을 예견했고[21] 특히 우리는 ILO가 유엔 시스템 내에서 사회연대경제의 홍보를 주도[22]해 왔음에 주목할 필요가 있다. 이러한 다자간 플랫폼에서 ILO의 주도적 역할을 감안할 때, 국제노동총회에서의 일반 논의는 양질의 일자리를 통해 지속 가능한 개발을 촉진하는 사회연대경제의 역할에 대해 다자간 시스템 전반에 걸쳐 더 큰 일관성을 촉진하는 데 큰 도움이 되었다.

사회연대경제의 중요성이 높아지면서 사회연대경제의 정의, 측정, 크기, 영향, 한계 및 잠재력에 대한 추가 설명이 필요해졌는데 사회연대경제는 특히 전 세계 COVID-19 대유행 기간 동안 일자리를 창출, 유지하고 회원, 사용자 및 지역 공동체에 서비스를 제공하는 역할에 대한 가시성을 얻었다.

이런 국제적 환경 속에서 열린 ILO의 국제노동총회에서의 일반 토론은 사회연대경제의 개발 잠재력에 관한 UN 시스템의 모든 기금, 프로그램 또는 기관에서 처음으로 열리는 고위급 토론이었고 사회연대경제를 촉진하는 ILO의 주도적인 역할은 사람과 지구에 봉사하는 경제를 추구하는 사회연대경제와 1944년 필라델피아 선언23)에서 나온 ILO의 헌장적 책임에 근거해 국제노동총회에서의 일반 논의의 결과로 ILO에 대한 추가 지침을 제공하는 결론과 결의로 채택되었다.

국제노동총회에서 채택된 「양질의 일자리와 사회연대경제」 결의

국제노동총회에서 채택된 결의에서는 유엔을 비롯한 국제기구로서는 처음으로 채택한 ILO의 사회연대경제의 보편적 정의가 많은 이해관계자들의 주목을 끌었다.

ILO는 기존의 사회연대경제 정책과 법률, 정책 및 통계 등을 바탕으로 일련의 가치에서 파생된 일련의 원칙, 그리고 다양한 조직형태를 포괄하여 다음과 같이 사회연대경제의 보편적 정의를 제안한다.

"사회연대경제는 자발적 협력과 상호 원조, 민주적 및/또는 참여적 지배구조, 자율성과 독립성, 자산 뿐만 아니라 이익잉여 및/또는 이윤의 분배와 사용에 있어 자본보다 사람과 사회적 목적을 우선적으로 추구하는 원칙에 기반을 두고 집단적 및/또는 일반적 이익에 기여하기 위해 경제, 사회 및 환경 활동에 참여하는 기업, 조직 및 기타 단체를 포함한다. 사회연대경제의 주체24)는 장기적인 생존 가능성과 지속가능성, 그리고 비공식 경제에서 공식 경제로의 전환을 추구하고, 경제의 모든 부문에서 운영되며 그들의 기능에 본질적이고 인류와 지구에 대한 배려, 평등과 공정, 상호 의존, 자치, 투명성과 책임성, 양질의 일자리와 생계수단의 달성과 일치하는 일련의 가치를 실행한다. 각국의 상황에 따라 사회연대경제는 협동조합, 민간단체, 공제조합, 재단, 사회적기업, 자조 단체 및 사회연대경제의 가치와 원칙에 따라 운영되는 기타 단체를 포함한다."25)

이 결의는 정의 외에도 정부와 고용주·근로자 조직, ILO 사무국 등의 역할을 제안하는 내용을 "도전과 기회를 해결하기 위한 기본 원칙"이란 주제로 권고하고 있는데 "정부와 사회적 파트너의 역할에 회원국들은 모든 유형의 사회연대경제 단체를 포함하여 직장에서의 기본 원칙과 권리, 기타 인권 및 관련 국제 노동 기준을 존중, 증진 및 실현할 의무가 있다고 명시[26]하고 있다.

결의는 또 회원국이 국가적 상황을 고려하여 사람과 지구 중심 경제[27]로서 사회적 연대 경제를 지원하고 강화하기 위한 정책과 조치를 촉진하고 이행하도록 회원국을 장려/초대[28]하며 특히 사회연대경제를 위한 구체적인 법적 프레임워크를 개발하고, 국가 통계, 재정 및 조달 인센티브를 편집하고 교육 커리큘럼에 사회연대경제를 포함하여 사회연대경제의 기여를 가시화하도록 권고하고 있다.

또한 사회연대경제의 단체 및 근로자가 결사의 자유와 단체 교섭권의 실질적인 인정으로부터 이익을 얻도록 보장하는 것의 중요성을 인식하도록 장려[29]하고 있고 사회연대경제 근로자의 인권 및 노동권에 대한 인식 제고, 공동 목표 달성을 위한 파트너십 및 동맹 개발, 비즈니스 잠재력, 기업가정신 및 관리 능력, 생산성 및 경쟁력 강화, 사회 및 기술 혁신 및 참여 비즈니스 모델 지원, 국제시장 및 제도 자금에 대한 접근 촉진도 권장[30]하고 있다.

이러한 ILO의 노력과 결정은 UN 기구에서 이루어진 사회연대경제의 성장 잠재력에 관한 최초의 고위급 토의로 이룬 성과로 특히 ILO의 모든 회원국들은 물론 노동조합과 고용주 조직들의 합의로 채택된 결의라는데 그 의미가 있으며 이제 관련 국제기구 및 지역기관에 널리 확산될 것이고 또 ILO 국제 사무국의 향후 프로그램 및 예산 책정 등 실행계획에 반영될 것이다.

ILO의 전략 및 실행계획 (2023~2029)

2022년 11월 제346차 이사회의 심의를 거쳐 채택된 ILO의 전략 및 실행계획[31]은 2022년 110차 국제노동총회에서 채택된 결론에 효력을 부여하기 위해 "양질의 일자리와 사회연대 경제"에 대해 제안된 전략 및 실행계획이 포함돼 있다.

이 전략 및 실행 계획(2023~29)[32]은 ILO의 2022-25년 전략 계획 및 관련 전략, 2022-23년 2년 프로그램 및 예산, 2024-25년 프로그램 및 예산 제안을 포함한 전략적 기관 문서와 일치[33]하며 다음의 세 가지 목표; (a) 목표 1: 양질의 일자리 및 사회연대경제와 관련된 현실과 요구 사항에 대한 이해 향상, (b) 목표 2: 양질의 일자리와 사회연대경제를 촉진하기 위한 역량 향상, (c) 목표 3: 양질의 일자리와 사회연대경제에 대한 일관성 강화를 중심으로 구성되어 있다.

시사점

지금까지 살펴본 ILO의 "양질의 일자리와 사회연대경제" 결의 및 사무국 실행계획은 앞에서 이미 언급한 것처럼 유엔 시스템 내 가장 오래된 유엔 기구인 국제노동기구가 전 회원국들이 참가한 국제노동총회에서 사회연대경제의 가치와 원칙을 고려한 사회연대경제의 보편적 정의를 마련했고, 양질의 일자리와 지속가능발전에 기여하는 사회연대경제의 잠재력을 극대화하고, 주요한 난관을 극복하기 위한 지침의 원칙을 논의하고 결의했으며 사회연대경제의 촉진을 위한 노동자-사용자-정부, 그리고 앞으로 7년간의 ILO 국제사무국의 역할을 제안했다는데 그 상징성과 의미가 있다.

한편 2023년 4월 18일, 뉴욕에서 열린 UN 제77차 총회에서 15개 회원국[34]이 공동 발의한 「지속 가능한 발전을 위한 사회연대경제 촉진 결의」가 통과되었다. 이 역사적인 유엔결의 통과는 ILO의 「양질의 일자리와 사회연대경제」 결의와 함께 앞으로 더 많은 유엔기구들과 프로그램이 양질의 일자리, 포괄적이고 지속 가능한 경제에 대한 사회연대경제의 기여를 인정하며, 사회연대경제의 가능성과 역할에 주목할 것으로 기대된다. 이는 특히 사회연대경제에 관한 법령과 정책들이 아직 부족하거나 최근에 통과되었더라도 열악한 생태계 속에서 대다수의 사회연대경제 조직들과 주체들이 아직도 비공식

경제 영역에서 활동하고 있는 개발도상국들에게는 매우 중요한 전환점이 될 것으로 보인다.

이를 통해 각 국가는 양질의 일자리, 포괄적이고 지속 가능한 경제에 대한 사회연대경제의 기여를 인정하며, 직장에서의 기본권을 포함한 관련 국제 노동 기준의 증진; 모든 사람의 생활 수준 향상, 공정한 디지털 전환; 사회 및 기술 혁신과 참여 비즈니스 모델에 대한 지원, 양질의 일자리 창출에 대한 사회연대경제의 성과를 가시적으로 측정하고, 이를 통해 사회연대경제의 발전을 가속화할 것으로 기대된다.

우리나라도 이러한 국제적 추세와 ILO의 및 UN의 노력에 발맞추어 사회연대경제의 다양한 조직들과 사회연대경제 기업들에 우호적인 사업 및 노동 환경을 조성하여 그 영향력과 잠재력을 극대화함으로써 경제, 사회, 환경을 다 아우르는 세 가지 전환의 해법을 사회연대경제에서 모색해야 할 것으로 보인다.

결론

이러한 국제기구들의 최근 동향은 국내에서는 크게 주목받지 못했지만 사회연대경제의 역할과 중요성, 특히 그 개발되지 않은 잠재력을 인식하여, 공정하고 지속 가능하며 탄력적인 경제 및 사회 모델로의 전환을 상상하는 많은 국가들과 시민들은 이를 역사적 전환, 전위적인 사회연대경제의 역할과 위상을 재정립하기 위한 전환의 시작으로 보고 있다.

불확실성과 위기, 전환의 시대로서 2020년대를 살아가고 있는 우리에게 이런 국제기구들의 노력과 활동은 아직 미래를 상상하기 어려운 복합 위기를 겪고 있지만 그래도 유엔 지속가능발전 의제들이 모두 실현되기를 기대하는 2030년을 조금 더 따뜻하고 희망적인 미래로 상정할 수 있기를 기대하며 우리도 이제 이 국제추세에 맞춰 잠자고 있는 무한의 사회적경제의 가능성과 잠재력을 일깨워야 할 때인 것 같다.

1) 이 글에서는 사회연대경제와 사회적경제가 같이 사용되는데 특히 유럽연합 등이 자조집단과 같은 비공식경제 영역의 연대경제 주체들을 사회적경제 정의 및 주체로 포함시키지 않아 2021년 12월에 발표한 "사회적경제를 위한 실행계획" 등에서는 사회적경제로 사용하고자 한다.

2) 유럽집행 위원회는 2017~2018년 사회적경제와 사회적기업을 위한 일련의 정책을 마련했는데, 그 분야는 ▲자금조달 ▲판로촉진 ▲법·제도개선 ▲사회혁신·기술·신 사업발굴 ▲국제적 교류 등 5가지 영역으로 구성돼 있었고 2018년에 완료돼 새 유럽 사회적경제 실행계획 수립의 필요성이 부각되었다. 또한 2017년 5월 스페인, 스웨덴, 포르투갈, 이탈리아, 그리스 등 유럽연합 회원국이 스페인 마드리드에 모여 유럽의 미래를 위한 사업 모델(The Social Economy, a business model for the future of the European Union)로 '사회적경제'를 선언했는데 이 선언문에는 "유럽집행위원회에 '2018~2020 유럽사회적경제실행계획(2018-2020 European Action Plan)'을 적절히 재정비하여 유럽의 사회적경제 기업을 홍보하고 사회적 혁신을 촉진할 것을 요청한다. 재정비된 계획은 모든 시민의 경제적, 사회적 발전 및 사회적 응집력을 다루어야 하며 특히 취약 계층에 중점을 둔 정책 시스템을 통해 사회의 모든 구성원을 포함해야 한다."는 내용이 포함돼 있다.

3) 2019년 11월 5일 브뤼셀에서 열린 "사회적경제의 사회경제적 가중치 측정"이라는 전문가 워크숍에서 발표한 자료 참조. SEE는 2000년에 유럽기구와 사회적경제 간의 영구적 대화를 확보하기 위해 설립된 유럽사회적경제기구로 유럽연합에서 사회적경제의 이해관계를 대표하며, 사회적경제의 사회·경제적 영향을 널리 알리고 사회적경제 발전을 위해 구성원들을 보조하는 활동을 하는데 이번 새 실행계획의 준비에도 큰 역할을 했다

4) 이 문서는 OECD 웹사이트에서 찾은 권고 국문 번역본 중 2쪽인데 본 문서는 OECD 공식 번역물이 아니며 원문에 기초해 국문으로 번역 되었으며 공식 영문 및 불문 버전은 아래 OECD 웹사이트에서 찾아볼 수 있다. https://legalinstruments.oecd.org

5) Ibid.

6) 권고 국문 번역본 중 3면 참조

7) Ibid.

8) OECD 권고의 국문 번역본 4면 참조

9) OECD는 이 권고의 9가지 빌딩 블록은 사회적경제에 대한 OECD의 20년 이상의 작업과 OECD/EU가 개발한 더 나은 기업가 정신 정책 도구에서 제공하는 지침을 활용하여 만들어졌다고 밝혔다.

10) 출처 - OECD 「사회연대경제 및 사회혁신 권고」 4면 https://www.oecd.org/cfe/leed/social-economy/social-economy-recommendation/

11) 사회적기업(social enterprise)은 물품과 서비스를 거래하는 단체 중, 사회 전반적 목표를 추진하며, 소유주의 수익 극대화가 아니라 사회 전반적 목표의 지속 달성을 위해 수익을 재투자하는 것을 주된 목적으로 삼는 단체를 의미

12) 사회혁신(social innovation)은 사회적 문제와 사회 전반적 문제에 관한 새롭고 비용효과적인 해결방안을 모색하는 활동으로서, 후생을 증진하고 사회경제적 포용성을 확대함으

로써 개인과 공동체의 삶의 질을 개선하는 것을 주된 목표로 삼는 새로운 수단을 지칭하며 이와 같은 수단으로는 새로운 서비스, 새로운 제품, 이해관계자와의 새로운 관계 등이 있다.

13) OECD 「사회연대경제 및 사회혁신 권고」 3-4면 권고 범위 참조

14) 2022년 110차 국제노동회의 세션 마지막 날인 2022년 6월 10일 만장일치로 채택된 "양질의 일자리와 사회연대경제에 관한 결의"(Resolution concerning decent work and the social and solidarity economy) 원본 문서는 다음 사이트 참조 https://www.ilo.org/w cmsp5/groups/public/---ed_norm/---relconf/documents/meetingdocument/wcms_848633.pdf

15) 2022년 11월 제346차 ILO 이사회에서 채택된 사무국의 결의 실행 계획, 제네바, GB. 341/INS/3/1(Rev.2); 양질의 일자리와 사회연대경제에 관한 결의 원본 문서는 www.ilo. org/gb에서 참조

16) ILO의 최근 네 가지 국제 노동 기준은 사회연대경제를 직접 참조하는데 2002년 협동조합 활성화 권고(제193호)는 균형 잡힌 사회가 강력한 공공 및 민간 부문과 강력한 협동조합의 존재를 필요로 한다고 강조했고 2008년 6월 사회정의에 관한 선언에서는 지속 가능한 경제발전과 고용창출을 위해 건실한 사회연대경제가 필수적이라고 언급, 2015년 비공식 경제에서 공식 경제로의 전환 권고(제204호)는 협동조합과 사회연대경제 단위를 공식 경제로의 전환을 촉진하는 수단으로 인정하는 동시에 비공식 경제에서 운영될 수 있음을 인정하였고 2017년 평화와 회복을 위한 고용 및 양질의 일자리 권고(제205호)는 빈곤의 감소, 포용적 사회, 비공식 경제에서 공식 경제로의 전환, 인간 중심의 회복에 대한 사회연대경제의 기여를 명시적으로 인정, 회복력을 구축하는 데 협동조합 및 기타 사회적경제 이니셔티브의 역할을 인정한다.

17) ILO, 포용적이고 지속 가능하며 탄력적인 COVID-19 위기로부터 인간 중심의 회복을 위한 글로벌 행동 촉구, 2021, 3번째 단락.

18) 기업은 "상품과 서비스의 생산자로서의 제도적 단위의 관점이다. 기업이라는 용어는 법인, 준법인, [비영리 기관] 또는 비법인 기업을 가리킬 수 있다." United Nations et al., System of National Accounts 2008, 2009, para. 5.1.

19) ILO. 2007. 「지속 가능한 기업의 촉진에 관한 결론」. 국제 노동 회의. 제96차 회의. 제네바. 결론은 명시적으로 협동조합을 언급한다.

20) Hiez, D. 2021. 「사회연대경제를 위한 법률 작성 가이드」. 사회연대경제 International Forum.

21) ILO 헌장 제12조는 ILO가 "고용주, 근로자, 농업인 및 협력자로 구성된 국제기구를 포함하여 인정된 비정부 국제기구와 바람직하다고 생각하는 경우 [..] 협의를 위한 적절한 조치를 취할 수 있다"고 규정하고 있어 이를 바탕으로 1919년 초에 ILO와 국제협동조합연맹(ICA) 간에 공식적인 관계를 수립하게 되었고 협동조합은 국제노동에 등장했고 ILO 권고 193호는 21세기에 협동조합 정책과 법률을 개발하기 위한 틀을 제공했다.

22) 1971년 ILO는 협동조합 진흥 및 발전을 위한 위원회(COPAC)를 공동 설립해 협동조합 활동의 촉진과 개발을 지원하는 UN 기관과 협동조합 조직의 다중 이해관계자 파트너십

을 구축했고 2013년에는 17개 유엔 기구와 경제협력개발기구(OECD), 14개 시민사회단체로 구성된 유엔사회연대경제기구간태스크포스(UNTFSSE)를 공동 창설했으며 2022년까지 공동의장의 역할을 맡아 유엔 시스템 내는 물론 회원국들에게 사회연대경제의 가시성과 중요성을 홍보해 왔다

23) 필라델피아 선언, 파트 II(a).

24) ILO가 이 결의에서 정의한 사회연대경제의 주체는 사회연대경제의 가치와 원칙에 동의하는 다음의 주체들인데 다른 국제기구들이 포함하지 않는 자조집단(self-help groups)을 포함시킨 것이 주로 개도국 상황을 반영한 정의로 주목 받았다.
협동조합(cooperatives): 공동으로 소유되고 민주적으로 통제되는 기업을 통해 공동의 경제적, 사회적, 문화적 필요와 열망을 충족시키기 위하여 자발적으로 결성된 사람들의 조합
자율적인 결사체공제조합(mutual societies): 집단 활동을 통해 각자의 경제적 여건을 개선하고자 하는 개인들에 의하여 조직되며, 정기적으로 공동기금에 출자하는 방식으로 인적 또는 물적 리스크를 공유한다는 점에서 협동조합과 구별
민간단체(associations): 비상업적 서비스(non-market service)의 생산에 종사하는 법인
재단(foundations): 처분 가능한 자산이나 기부금을 보유하고 있으며, 이러한 자산에서 발생하는 소득을 활용하여 다른 조직에게 보조금을 지급하거나 자체 프로젝트와 프로그램을 수행하는 법인
자조집단(self-help groups): 개인 차원에서는 달성하기 힘든 기술적, 재정적 지원과 같이 상호지원의 목표달성을 위한 개인들의 모임, 상업적 활동에 종사하지 않는다는 점에서 협동조합 및 공제조합과 구별
사회적기업(social enterprises): 시장 수단을 활용하지만, 취약계층의 고용 및 교육훈련과 같이 사회적 목적을 우선적으로 추구하는 단위

25) 결의 원본 문서는 다음 ILO 사이트 참조 https://www.ilo.org/wcmsp5/groups/public/---ed_norm/--relconf/documents/meetingdocument/wcms_848633.pdf

26) Ibid. 문단 8, ILC. 110/결의 IV.

27) ILO 사무국 보고서 "양질의 일자리와 사회연대경제" (ILO Office report "Decent Work and the Social and Solidarity Economy)에 근거

28) 문단 6, ILC. 110/결의 II

29) ILC.110/결의 II, 7.e,에 근거

30) ILC.110/Resolution II의 13항 및 12항에 근거

31) 양질의 일자리와 사회연대경제에 관한 결의 후속 조치, 이 문서는 www.ilo.org/gb에서 볼 수 있다.

32) ILO 국가 프로그램에 대한 고위급 평가, 2010-2019년 ILO 연구 및 지식 관리 전략 및 접근 방식에 대한 고위급 독립 평가 및 ILO의 지속 가능한 기업을 촉진하기 위한 전략 및 조치(2014-19)에 대한 평가를 바탕으로 준비됐다.

33) GB.346/PFA/1 참조

34) 벨기에, 캐나다, 칠레, 콜롬비아, 코스타리카, 도미니카 공화국, 적도 기니, 프랑스, 헝가리, 이탈리아, 룩셈부르크, 모로코, 세네갈, 슬로베니아 및 스페인 등 15개국이 결의 초안을 공동 제안함

2030년을 향한 메시지

19장
새로운 시대를 살아갈 그대들에게

새로운 시대를 살아갈 그대들에게

송경용

무엇보다 어렵고 힘든 사회적경제(유엔은 '사회연대경제'라고 합니다)를 찾아온 그대들을 환영합니다. 첫인사부터 '어렵고 힘든'이라고 했습니다. 맞습니다. 참 어려운 개념이고, 성공적으로 실현해내는 일은 더 어렵고 힘듭니다. 그럼에도 불구하고 '환영한다'고 했습니다. 그만큼 가치 있는 일이고 도전해볼 만한 일이기 때문입니다.

모순된 언어로 인사를 시작한 또 다른 이유는 사회적경제로 삶을 산다는 일은 사는 동안 내내 극심한 모순을 마주쳐야 하고, 그 모순과 함께 살아야 하며, 그 모순을 이겨내기 위해 살 수밖에 없다고 전하고 싶어서입니다. 정신과 물질, 이성과 감정, 현실과 이상 등 모든 영역에서 모순이 서로 부딪히며 그 실체를 선명하게 드러낼 것입니다.

사회적경제와 함께 살겠다고 마음을 먹고 준비하는 과정부터 실행과정, 또 성공하든 실패하든 다음 단계로 건너가는 매 순간, 모든 과정에서 그 모순은 여러분의 일부가 되어있을 것입니다. 이 모순이 극심하게 부딪히면서 때로는 여러분의 정신과 이상, 계획과 꿈이 맷돌에 갈려지는 (칼 폴라니는 인간, 이웃, 공동체 등 사회를 경제의 하부로, 종속변수로 취급해버리는 자본 중심의 경제를 사탄의 맷돌이라고 했습니다) 끔찍한 경험을 할 수도 있을 것입니다.

이렇듯 쉽지 않은 길을 여러분에게 함께 가보자고 권유하고 있습니다. 지난 수십 년 동안 그렇게 해왔고 앞으로도 계속 그렇게 할 것입니다. 인생이라는 것이 어차피 매일, 매 순간 새로운 시간 앞에 서야 하는 도전의 연속이라면, 더불어 사는 삶을 위한 가치를 추구하면서 조금은 다른 방식으로 사는 것도 의미가 있지 않겠습니까.

사회적경제는 어떤 가치를 추구하는 것일까요?

사회적경제는 경제 활동이기 때문에 이른바 '이성과 합리'를 중시하지 않을 수 없습니다. 데카르트로 대표되는 이성과 합리성을 강조하는 철학, 이념, 이론이 근대의 문을 열었고, 현대 사회에서도 모든 개인이 갖추어야 할 기본 자세일 뿐만 아니라 집단 운영의 가장 중요한 철학이자 원칙으로 이야기합니다.

르네상스와 산업혁명, 시민혁명이 이어지면서 탄생한 근대는 유럽이 전 세계를 지배하는 계기가 되었습니다. 유럽 사회 내부 구성에도 큰 변화가 일어났지만, 산업혁명을 통해 우월한 경제력과 무력을 갖춘 유럽은 식민지를 개척하면서 유럽의 가치관, 세계관, 문명을 전 세계에 폭력적으로 강요했습니다. 이 시기에 형성된 세계질서가 여전히 유지되고 있다고 생각합니다.

20세기 들어 민족과 국가의 독립이 시작되었고, 소련과 중국이 자본주의 대항 세력으로 등장했지만, 유럽 국가들이 19세기와 20세기 초에 형성해놓은 서구중심의 자본주의 시장경제는 변함없이 세계의 기본질서로 작동하고 있습니다. 유럽, 즉 서구중심의 세계를 형성하는 데 가장 중요한 철학, 사상, 이념, 이론의 키워드는 '이성과 합리성'입니다. 이성과 합리를 내세우면서 서구 구가들은 다른 나라의 문화, 체제를 미개한 것, 열등한 문명으로 간주했습니다. 심지어는 피부색이 다른 인종, 인간은 영혼이 없는 존재, 이성적이지 않고 합리적이지 않은 미개한 존재로, 물건처럼 사고팔 수 있는 상품으로 취급했습니다. 노예무역의 역사를 보면 잘 알 수 있습니다.

근대 체제를 공고히 하고, 현대 사회의 기반이 된 19세기의 유럽의 내부에서는 어떤 일이 있었을까요? 대체로 3가지의 흐름이 있었습니다.

첫 번째 흐름은, 산업혁명과 식민지 운영, 시민혁명으로 막대한 부와 지위를 획득한 공장주, 무역 상인, 금융인 등 자본가들이 원하는 상황 유지였습니다. 이에 필요한 법을 만들고, 정치제도를 만들었지요.

두 번째 흐름은, 새롭게 등장한 노동계급의 혁명으로 전복시키려는 흐름이었습니다. 너무나 잘 아는 마르크스 이론과 사회주의운동의 등장입니다. 마르크스의 이론은 노동의 주인이면서도 노동과 상품, 사회로부터 착취당하고 소외되는 노동계급이 모든 물질의 소유와 운영의 주인이 되어야 한다는 것이었습니다. 이런 의미에서 노동계급이 국가의 주인이 되어야 하므로 모든 물질의 국유화를 주장하는 것은 너무나 당연했습니다. 마르크스 이론은 나중에 레닌의 혁명 이론과 결합하면서 실제로 러시아 혁명으로 실현되었고 이윽고 20세기 전반 전 세계의 거의 반을 공산주의, 사회주의라는 이름으로 장악하게 됩니다.

세 번째 흐름은, 자본가 중심, 노동계급 중심의 폭력적 혁명 추구와는 상당히 다른 모습을 보여주었습니다. 바로 협동조합주의자들이었습니다. 자본가나 노동계급의 국가가 물질의 소유를 중시했다면, 이들은 물질을 어떻게 관리할 것인가에 초점을 맞춘 사람들이었습니다. 필연적으로 폭력적 갈등과 대립이 생길 수밖에 없는 물질의 소유 중심의 철학과 이념, 이론, 실천을 비판하면서 소유하지 않고도 어떻게 물질의 주인이 될 수 있는가를 추구하고 실험했던 사람들입니다. 개인, 시장, 국가라는 제도를 넘어 공동체라는 사회를 새롭게 발견한 사람들입니다. 이들은 경제란 본디 사회 구성과 운영의(인간의 살림살이) 한 요소였는데 이제는 사회를 지배하는 가장 강력한 지배자가 되었다고 비판하면서 경제를 다시 사회의 한 요소로 만들어야 한다고 주장했습니다.

협동조합, 즉 공동체와 사회를 새롭게 인식하고 발견한 사람들은 차별과 배제를 통해 확장하던 물신적인 자본주의 시장경제의 이론적 뿌리였던 '이성과 합리성 철학'에 근본적인 의문을 제기하면서 다양한 분야에서 대안을 만들어왔습니다. 오늘날 사회적경제는 이들의 상상력과 불굴의 도전으로부터 이어져 온 것입니다. 이들은 '개척자들'이라고 부르기도 합니다. 새로운 철학을, 삶을, 세상을 상상하고, 이루어 낸 사람들입니다.

이들의 철학은 모든 세계는 '이성과 합리성'으로만 움직이지 않는다는 것입니다. 인간은 감정, 감성, 관계, 상상력 등 비이성적, 비합리적이라고 하는 요소들에 의해 더 큰 영향을 받는 존재입니다. 당연한 것, 옳은 것으로 배워왔던, 이 세계를 지배하고 있는 '이성과 합리성'의 철학이 지배자, 힘 있는 자들의 세계를 더욱 공고히 하는 도구는 아닌지, 그렇게 만들어지고 움직이는 이 세계의 어느 한구석에 나의 역할이, 우리 인생이 있는 것은 아닌지 유심히, 좀 더 깊게 살펴보아야 합니다.

우리는 현존하는 질서에 적응하고, 순응하면서 사는 것이 '이성적이고 합리적'이라는 세계관을 전복시킬 수 있습니다. 다른 세계를 상상할 수 있고 만들어 낼 수 있는 능력을, 그 경험을 이미 많이 가지고 있습니다. 19세기부터 이어져 온 개척자들이, 모델이 우리나라에, 세계 곳곳에 아주 많이 있습니다.

2023년 4월 18일, 유엔총회에서 「지속가능한발전을 위한 사회연대경제 결의 (Promoting the social and solidarity economy for sustainable development)」가 채택되었습니다. 유엔은 2012년을 '세계 협동조합의 날'로 선포하기도 했지요. 사회적경제는 경제 활동을 통해 현존하는 질서를 좀 더 인간적이고 생태적으로 변화시키려는 사회운동이기도 합니다.

사회적경제는 약자들의 처지를 개선해보려는 관심에서 출발했습니다. 영국의 방직 노동자들이 시작한 로치데일공정선구자협동조합이 그랬고, 포도 소작농들이 시작한 프랑스의 사회적 금융이 그랬으며, 감자 캐던 농민들이 주역이었던 퀘벡의 협동조합, 사회적 금융이 그랬습니다. 세계 최대의 노동자협동조합인 몬드라곤 역시 그렇습니다. 산골 돌밭에서 명품 사과를 길러

낸 이탈리아 트렌티노 협동조합도 마찬가지이며, 일본 생협의 아버지라는 가가와 목사도 가난한 이웃에 대한 연민과 빈곤 탈출에 대한 간절한 열망으로부터 시작했습니다. 우리나라 노동자협동조합 운동과 사회적기업 운동의 저수지 역할을 한 자활센터 역시 가난한 산동네 주민들, 일용직 노동자들, 실직자들의 자주, 자조, 자립을 위해 시작되었습니다.

이런 운동의 역사는, 기존 경제질서와 체제가 '이성과 합리주의'를 명분으로 존엄한 생명, 인간, 공동체, 사회를 물질 아래의 것으로 취급하는 것에 대한 전면적인 저항이자 대안 운동이라고 생각합니다. 멕시코 산골에서 농부들과 농사를 지으며 가난한 농부들의 권리를 보장하기 위해 공정무역 '막스 하벨라르'를 창시했던 프란시스코 반 더르 호프 보에르스마 신부는 『가난한 사람들의 선언』에서 "우리는 건설하며 투쟁한다. 투쟁하면서 동시에 대안을 만들어내는 것이 우리의 방식"이라고 했습니다. 현존하는 질서가 잘못되었다면, 그 질서를 움직이는 철학과 원칙이 잘못되었다면 우리는 더 높은 가치를 추구하면서 새로운 세계를 상상하고 만들어 낼 수 있습니다.

저항하면서 동시에 새로운 사회, 새로운 세계를 만들어내는 것.

이것이 사회적경제 운동의 핵심이자 본질이라고 할 수 있을 것입니다. 모든 인간은 누구도 침해할 수 없는 존엄한 인권과, 무엇이든 본인의 의지로 거부하거나 선택할 수 있는 자유를 가지고 있습니다. 우리가 존엄하게 살고 싶은 한 인간이라면, 자유를 획득한 시민이라면 잘못된 체제에 대해 저항할 수 있는 권한도 동시에 가지고 있습니다. 이미 19세기 법학자들에 의해 저항권 개념이 정립되었고 민주주의 체제에서는 헌법과 법률에 따라 보장된 권리입니다. 19세기 최고의 법학자로 불리는 루돌프 폰 예링은 『법과 권리를 위한 투쟁』에서 "저항은 도덕적인 자기 보존의 명령이며 또한 공동체에 대한 의무다. 권리의 실현을 위해서는 불법에 대한 저항이 필요하기 때문"이라고 했습니다.

사회적경제는 경제 활동이기는 하지만 물질에 포획되지 않는 새로운 인간, 서로가 존중받으며 주인이 되는 공동체·사회를 만들어가는 운동입니다.

새로운 삶, 새로운 사회를 꿈꾸며 사회적경제에 입문할 후배 세대에게 어려운 길이지만 환영한다는 말을 다시 하고 싶습니다. 새로운 가치를 추구하며 사는 일은 본디 어려운 일이지만 그만큼 우리 자신을 고결하게, 우리 사회를 보다 인간적으로 만들어내는 보람 있는 인생이라고 믿기 때문입니다. 또한 "가장 부유한 국가는 생명이 가장 풍성한 국가"라는 존 러스킨의 생명 경제학을 신봉하기 때문입니다.

이제 언제나 깊은 사유와 연구를 통해 풍성한 영감을 주는 원용찬 교수의 『앞으로의 경제학』의 서문에 나오는 두 문장을 인용하면서 현실과 이상의 격렬한 모순과 부딪히며 새로운 세계를 열어갈 미래세대에게 전하는 인사와 당부를 마칩니다.

"칼 폴라니는 근원적인 질문을 던진다. 우리 삶에서 진정으로 그것 없이는 한시도 살아갈 수 없는 실체(substance)는 무엇인가. 바로 팬데믹의 고통에서 절실히 느꼈듯이 인간과 동료, 이웃, 사회, 자연환경이었다. 형식경제에 대항하는 칼 폴라니의 실체경제(substance economy)는 인간이 자신의 '살림살이'(livelihood)를 위해 '자연'과 '동료'에게 의존한다는 구체적·경험적 사실에서 출발한다."

"데카르트의 형이상학에 뿌리를 내린 경제학은 기계적이고 수학적이며 결정적이고 이상적인 세계에 의존하였다. 불확실한 감각과 경험을 배제한 데카르트의 이성은 신고전학파 주류경제학에 경험적 실체와 동떨어진 추상성, 수학과 논증, 기호로 구성된 경제모델을 통해 세계를 바라보게 하였다. 데카르트의 합리적 이성은 쾌락과 고통을 계산해서 행동의 기준으로 삼는 공리주의와 결합하여 인간을 완전한 지식과 정보를 가진 경제주체로 모델화하고 계산 측정하는 도구적 이성으로 축소 시켰다. 스피노자는 정신이 불안정한 신체의 감정을 경멸하여 지배하거나 추방하는 데카르트의 이성합리론을 거부한다. 정신이 신체 없이 존재한다는 것은 불가능하다. 신체의 변용을 거치지 않은 이성적 사유와 의식만으로 세계를 파악할 수 있다는 것은 데카르트의 결정적 오류였다."

같이 공부하고, 토론했던 이 책의 모든 필자도 같은 마음일 것이라 믿으며, 이 책이 세상에 나오기까지 수고한 모든 분에게 진심으로 고마운 마음을 전합니다. 이 책에 수록된 필자들의 고뇌와 성찰, 연구 결과가 여러 가지 면에서 변화의 계기를 맞이하고 있는 사회적경제의 동료들에게 작은 도움이라도 될 수 있기를 진심으로 기원합니다.

필진 소개

송원근

경제학을 전공했고, 재벌 중심의 산업구조, 기업조직(지배구조) 연구를 기반으로 노동 참여 기업연금제도, 지역 필요를 사업화하는 지역관리기업, 사회적 비용을 부담하는 사회적경제 기업모델 등으로 주제를 넓히고 있다. 2014년 이후 동료 교수들과 함께 학부 사회적경제 연계전공을 만들면서 대학생 뿐만 아니라 지역 사회적경제 관련 종사자, 일반인들을 대상으로 한 전문인력 양성에도 힘을 쏟고 있다. 현재 대학사회책임(USR)센터장으로 학생들이 자기가 사는 지역을 알고 이해할 수 있는 여러 기회와 다양한 접점을 만들고 지원하는 일을 하고 있다. 한번도 제대로 배운 적 없는 자기 지역을 알아야 일자리를 얻고 애낳고 살고 싶어할 것이라는 생각 때문이다. 이 일들은 모두 사회적경제 '지역성'을 복원하기 위한 것이자 '시민성' 기반을 넓히기 위한 것이다. 이 책에 제시된 여러 진단과 제안들 역시 민선 7기 경남 사회적경제 정책 수립 거버넌스 참여, 사회적경제 전문인력 양성과정 운영 등을 통해 얻은 경험을 토대로 한 것이다.

김형미

대학에서 한국사를 전공하고 졸업 후에는 인천산업선교회 일꾼노동문제 연구실에서 노동자 교육 분야에서 일했다. 친구의 권유로 부천 생협 조합원이 되어 품앗이 육아를 하면서 생협운동에 몰입하게 되었다. 1999년 일본에 가족 체재로 이주하게 되어 아이쿱생협과 교류하던 니가타소고생협, 팔시스템생협연합회에서 일했고, 이어 아이쿱생협의 장학금으로 메이지대학교 정치경제학연구과에서 협동조합 연구로 경제학 박사학위를 마쳤다. (재)아이쿱협동조합연구소 소장, 문재인정부 일자리위원회 사회적경제전문위원회 위원 등을 역임하고, 2020년 이후 상지대 사회적경제학과에서 강의하며 21대 한국협동조합학회장으로 봉사하고 있다. 저서로 『한국협동조합운동 100년사』 I · II(공저), 『한국생활협동조합운동의 기원과 전개』(공저) 등이 있다

이상윤

대학에서 경영학을 전공하고 KTF/KT의 기업전략 및 비서실에서 약 10년 간 근무했다. 정권 교체과정에서 사장이 구속되는 현상을 목격하고, 지배구조에 흥미를 느껴, 워싱턴주립대학교에서 경영학 박사과정을 시작하였다. 외국계 기업의 미국자본시장 IPO전략 연구로 학위취득 후 뉴욕주립대(뉴팔츠) 경영대학에서 조교수로 일했다. 성공회대에 합류하고 나서는 사회적경제 기업 연구에 주력하고 있고, 퀘벡대학교 몬트리올(UQAM) 사회혁신연구소에 초청교수로 2022년 연구년을 보냈다. 대통령직속 일자리위원회 사회적경제 전문위원회 위원, 사회가치연대기금 추진단 기획위원, 대법원 사법서비스진흥기금운영위원 등으로 참여했고, 국제연합사회개발연구소(UNRISD)와 "Policy Systems and Measures for the Social Economy in Seoul" 프로젝트를 진행했다. 2023년 7월 서울에서 개최되는 CIRIEC(국제 공공경제, 사회적경제, 협동조합 경제 연구센터)학회 공동조직위원장을 맡고 있다. 연구 관심분야는 사회적경제 기업의 자금조달, 거버넌스 등이며, Long Range Planning, Journal of International Entrepreneurship, Annals of Public and Cooperative Economics, Corporate Governance, AOM Best Paper 등에 논문을 게재했다. 주요역서로『사회적경제의 힘 : 통계 방법론과 해외 사례들』((재)아이쿱협동조합연구소, 2019)이 있다.

유철규

서울대학교 경제학과를 졸업하고 같은 대학원에서 경제학 박사학위를 받았다. 한국경제학회 편집위원과 성공회대학교 사회문화연구원장 등을 지냈다. 장기신용은행 경제연구소, 한국건설산업연구원, 국민연금 주식의결권행사 전문위원회, 서울시교육청 재정투자심사위원회 등에서 활동했다. 현재 성공회대학교 사회과학부 교수이다. 저서로『한국의 자본주의와 민주주의-불화와 공존』(공저) 등이 있다. 역서로는 브루니의 저서(The Wound and the

Blessing)를 번역한 『콤무니타스 이코노미』가 있다.

김형탁

홍국생명에서 노동조합 활동을 시작하여 사무금융연맹 위원장, 민주노총 부위원장을 지냈다. 노동자 정치세력화를 위해 노력하였고, 민주노동당 창당에 함께하였다. 2004년 총선에 출마한 후로 진보정당운동에 몸담았다. 지역에서 마을신문 만들기, 카페 운영, 협동조합 지원 사업 등 여러가지 일을 하였다. 학부는 정치학과를 나왔지만, 뒤늦게 동국대 경영학 박사가 되었다. 이후 노동공제운동에 몸담고, 현재 노동공제연합 사단법인 풀빵의 노동공제 개발원장을 맡고 있다. 2019년부터 평등하고 공정한 나라 노회찬재단 사무총장으로 있으며, 노회찬 정치철학의 계승 사업과 6411 투명노동자의 목소리를 키우는 활동에 힘을 보태고 있다.

박현수

대학에서 행정학을 전공하고, YMCA에서 실무자로 일하다가 도시와 환경에 관심이 생겨 공부를 시작했다. Virginia Tech에서 도시계획학 석사를, Rutgers에서 도시계획과 공동정책학 박사학위를 마쳤다. 2003년 8월 미국에서 대정전이 발생하여 5천만 명이 피해를 받는 재난을 접하고, 왜 이러한 대형재난이 발생하는지 알고자 연구하였다. 그 과정에서 재난이론을 공부했고, 에너지 정책과 함께 인적 재난에 관해 연구하고 있다. 2017년에 사회적경제 활성화 추진체계, 2021년에 사회적경제 중간조직을 연구했다. 기후변화에 대응하는 지속가능한 도시와 에너지 정책에 관심을 두고 연구하고 있다. 2015년부터 순천향대학교 행정학과에서 학생들을 가르치고 있고, 2022년부터 한국 YMCA 전국연맹 시민운동정책위원회 위원장으로 있으면서 기후변화에 대응하는 시민사회의 역량 강화 방안을 모색하고 있다.

권오현

미디어다음에서 아고라, 다음뷰(블로거뉴스), 티스토리의 개발리더와 프로덕트 매니저로 일했다. UFOfactory를 설립해 슬로워크와 합병하고, 1,200군데 이상의 비영리기관의 브랜드와 플랫폼을 만들며, 스티비와 오렌지레터를 만들었다. 이후 디지털 민주주의 플랫폼과 실천을 만드는 민주주의 활동가들의 사회적 협동조합 빠띠와 디지털 기술로 사회문제에 도전하는 시민 개발자(시빅해커)들의 커뮤니티인 코드포코리아를 만들어 기술, 시민, 공동체의 권한과 역량을 확대하는 디지털, 민주주의, 공공재를 키워드로 활동하고 있다.

장지연

컴퓨터과학과 신문방송학을 전공하고, 다음커뮤니케이션, KTH, 마이스페이스 등 IT기업에서 일했다. 2009~2011년 소셜벤처 인큐베이팅 기관 sopoong에 합류해 파트너로 일하며 사회적기업을 알게 되었다. 임팩트 투자의 한계를 절감하고 영리기업으로 돌아갔다가 의미를 추구하는 비즈니스에 대한 갈증과 시민사회에 대한 호기심으로 다시 사회적경제에 오게 되었다. 2013~2017년 서울시사회적경제지원센터를 거쳐 2019년부터 재단법인 한국사회가치연대기금에서 일하고 있다. 성공회대학교 협동조합경영학과에서 박사과정을 수료했다.

이미지

얼떨결에 MBC 교양 작가 공채시험에 합격. 며칠 만에 그만둘 결심을 했으나 '해보고 그만두라'는 한 유명 방송작가의 조언을 듣고 버티기 돌입. 조언했던 작가의 나이가 될 때까지 방송작가 이름표를 달고 있다. 지부장이 뭔지도 모르고, 지난 2017년 방송작가노조 초대 지부장을 맡았다. 2년간 노력에도 불구하고 지부장 할 사람이 없어 노동조합 결성이 문턱에서 좌초될 위기라는 얘기를 듣고, 지부장 임기 후 방송작가를 비롯한 미디어 비정규 문제 해결을 위해 일하다 현재는 숨 고르고 있다. '넘어진 김에 쉬어 간다'는 속담을 되뇌며.

송선영

사회복지학을 공부했고, 2000년대 초반부터 빈곤과 사회적경제를 중심으로 현장조직가와 연구자로 활동하면서 몇 편의 책과 논문, 연구보고서 등을 발표했다. 광역자활센터 사무국장, 한국자활복지개발원 연구원, 한국지역자활센터협회 정책국장을 역임했고, 지금은 성공회대학교 사회적기업연구센터 연구교수이자 경기군포지역자활센터 센터장으로 있다. 연구자이며 현장활동가로서, 연구는 항상 현장과 소통하고 현장의 변화발전에 이바지해야 한다고 생각하고 있다.

윤형근

대학에서 국문학을 전공하고 1988년 한살림모임에서 활동을 시작했다. (사)크리스찬아카데미, 모심과살림연구소를 거쳐 2011년부터 6년간 한살림성남용인생협의 상무이사, 2017년부터 한살림연합 전무이사로서 전국 한살림 운동에 기여하고 2018년부터 사회적기업진흥원 비상임이사로 봉사하고 있다. 『공생의 사회, 생명의 경제-지역자립의 경제학』을 번역하고 『협동조합의 오래된 미래, 선구자들』외 공저로 『스무살 한살림 세상을 껴안다』, 『녹색대안을 찾아서』 등을 집필했다.

전은호

도시공학/행정학을 공부하며 공동체토지신탁(CLT) 연구를 시작으로 사회적부동산과 지역자산화와 관련한 연구와 활동을 해왔다. 서울시사회적경제지원센터를 거쳐 한국사회주택협회 사무국장, 서울시협치지원관, 나눔과미래 시민자산화 팀장 등을 역임하다 목포시도시재생지원센터장으로 현장 활동을 시작하며 현재는 (주)모라비안앤코 커뮤니티브랜딩 본부장과 인천제물포도시재생현장지원센터장을 겸임하고 있다. 지역공동체 기반의 커머닝을 통한 지역의 회복과 재생을 꿈꾸며 주민이 주인이 되는 현장을 돕는 일에 소명을 두고 있다.

강민수

경쟁보다는 협동이 인간의 본성에 더 가깝다 생각하며, 사회적경제, 협동조합에 대해 연구하고 교육하며 살고 있다. 『협동조합으로 기업하라(실전편)』, 『다시 협동조합을 묻다』의 공동저자이며, 사회적경제, 협동조합 관련 다수의 논문을 쓴 바 있다. 현재는 서울지역협동조합협의회 정책위원장, 서울시협동조합지원센터 센터장, 한국사회적경제연대회의 정책기획위원장으로 일하고 있다.

이예나

학부시절 대학생협을 통해 협동조합을 알게 되며 사회적경제를 통한 변화의 가능성을 발견하였다. 이후 성공회대학교 협동조합경영학과 대학원에 진학하여 생협을 주제로 석사, 박사과정을 마쳤다. 경남과학기술대학교(現 경상국립대학교) 사회적경제 전문인력양성사업단에서 근무하던 중 몬드라곤 팀아카데미(MTA)의 방법론에 매료되어 팀코치양성과정을 수료하고 현재는 HBM사회적협동조합 연구원이자 MTA 학사학위과정 LEINN SEOUL 팀코치로 활동하고 있다.

신효진

한겨레경제사회연구원에 재직 중이다. 소비자생활협동조합 조합원 활동가 커뮤니티에 관한 논문으로 박사학위를 받았다. 대학원에서 협동조합을 공부하다 소셜 섹터 기업 대상으로 공적자금을 지원하는 중간지원조직에서 일했고, 또 서울시에서 지역상권 활성화를 지원하는 임기제 공무원으로 일했다. 다양한 삶의 방식을 보여주고, 실험할 가능성을 소셜 섹터에서 찾으며 일하고 공부하고 있다. 공저로 『협동의 대화』, 『윤리적 소비에서 공정무역마을운동으로』 등이 있다.

이기호

정치학을 전공하고 일본 와세다대학에서 방문학자(1999~2002), 성공회대학 민주주의연구소(2007~2008), 그리고 이후 한신대학교 평화교양대학 및 사회혁신경영대학원에서 평화학과 마을학 등을 강의하고 있다. 80년대 후반 (재)크리스챤아카데미에서 대학생교육과 주민자치와 관련된 사업을 맡았었고 일본에서 귀국한 후에는 (사)평화포럼에서 동북아평화와 남북문제를 중심으로 활동하였다. 마을자치를 통해 도시정치를 활성화하고 도시 간 협력이 평화를 만드는데 중요한 역할을 할 것이라는 기대 속에서 연구와 활동을 병행하고 있다. 특히 마을과 관련해서는 한신대 캠퍼스타운사업단을 맡아 강북구를 중심으로 주민들과 협업하고 평화와공공성센터를 통해 평화교육과 국경을 넘는 시민들간의 협력네트워크를 강화하는 일들을 하고 있다. 국가가 평화를 만들기는 쉽지 않다는 경험을 바탕으로 마을에서 일구는 평화가 성장하기를 기대하고 있다.

곽은경

곽은경은 지난 35년간 국제협력 및 연대활동을 해 온 활동가이다. 1983년 세종대 화학과를 졸업한 후 프랑스 파리에 있는 가톨릭학생회 세계본부에서 일하면서 특히 아프리카 여러 나라들을 방문하며 빈곤과 불평등을 극복할 경제, 사회적 대안에 대해 고민하기 시작, 프랑스사회과학원(EHESS)에서 1993년 사회학 석사 학위를 취득한 뒤 10여년간 프랑스 국제개발협력단체인

Terre d'avenir & CCFD의 남미 및 아시아 지역 사업책임자로 일했고 2009년 부터 제네바에 본부를 둔 세계가톨릭지성인운동단체(Pax Romana ICMICA)의 세계 사무총장 및 제네바 본부 유엔 대표로 일하며 국제인권교육컨설턴드 및 인권 옹호 활동을 했다. 2016년 2월부터 6년 반 동안 서울에 사무국을 둔 국제사회적경제협의체(Global Social Economy Forum) 사무국장으로 일하며 지방정부들과 사회적경제네트워크들간의 국제교류 및 협력증진을 통해 사회 적경제의 국제적 인정 및 가시성을 통한 세계적 확산을 위해 일하며 사회적 경제를 통한 전환, 더 나은 연대가 우리 사회의 희망이 되기를 바라고 꿈꾸고 있다.

송경용

성공회 사제로 1986년에 도봉구 상계동, 1988년 성북구 정릉, 1991년 관악구 봉천동에 '나눔의 집'을 설립했다. 1992년부터 건설노동자, 봉제, 청소, 식품 조리 노동자협동조합 설립·운영 경험을 바탕으로 1995년 김영삼 정부의 국민복지기획단에 자활센터 건립을 제안했다. 이어 1998년 국민기초생활보장법 제정 연대회의 집행위원장으로 법률제정에 기여했다. 7년 동안 영국에서 도시재생, 마을 만들기, 사회적경제 등을 경험하고 귀국 후 전국사회연대경제지방정부협의회(2013년), 서울사회적경제네트워크(2013년), 공익활동가 사회적협동조합 동행 (2013년), 생명안전시민넷(2017년), 한국사회가치연대기금(2019년), 노동공제연합풀빵(2021년) 조직과 설립에 참여했다. 노동과 시민, 생태, 금융, 기술이 향후 사회적경제의 중심어가 될 것이라 생각하며 약하고 가난한 사람들이 존중받는 새로운 사회를 꿈꾸는 몽인(夢人)이다.

강물이 바다로, 연대하는 자조의 물결
: 2030년 한국 사회적경제의 전망

초판 1쇄 발행 | 2023년 6월 21일
초판 2쇄 발행 | 2025년 1월 20일

엮 은 이   재단법인 한국사회가치연대기금
발 행 인   송경용
주   소   서울특별시 마포구 양화로11길 14-10, 2층(서교동, 강화빌딩)
전   화   02-2088-3288
홈 페 이 지   https://svsfund.org
이 메 일   info@svsfund.org
편집·제작   경인문화사(031-955-9300)

ISBN   978-89-499-6720-2   93320
값 29,000원